Do Assédio Laboral
PELO REENQUADRAMENTO DO ASSÉDIO MORAL
NO ORDENAMENTO JURÍDICO PORTUGUÊS

2017

Pedro Miguel Barrambana Santos

OBRA
Do Assédio Laboral
AUTOR

EDITOR
EDIÇÕES ALMEDINA, S.A.
EDIÇÃO ORIGINAL

Rua Fernandes Tomás, nºs 76, 78 e 79
3000-167 Coimbra
Tel.: 239 851 904 · Fax: 239 851 901
www.almedina.net · editora@almedina.net
DESIGN DE CAPA
FBA.
PRÉ-IMPRESSÃO
EDIÇÕES ALMEDINA, S.A.
IMPRESSÃO E ACABAMENTO
Pentaedro, Lda.

Abril, 2017
DEPÓSITO LEGAL
424413/17

Apesar do cuidado e rigor colocados na elaboração da presente obra, devem os diplomas legais dela constantes ser sempre objeto de confirmação com as publicações oficiais.
Toda a reprodução desta obra, por fotocópia ou outro qualquer processo, sem prévia autorização escrita do Editor, é ilícita e passível de procedimento judicial contra o *infra*ctor.

 GRUPOALMEDINA

Biblioteca Nacional de Portugal – Catalogação na Publicação

SANTOS, Pedro Miguel Barrambana

Do assédio laboral : pelo reenquadramento do assédio moral no ordenamento jurídico português. – (Monografias)
ISBN 978-972-40-6872-5

CDU   349

Para a Filipa
In memoriam Custódio Augusto Barrambana

A presente obra que agora se leva a público corresponde, no essencial e salvo pequenas rectificações, à dissertação de mestrado apresentada na Faculdade de Direito da Universidade de Lisboa no âmbito do curso de mestrado científico em ciências jurídico-laborais e que foi defendida em provas públicas realizadas no dia 29 de Junho de 2016 perante o júri constituído pela Senhora Doutora Rosário Palma Ramalho (presidente e orientadora), pela Senhora Doutora Isabel Vieira Borges (arguente), pela Senhora Doutora Maria Raquel Rei, pelo Senhor Doutor Guilherme Dray e pelo Senhor Doutor Pedro Leitão Pais de Vasconcelos. A todos eles o autor deseja expressar o seu agradecimento pelo desafio proporcionado durantes as provas públicas.

Dada a natureza e finalidade do texto, optou-se por se manter o mesmo na sua conformação original.

AGRADECIMENTOS

Para a realização da presente dissertação, pese embora sem que o soubessem, contribuíram diversas pessoas e instituições a que, uma vez finalizada esta responsabilidade, cabe reconhecer:

- À Senhora Doutora Maria do Rosário Palma Ramalho, de quem fui aluno no curso de Mestrado, que, generosamente, aceitou orientar-me na elaboração da dissertação, facto que muito me honrou, bem como por todo o apoio prestado durante o seu desenvolvimento. Todavia, qualquer lapso ou incorrecção – como não poderia deixar de ser – é da exclusiva responsabilidade do Autor.

- À Filipa, pelo incomensurável apoio, dedicação, incentivo, compreensão pelas horas de ausência, enfim, por todos os sacrifícios tendo em vista a obtenção deste nosso objectivo.

- Aos meus pais, que sempre me incentivaram e apoiaram no aprofundamento dos estudos e me ensinaram, desde bem cedo, que cada pessoa é inequivocamente digna enquanto ser humano e que nada é mais digno que o trabalho. Sem eles nada teria sido possível pelo que e devido o meu penhorado agradecimento.

- Às Dr.ᵃˢ Teresa Mendes e Patrícia Lopes, bem como à equipa da TM Legal, pela paciência, apoio, incentivo, condições que me facultaram bem como por me permitirem continuar a aprender todos os dias, razões pelas quais estou penhoradamente agradecido.

- Aos incontáveis colegas e amigos que, durante este percurso, me auxiliaram na medida das suas possibilidades, partilharam angústias e forneceram o ânimo necessário para a continuação da jornada. A eles, o meu muito obrigado.

Évora, 28 de Julho de 2015

PLANO GERAL

Parte I
Invocação do problema
1. Introdução 29

Parte II
Evocação – O estado da arte: Do assédio moral

Título I
Aproximação ao fenómeno – De realidade a problema jurídico 47

2. Enquadramento geral 47
2.1. A execução do contrato de trabalho como catalisador de conflitos 47
2.2. A pessoa do trabalhador – em especial, os direitos fundamentais
e de personalidade na execução da relação laboral 54
2.3. Da ineficaz tutela do núcleo intangível da personalidade 63
2.4. Conceito (jurídico) de assédio: uma aproximação preliminar 65
2.5. Terminologia adoptada e delimitação 69

3. Da moléstia ao assédio moral 75
3.1. A identificação hodierna do assédio: Nova nomenclatura ou realidade? 75
3.2. Características distintivas do fenómeno 85
3.3. Manifestações: a tipologia do assédio 91
3.3.1. Posição dos sujeitos: assédio vertical, horizontal, externo e misto 91
3.3.2. Motivação da conduta assediante 93

4. A consagração hodierna do assédio enquanto objecto de tutela 97
4.1. Primeiros avanços 97
4.2. A influência das fontes internacionais de Direito na protecção do assédio laboral: em especial, os instrumentos de Direito da União Europeia 100
4.3. Difusão: a tutela do assédio nos ordenamentos jurídicos estrangeiros.........129
4.3.1. Sistemas jurídicos de common-law – Reino Unido.................................130
4.3.2. Sistemas jurídicos romano-germânicos 136
4.3.2.1. Direito francês 136
4.3.2.2. Direito alemão..140
4.3.2.3. Direito chileno 145
4.3.2.4. Direito brasileiro 149
4.3.2.5. Direito belga...153
4.3.2.6. Direito italiano...158
4.3.2.7. Direito espanhol...162
4.3.2.8. Sistemas jurídicos lusófonos 168

5. O assédio no ordenamento jurídico português – resenha 177
5.1. Tutela primária 177
5.2. Iniciativas: Projecto de Lei n.º 252/VIII e Projecto de Lei n.º 334/VIII........185
5.3. Consagração? Código do Trabalho 2003..193
5.3.1. Procedimento legislativo 193
5.3.2. Regime jurídico 197
5.4. Conformação: Código do Trabalho...205
5.5. O assédio nas relações laborais públicas: unicidade ou dualidade? 211
5.6. Negociação colectiva e assédio nas relações laborais 221
5.7. Da norma à aplicação: a prática jurisprudencial..231
5.8. Os bens jurídicos tutelados..237

Título II
O Assédio laboral no plano da normatividade 241

6. O assédio laboral no Direito constituído 241
6.1. Conceptualização 241
6.2. Sujeitos..250
6.3. Comportamento: indesejado, reiterado, sistemático e insidioso? 263
6.4. Elementos de conexão 278
6.5. Do objectivo ou efeito do comportamento..283
6.6. Do elemento volitivo 286
6.7. Síntese: uma proposta de noção de assédio moral no Código do Trabalho .293

7. Do assédio laboral ao Direito **295**
7.1. Do regime jurídico: Responsabilidade civil e a sua natureza; "prescrição."..295
7.2. O ónus da prova do assédio moral..302

8. Vicissitudes do assédio no contrato de trabalho................................ **307**
8.1. Meios extintivos: cessação do contrato de trabalho por iniciativa do assediado, despedimento por justa causa e resolução do contrato de trabalho 308
8.2. Meios preventivos: o processo especial de tutela da personalidade do trabalhador 311

Título III
Síntese conclusiva e perspectivas evolutivas **315**

RESUMO

Num quadro de especial instabilidade em consequência de uma prolongada crise económico-financeira que se precipitou, com especial incidência, nas relações laborais e na forma como decorre a sua execução, tem-se vindo a verificar um regresso à consideração do trabalhador como mero factor de produção, desconsiderando a sua valia enquanto membro da sociedade e como pessoa. Nesta medida, atendendo aos indícios existentes que apontam para o agravamento dos fenómenos de violência no trabalho, aos efeitos nefastos resultantes da prática dos referidos actos, da capacidade lesiva desses actos para a esfera jurídica pessoalíssima, exacerbada em razão da existência de uma relação laboral entre as partes envolvidas e, uma vez decorrida uma década sobre a consagração do assédio moral enquanto figura jurídica autónoma no ordenamento jurídico português – pese embora esta tenha renascido em 2009 pelas modificações introduzidas -, procurámos perspectivar em que medida o assédio moral corresponde a um instrumento jurídico devidamente sedimentada no Direito do Trabalho e eficaz para a protecção dos direitos fundamentais e de personalidade tanto do trabalhador como do empregador. Por conseguinte, após a apreciação do assédio enquanto fenómeno exojurídico, foi traçada a evolução da regulamentação jurídica do assédio laboral tanto no ordenamento jurídico nacional como no comunitário e procurou-se proceder à devida sedimentação dos limites tutelares que o ordenamento jurídico oferece. Para o efeito, procurou-se explorar e aprofundar devidamente o tipo assediante, assinalando os aspectos determinantes para o êxito tutelar bem como determinar as faculdades existentes de modo a preparar, caso se mostre necessário, o futuro aperfeiçoamento do regime legal, olhando para um conjunto seleccionado de regimes congéneres, dado que tutela o que de mais valioso existe: a pessoa humana e a sua dignidade.

PALAVRAS-CHAVE: DIREITO DO TRABALHO; ASSÉDIO MORAL; MOBBING; DIREITOS DE PERSONALIDADE; INTEGRIDADE MORAL; CONTRATO DE TRABALHO EM FUNÇÕES PÚBLICAS.

ABSTRACT

Within a framework of particular instability, as result of an extended economic and financial crisis that precipitated, with special focus, in labor relations and how their execution takes place, it has been observed a return to labor evaluation as a mere production factor, disregarding the workers' value as member of society and as a person. In this respect, given the existing evidence pointing to the worsening of the violence at work phenomenon, to the adverse result of the practice of such acts, the damaging ability of these to the personal sphere, exacerbated due to the existence of an employment relationship between the parties and once after one decade on the establishment of workplace bullying or mobbing as an autonomous legal figure in the Portugal legal system - even though this has reborn in 2009, as result of modifications -, we looked for to foresee to what extent mobbing corresponds to a useful legal instrument for Labour Law and an effective one to protect the fundamental rights and the personality of the employer and employee.

Therefore, having considered workplace harassment as an external and extra-legal phenomenon, it was drawn the evolution of the legal framework, both at national and EU law, and we tried to and we tried to settle the necessary sedimentation of limits that the legal system offers.

For this purpose, we tried to explore and duly deepen the harassing legal type, showing the key aspects that ought to be achieved to obtain a successful protection and determine which are the existing rules to prepare, if it should prove necessary, the future improvement of the legal system, as looking at regimes of group of selected countries, given that the workplace bullying protects what is the most valuable asset: the human person and his dignity.

KEYWORDS: LABOUR LAW; HARASSMENT; WORKPLACE BULLYING; MOBBING; PERSONALITY RIGHTS; MORAL INTEGRITY; PUBLIC EMPLOYMENT RELATIONS.

PRINCIPAIS ABREVIATURAS

AC	Acordo colectivo
ACT	Autoridade para as Condições do Trabalho
AE	Acordo de empresa
AGG	*Allgemeines Gleichbehandlungsgesetz*
Anot.	Anotação
ASocial	*Revista Análise Social*
BFDUC	*Boletim da Faculdade de Direito da Universidade de Coimbra*
BGB	Bürgerliches Gesetzbuch
BTE	*Boletim do Trabalho e Emprego*
CC/CCiv.	Código Civil
CCT	Convenção colectiva de trabalho/ Contrato colectivo de trabalho
CDFUE	Carta dos Direitos Fundamentais da União Europeia
CEDM	Convenção sobre a Eliminação de todas as Formas de Discriminação contra as Mulheres
CEDR	Convenção sobre a Eliminação de Todas as Formas de Discriminação Racial
CICDR	Comissão para a Igualdade e Contra a Discriminação Racial
CITE	Comissão para a Igualdade no Trabalho e no Emprego
CLL&PJ	*Comparative Labor Law &Policy Journal*
CPA	Código do Procedimento Administrativo, aprovado pelo Decreto-Lei n.º 4/2015, de 7 de Janeiro

CPT	Código de Processo do Trabalho, aprovado pelo Decreto-Lei n.º 480/99, de 9 de Novembro, alvo de sucessivas alterações entre as quais a introduzida pela Lei n.º 63/2013, de 27 de Agosto
CRP	Constituição da República Portuguesa
CT; CT09	Código do Trabalho, aprovado pela Lei n.º 7/2009, de 12 de Fevereiro, alterado pela Lei n.º 105/2009, de 14 de Setembro, pela Lei n.º 53/2011, de 14 de Outubro, pela Lei n.º 23/2012, de 25 de Junho, pela Lei n.º 47/2012, de 29 de Agosto, Lei n.º 69/2013, de 30 de Agosto, pela Lei n.º 27/2014, de 8 de Maio, pela Lei n.º 55/2014, de 25 de Agosto e, por fim, pela Lei n.º 28/2015, de 14 de Abril.
CT03	Código do Trabalho de 2003, aprovado pela Lei n.º 99/2003, de 27 de Agosto, alterado pela Lei n.º 9/2006, de 20 de Março, pela Lei n.º 59/2007, de 4 de Setembro, pela Lei n.º 12-A/2008, de 27 de Fevereiro e, por fim, pela Lei n.º 59/2008, de 11 de Setembro. Revogado pela Lei n.º 7/2009, de 12 de Fevereiro.
D&D	Revista *Direito & Desporto*
DAR	Diário da Assembleia da República
Diss.	Dissertação
DissM	Dissertação de mestrado
DJ	Revista *Direito e Justiça*
DUDH	Declaração Universal dos Direitos do Homem (1948)
E-Pública	E-Pública – Revista Eletrónica de Direito Público (disponível em www.e-publica.pt/)
FDUC	Faculdade de Direito da Universidade de Coimbra
FDUL	Faculdade de Direito da Universidade de Lisboa
IPL-ESTG	Instituto Politécnico de Leiria – Escola Superior de Tecnologia e Gestão
IRCT	Instrumento de regulamentação colectiva de trabalho
ISEG	Instituto Superior de Economia e Gestão, Universidade de Lisboa

JILPT	*The Japan Institute for Labour Policy and Training*
LAT	Regulamentação do regime de reparação de acidentes de trabalho e de doenças profissionais, incluindo a reabilitação e reintegração profissionais, aprovado pela Lei n.º 98/2009, de 4 de Setembro
LCT	Regime jurídico do contrato individual de trabalho, aprovado pelo Decreto-Lei n.º 49408, de 24 de Novembro. Revogado pela Lei n.º 99/2003, de 27 de Agosto, que aprovou o Código do Trabalho de 2003
LGTFP	Lei Geral do Trabalho em Funções Públicas, aprovada pela Lei n.º 35/2014, de 20 de Junho, alterada pela Lei n.º 82-B/2014, de 31 de Dezembro.
LVCR	Regime de vinculação, de carreiras e de remunerações dos trabalhadores que exercem funções públicas, aprovado pela Lei n.º12-A/2008, de 27 de Fevereiro, alterado pela Lei n.º 64-A/2008, de 31 de Dezembro, pela Lei n.º 3-B/2010, de 28 de Abril, pela Lei n.º 34/2010, de 02 de Setembro, pela Lei n.º 55-A/2010, de 31 de Dezembro, pela Lei n.º 64-B/2011, de 30 de Dezembro, pela Lei n.º 66/2012, de 31 de Dezembro, pela Lei n.º 66-B/2012, de 31 de Dezembro e pelo Decreto-Lei n.º 47/2013, de 5 de Abril. Revogada pela Lei n.º 35/2014, de 20 de Junho.
OIT	Organização Internacional do Trabalho
OTOC	Revista da Câmara dos Técnicos Oficiais de Contas
Par. MP	Parecer do Ministério Público
PIDESC	Pacto Internacional sobre Direitos Económicos, Sociais e Culturais (1976)
Polic.	Policopiado
RCT	Regulamento do Código de Trabalho (2003), aprovado pela Lei n.º34/2004, de 29 de Julho, alterado pela Lei n.º9/2006, de 20 de Março, pelo Decreto-Lei n.º 164/2007, de 3 de Maio e pela Lei 59/2008, de 11 de Setembro. Revogado pela Lei n.º 7/2009, de 12 de Fevereiro.

RCTFP	Regime do Contrato de Trabalho em Funções Públicas, aprovado pela Lei n.º 59/2008, de 11 de Setembro, alterado pela Lei n.º 3-B/2010, de 28 de Abril, pelo Decreto-Lei n.º 124/2010, de 17 de Novembro, pela Lei n.º 64-B/2011, de 30 de Dezembro, pela Lei n.º 66/2012, de 31 de Dezembro e pela Lei n.º 68/2013, de 29 de Agosto. Revogado pela Lei n.º 35/2014, de 20 de Junho.
RDES	Revista *Direito e Estudos Sociais*
RDir.	Revista *O Direito*
Reimp.	Reimpressão
Rel./rel.	Relator
RelM.	Relatório de Mestrado
RFDUL	*Revista da Faculdade de Direito da Universidade de Lisboa*
RGCO	Regime geral das contra-ordenações / Regime dos ilícitos de mera ordenação social, aprovado pelo Decreto-Lei n.º 433/82, de 27 de Outubro, alvo de sucessivas alterações sendo, por fim, modificado pela Lei n.º 109/2001, de 24 de Dezembro
RIDL	*Rivista Italiana di Diritto del Lavoro*
RJCITAP	Regime jurídico do contrato individual de trabalho da Administração Pública, aprovado pela Lei 23/2004, de 22 de Junho, alterado pelo Decreto-Lei 200/2006, de 25 de Outubro, pela Lei 53/2006, de 7 de Dezembro. Integralmente revogado pela Lei 59/2008, de 11 de Setembro e Lei n.º 35/2014, de 20 de Junho.
RLJ	Revista *de Legislação e Jurisprudência*
ROA	*Revista da Ordem dos Advogados*
RQL	Revista *Questões Laborais*
STA	Supremo Tribunal Administrativo
STJ	Supremo Tribunal de Justiça
TCAS	Tribunal Central Administrativo Sul
TCE	Tratado que institui a Comunidade Europeia
TCEE	Tratado que institui a Comunidade Económica Europeia
TRC	Tribunal da Relação de Coimbra
TRE	Tribunal da Relação de Évora
TRG	Tribunal da Relação de Guimarães
TRL	Tribunal da Relação de Lisboa

TRP	Tribunal da Relação do Porto
TUE	Tratado da União Europeia
UC	Unidade de conta
UCP	Universidade Católica Portuguesa
UGT	União Geral dos Trabalhadores

NOTAS DE LEITURA E OUTRAS REFERÊNCIAS

– As disposições legais que surjam ao longo da dissertação sem qualquer indicação expressa ou outra que resulte do especificamente do contexto da sua utilização devem entender-se efectuadas ao Código do Trabalho, aprovado pela Lei n.º 7/2009, de 12 de Fevereiro, alterado pela Lei n.º 105/2009, de 14 de Setembro, pela Lei n.º 53/2011, de 14 de Outubro, pela Lei n.º 23/2012, de 25 de Junho, pela Lei n.º 47/2012, de 29 de Agosto, pela Lei n.º 69/2013, de 30 de Agosto, pela Lei n.º 27/2014, de 8 de Maio, pela Lei n.º 55/2014, de 25 de Agosto e, por fim, pela Lei n.º 28/2015, de 14 de Abril.

– As abreviaturas empregues ao longo do texto encontram-se elencadas na listagem que precede a dissertação.

– As citações e menções bibliográficas encontram-se efectuadas da seguinte forma: a primeira citação far-se-á por completo, referenciando, pela seguinte ordem, o autor, título da obra em itálico, edição e local de edição, editora e ano de publicação, sendo que, nas seguintes menções, a obra será mencionada abreviadamente mediante referência ao nome do autor bem como uma expressão identificativa do título completo da obra. Quando se mostre necessário citar diferentes edições da mesma obra, será efectuada a referência directa à edição em causa, ainda que em modo de referência abreviada; caso não surja qualquer indicação, a referência deve considerar-se efectuada à edição mais recente. Caso um mesmo autor apresente vários textos cuja expressão identificativa seja a mesma e não exista outra alternativa, a citação far-se-á mediante recurso a essa expressão identificativa acrescida do ano de publicação da obra, artigo ou estudo, seguindo-se ordinariamente quanto ao restante.

– Quanto a anotações, artigos, capítulos inscritos em obras colectivas, publicações periódicas ou textos disponíveis exclusivamente em formato electrónico, indicar-se-á o autor, o título do artigo, capítulo ou parte da obra colectiva em itálico e entre aspas, seguindo-se, quanto ao restante, a fórmula acima exposta.

– Os excertos, trechos ou passagens de obras, textos ou decisões judiciais que, pela sua relevância ou clareza, sejam transcritos para a presente dissertação surgirão em itálico e encontrar-se-ão grafados conforme o original; no entanto, quando parte do texto original surja em itálico, será transcrito sem essa referência gráfica de forma a preservar a dinâmica visual do texto. Caso o original surja integralmente redigido em itálico, será efectuada a transcrição utilizando essa dinâmica visual.

– A jurisprudência nacional analisada poderá ser encontrada, na sua maioria, no sítio da internet de acesso público gerido pelo Instituto de Gestão Financeira e Equipamentos da Justiça, I.P. em www.dgsi.pt/ de acordo com as referências fornecidas, designadamente, tribunal, data do aresto, número do processo (atribuído pelo tribunal de entrada ou pelo tribunal de recurso) e relator.

- No que respeita à legislação em vigor, à bibliografia consultada e jurisprudência a presente dissertação encontra-se actualizada com referência a 1 de Junho de 2015.

- As hiperligações referenciadas ao longo da dissertação foram acedidas e os elementos e dados aí mencionados foram extraídos, sem actualização posterior, na data indicada.

- Por opção expressa do autor, a presente dissertação não se encontra redigida em consonância com as normas ortográficas resultantes do Acordo Ortográfico de 1990.

« ANA GERSCHENFELD: "- Uma formação para o assédio?"
CHRISTOPHE DEJOURS: "- Exactamente. Há estágios para aprenderem essas técnicas. Posso contar, por exemplo, o caso de um estágio de formação em França em que, no início, cada um dos 15 participantes, todos eles quadros superiores, recebeu um gatinho. O estágio durou uma semana e, durante essa semana, cada participante tinha de tomar conta do seu gatinho. Como é óbvio, as pessoas afeiçoaram-se ao seu gato, cada um falava do seu gato durante as reuniões, etc.. E, no fim do estágio, o director do estágio deu a todos a ordem de... matar o seu gato."»
Ana Gerschenfeld, *"Um suicídio no trabalho é uma mensagem brutal"*, In: *Jornal Público - 1 de Fevereiro*, Porto, 2010.

"O estudo do fenómeno do assédio moral e o combate pela sua adequada punição e erradicação é, afinal e antes de tudo, um combate de cidadania e pela cidadania!"
ANTÓNIO GARCIA PEREIRA, *"O assédio moral"*, In: *8.º Congresso Internacional De Segurança, Higiene e Saúde Do Trabalho*, Porto, 2006.

PARTE I
INVOCAÇÃO DO PROBLEMA

1. Introdução

Considerações preliminares, razão de tratamento do tema, metodologia adoptada, coordenadas gerais de investigação e delimitação do objecto

O assédio no trabalho corresponde, hodiernamente, a um dos temas dogmaticamente mais interessantes para os cultores do Direito do Trabalho no ordenamento jurídico português. Se, por um lado, não convoca para o seu âmago a análise de questões típicas do Direito do Trabalho, embora verse sobre aspectos previsivelmente mais centrais e relevantes, não deixa, porém, de solicitar para a sua análise um conjunto multidisciplinar de competências e conhecimentos, sejam oriundos de outras ciências como da sociologia e da psicologia, bem como originários de outros ramos de Direito para o seu enquadramento. Estudar a temática do assédio nas relações de trabalho reclama, inevitavelmente, o aprofundamento de questões tradicionalmente oriundas, designadamente, do Direito Constitucional e do Direito Civil.

Entre nós, em momento prévio à codificação e face à ausência de norma expressa, o estudo do fenómeno do assédio das relações laborais implicava, como primeiro e principal desafio, a integração da questão, correntemente identificada – e desenvolvida – noutros ordenamentos jurídicos congéneres, bem como impunha um ensaio aos limites do ordenamento jurídico nacional a uma eventual resposta[1]. Como adiante se verá, embora o fenómeno não fosse recente, o seu estudo e enquadramento por parte das ciências jurídicas encontrava-se dotado de novas premissas, ainda que estas não encontrassem respaldo no direito positivo.

Superada a ausência de norma expressa em função da entrada em vigor da Lei n.º 99/2003 e do respectivo Regulamento do Código de Trabalho de 2003, aprovado pela Lei n.º 35/2004, de 29 de Julho, o fenómeno passou a suscitar um interesse mais agudo por parte da doutrina e jurisprudência nacional e incentivou, naturalmente, o estudo e a análise da figura, nomeadamente, numa lógica pedagógica. Porém, em resultado da breve vigência do referido normativo e consequente aprovação pela Lei n.º 7/2009, de 12 de Fevereiro, do Código do Trabalho de 2009, a protecção no assédio subsiste para o Direito do Trabalho como uma figura cujo enquadramento no âmbito da ciência do Direito permanece algo adiáfano[2-3].

Assim, se mais razões não existissem, a possibilidade de contribuir cientificamente para um conhecimento mais aprofundado de uma figura de

---

[1] Contrariamente ao que se verificou relativamente ao assédio sexual, a análise e estudo jurídico do assédio moral em ambiente de trabalho apenas surgiu, em Portugal, concomitantemente ao processo de elaboração do Código do Trabalho em 2003. Por conseguinte, a inicial tendência centrou-se na conceptualização da figura (e suas eventuais falhas e defeitos). Entre nós, a primeira abordagem jurídica (escrita) a este fenómeno remonta ao ano de 2002 (tendo sido publicada no ano seguinte) e respeita à comunicação apresentada por ISABEL RIBEIRO PARREIRA no V Congresso Nacional de Direito do Trabalho, versando expressamente acerca do *"assédio moral no trabalho"* seguida, nesse mesmo ano, do texto de MARIA REGINA REDINHA denominado *"assédio moral ou mobbing no trabalho"*, In: JOSÉ DE OLIVEIRA ASCENSÃO (coord.), Estudos em homenagem ao Prof. Doutor Raúl Ventura, II, 833-847. Desde então, o tema tem sido paulatinamente alvo de algumas abordagens, mormente académicas, que têm fomentado o levantamento de algumas questões e problemas e, consequentemente, o interesse sobre a temática.

[2] Como melhor se verá, o normativo regulador do assédio moral em contexto de trabalho vigorou no ordenamento jurídico português, até à presente data, em duas versões distintas por dois períodos de seis anos (primeiro, entre 2003 e 2009 e o segundo entre 2009 e 2015). Ora, esta perturbação normativa, no nosso entendimento, não concedeu um período de maturação suficiente ao labor doutrinário e jurisprudencial.

[3] Quanto à profusão do conhecimento do assédio moral entre os agentes jurídico-laborais consideramos que o seu reflexo no seio da negociação colectiva pode actuar como um barómetro da sensibilidade (crescente) para o fenómeno. A este respeito, cf. *infra* 5.6.

contornos recentes[4] bem como para o seu enquadramento no plano das relações individuais de trabalho[5] justificaria plenamente a sua selecção como objecto do presente ensaio.

Todavia, não é o que se verifica: fruto dos condicionalismos directamente resultantes do contexto económico que se abateu sobre a Europa, com especial enfoque em Portugal, constata-se que, desde o ano de 2009, temos vindo a assistir a uma progressiva degradação do mercado e condições de trabalho que, consequentemente, influi sobre a execução das relações individuais de trabalho existentes.

Se no plano económico esta deterioração resultante do momento macroeconómico é corporizada, nomeadamente, pelo acréscimo significativo dos valores de desemprego da população[6], pela vertigem pelo esma-

---

[4] Ainda que tenha passado mais de uma década desde a sua introdução, a evolução da ciência do Direito, principalmente do Direito Privado, corresponde a um lento e ponderado desenvolvimento científico, a mais das vezes sem qualquer quebra abrupta com o enquadramento anteriormente prestado. Assim, ANTÓNIO MENEZES CORDEIRO, *Direito Comercial*, 3.ª, Coimbra, Almedina, 2012, 42.

[5] Seguimos, quanto a este aspecto, ROSÁRIO PALMA RAMALHO, *Tratado de Direito do Trabalho – Parte I – Dogmática Geral*, 3.ª, Coimbra, Almedina, 2012, 383 ss.

[6] De acordo com os dados oficiais disponibilizados pelo Instituto Nacional de Estatística, consultados em www.ine.pt/ a 29/07/2014, a taxa de desemprego tem sofrido, um acréscimo progressivo e significativo nos últimos anos. Assim, se em 2006 os valores apresentados se cifravam em 7,7%, em 2012 a mencionada referência praticamente duplicou, para os 15,5%, tendo atingido, no ano de 2013, 16,2%. Todavia, se atendermos a dados mais recentes, de base trimestral, podemos verificar que a taxa de desemprego tem vindo, progressivamente, a inverter a sua trajectória desde o final do 1º trimestre de 2013, onde atingiu 17,5%, correspondente a 952 mil desempregados. Quantificando os percentis referidos, encontravam-se desempregados em 2006, 2012 e 2013, respectivamente, 427,8, 835,7 e 855,2 milhares de pessoas.

Os referidos valores são ainda mais impressivos se atendermos à evolução do rácio entre empregados e desempregados, conforme melhor se observa na tabela *infra* elaborada com base nos dados oficiais disponibilizados pelo INE. Assim, se em 2006 existia um desempregado para cada 12 empregados, esse valor modificou-se para 8 em 2010 e para 5 em 2013.

Ano	*2006*	*2007*	*2008*	*2009*	*2010*	*2011*	*2012*	*2013*
Empregados *(milhares)*	5160	5170	5198	5054	4978	4740	4547	4429
Desempregados *(milhares)*	427	448	427	528	602	688	835	855
Rácio Empregados/ Desempregados	12:1	12:1	12:1	10:1	8:1	7:1	5:1	5:1

Fonte de dados: Instituto Nacional de Estatística (disponíveis em www.ine.pt/ e acedidos a 29/07/2014)

gamento dos custos do trabalho e diminuição do investimento em propiciar condições de trabalho salubres e seguras e, por fim, pela duração expectável da situação de desemprego, especialmente gravosa para os trabalhadores mais velhos[7], no plano da escolha económica, aquando do momento avaliativo, o decisor não deixa de tomar em consideração estes factores na formulação do seu juízo.

Assim, se atentarmos ao tendencial foco colocado na diminuição dos custos laborais e à procura incessante na redução dos mesmos, conjugado com a precariedade das próprias relações laborais por recurso, sem critério, à contratação a termo certo ou incerto[8], de prestadores de serviços onde grassa a subordinação jurídica ou, pelo menos, uma situação de dependência económica, bem como à competição gerada pelo recurso à contratação de estagiários por via de programas de estágio de inserção no mercado de trabalho[9], por períodos temporalmente prolongados e poten-

---

[7] Os dados oficiais do Instituto de Emprego e Formação Profissional indicam, expressamente, essa tendência: se no ano de 2009 apenas 34,6% dos inscritos no IEFP é que se encontravam nessa situação por período superior a um ano, o referido valor foi progredindo, o qual se cifra, em Junho de 2014, em 50,6% do total de inscritos. Quanto a estes valores cf. INSTITUTO DE EMPREGO E FORMAÇÃO PROFISSIONAL, *Mercado de Emprego – Estatísticas Mensais (Junho 2014)*, Lisboa, IEFP, I.P., 2014, 7. Os referidos valores são ainda reforçados pelos dados divulgados pela Organização para a Cooperação e Desenvolvimento Económico (OCDE) relativamente à duração do desemprego em Portugal: de acordo com esta organização, em 2012, 4% do desemprego teve uma duração inferior a um mês, 13,7% entre um e três meses, 14,7% entre três e seis meses, 18,8% entre seis meses e um ano e, por fim, 48,7% apresentou duração superior a um ano. Cf. OECD (2014), *OECD Labour Force Statistics 2013*, Bruxelas, OECD Publishing, 2013, 186.

[8] Quanto a este aspecto, vejam-se as intervenções legislativas resultantes aprovação das Leis n.º 3/2012, de 10 de Janeiro, e n.º 76/2013, de 7 de Novembro, pelas quais se estabeleceu um regime de renovação extraordinária do contrato de trabalho a termo, em função do qual se permite o prolongamento do vínculo precário em diversas relações jurídico-laborais para além dos limites máximos de duração do contrato a termo certo resultantes do art. 148.º do Código do Trabalho.

[9] O contrato de estágio apresenta, hoje em dia, claras aproximações ao contrato de trabalho, nomeadamente nos deveres e direitos aí identificados e que são, por natureza, temporalmente limitados. Assim, se a esta circunstância acrescentarmos a existência de financiamento estatal à contratação de estagiários, seja pela comparticipação, total ou parcial, dos custos mensais associados ao contrato de estágio, a inexistência do direito a férias remuneradas bem como a obrigação de pagamento de subsídio de férias e Natal, é inteligível que estes mecanismos de prestação de trabalho concorrem directamente com constituição de relações laborais bem como pressiona a execução das mesmas. Por conseguinte, havendo a necessidade de recorrer à contratação de um novo dador de trabalho, o decisor empresarial optará, naturalmente,

cialmente financiados com fundos públicos, para postos de trabalho de carácter permanente e onde a mais das vezes existem, de facto, sucedâneos de relações laborais típicas, é perceptível que venha a ser exercida uma pressão referente às próprias condições de prestação de trabalho, designadamente pelo empregador, salientando a turba que se encontra disponível para ocupar o seu lugar[10].

De igual forma, o receio do trabalhador se ver colocado numa situação de desemprego de longa duração[11], sem que haja previsão quanto à sua superação, nomeadamente nos trabalhadores de idade mais avançada[12], com baixas qualificações e em é que reconhecida a dificuldade acrescida em regressar à vida profissional activa[13], bem como na população jovem,

pelo enquadramento legal que lhe atribua maiores vantagens jurídicas e económicas aos seus intentos. Assim, no nosso entender, os referidos mecanismos, embora prossigam finalidades próprias, geram uma clara e nefasta distorção do mercado de trabalho em resultado directo da intervenção do Estado, sendo esta situação particularmente preocupante para quem pretende ingressar no mercado de trabalho. Quanto ao regime jurídico do referido contrato de estágio, ainda que numa perspectiva exclusivamente privatística, cf., por todos, DIOGO VAZ MARECOS, *Uma nova ferramenta de gestão: O contrato de estágio entre particulares e sem recurso a financiamento público*, Coimbra, Coimbra Ed., 2013, 82 ss.

[10] É, aliás, neste sentido que a Resolução n.º 2001/2339 (INI) do Parlamento Europeu se pronuncia, identificado "a insegurança das condições de trabalho como *"razão essencial da frequência crescente da violência e do assédio"*.

[11] Tem sido entendido, no plano estatístico, como desempregado de longa duração aquele trabalhador que se encontra disponível e à procura de trabalho e que há mais de doze meses se encontra na situação de desempregado. Porém, a realidade afasta-se da definição estatística: de acordo com MÁRIO CENTENO em *O trabalho, uma visão de mercado*, Lisboa, Fundação Francisco Manuel dos Santos/Relógio D'Água Editores, 2013, 113, a situação de desemprego apresentou, no ano de 2011, uma duração média de 27,6 meses.

[12] Os elementos disponibilizados pelo Instituto de Emprego e Formação Profissional, reportados a Junho de 2014, indicam, com base nas pessoas inscritas nos seus serviços, a seguinte estrutura do desemprego em Portugal: 11,4% com idade inferior a 25 anos, 19,9% encontra-se na faixa etária entre os 25 e os 34 anos, 47,8% entre os 35 e os 54 anos e 20,9% com 55 ou mais anos. Cf. INSTITUTO DE EMPREGO E FORMAÇÃO PROFISSIONAL, *Estatísticas Mensais (Junho 2014)... cit.*, 27.

[13] Se atendermos aos dados oficiais reportados a 2011, referentes ao desemprego de longa duração, coligidos e apresentados por MÁRIO CENTENO em *O trabalho...cit.*, 113, é rapidamente perceptível a situação relatada. Perspectivada a questão no plano do grupo etário, dos desempregados incluídos nas faixas etárias entre os 35-44, 45-54 e 55-64, respectivamente, 60,8%, 65,2% e 73,6% eram desempregados de longa duração. Essa análise foi recentemente reforçada pelos elementos divulgados pelo Banco de Portugal, referentes ao 1º trimestre de 2014, de acordo com os quais 63,6% dos desempregados são qualificados como de longa duração e 39% são identificados como desempregados de muito longa duração (isto é,

em que as taxas de desemprego se apresentam elevadas, permitem compreender uma propensão, por parte dos destinatários, para a desvalorização das condutas de que foram alvo e não reagir relativamente ao fenómeno[14], suportando as agressões, lesões e humilhações impostas[15]. Além disso, a relevância dos rendimentos procedentes do trabalho subordinado, como principal – por vezes única – fonte de rendimento, gera uma situação fáctica de dependência face à relação laboral que compele os assediados a tolerar acriticamente as provações de que são alvo[16-17].

encontram-se nessa situação por um período superior a 24 meses). Quanto a estes dados, cf. http://www.bportugal.pt/estatisticasweb/, série *"desemprego por duração da procura de emprego – total"* (acedido a 02/08/2014).
A situação pode ainda agravar-se tendo em consideração o grau de escolaridade: dos desempregados dotados com o ensino básico, 56% encontrava-se numa situação de desemprego de longa duração, regredindo esse valor para 45,5% dos trabalhadores qualificados com o ensino secundário e para 34,6% de entre os qualificados com ensino superior.

[14] Em sentido próximo cf. GLÓRIA REBELO, *"Coacção moral e conflitualidade nas organizações"*, In: *Revista Febase*, V, n.º42 (Abril), Lisboa, Federação do Sector Financeiro, 2014, 19.

[15] JÚLIO VIEIRA GOMES, *Direito do Trabalho, I – Relações individuais de trabalho*, Coimbra, Coimbra Ed., 2007, 434.

[16] Não obstante o enquadramento geral, existem sectores de actividade em fruto das suas características específicas ou modelo de execução da relação laboral, o assédio poderá revelar-se um meio especialmente pernicioso de gestão humana. Um dos sectores de actividade onde o assédio revela especial danosidade respeita ao trabalho do praticante desportivo: assim, cf. JOÃO LEAL AMADO, *"Entre a renovação e a hibernação: assédio moral no desporto"*, In: *D&D*, XI, n.º 31, Coimbra, Coimbra Ed., 2013, 11-36 (26 ss) = JOÃO REIS (coord) et al., *Para Jorge Leite – Escritos jurídico-laborais*, I, Coimbra, Coimbra Ed., 2014, 21-42.
Hodiernamente' é tido como prática de gestão corrente no âmbito do trabalho do praticante desportivo e profissões conexas, não sendo expressamente repudiada, a circunstância de limitar a participação de profissionais desportivos em competições profissionais ou a sua alocação para um plantel secundário, limitando assim as suas aspirações de progressão profissional, como retaliação em face da recusa do trabalhador em modificar as condições do seu contrato de trabalho desportivo, seja alargando a duração do seu vínculo contratual, seja diminuindo a sua retribuição.

[17] Ainda que a metodologia seleccionada passe pela abordagem genérica do fenómeno, não poderemos deixar de realçar que existem sectores de actividade potencialmente mais expostos à sua prevalência que outros. Por conseguinte, para além da actividade profissional desportiva, foram desenvolvidas análises centradas no âmbito do sector bancário e da prestação de cuidados de saúde: assim, cf. exemplificativamente quanto ao sector bancário ANA TERESA VERDASCA, *Assédio moral no trabalho – uma aplicação ao sector bancário português*, Diss. doutoramento ISEG, Lisboa, polic., 2010 e ANA TERESA VERDASCA / ANTÓNIO GARCIA PEREIRA, *"Assédio moral no local de trabalho: o caso do sector bancário português"*, In: *Socius working papers*, 9/2011, Lisboa, SOCIUS/ISEG, 2011; quanto ao sector da saúde, em especial da enfermagem,

A própria intervenção do legislador, seguramente sem esse escopo, terá, no nosso entender, criado situações em que poderá ser identificado um benefício do *infra*ctor assediante: designadamente, a opção tomada pelo legislador referente à imposição de valores máximos e diminuição do *quantum* base do cálculo da compensação por despedimento resultante das consecutivas intervenções legislativas no Código do Trabalho empreendidas pela Lei n.º 53/2011, de 14 de Outubro, pela Lei n.º 23/2012, de 25 de Junho e pela Lei n.º 69/2013, de 30 de Agosto, poderá, em certa medida, incentivar os empregadores a utilizar expedientes assediantes como forma de fazer cessar, ilegitimamente, a relação contratual de trabalhadores mais antigos, fazendo-os substituir no seu posto de trabalho por trabalhadores ao abrigo do novo regime. Assim, poderá atingir-se por esta via uma diminuição de um eventual encargo resultante da compensação por cessação do contrato de trabalho, caso o seu assédio estratégico logre atingir o seu desiderato.

Deste modo, ainda que, partindo de uma base empírica, não seja possível afirmar categoricamente o crescimento quantitativo do fenómeno[18-19] ou

---

cf. PATRÍCIA MARQUES, *O assédio moral na Enfermagem - contributos para a gestão organizacional*, Diss. mestrado Instituto Politécnico de Viana do Castelo, Viana do Castelo, polic., 2014.

[18] Ainda que existam algumas abordagens quantitativas à prevalência do fenómeno, seja de fonte nacional ou europeia, não é passível de ser empreendida, face à disparidade de critérios, amostragem e distanciamento temporal, uma análise que permita, inequivocamente, documentar este entendimento.

[19] O referido crescimento de situações de assédio moral é corroborado por declarações de responsáveis de Unidades Locais da Autoridade para as Condições do Trabalho. Neste sentido veja-se, designadamente, o entendimento relevado pela responsável do Centro Local do Mondego da ACT em http://sol.sapo.pt/inicio/Sociedade/Interior.aspx?content_id=9360 (acedido a 28/11/2013) bem como as declarações prestadas a 23/06/2014 pela responsável da Unidade Local do Nordeste Transmontano da ACT em http://www.brigantia.pt/index2.php?option= com_content&do_pdf=1&id=11620 (acedido a 02/08/2014).

Todavia, esse acréscimo de situações não se repercutiu, directamente, na actividade desenvolvida pela Comissão para a Igualdade no Trabalho e no Emprego: de acordo com os dados fornecidos por este órgão, no quinquénio 2009-2013 foram formalizadas 14 queixas referentes a assédio moral e 11 fundadas em assédio sexual, o que perfaz 4% do total de participações àquela entidade no período em análise. Ainda no que respeita à dispersão temporal e agrupadas as participações por assédio sexual e moral, não se verifica o aumento quantitativo expectável: foram formuladas nos anos compreendidos entre 2009 e 2013, respectivamente, 2, 8, 1, 8 e 6 queixas por assédio moral e sexual. Assim, atendendo à repartição de competências entre as diferentes entidades responsáveis – Autoridade para as Condições do Trabalho, Comissão para a Igualdade no Trabalho no e Emprego e Comissão para a Igualdade e Contra

a sua existência enquanto prática generalizada[20], a nossa análise do tráfego jurídico bem como dos factores anteriormente mencionados, permite-nos percepcionar um acréscimo de relatos e situações fácticas experienciadas, ainda que, muitas vezes e pelas razões enunciadas, não haja um reflexo directo nas pendências de acções judiciais em que a causa de pedir se funde, directamente, em assédio, bem como, por outro lado, pela própria conformação da figura no ordenamento jurídico[21]. Não obstante, a jurisprudência nacional, quando convocada a decidir relativamente ao tema, tem desempenhado um papel a destacar no enquadramento da figura e na aplicação das normas, procurando contribuir para a densificação das fronteiras do assédio no ordenamento jurídico português. Como tal, a sua leitura crítica é fundamental para o trabalho que nos propomos a desenvolver na determinação deste regime tutelar dos direitos pessoais dos sujeitos da relação laboral.

No entanto, um recente estudo nacional, promovido pela Comissão para a Igualdade no Trabalho e no Emprego e desenvolvido pelo Centro Interdisciplinar de Estudos de Género do Instituto Superior de Ciências Sociais

---

a Discriminação Racial – parece tomar a dianteira o assédio estratégico relativamente ao número de incidências detectadas e queixas apresentadas.

[20] Neste sentido, NUNO QUEIROZ DE ANDRADE / TELMO MOURINHO BAPTISTA, *"Práticas de assédio moral em empresas portuguesas"*, In: ANA LAMBELHO / JORGE BARROS MENDES / LUÍSA ANDIAS GONÇALVES (Org.), *II Congresso Internacional de Ciências Jurídico-Empresariais – A responsabilidade social das empresas - Actas*, Leiria, IPL-ESTG, 2013, 109-121 (110 ss).

[21] Foi recentemente notícia a acusação, por parte do Ministério Público, de um empregador por violação de regras de segurança, previsto e punido nos termos do art. 152º-A do Código Penal. A descrição da situação, tal como relatada pelos órgãos de comunicação social, realça a existência de conflito entre o referido arguido e um trabalhador dado que o empregador pretendia que este fizesse cessar o contrato de trabalho por sua iniciativa e, com este escopo, andaria, alegadamente, a sobrecarregá-lo de trabalho por forma a produzir esse efeito. De acordo ainda com o relatado, foi exigido ao trabalhador, operário do sector da construção civil, que executasse uma tarefa ao sol, sem água e outros bens básicos, não sendo autorizado a realizar pausas, durante um período de tempo em que se verificava uma situação meteorológica extrema. O trabalhador terá sucumbido, alegadamente, em resultado do esforço e das condições extremas em que foi obrigado a laborar. Cf. *"Patrão deixou morrer trabalhador ao sol"*, In: JORNAL DE NOTÍCIAS, *03 de Agosto*, Porto, 2014, 2 e *"Homem morre ao sol"*, In: CORREIO DA MANHÃ, disponível em http://www.cmjornal.xl.pt/detalhe/ noticias/nacional/portugal/homem-morre-a-trabalhar-ao-sol092856977 (acedido a 05/08/2014). Todavia, não podemos deixar de salientar, de acordo com a informação disponível, que a actuação apresentada parece inscrever-se tipologicamente na categoria de assédio moral sem que, todavia, qualquer menção seja feita nesse sentido.

e Políticas da Universidade de Lisboa em colaboração, entre outras entidades, com a Comissão para a Cidadania e Igualdade de Género, logrou trazer a público um conjunto de dados de natureza científica, representativos da realidade ora existente, em concreto, relativamente ao assédio moral e ao assédio sexual[22]. De acordo com os resultados preliminares desse estudo, o qual foi alvo de uma extensa divulgação por parte dos órgãos de comunicação social portuguesa, constatou-se que cerca de 16,5% da população activa portuguesa já foi alvo, pelo menos num momento da sua vida profissional, de uma forma de assédio moral no trabalho[23] sendo relevante notar que, ao contrário do que se julgava inicialmente pressuposto, a incidência de assédio moral entre homens e mulheres sofre, na amostra seleccionada, uma variação inferior a 1% uma vez que os valores apresentados por género foram, respectivamente, 15,9% e 16,7%, apresentando assim um carácter transversal[24]. Por conseguinte e tendo por base a população activa estimada pelo Instituto Nacional de Estatística, que se cifrava no 4.º trimestre de 2014 em cerca de 5.189.800 pessoas, da extrapolação dos resultados daquela amostra estima-se que cerca de 850.000 pessoas já tenham sido alvo, pelo menos, de uma situação de assédio moral do trabalho, sendo aquele um valor que deve gerar alguma inquietação face à sua prevalência na população activa portuguesa[25].

Esta análise, incidindo expressamente sobre a população portuguesa – excluindo-se da amostra recolhida, contudo, o sector primário -, permitiu, por outro lado, traçar com alguma nitidez as principais características da situação assediante típica. Assim, entre as manifestações quantitativamente mais relevantes, 40% das pessoas inquiridas que foram alvo de uma

---

[22] Os resultados preliminares do citado estudo, coordenado por ANÁLIA TORRES, foram apresentados publicamente a 3 de Junho de 2015. O suporte dessa apresentação pública pode ser acedida em http://cieg.iscsp.ulisboa.pt/eventos/conferencias/item/download/60_3522b753beddd6a4a7899ebb9fc326fd (acedido a 17/06/2015).
[23] Cf. ANÁLIA TORRES (coord.) et al., *Assédio moral e sexual no local de trabalho – resultados preliminares*, Lisboa, CIEG-ISCSP, 2015, 14 ss.
[24] Por sua vez, situação diferente verifica-se nessa amostra quando questionada acerca de situações de assédio sexual: aqui, 14,4% das mulheres afirmam que já foram alvo, pelo menos, de uma situação de assédio sexual enquanto no género masculino esse valor é significativamente inferior, cifrando-se em 8,6%.
[25] INSTITUTO NACIONAL DE ESTATÍSTICA, *Estatísticas do Emprego 2014, 4.º Trimestre*, Lisboa, INE, 2014, 5 e 18, disponível em www.ine.pt/ngt_server/attachfileu.jsp?look_parentBoui=225597494&att_display=n& (acedido a 06/06/2015).

ou mais situações de assédio declaram ter sido sistematicamente sujeitas a situações de *stress* com o objetivo de as levar ao descontrolo, 29,2% sentiram que o seu trabalho foi ou é sistematicamente desvalorizado, bem como 12,4% considera ter sentido que lhe foram definidos objectivos e prazos impossíveis de alcançar. Ora, esta recolha permitiu ainda aferir quais os agentes assediadores típicos que, maioritariamente, são superiores hierárquicos ou chefes directos dos assediados em 82,7% dos casos identificados e, nos restantes casos, por colegas em cerca de 13,2% das situações[26].

No entanto, a violência em ambiente de trabalho não corresponde a um problema especificamente português: no âmbito da União Europeia, estima-se que um em cada dez trabalhadores sofram, no período de um ano, pelo menos uma situação de violência laboral independentemente do seu carácter físico ou psicológico[27]. Noutra óptica, é identificada uma manifesta discrepância, no espaço comunitário, relativamente à exposição dos trabalhadores a situações de assédio laboral durante desempenho de funções, mormente na sujeição a intimidação e perseguição ou em ameaças ou comportamentos humilhantes[28]. A título exemplificativo e tendo por referência os 12 meses anteriores e a prática de actos intimidatórios ou de perseguição, veja-se a diferença existente entre a Bulgária e a Polónia (respectivamente, 0,6% e 0,7%) e a França e a Bélgica (respectivamente, 9,5% e 8,6%) pese embora, no nosso entender, dos mencionados valores não poderá ser extrapolada uma diferente prevalência do fenómeno[29].

Noutra perspectiva, os factores anteriormente mencionados poderão, de igual modo, promover um acréscimo nas situações de assédio sexual. Ainda que este ensaio não se foque nessa questão, não deixaremos de notar que os aspectos socioeconómicos e de contexto poderão exacerbar

---

[26] ANÁLIA TORRES (coord.) et al., *Assédio moral... cit.*, 17 ss.
[27] Assim, EUROPEAN FOUNDATION FOR THE IMPROVEMENT OF LIVING AND WORKING CONDITIONS, *Foundation findings: Physical and psychological violence at the workplace*, Dublin, Eurofound, 2010, 6.
[28] Cf. EUROPEAN FOUNDATION FOR THE IMPROVEMENT OF LIVING AND WORKING CONDITIONS, *Quinto inquérito europeu sobre as condições de trabalho*, Dublin, Eurofound, 2012, 15.
[29] Como melhor se verá, a tutela específica do assédio moral logra unificar e permitir uma clara classificação de ilicitude a comportamentos e actuações que socialmente poderiam ser entendidas como normais pelos agentes. Por conseguinte, uma menor absorção do conhecimento do fenómeno na comunidade pode implicar uma subversão estatística quando, factualmente, essa realidade existe porquanto julgamos que estas diferenças quantitativas deverão ser devidamente interpretadas *cum grano salis*.

a situação de dependência e, consequentemente, fomentar o acréscimo dessas práticas. Assim, ainda que este tipo de comportamentos apresente outras características específicas, não deixarão de demonstrar, *prima facie*, um certo núcleo comum com o nosso objecto, designadamente no âmbito do activo lesado.

O assédio em ambiente laboral poderá ser igualmente responsável por uma parte do absentismo laboral: o trabalhador, ao ser-lhe administradas pequenas e insidiosas doses deste veneno, poderá vir a atingir um momento em que, fruto das microlesões que lhe foram infringidas, poderá quebrar do ponto de vista da saúde psíquica e/ou física, e ver-se na contingência de se encontrar temporariamente impossibilitado para o trabalho, resultando dessa circunstância perdas de produtividade do tecido económico[30].

No entanto, a situação é especialmente grave e paradoxal atendendo que se poderá qualificar como um manifesto benefício do *infractor* gerado pela lei. Pensando numa situação de assédio estratégico, o empregador, ao conseguir atingir a saúde física ou psíquica do trabalhador para que este tenha de se ausentar do trabalho em razão de doença por si infringida, logra afastar do local de trabalho o trabalhador indesejado, segregando-o face aos restantes colegas dado o distanciamento físico, bem como elimina a sua responsabilidade económica referente ao pagamento das remunerações referentes ao período de ausência[31].

Noutra via, o trabalhador ausente do trabalho em função de doença, caso se qualifique para o efeito, poderá ver o seu rendimento proveniente do trabalho subordinado substituído pela concessão de uma prestação compensatória pela perda dos rendimentos de trabalho, vulgo subsídio de doença, e por isso, sofrer uma redução quantitativa no seu rendimento disponível em razão das regras aplicáveis[32].

---

[30] MARIE-FRANCE HIRIGOYEN, *O assédio no trabalho: como distinguir a verdade*, Lisboa, Pergaminho Ed., 2002, 104.

[31] Assim, PEDRO FREITAS PINTO, "*O assédio moral na jurisprudência nacional*", In: CATARINA DE OLIVEIRA CARVALHO / JÚLIO VIEIRA GOMES (coord.), *Direito do Trabalho + Crise = Crise do Direito do Trabalho?*, Coimbra, Coimbra Ed., 2011, 441 – 459 (445).

[32] De acordo com o art 16.º do Decreto-Lei n.º 28/2004, de 4 de Fevereiro, na redacção introduzida pelo Decreto-Lei n.º 133/2012, de 27 de Junho, o subsídio de doença diário atribuído ao trabalhador é calculado em razão da aplicação de uma percentagem sobre a sua remuneração a qual oscila entre 55% e 75%, dependendo da duração do período da incapacidade para o trabalho, implicando, por conseguinte, uma redução equivalente entre 45% e 25%. Acresce a esta redução o período de espera determinado nos termos do art. 21.º daquele regime jurí-

Por fim, o sistema de previdência e segurança social encontra-se na contingência de despender aqueles montantes compensatórios em resultado da actuação do empregador, que terá contribuído determinantemente para a criação de uma situação de incapacidade temporária para o trabalho, retirando da prática desse ilícito um benefício estratégico e económico. O sistema público de previdência social poderá ver-se assim, em razão deste ardiloso mecanismo, economicamente penalizado em razão da obrigação de responder ao pagamento dessa compensação. Assim, não deverá existir receio em afirmar que o assédio moral e a passividade no seu combate constituem um pesado encargo financeiro para os sistemas previdenciais e, em última análise, para o Estado[33].

Por fim, é exactamente esta a última razão que nos move: densificar convenientemente o modo como o regime do assédio laboral permite tutelar este último reduto do trabalhador, esta esfera que o acompanha enquanto pessoa humana vinculada a um contrato de trabalho. Ora, este aspecto não é secundário quando estão em causa questões tão caras à ciência do Direito como a aplicação dos direitos fundamentais e dos direitos de personalidade, a protecção do homem e da sua dignidade enquanto valor jurídico ímpar e central nos ordenamentos jurídicos modernos[34].

Como é ponto assente no moderno Direito do Trabalho, da relação jurídico-laboral emergente do contrato de trabalho resulta, entre outros aspectos, a subordinação jurídica do trabalhador. A subordinação jurídica – que, entre outras manifestações, permite alicerçar dogmaticamente este ramo do Direito[35] - consiste, designadamente, na faculdade, atribuída ao empregador, de determinar unilateralmente o concreto conteúdo da prestação

---

dico, segundo o qual não é atribuída qualquer compensação ao trabalhador durante os três primeiros dias em que ocorra a incapacidade temporária para o trabalho.

[33] De acordo com dados apontados por RITA GARCIA PEREIRA em"*Mobbing*", In: PAULO MORGADO DE CARVALHO, *Código do Trabalho – A revisão de 2009*, Coimbra, Coimbra Ed., 2011, 112-121 (116), referentes ao ano de 2002, estimava-se que cerca de 800.000 trabalhadores tivessem sido alvo de assédio, tendo daí resultado a perda de 1,8 milhões de dias de trabalho e cerca de 52 milhões de euros em baixas médicas. Por conseguinte, o combate ao assédio laboral para além de ser uma batalha pela humanização das relações de trabalho, assume também uma vertente económica no plano da sustentabilidade do sistema de previdência social.

[34] ISABEL RIBEIRO PARREIRA, *"O assédio moral no trabalho"*, In: ANTÓNIO MOREIRA, *V Congresso Nacional de Direito do Trabalho*, Coimbra, Almedina, 2003, 209-244 (211).

[35] Quanto a este aspecto cf. ROSÁRIO PALMA RAMALHO, *Da autonomia dogmática do Direito do Trabalho*, Coimbra, Almedina, 2001, 757 ss.

do trabalhador, dentro dos limites previstos pelo contrato, pela legislação e pelos instrumentos de regulamentação colectiva do trabalho aplicáveis. Nesse sentido, é pacífico considerar a estrutura e as características do contrato de trabalho como potenciadoras à ameaça da liberdade, dos direitos fundamentais e demais direitos dos sujeitos envolvidos, especialmente na situação do trabalhador em função do dever de obediência emergente do contrato de trabalho[36]. Assim é: ao envolverem-se pessoalmente na execução do contrato, de forma duradoura e continuada, as partes experienciam uma compressão, dir-se-ia um desgaste por fricção, dos seus direitos fundamentais e de personalidade. De igual modo, na maioria das situações, o trabalhador é inserido na organização funcional do empregador o que, conjugado com o feixe de situações jurídicas emergentes da relação laboral, submete o trabalhador a um efectivo poder e domínio vertical por parte do empregador, numa verdadeira relação de poder.

Ora, esta situação, atendendo à natureza da relação juslaboral e às suas características específicas, não repugna ao ordenamento jurídico nacional desde que modelada, designadamente, pelo princípio da proporcionalidade.

Contudo, não é o que se verifica no âmbito do assédio moral. Partindo da noção plasmada no art. 29º do Código do Trabalho, considera-se assédio *"o comportamento indesejado, nomeadamente o baseado em factor de discriminação, praticado aquando do acesso ao emprego ou no próprio emprego, trabalho ou formação profissional, com o objectivo ou o efeito de perturbar ou constranger a pessoa, afectar a sua dignidade, ou de lhe criar um ambiente intimidativo, hostil, degradante, humilhante ou desestabilizador"*.

Ainda que careça de densificação – e, como adiante procuraremos demonstrar, clarificação –, este normativo permite identificar prontamente o íntimo da sua tutela: a conduta ou conjunto de actuações qualificadas como assédio, nos termos do art. 29º do Código do Trabalho, logra afectar um núcleo essencial de direitos umbilicalmente relacionados com a pessoa do trabalhador, pré-existentes e estranhos à relação laboral, que, todavia, poderão vir a ser violados na formação ou na execução do contrato de trabalho, sendo que essa violação, não resultando directamente da execução do contrato de trabalho, também não lhe é estranha. Assim,

---

[36] José João Abrantes, *"Contrato de trabalho e direitos fundamentais"*, In: *Themis*, II, n.º4, Coimbra, Almedina, 2001, 23-39 (24).

hoje é pacífico que o trabalhador, ao ingressar na empresa para executar os seus deveres laborais, não perde os seus direitos de cidadania, isto é, os direitos inerentes ao seu ser[37]. Conforme salienta ANTÓNIO MONTEIRO FERNANDES, a prática dos factos integradores do assédio moral encontra-se, muitas vezes, no domínio da intimidade das relações de trabalho, resolvidas à porta fechada, e cujo leque de normas, preceitos e prescrições são tão vastas que os ilícitos individualmente considerados poderão consubstanciar, entre outros, violação da integridade moral do trabalhador, violação dos deveres de urbanidade ou emprego abusivo ou infundado do poder disciplinar[38].

Assim, tal como entendemos o problema, investigar o assédio laboral implicará necessariamente o enquadramento da tutela dos direitos da pessoa na relação laboral, em especial, do trabalhador[39], o que implica, enfim, o estudo da pessoa no Direito e, designadamente, a consideração da dignidade da pessoa humana enquanto valor juridicamente protegido *per se*. Logo, *"o combate ao assédio no trabalho e no emprego insere-se, obviamente, na tutela da dignidade da pessoa que trabalha"*[40].

É, de igual modo, prudente salientar o seguinte aspecto: a investigação que nos propomos realizar é um estudo desenvolvido no âmbito da Ciência do Direito e, como tal, apresenta-se como um trabalho de investigação jurídica. Esta precisão, que poderia apresentar-se como redundante, não

---

[37] ANTÓNIO MENEZES CORDEIRO, *"Direito do Trabalho e cidadania"*, In: ANTÓNIO MOREIRA (coord.), *III Congresso Nacional de Direito do Trabalho*, Coimbra, Almedina, 2000, 30-42 (35 ss). Conforme bem ilustra ANTÓNIO GARCIA PEREIRA em *"A grande e urgente tarefa da dogmática juslaboral: constitucionalização das relações laborais"*, In: ANTÓNIO MOREIRA (coord.), *V Congresso Nacional de Direito do Trabalho*, Coimbra, Almedina, 2003, 275-293 (283), *"o trabalhador, num Estado de direito democrático, é uma pessoa humana e um cidadão como qualquer outro membro da sociedade e não perde qualquer dessas condições por franquear a porta da empresa"*.

[38] Vd. ANTÓNIO MONTEIRO FERNANDES, *Direito do Trabalho*, 17.ª, Coimbra, Almedina, 2014, 173.

[39] A tutela do assédio laboral não corresponde a um exclusivo dos trabalhadores na relação jurídica-laboral: como melhor se verá, igual protecção é concedida ao empregador. No entanto, no plano quantitativo e da estrutura do contrato de trabalho, a avaliação do problema é mais agudo se perspectivado na óptica do trabalhador como destinatário. Por conseguinte, sempre que surja ao longo a menção expressa ao trabalhador, a mesma opera somente por conveniência de exposição.

[40] JÚLIO VIEIRA GOMES, *"Algumas reflexões sobre a evolução recente do conceito jurídico de assédio moral (laboral)"*, In: CENTRO DE ESTUDOS JUDICIÁRIOS, *Prontuário de Direito do Trabalho*, 90 (Set-Dez), Coimbra, Coimbra Ed., 2011, 71-91 (74).

o é, de todo, no nosso entender. Como adiante melhor veremos, o tratamento jurídico do assédio nas relações jurídico-laborais é um facto recente neste jovem ramo do Direito[41]. Como tal, é comum, no aprofundamento da temática, recorrer às ciências complementares do Direito[42], seja na busca de conceitos ou elementos que permitam caracterizar a situação, mormente na busca pela noção *completa* de assédio. Todavia e pese embora a importante coadjuvação que as ciências auxiliares poderão prestar ao desenvolvimento do Direito, a qual não olvidamos, consideramos que, na verdade, esses contributos terão impreterivelmente de se submeter aos critérios da ciência do Direito.

Por conseguinte, com base no conhecimento existente, tentaremos operar, uma juridificação do tratamento dogmático do assédio laboral expurgado de considerações que, embora se apresentem valiosas para a ciência de origem, não o são para a ciência do Direito.

Referidas as principais razões e objectivos que nos conduziram a empreender o presente estudo, resta salientar a metodologia adoptada e as coordenadas gerais da presente investigação. Quanto à metodologia adoptada – que se reflecte, necessariamente, no caminho que nos propomos percorrer –, optámos por proceder a um levantamento crítico do estado da arte, mediante o enquadramento existente e consequente densificação do conhecimento actual acerca do assédio moral, tal como tratado hodiernamente, na exposição da figura.

Assim, dedicamos a Parte II do presente ensaio à evocação das referidas figuras mediante explanação da sua evolução histórico-jurídica e legislativa, o que não faremos sem observar o tratamento da questão nos ordenamentos jurídicos congéneres. De igual modo, procuraremos apresentar criticamente o actual enquadramento normativo de ambas as figuras, o que passará necessariamente pela delimitação da figura, análise da con-

---

[41] Pese embora alguns autores reconduzam a origem do Direito do Trabalho à *locatio conductio operarum* romana como prestação de trabalho livre, no nosso entender a origem deste ramo do Direito terá antes de ser reconduzida à célebre questão social originada pela revolução industrial, designadamente, pela demonstração da insuficiente resposta prestada pelo Direito Civil. Neste sentido cf. ROSÁRIO PALMA RAMALHO, *Da autonomia*...cit., 167-214. Em sentido contrário ao defendido cf., por todos, PEDRO ROMANO MARTINEZ, *Direito do Trabalho*, 6ª, Coimbra, Almedina, 2013, 59-76 (60 ss).

[42] Sobre o conceito de ciências complementares e auxiliares do Direito e a sua relevância para o Direito cf., JOSÉ OLIVEIRA ASCENSÃO, *O Direito – Introdução e teoria geral*, 13ª, Coimbra, Almedina, 2006, 105 ss.

ceptualização, dos pressupostos constitutivos, da sua tipologia e manifestações bem como do tratamento jurisprudencial que o assédio moral tem sido alvo. Por fim, procuraremos atender à forma como o assédio tem sido relacionado com as vicissitudes do contrato de trabalho.

Por fim, procuraremos sintetizar as nossas conclusões, as hesitações e problemas identificados no enquadramento do assédio moral partindo, nessa sede, para a construção do assédio laboral como figura juridicamente operativa para a tutela do núcleo essencial de direitos pessoais dos sujeitos na relação jurídico-laboral, dado o regime vigente.

Na construção que nos propomos realizar, passaremos pela identificação das características essenciais, bens juridicamente protegidos, pressupostos e pela própria conceptualização do assédio laboral como conceito juridicamente operativo e útil ao sistema jurídico[43]. Nesse contexto, partiremos desse conceito operativo para a análise do ordenamento jurídico português e para o tratamento que este oferece às situações de assédio laboral, seja por via das vicissitudes nas relações jurídico-laborais na sua execução e aspectos processuais.

Deste modo, traçado o nosso *iter*, resta delimitar negativamente o nosso objecto de análise: por não se inscrever directamente no mesmo, não aprofundaremos a aplicabilidade dos direitos fundamentais à relação jurídico-laboral nem tampouco poderemos abordar mais do que superficialmente a problemática da tutela dos direitos de personalidade individualmente considerados no âmbito do contrato de trabalho.

---

[43] Considerando que o assédio moral já é, actualmente, um conceito jurídico autónomo da ciência do Direito, cf. Júlio Vieira Gomes, *Algumas reflexões ...cit.*, 76.

Noutro prisma, a nossa perspectiva de análise baseia-se, necessariamente, na existência de uma situação jurídico-laboral. Como tal, encontram-se fora do nosso objecto de estudo a análise de situações de violência escolar e social ou discriminação infundada assente em factor tipicamente identificado com essa actividade.

PARTE II
EVOCAÇÃO – O ESTADO DA ARTE
Do assédio moral

Título I
Aproximação ao fenómeno –
De realidade a problema jurídico

2. Enquadramento geral

2.1. A execução do contrato de trabalho como catalisador de conflitos

Da celebração de um contrato de trabalho emerge, para o empregador e trabalhador, um vasto feixe de direitos e deveres, de teor variado e com múltiplos destinatários a que é usual denominar unitariamente por situação jurídica laboral[44]. Em função da celebração do sobredito negócio jurí-

---

[44] Cf. Rosário Palma Ramalho, *Da autonomia...cit.* 119 ss e António Menezes Cordeiro, *Manual de Direito do Trabalho,* Coimbra, Almedina, 1991, 109 ss

dico, uma determinada pessoa singular[45] obriga-se a prestar, mediante retribuição e sob autoridade e direcção, a sua actividade a outra pessoa, singular ou colectiva, conforme resulta dos arts. 1152.º do Código Civil e 11.º do Código do Trabalho[46].

Para o que ora releva, resulta do estabelecimento da relação laboral a constituição, entre trabalhador e empregador, de uma relação de *infra*-ordenação fáctica e jurídica. Se, no plano dos factos, o trabalhador depende, na maioria das vezes, dos rendimentos resultantes da sua actividade laboral, limitando nessa medida a sua capacidade de conformar a formação, regulação e execução da relação laboral, num fenómeno de *dependência* ou *subordinação económica*[47], no plano jurídico a referida posição de inferioridade resulta, directa e necessariamente, do contrato de trabalho e, em concreto, dos seus elementos característicos[48].

Assim, a situação de *infra*-ordenação jurídica do trabalhador manifesta-se, por um lado, pela titularidade do empregador dos poderes de direcção e disciplinar que permitem aprofundar, no plano jurídico, a subordinação efectiva do trabalhador, exteriorizada na componente dominial do contrato de trabalho[49]. O sobredito binómio *domínio-subordinação* exterioriza, noutra perspectiva, no poder de direcção do empregador: dada a volubilidade da prestação principal exigida ao trabalhador – *a prestação ou obrigação de*

---

[45] A este respeito, numa orientação que sufragamos, cf, ROSÁRIO PALMA RAMALHO, *Tratado I...cit*. 32 ss. Em sentido contrário, ainda que no âmbito da legislação pregressa, cf. ANTÓNIO MENEZES CORDEIRO, *Manual... cit.*, 108 ss.

[46] Quanto à modificação introduzida na noção de contrato de trabalho e a sua – ténue – relevância cf. ROSÁRIO PALMA RAMALHO, *Tratado de Direito do Trabalho, Parte II – Situações Laborais Individuais*, 5.ª, Coimbra, Almedina, 2014, 19 ss.

[47] Relativamente à situação de dependência económica e aos efeitos que daí resultam – a cuja análise voltaremos oportunamente – cabe salientar, nos termos do art. 10.º do Código do Trabalho, o alargamento do âmbito de aplicação objectivo e subjectivo de um conjunto de matérias reguladas pela legislação laboral – mormente, quanto à regulação referente a direitos de personalidade, igualdade e não discriminação, saúde e segurança no trabalho – às relações jurídicas em que, ainda que não exista subordinação jurídica, se verifica um vínculo de dependência económica entre o prestador de trabalho e o beneficiário dessa prestação.

[48] ROSÁRIO PALMA RAMALHO, *Tratado II...cit.*, 23 ss. e 84 ss.

[49] ROSÁRIO PALMA RAMALHO, *"Tutela da personalidade e equilíbrio entre interesses dos trabalhadores e dos empregadores no contrato de trabalho. Breves novas"*, 3 ss, In: SUPREMO TRIBUNAL DE JUSTIÇA / ASSOCIAÇÃO PORTUGUESA DE DIREITO DO TRABALHO, *VI Colóquio sobre Direito do Trabalho*, Lisboa, 2014, disponível em formato electrónico em www.stj.pt/ficheiros/coloquios/coloquios_STJ/V_Coloquio/int2014/ prof_maria_rosario_ramalho.pdf (acedido a 01/11/2014).

prestar trabalho – e a evidente impossibilidade originária (e indesejável) de concretização de todos os aspectos, presentes e futuros, a desenvolver no âmbito do contrato de trabalho, compete ao empregador, nos termos do art. 97.º e naquilo que escape à vinculação determinada pelo acordo estabelecido, determinar exactos termos em que o trabalho deverá ser prestado pelo trabalhador bem como a sua concreta actividade, dentro dos limites convencionados[50]. Ora, pese embora a determinação da prestação não seja estranha à matriz civilística (veja-se nomeadamente o enquadramento prestado pelo art. 400.º do Código Civil), assume, neste âmbito, um especial relevo dado ao carácter tendencialmente duradouro da relação bem como pelo efectivo envolvimento integral da personalidade do trabalhador na execução da prestação[51]. Assim, o exercício deste poder do empregador que se concretiza na determinação da prestação de trabalho que, se exercido no âmbito legalmente admitido, vincula pessoal e juridicamente o trabalhador no dever de obediência da sobredita instrução[52].

O carácter dominial da relação laboral enquanto situação jurídica complexa é, ainda, adensado pela titularidade do empregador de um poder privado de disciplina consubstanciado no emprego do direito potestativo

---

[50] Relativamente a este aspecto veja-se a diferenciação apresentada entre *determinação da actividade* de trabalho e *definição da actividade* de trabalho apesentada por Pedro Madeira de Brito na anotação ao art.º 115.º CT, In: Pedro Romano martinez (et al.), *Código do Trabalho – Anotado*, 9ª, Coimbra, Almedina, 2013, 305 ss: enquanto a primeira respeita ao modo de execução da actividade contratada, mediante exercício do poder de direcção ínsito no art. 97.º CT, a segunda respeita à contratualização actividade da própria prestação nos termos previstos no art. 115.º CT. Noutras palavras, dir-se-ia que a definição da actividade e determinação da actividade, permitem responder às perguntas *"o quê?"* e *"como?"* referentes à prestação da actividade laborativa.

[51] Neste sentido, que seguimos, considerando que este carácter resulta da indeterminação da actividade laboral, da inseparabilidade da prestação face à pessoa do trabalho bem como do carácter organizacional do vínculo laboral cf. Rosário Palma Ramalho, *Da autonomia...cit.*,751 ss e *"Contrato de trabalho e direitos fundamentais da pessoa"*, In: Rosário Palma Ramalho, *Estudos de Direito do Trabalho*, I, Coimbra, Almedina, 2003, 157-178 (158 ss).

[52] Em estreita conexão com este aspecto encontra-se uma antiga questão jurídico-laboral que respeita à determinação do objecto do contrato de trabalho e da definição da prestação laboral. Todavia, por escapar determinantemente ao nosso objecto cf. em detalhe, Rosário Palma Ramalho, *Da autonomia...cit.*, 63 ss e 711 ss, Júlio Vieira Gomes, *Direito.... cit.*,97 ss, e Rosário Palma Ramalho, *Tratado I ...cit.* 426.

de aplicar sanções disciplinares aquando da identificação de *infracções* no âmbito ou com reflexo na relação laboral[53].

Contudo, o poder de heterodeterminação da actividade laboral não poderá ser perspectivado isoladamente face às restantes vertentes emergentes deste contrato. Assim, tendo como pano de fundo o princípio da boa-fé na execução dos contratos, como não poderia deixar de ser no nosso ordenamento jurídico[54], resulta do disposto nos arts. 127.º a 129.º do Código do Trabalho um panorama genérico da estruturação da relação laboral mediante estabelecimento expresso de (alguns) deveres principais e acessórios das partes daquela relação, entre outros, o dever do trabalhador de comparecer com assiduidade e pontualidade ao serviço e realizar o seu trabalho com zelo e diligência - art. 128.º, n.º1, al. b) e c) -, o dever do empregador pagar pontualmente a retribuição justa e adequada e de se abster a obstar à prestação de trabalho efectivo por parte do trabalhador - arts. 127.º, n.º1, al. b) e 129.º, n.º1 b) - bem como o dever mútuo de urbanidade e probidade - arts. 127.º, n.º1 al. a) e 128.º, nº1, al. a)[55].

Ora, a matriz compreensiva e complexa da situação jurídico-laboral permite identificar convenientemente, em cada uma das partes da relação e para além das expostas, a existência de múltiplas situações passivas – *deveres* – que legitimam, caso não se manifeste a performance ou cumprimento esperado, o poder de exigir da contraparte a execução daquela obrigação, seja esta de *facere, non facere* ou *pati*. Esta estrutura juridicamente complexa conjugada com a duração temporal do seu cumprimento e cronológica da sua execução – tipicamente por tempo indeterminado durante oito horas diárias e cinco dias por semana[56] – potencia a geração de eventuais dife-

---

[53] Para mais desenvolvimentos referentes à origem e aplicabilidade do poder disciplinar cf. Rosário Palma Ramalho, *Do fundamento do poder disciplinar laboral*, Coimbra, Almedina, 1993, 95 ss e 424 ss.

[54] A este respeito, apresentando as plúrimas manifestações deste princípio estruturante, cf. António Menezes Cordeiro, *Da boa fé no Direito civil*, Coimbra, Almedina, 1997, 407 ss.

[55] Quanto ao carácter sinalagmático dos deveres laborais mas cujo alcance não se estende necessariamente ao teor das prestações cf. Manuel Alonso Olea/Maria Casas Baamonde, *Derecho del Trabajo*, 19.ª, Madrid, Civitas, 2001, 321 ss António Menezes Cordeiro, *Trabalho... cit.*, 519.

[56] Rosário Palma Ramalho, *Tratado II ...cit.* 217 ss.

rendos jurídicos entre as partes durante a sua execução[57], cuja verificação poderá influir transversalmente nas relações *inter partes*[58].

Por outro lado, a estes elementos salientados[59], acresce ainda a origem e desenvolvimento prototipicamente conflitual das relações juslaborais que, por sua vez, apresentam um influxo directo no presente ramo de Direito[60]. Empregador e trabalhador, embora associados pela celebração do contrato de trabalho, são titulares de interesses antagónicos ou, pelo menos, inversamente contrapostos que, pese embora particularmente densificados no âmbito das relações colectivas de trabalho, também se manifestam em sede das relações individuais de trabalho. A título exemplificativo, se ao empregador interessa a redução dos seus custos operacionais, onde se inscrevem naturalmente as componentes remuneratórias, o interesse do trabalhador corresponde à maximização do seu ganho financeiro, com a relação contratual isto é, do seu rendimento do trabalho bem como à promoção das suas condições de trabalho. Na perspectiva exclusivamente económica do empregador, interessar-lhe-á utilizar intensivamente a mão-de-obra cedida pelos trabalhadores pelo menor custo possível, rentabilizando o capital investido numa determinada empresa. Por seu turno, ao trabalhador interessará colocar a sua mão-de-obra no mercado, a sua actividade humana e tipicamente único bem valioso e renovável que dispõe para assegurar a sua

---

[57] A este respeito e no plano estritamente jurídico, pense-se, designadamente, na exigência, de ambas as partes, pela observância das regras de higiene, saúde e segurança do trabalho, pelo respeito do tempo de trabalho, seja no seu início seja no seu termo, pelo pagamento atempado do trabalho suplementar prestado, pelo respeito dos regulamentos de organização e disciplina do trabalho, pelo cumprimento dos procedimentos internos de disciplina e organização do trabalho, pelo cumprimento da formação profissional contínua, enfim, um vasto conjunto de situações onde, diariamente, poderá existir desacordo entre as partes contratantes.

[58] Dada a estrutura média das empresas portuguesas, esta situação é, no nosso entendimento, especialmente gravosa. De acordo com os dados revelados em INSTITUTO NACIONAL DE ESTATÍSTICA, *Anuário estatístico 2013*, Lisboa, INE, 2014, 27, a empresa média em Portugal apresenta cerca 3,3 trabalhadores ao seu serviço sendo que a proporção de empresas com menos de 10 trabalhadores representa 95,9% do total de empresas e 44,8% do pessoal ao serviço. Assim, cerca de metade da população activa trabalha tendencialmente em microestruturas que, na sua maioria, são representativas do tecido empresarial português. Ora, em situação de diferendo, esta proximidade poderá acicatar as partes e o seu desfecho.

[59] Cfr. quanto a este aspecto, por todos, ROSÁRIO PALMA RAMALHO, *Da autonomia...cit.*, 711 ss, em especial 716 ss e 751 ss.

[60] JOSÉ JOÃO ABRANTES, *Contrato de trabalho e direitos fundamentais*, Coimbra, Coimbra Ed., 2005, 62 ss.

subsistência, cedendo-a onerosamente pela melhor remuneração possível e melhores condições disponíveis[61]. Conforme salienta José Rodrigues da Silva tal situação corresponde à satisfação de uma necessidade recíproca desses intervenientes porquanto *"os que detinham apenas a sua força de trabalho tiveram que a alienar aos que detinham os meios de produção"* sendo que *"estes, em contrapartida, tiveram que pagar àqueles uma retribuição"*, corporizando uma relação de mutualista[62].

Pelo que ficou dito, o assédio moral pode tornar-se um verdadeiro fenómeno de guerra[63] e o local de trabalho no *"último campo de batalha no qual alguém pode aniquilar outrem sem correr o risco de chegar, sequer, a ser processado"*[64].

Pois bem, se a relação laboral se mostra (duplamente) prolongada no tempo e se encontra, em simultâneo, estritamente vinculada à pessoa do trabalhador, não é despicienda a consideração que, para além dos vínculos de fidúcia gerados e desenvolvidos no âmbito da relação laboral, trabalhador e empregador poderão, ainda, criar vínculos afectivos[65] que, em situação de tensão, exacerbarão potencialmente uma eventual discórdia entre as partes.

Deste modo, se a relação laboral, em função das características intrínsecas do vínculo, se revela, assim, potenciadora de colisões e diferendos fácticos entre as partes da relação, esse carácter conflitual não deixa de ser extensível às relações estabelecidas entre trabalhadores bem como entre trabalhadores e terceiros na execução da relação[66]. Durante o período nor-

---

[61] José João Abrantes, *Contrato de trabalho e direitos fundamentais 2005*...cit., 36.
[62] José Rodrigues da Silva, *Trabalho, processo e tribunais*, Lisboa, Europress, 1979, 74 ss.
[63] Robert Haller / Ulrike Koch, "Mobbing – Rechtsschutz im krieg am Arbeitsplatz", In: *Neue Zeitschrift für Arbeitsrecht*, XII – 8, 1995, 356-359 (356).
[64] Heinz Leymann, *La persécution au travail*, Seuil, Paris, 1996, 25 apud Maria Regina Redinha, "Assédio moral ou mobbing no trabalho", In: José de Oliveira Ascensão (coord.), *Estudos em homenagem ao Prof. Doutor Raúl Ventura*, II, Coimbra, Coimbra Ed., 2003, 833-847 (833).
[65] Quanto à proximidade das relações laborais com as relações afectivas cf. Sónia Kietzmann Lopes, "*Audiência de partes, suprimento oficioso de pressupostos processuais, aperfeiçoamento dos articulados e condensação processual*", 2 ss, In: Supremo Tribunal de Justiça / Associação Portuguesa de Direito do Trabalho, *VI Colóquio sobre Direito do Trabalho*, Lisboa, ebook, 2014, disponível em formato electrónico em www.stj.pt/ficheiros/coloquios/coloquios_STJ/V_Coloquio/int2014/dra_sonia_kietzmann.pdf (acedido a 02/11/2014).
[66] Observe-se nomeadamente a origem conflitual do Direito do Trabalho tal como hoje o conhecemos. A respeito da *questão social* do início do séc. XX e da natureza conflitual das

mal de trabalho, um trabalhador ver-se-á naturalmente confrontado com a necessidade de tomar dezenas de decisões que, invariavelmente, poderão obstar aos interesses do empregador, trabalhadores ou terceiros com que este contacte na sua actividade. Como tal, a contraposição de entendimentos contrários poderão gerar desgaste emocional, tensão ou *stress* que, em algumas circunstâncias, virão a aduzir uma natureza conflitual no relacionamento corrente entre as partes[67].

Na realidade, a própria execução do contrato de trabalho actua como ignição para o desenvolvimento de interações sociais entre o trabalhador e outros trabalhadores, independentemente do posicionamento hierárquico, bem como terceiros pelo que, como em qualquer comunidade, culminará na formação de relações sociais (de amizade, inimizade ou indiferença) e, eventualmente, jurídicas. Assim, também nesta medida pode a execução do trabalho relevar-se catalisador de disputas e diferendos entre diferentes agentes que, de modo directo ou indirecto, influam na execução da relação laboral[68]: pense-se na celebração de um contrato compra e venda de um veículo sujeito a registo entre trabalhadores onde exista um vício oculto, posteriormente revelado durante a utilização do bem.

Por conseguinte, esta potência conflitual da relação laboral, de carácter multipolar, não deverá ser desconsiderado como um factor de análise.

Ainda neste âmbito, veja-se que o carácter conflitual identificado pode assentar tanto no plano naturalístico dos factos como no plano do Direito ou, eventualmente, em ambos: a erosão e desgaste resultante da relação de conflito estabelecida na execução do contrato de trabalho, seja com a contraparte ou com um terceiro, tanto poderá ser produto de dissonâncias circunstanciais fácticas ou de qualificação jurídica, exercício de direitos

---

relações laborais como dínamo na formação do Direito do Trabalho cf. ROSÁRIO PALMA RAMALHO, *Da autonomia*...cit.,167 ss.

[67] Ainda que, como adiante se verá, não se deva confundir assédio moral e conflito dado o carácter aberto deste último – *ainda que esta característica não seja definitiva nessa diferenciação* –, o conflito pode actuar, na verdade, como catalisador para a prática de actos de assédio laboral. Assim, exemplificativamente, na constância de desconformidades ou defeitos reiterados na execução da relação laboral que o poder de direcção não logrou suprir, essa circunstância poderá actuar cognitivamente como impulso para a prática de actos de assédio estratégico tendo em vista o despedimento do trabalhador, a denúncia do contrato de trabalho por parte do trabalhador ou a aceitação de um acordo de revogação.

[68] No mesmo sentido ISABEL RIBEIRO PARREIRA, *O assédio moral no trabalho*...cit., 209.

ou cumprimento ou incumprimento de deveres[69]. Como tal, ainda que se diferenciem os conflitos de trabalho[70] dos conflitos jurídico-laborais, que versam especificamente sobre o feixe de direitos e deveres emergentes da relação laboral, ambas as situações – que poder-se-ão ver cumuladas e ser, consoante o caso, causa e efeito uma da outra – poderão a antecâmara e ignição da formação do *animus* assediante.

2.2. A pessoa do trabalhador – em especial, os direitos fundamentais e de personalidade na execução da relação laboral

A actividade laboral corresponde a um objecto que pode ser observado através de uma variedade de perspectivas que lhe permitem realçar ou mascaram as suas características distintivas. Conforme visto na primeira abordagem, a relação jurídico-laboral pode ser classificada, num prisma jurídico, com uma situação jurídica complexa e compreensiva, de onde emerge um largo feixe de posições activas e passivas, sujeições, deveres principais e acessórios empregador e trabalhador.

Se dissecarmos analiticamente a relação contratual emergente do contrato de trabalho, observa-se que, no seu âmago e núcleo essencial, encontram-se duas obrigações recíprocas de facto positivo, a saber, a obrigação do trabalhador prestar trabalho, a sua actividade humana e, por outro, a obrigação de pagamento dessa prestação, a remuneração dessa actividade humana. Este núcleo obrigacional emergente da relação laboral, apresentado deste modo analítico, foi sendo juridicamente desenvolvido em resultado da execução prática daquela relação laboral: exemplificativamente, ao empregador, adquirente da mão-de-obra fornecida pelo trabalhador, interessa que a actividade humana prestada pelo trabalhador seja desenvolvida do modo que este repute mais eficaz para satisfazer a sua necessidade pro-

---

[69] Afastamo-nos, por conseguinte, da terminologia empregue por Raúl Ventura em *"Conflitos de Trabalho: Conceito e classificações tendo em vista um novo Código de Processo do Trabalho"*, In: *Curso de Direito Processual do Trabalho*, Lisboa, RFDUL – Suplemento, 1964, 7-29 (11 ss) a qual apresenta, no nosso entender, um carácter marcadamente processual que não cabe convocar.

[70] A título meramente exemplificativo, é conflito de trabalho aquele estabelecido entre o trabalhador e o cliente que exige a atribuição de um desconto comercial para o qual o primeiro não se encontra autorizado bem como aquele outro estabelecido entre o empregador e o trabalhador relativamente ao cumprimento de procedimentos internos meramente acessórios à prestação laboral.

dutiva, manifestado no poder de direcção do empregador relativamente ao modo de execução da actividade laboral resultante do contrato de trabalho, hoje ínsito no art. 97.º.

No entanto, uma vez ultrapassado o entendimento liberal da relação laboral enquanto contrato livremente celebrado e estipulado em plano de igualdade entre partes em posições formalmente iguais, o nascimento do Direito do Trabalho procurou tutelar, por um lado, o contraente débil da relação laboral[71] – o trabalhador –, procurando equilibrar materialmente as posições da relação juslaboral, bem como assegurar a prestação de trabalho em condições de salubridade e humanamente dignas[72]. Mais do que a mera regulamentação de uma relação unicamente obrigacional, a realidade fabril e operária no final do século XVIII e no século XIX obrigaram o Direito a observar o trabalho na perspectiva dos envolvidos e, em concreto, do trabalhador. O trabalhador – que, prototipicamente depende da cedência do seu trabalho para a obtenção de rendimentos – coloca-se, em função da celebração do contrato de trabalho, numa dupla dependência, a saber, i) depende do rendimento do trabalho, resultante da remuneração percebida, para sobreviver, ii) depende, face à situação de sujeição jurídica constituída, da vontade expressada pelo empregador durante a execução do contrato[73].

A prestação da actividade laboral é naturalisticamente inseparável da pessoa humana sendo que, noutra perspectiva, tal prestação resulta da celebração de um contrato de trabalho caracterizado pelo seu carácter *intuitu personae*, marcado pelas concretas qualidades do trabalhador contratado, não se podendo este fazer substituir nessa posição jurídica por qualquer outra pessoa[74]. Assim, encontra-se o trabalhador juridicamente subordinado a prestar, de modo pessoal e insubstituível, a actividade laboral nos termos heterodeterminados pelo empregador em utilização do poder de direcção, inserido, em arquétipo, na sua organização empresarial ou pro-

---

[71] JOSÉ JOÃO ABRANTES, *Contrato de trabalho e direitos fundamentais 2005*...cit., 36.
[72] Conforme é possível situar historicamente, as primeiras questões que originaram o nascimento do Direito do Trabalho levantaram-se relativamente ao tempo e condições de trabalho das crianças e mulheres, tendo a atenção sido alargada ao longo do tempo. Cf. ROSÁRIO PALMA RAMALHO, *Da autonomia*...cit., 180 ss.
[73] JOSÉ JOÃO ABRANTES, *Contrato de trabalho e direitos fundamentais 2005*...cit., 37.
[74] Cf. por todos ROSÁRIO PALMA RAMALHO, *Tratado II*...cit., 86. Em sentido contrário, em posição que se enjeita, cf. ANTÓNIO MENEZES CORDEIRO, *Manual*... cit., 520.

dutiva. Face a esta estrutura, *"a relação de trabalho gera um complexo de direitos e obrigações com uma aptidão especial para condicional o exercício dos direitos fundamentais do trabalhador"*, sendo que *"nela, todas, ou quase todas, as liberdade e direitos fundamentais do trabalhador se encontram, ao menos potencialmente, sob ameaça face à autoridade e direcção do empregador"*[75], numa situação que em tudo equivale aos direitos de personalidade.

Por conseguinte, o trabalhador ao celebrar o contrato, para além de ver a sua personalidade integralmente envolvida na prestação da actividade laboral em razão da sua vinculação pessoal[76], obrigando-se a colocar os seus melhores esforços – características técnicas e pessoais, aptidões físicas, psíquicas e comportamentais –, procede a uma limitação voluntária de alguns dos seus direitos, imposta pela assunção das obrigações contratuais[77]. Todavia tal circunstância auto-limitadora do trabalhador, que decide reduzir contratualmente a sua potencial liberdade tendencialmente ampla, pese embora co-natural e inerente à assunção de relações jus-obrigacionais, revela-se potencialmente mais gravosa pelas razões aduzidas, a saber, a necessária heterodeterminação coactiva na acção humana do trabalhador e a situação de *infra*ordenação jurídica.

Assim, após um primeiro momento no desenvolvimento do ramo em que não se concatenavam devidamente o trabalhador enquanto pessoa e o cidadão enquanto trabalhador, a doutrina e a jurisprudência, à medida que as questões foram sendo colocadas, principalmente após os subsequentes efeitos da crise petrolífera de 1979 e da crise do Estado Social, viram-se na contingência de reequacionar os quadros mentais vigentes e os dogmas dados por assentes, tendo sido usualmente denominada essa análise como *"cidadania na empresa"*[78].

A este título, ainda que ANTÓNIO GARCIA PEREIRA considere que *"o trabalhador, num Estado de direito democrático, é uma pessoa humana e um cidadão como qualquer outro membro da sociedade e não perde qualquer dessas condições por franquear a porta da empresa"*[79], julgamos que esse entendimento, para melhor apreensão, deve ser mitigado: ainda que ao apresentar-se para

---

[75] JOSÉ JOÃO ABRANTES, *Contrato de trabalho e direitos fundamentais 2005...cit.*, 45.
[76] ROSÁRIO PALMA RAMALHO, *Contrato de trabalho e direitos fundamentais...cit.*, 158 ss.
[77] JOSÉ JOÃO ABRANTES, *Contrato de trabalho e direitos fundamentais 2005...cit.*, 184.
[78] ANTÓNIO MENEZES CORDEIRO, *Direito do Trabalho e cidadania...cit.*,31 ss, e JOSÉ JOÃO ABRANTES, *Contrato de trabalho e direitos fundamentais 2005...cit.*, 50 ss.
[79] ANTÓNIO GARCIA PEREIRA, *A grande e urgente... cit.*, 283.

cumprir a sua prestação de trabalho o trabalhador não se desfaça da sua condição de cidadão de pleno direito e, por isso, seja titular de todas as prorrogativas inerentes à sua personalidade, da assunção da relação contratual resulta uma limitação (voluntária) da liberdade do trabalhador quanto à extensão de todas as suas prorrogativas, em razão daquele contrato. Os direitos fundamentais e de personalidade do trabalhador devem ser, assim, enquadrados à luz do quadro da execução da relação contratual[80].

Exige-se, nesta medida, a concatenação entre os direitos (de personalidade e fundamentais) do trabalhador e os do empregador bem como entre as restantes obrigações emergentes do seu contrato. Por conseguinte, bem se compreende que aqueles direitos, sejam fundamentais ou de personalidade, sejam extrinsecamente restringidos ou limitados em razão de outros interesses ou direitos de relevância superior ou, em caso de semelhante relevância, reciprocamente limitados tendo em vista o seu acomodamento recíproco no ordenamento[81]. Assim, bem se entende a restrição do direito à liberdade de expressão ínsito nos arts. 37.º da Constituição e 70.º do CC, do trabalhador que procure influenciar negativamente os clientes com quem contacta a adquirir os produtos e/ou serviços onde, contra indicações expressas da entidade empregadora, o empregador detém uma menor remuneração pelo serviço ou para adquirir um serviço concorrente.

De todo o modo, caso não haja um verdadeiro conflito ou prevalência de direitos fundamentais e/ou de personalidade mas a sua utilização ou invocação, nos termos verificados, se mostra manifestamente excessiva ou em clara contravenção com os fins económicos do direito, com o sentido

---

[80] A diferenciação entre direitos de personalidade e direitos fundamentais tem sido recorrentemente procurada pela doutrina o que, contudo, se tem revelado uma complexa tarefa, independentemente dos critérios empregues nessa empresa. Se por um lado, um vasto conjunto de critérios nada aportam à diferenciação efectiva (como o critério da fonte do direito - que distingue como fundamental o direito inerente à pessoa humana originário da Constituição e de personalidade o direito oriundo de normal legal *infra*constitucional, ou o critério dos destinatários – ou o destinatário – os direitos fundamentais destinar-se-iam à tutela do cidadão contra o Estado enquanto os direitos de personalidade corresponderiam a imanações da natureza humana dos agentes que, dada a sua dignidade, deveriam ser respeitados pela comunidade), o que é mais relevante, no nosso entendimento, prende-se com o regime de tutela oferecida.

[81] ROSÁRIO PALMA RAMALHO, *Tratado II ...cit.* 432 ss e ANTÓNIO MENEZES CORDEIRO, *Manual... cit.*, 432. Cf. igualmente, em sentido próximo, ac. STJ de 28/05/2014, proc. 2786/11.8TTLSB, rel. Fernandes da Silva.

de atribuição da tutela ou se verifique que extravasa claramente o princípio da boa-fé e/ou os bons costumes, sempre se dirá que pode haver lugar a uma situação de abuso de direito nos termos previstos no art. 334.º do Código Civil.

Embora fracturante, a questão da aplicabilidade horizontal dos direitos fundamentais nas relações entre particulares corresponde um entendimento que hodiernamente se afigura pacífico. Ainda que nascidos originariamente para assegurar a posição dos particulares contra a intromissão ou acção restritiva do Estado perante os cidadãos (relações verticais) e não para responder a situações entre particulares que se encontram no mesmo plano (relações horizontais)[82], não existem grandes dúvidas que a relação laboral, dada a sua natureza dominial e interesses legítimos associados, logra tutelar o âmbito do núcleo de direitos incindíveis do trabalhador[83]. Aliás, como bem sintetiza e conclui JOSÉ JOÃO ABRANTES face à análise dos autores nacionais, a questão que se coloca presta-se especialmente quanto ao mecanismo e limites de transporte dos direitos fundamentais para as relações particulares e no âmbito da autonomia privada enquanto regra de liberdade dos cidadãos, seja através da eficácia directa e imediata absoluta dos direitos fundamentais nas relações particulares, através da eficácia directa dos direitos fundamentais nas situações onde se constate uma situação de *infra*ordenação ou, noutra perspectiva, em razão da mediação do ordenamento jurídico para atingir esse desiderato[84-85].

Estamos em crer, dada a letra do n.º1 do art. 18.º da Constituição, que não restam grandes dúvidas quanto à eficácia directa da Constituição das

---

[82] Cf. SAŠA SEVER, "*The horizontal effect of the european union's charter of fundamental rights: from market integration towards the social justice?*", In: E-Pública, n.º3, 2014, 4 ss

[83] A este respeito vd., por todos JOSÉ JOÃO ABRANTES, *Contrato de trabalho e direitos fundamentais 2005...cit.*, 120 ss., que seguimos.

[84] Cf. ROSÁRIO PALMA RAMALHO, "*Direitos de personalidade e direitos fundamentais em matéria laboral*", In: MARCELO REBELO DE SOUSA (COORD.) et al., "*Estudos de homenagem ao Prof. Doutor Jorge Miranda*, II, Coimbra, Coimbra Ed., 2012, 619-638 (623 ss).

[85] A questão da aplicabilidade dos direitos fundamentais nas relações com terceiros teve um forte impulso ao desenvolvimento no ordenamento jurídico alemão. Neste ordenamento, em função do n.º3 do artigo 1.º da *Grundgesetz* que declara que "*os direitos fundamentais, seguidamente discriminados, constituem direitos directamente aplicáveis e vinculam os poderes legislativo, executivo e judicial*", deixando em aberto a aplicabilidade *inter* particulares. A respeito desta evolução e das teorias explicativas propostas cf. JOSÉ JOÃO ABRANTES, *Contrato de trabalho e direitos fundamentais 2005...cit.*, 74 ss., que seguimos.

relações jusprivadas laborais, impondo-lhes o respeito pelos direitos fundamentais dos restantes membros ordenamento jurídico: os *"direitos, liberdades e garantias são directamente aplicáveis e vinculam as entidades públicas e privadas"*. Na situação jurídico-laboral, o trabalhador encontra-se numa situação de sujeição e *infra*-ordenação face ao *poder jurídico e de facto* do empregador em razão das posições passivas que resultam para o trabalhador, numa situação em tudo semelhante à relação estabelecida entre o cidadão e o Estado, pelo que, dada essa identidade, não repugna, de todo, à estrutura dos direitos fundamentais essa ampliação da tutela, operada pelo art. 18.º da Constituição.

Constatada a aplicabilidade dos direitos fundamentais na situação jurídica emergente do contrato de trabalho, estes, tal como a autonomia privada e a liberdade contratual, não podem lograr distorcer a relação estabelecida entre as partes porquanto, como bem se compreende, tal como o empregador não pode lesar o trabalhador nos seus interesses legalmente protegidos, também não pode o trabalhador, sob uma invocação dos direitos fundamentais, recusar-se a cumprir o contrato que livremente celebrou e donde emergiu a sua sujeição jurídica ou lesar os direitos fundamentais do trabalhador[86].

Assim, respondendo *"sim"* à aplicação dos direitos fundamentais no âmbito da relação laboral, resta saber o *"quanto"*, ou seja, em que medida[87]. Cremos, na esteira de José João Abrantes, que a resposta está ínsita no n.º2 do art. 18.º da CRP: sendo o contrato de trabalho uma fonte legítima de limitações dos direitos fundamentais das partes contratantes, deve considerar-se, *prima facie*, como dotados de máxima amplitude aquelas prerrogativas, sendo que devem ser exclusivamente restringidas na medida do necessário para salvaguardar outros direitos e interesses constitucionalmente protegidos. Deste modo, deve considerar-se que o trabalhador é *"livre para tudo aquilo que não diga respeito à execução do contrato"* porquanto qualquer *"limitação imposta a essa liberdade deve revestir uma natureza absolu-*

---

[86] Conforme refere Sónia Kietzmann Lopes, *"Direitos de personalidade do trabalhador à luz do Código do Trabalho"*, In: Centro de Estudos Judiciários, *Direitos fundamentais e de personalidade do trabalhador*, 2.ª, Lisboa, CEJ, 2014, 15-43 (19 ss), não poderemos olvidar que é a própria Constituição que estabelece o direito à iniciativa económica privada e o direito à liberdade de iniciativa e de organização empresarial, respectivamente, nos arts. 61.º, n.º1 e 80.º, al. c) da Constituição.

[87] Júlio Vieira Gomes, *Direito....cit.*,266.

tamente excepcional, só podendo encontrar justificação na necessidade de salvaguardar um outro valor (a correcta execução do contrato) que, no caso em concreto, se deva considerar superior"[88] sendo certo que essa limitação, para além de não poder atingir o conteúdo essencial do direito a restringir, deve ser respeitar o princípio da proporcionalidade da restrição e, por isso, deve mostrar-se necessária à execução do contrato, revelar-se adequada a restrição desse direito ao fim prosseguido e limitar-se à justa medida dessa diminuição.

Além disso, não poderemos olvidar a necessária observância do princípio da boa fé enquanto comando genérico da utilização das prorrogativas legais pelos seus beneficiários e, em concreto, do regime jurídico do abuso de direito ínsito no art. 334.º CCiv: assim, não pode ser admitida pelo Direito a invocação do direito fundamental à liberdade de consciência, culto ou religião (art. 41.º da CRP) pelo que trabalhador que, tendo decidido celebrar um contrato de trabalho para exercer uma actividade que contende com a sua crença, no momento seguinte à sua celebração se recusa a executar a mesma, invocando essa fé.

Destarte e em síntese, devem entender-se plenamente invocáveis e eficazes os direitos fundamentais do trabalhador no âmbito da relação jurídico-laboral os quais, existindo título bastante para a sua limitação voluntária fruto do vínculo contratual, apenas poderão ser restringidos se e na medida que contendam com direitos e interesses legalmente protegidos da contraparte o que exige, naturalmente, uma apreciação casuística. Assim, a relação laboral, dado o possível confronto entre direitos, poderá exigir uma operação de harmonização entre os comandos conflituantes, caso nenhum prevaleça sobre o outro.

De igual modo e pelas razões aduzidas, também os direitos de personalidade das partes da relação juslaboral, dada a natureza conflitual, poderão vir a ser lesadas durante a sua execução, com uma especial propensão lesiva da posição do trabalhador[89].

---

[88] José João Abrantes, *Contrato de trabalho e direitos fundamentais 2005...*cit., 190.
[89] Sobre os direitos de personalidade no ordenamento jurídico nacional, cf. Rabindranath Capelo de Sousa, *O direito geral de personalidade*, Coimbra, Coimbra Ed., 1995, 106 ss, Pedro Pais de Vasconcelos, *Teoria geral do Direito Civil*, 7.ª, Coimbra, Almedina, 2012, 33 ss, Guilherme Dray, *O princípio da protecção do trabalhador*, Coimbra, Almedina, Lisboa, 2015, 171 ss.. Com uma perspectiva mais prática, cf. Ana Morais Antunes, *Comentário aos artigos 70.º a 81.º do Código Civil – Direitos de personalidade*, Lisboa, UCP, 2012, 11 ss.

Os direitos de personalidade, inscritos no ordenamento jurídico português nos arts. 70.º a 81.º do CCiv, correspondem a uma construção dogmática tipicamente civilística pela qual se reconheceu, com um tendencial alargamento cronológico, a existência de um conjunto de direitos directamente inerentes à própria pessoa humana[90] e à sua esfera própria, inata e específica de humanidade. Acolhidos primitivamente em Portugal pelo art. 359.º do Código de Seabra como *"direitos origin*ários", reconhecidos aos seres humanos porque dotados de um substrato ôntico e ético-filosófico[91], aqueles direitos *"que resultam da própria natureza do homem, e que a lei civil reconhece e protege como fonte e origem de todos os outros"*, os direitos de personalidade hodiernamente consagrados consistem na assunção da responsabilidade do ordenamento jurídico, em homenagem ao carácter antropocêntrico do Direito, pela garantia da tutela global da personalidade humana, manifestada no conjunto de aspectos e exteriorizações especialmente sensíveis, distintivos e arreigados ao ser do seu titular e, por isso, dignos de tutela do Direito.

Para o efeito, o Código Civil adaptou dois métodos de abordagem da questão, *primo*, assegurando um direito geral de tutela da personalidade, do être aderente à pessoa humana e, *secundo*, densificando bens de personalidade aos quais aderem direitos de personalidade, que corporizam um conjunto emanações concretas da personalidade, um desdobramento da dignidade da pessoa humana[92]. É nesta perspectiva que se enquadram, entre outros, o direito à integridade física e moral (art. 70.º, n.º1 CCiv), do direito ao nome (art. 72.º CCiv), o direito à imagem (art. 79.º CCiv), o direito à reserva da intimidade da vida privada (art. 80. CCiv), sendo, igualmente,

---

[90] O tratamento integral dos direitos personalidade exigiria a ponderação da sua atribuição a pessoas colectivas o que, aliás, seria relevante na ponderação da eventual limitação ou constrição do empregador-pessoa colectiva como sujeito da relação jurídico-laboral. Não obstante, atendendo que essa investigação escapa determinantemente ao nosso objecto e dado que o STJ tem vindo a entender, como manifestado no ac. de 08/03/2007, proc. 07B566, rel. Salvador da Costa, que a *"capacidade de gozo das pessoas colectivas abrange os direitos de personalidade relativos à liberdade, ao bom-nome, ao crédito e à consideração social"*, não aprofundaremos essa questão pese embora, para efeitos de investigação, consideraremos como assente a doutrina daquele aresto.
[91] José de Oliveira Ascensão, *Teoria geral do direito civil*, I, Coimbra, Coimbra Ed., 1998, 64.
[92] Assim, Sónia Moura, *"Os direitos de personalidade"*, In: José Manuel Meirim (coord.), *O desporto que os tribunais praticam*, Coimbra, Coimbra Ed., 2014, 39-67 (41).

identificáveis desenvolvimentos jurisprudenciais nessa matéria como, por exemplo, o direito à insolação[93].

O trabalhador, por ser pessoa, é titular de direitos de personalidade e direitos fundamentais, os quais integram - tal como as posições jurídicas activas e passivas emergentes do contrato de trabalho - a sua esfera jurídica. Não obstante essa titularidade, a prática tem vindo a demonstrar que durante execução da relação laboral os direitos de personalidade do trabalhador poderão vir a ser pressionados em resultado da mesma. Face a esta realidade e tendo em vista a tendencial humanização das relações laborais, foram transportados e densificados no âmbito juslaboral um conjunto de direitos de personalidade, primeiro nos arts. 15.º a 21.º do CT03 e actualmente nos arts. 14.º a 22.º CT09[94]. Se algumas destas consagrações se afiguram redundantes em razão da aplicabilidade transversal da protecção da personalidade humana[95] tal como o acolhimento da obrigação de respeito os direitos de personalidade da contraparte (art. 16.º, n.º1), outras correspondem a esclarecimentos ou aprofundamentos do regime civilístico, mormente no que respeita à protecção dos dados pessoais e biométricos (arts. 17.º e 18.º), reserva da intimidade do trabalhador no que respeita ao seu estado de saúde ou mediante utilização de meios tecnológicos de vigilância à distância.

Assim, conforme se observa, o legislador tem vindo paulatinamente a assumir a relação laboral enquanto uma relação potencialmente lesiva das partes envolvidas, mormente das imanações mais arreigadas à natureza pessoalíssima dos envolvidos.

---

[93] ANA MORAIS ANTUNES, *Comentário...cit.*, 12. Neste sentido, o ac. STJ de 28/10/2008, proc. 08A3005, rel. Sebastião Póvoas.

[94] Sobre a consagração dos direitos de personalidade no Código do Trabalho cf. JOSÉ JOÃO ABRANTES, "*O novo Código do trabalho e os direitos de personalidade do trabalhador*", In: CENTRO DE ESTUDOS JUDICIÁRIOS/ INSPECÇÃO-GERAL DO TRABALHO, *A reforma do Código do Trabalho*, Coimbra, Coimbra Ed., 2004, 139-160 (151 ss), MARIA REGINA REDINHA, "*Os direitos de personalidade no Código do Trabalho: actualidade e oportunidade da sua inclusão*", In: CENTRO DE ESTUDOS JUDICIÁRIOS/INSPECÇÃO-GERAL DO TRABALHO, *A reforma do Código do Trabalho*, Coimbra, Coimbra Ed., 2004, 161-171 (163 ss) e TERESA COELHO MOREIRA, "*Direitos de personalidade*", In: PAULO MORGADO DE CARVALHO, *Código do Trabalho – A revisão de 2009*, Coimbra, Coimbra Ed., 2011, 93-113 (96 ss).

[95] PEDRO ROMANO MARTINEZ, *Direito ...cit.*, , 340 ss.

2.3. Da ineficaz tutela do núcleo intangível da personalidade

A incidência dos direitos fundamentais e de personalidade na relação laboral é, nos dias de hoje, uma questão incontrovertida. A qualidade de empregador ou trabalhador não consubstancia, para qualquer um dos envolvidos, ainda que com especial incidência para o segundo pela situação de sujeição, uma *capitis diminutio* no que respeita à sua pessoa. O trabalhador permanece, assim, plenamente livre para o exercício dos seus direitos salvo naquilo que contenda determinantemente com os direitos fundamentais do empregador ou com a execução da relação laboral. Como bem salienta Luís Menezes Leitão, a constituição da relação laboral não implica por si, a despersonalização da pessoa e a perda dos direitos directamente inerentes à sua personalidade[96], ainda que, na realidade a relação laboral potencia a criação de tensões e conflitos multipolares e multidirecionais, verticais ou horizontais, descendentes ou ascendentes, isto é, entre trabalhadores no mesmo plano hierárquico, entre trabalhadores e os seus superiores hierárquicos e entre trabalhadores e empregadores.

Aquele trabalhador que, durante o regular desenvolvimento da relação contratual e tendo origem numa das partes, se veja violentado no seu núcleo de pessoalidade, terá, em princípio, de se socorrer das normas genéricas existentes no ordenamento[97]. Assim, ainda que titular de um direito oponível *erga omnes*, o lesado ver-se-á exactamente na mesma situação em que se encontraria caso essa lesão fosse originária de um terceiro.

A prática tem sido pródiga na demonstração ineficiência dos direitos fundamentais e de personalidade na relação de trabalho.

Se, por um lado, a constância da relação laboral pode limitar o livre exercício dos direitos dos envolvidos em razão da relação fundada na confiança mútua das partes – como aliás, é reconhecido pelo legislador no regime de prescrição dos créditos laborais plasmado no art. 337.º, que posterga para o momento posterior à cessação da relação laboral a discussão acerca da existência de eventuais créditos vencidos e devidos –, por outro,

---

[96] Luís Menezes Leitão, *Direito do Trabalho de Angola*, 4.ª, Coimbra, Almedina, 2013, 93 ss.
[97] Diferente será a posição do empregador lesado: investido do poder disciplinar na execução da relação laboral, o empregador poderá decidir sancionar o trabalhador lesante em razão dos actos praticados, contado que seja cumprido o formalismo associado ao emprego do poder disciplinar e materialmente a situação o justifique.

dada a circunstância do trabalhador se encontrar subordinado ao poder de direcção do empregador e se encontrar inserido na estrutura organizacional deste, se encontra limitado na demonstração do carácter lesivo das condutas a que foi sujeito.

Assim, a realidade laboral surge como um elemento limitador *de facto* ao exercício da tutela genericamente oferecida pelo ordenamento jurídico.

Ao que ficou exposto acrescem os potenciais efeitos nefastos que poderão resultar, para o trabalhador, da inserção na estrutura organizacional do empregador. A análise multidisciplinar da execução das relações laborais tem logrado revelar franjas de conflitualidade no seio da relação laboral erigidos em fenómenos empresariais, materializados em diferentes formas de violência, física ou psíquica, que podem ser levados a cabo mediante a recurso a pequenos actos, lícitos ou ilícitos, que, fruto da sua reiteração no tempo logram atingir o trabalhador em larga escala. É o caso do assédio moral em ambiente de trabalho.

Todavia, fruto do pretenso carácter oculto desses actos lesivo, da sua reiteração e espaçamento temporal, poderá não se afigurar facilmente reconduzível a prática desses actos, se singularmente considerados, à produção dessa lesão. Assim, os cânones tradicionais não se têm revelados eficazes para colocar cobro à existência desses fenómenos do universo laboral contado que, adicionalmente, é comum que a prática desses comportamentos lesivos passe pela sua realização através de metodologias que dificultam determinantemente a demonstração da sua existência e que, com isso, colocam o lesado numa posição especialmente enfraquecida. Acresce que, uma vez consumada a violação do núcleo de personalidade, o lesado ver-se-á na contingência de continuar a contactar e frequentar os mesmos espaços que o lesante enquanto se prolongar a executar a relação laboral o que, estimula o incremento dos danos no lesado.

Por conseguinte, dada a prevalência dos fenómenos, as características específicas da relação contratual e ineficácia *de facto* das soluções tradicionais para responder ao problema, deve o ordenamento jurídico procurar colmatar esse espaço que demanda a intervenção do Direito mediante a consagração de um regime jurídico especificamente protector das lesões originadas em razão e no âmbito do contrato de trabalho ou seja, consagrando um regime jurídico que acolha a tutela do assédio moral enquanto acto juridicamente desvalioso.

2.4. Conceito (jurídico) de assédio: uma aproximação preliminar

Na regulamentação e estabelecimento de normas jurídicas, recorre-se a enunciados linguísticos para, dessa forma, efectuar o enquadramento jurídico da situação em apreço[98] pelo que, como tal, o significado linguístico de um determinado vocábulo deverá apresentar-se como um ponto de partida para a sua análise[99]. Assédio foi, entre nós, o vocábulo seleccionado pelo legislador para ordenar uma realidade considerada desvaliosa pelo Direito.

Sendo polissémica, o significado da palavra *"assédio"* poderá reportar-se a um conjunto de operações militares em volta de uma praça militar ou uma cidade tendo em vista a sua tomada, sitiar, cercar ou bloquear um sítio ou local, efectivar um ataque cerrado ou perseguição, insistência ou impertinência de que alguém é alvo, importunar com pedidos insistentes[100]. Assim, conforme resulta das fontes linguísticas, a acepção de *"assédio"* como importunação ou perseguição é anterior à recente preocupação com o fenómeno, como adiante se verá[101].

Ainda que a origem do vocábulo não se encontre esclarecida, a sua raiz[102] é usualmente reportada ao latim *"obsidium"*[103] e, ainda, ao italiano *"assedio"*[104]. Não obstante essa repartição, ambos os vocábulos permitem evidenciar, por um lado, o carácter bélico da origem da palavra, bem como, noutra perspectiva, a ideia de constrangimento duradouro tendo em vista o desgaste do destinatário do acto, a respectiva capitulação e, consequen-

---

[98] Cf. MIGUEL TEIXEIRA DE SOUSA, *Introdução ao Direito*, Coimbra, Almedina, 2012, 129 ss.
[99] Assim, JOSÉ OLIVEIRA ASCENSÃO, *O Direito...cit.*, 395 e ss.
[100] ACADEMIA DAS CIÊNCIAS DE LISBOA / FUNDAÇÃO CALOUSTE GULBENKIAN, *Dicionário da língua portuguesa contemporânea da Academia das Ciências de Lisboa*, I, Lisboa, Verbo, 2001, 382.
[101] JOÃO GRAVE / COELHO NETTO, *Lello Universal – Novo diccionário encyclopédico luso-brasileiro*, Porto, Livraria Lello, 1980, 201.
[102] ARTUR BIVAR, *Dicionário geral e analógico da língua portuguesa*, I, Porto, Edições Ouro, Lda, 1948, 347.
[103] De acordo com DOS SANTOS SARAIVA, *Novissimo diccionário latino-portuguez*, 9ª, Paris, Livraria Garnier, 1927, 803, à palavra *"obsidium"* ou outras incluídas na sua família de palavras são atribuídos os seguintes significados: assédio, cerco, cilada, acção de sitiar ou emboscar.
[104] Palavra esta que, por sua vez, parece ter origem do latim *"assideo"* ou *"adsideo"* que, de acordo com DOS SANTOS SARAIVA, *Novissimo... cit.*, 115, apresenta como significado possível *"acampar ao pé de, sitiar, cercar, pôr sítio, fazer cerco"*.

temente, a concretização do intento ou objectivo do autor[105]: no plano militar, a prática consistia no isolamento de um determinado local fortificado ou espacialmente delimitado mediante restrição das vias de comunicação, por um período temporalmente longo, o que tinha como efeito a limitação ao acesso a alimentos, tendo em vista a deterioração das condições de resistência, quer do ponto de vista mental como físico e, assim, gerar a rendição inequívoca dos sitiados[106].

Deste modo, tendo como pano de fundo o referido enquadramento linguístico, o legislador acolheu, no ordenamento jurídico português, a tutela laboral do assédio pelo n.º2 do artigo 24.º da Lei n.º 99/2003, de 27 de Agosto, identificando como *"assédio todo o comportamento indesejado relacionado com um dos factores indicados no n.º1 do artigo anterior*[107], *praticado aquando do acesso ao emprego ou no próprio emprego, trabalho ou formação profissional, com o objectivo ou efeito de afectar a dignidade da pessoa ou criar um ambiente intimidativo, hostil, degradante, humilhante ou desestabilizador"*.

Ainda como aproximação a uma ideia de assédio, o regime jurídico que aplica o princípio da igualdade de tratamento entre as pessoas, sem distinção de origem racial ou étnica, e estabelece um quadro jurídico para o combate à discriminação baseada nos referidos motivos, estatuído pela Lei n.º18/2004[108], de 11 de Maio, prevê, nos termos do n.º3 do artigo 4.º, que o assédio *"é considerado discriminação na acepção do n.º1 sempre que ocorrer um*

---

[105] Recorde-se, a este título, a importância da poliorcética como estratégia militar descrita, pelo menos, desde o período clássico. Entre nós é célebre, designadamente, o cerco a Lisboa por parte das forças militares de D. Afonso Henriques em 1147 tendo em vista a ocupação da cidade.

[106] A realização de cercos enquanto estratégia militar de agressão corresponde a uma manifestação milenar da arte de fazer guerra. Aliás, observa-se exemplificativamente no Antigo Testamento o seu emprego enquanto técnica de abordagem militar: *"quando te aproximares para combater uma cidade, oferecer-lhe-ás primeiramente a paz; Se ela concordar e te abrir suas portas, toda a população te pagará tributo e te servirá; Se te recusar a paz e começar a guerra contra ti, tu a cercarás."* (Deuteronômio, 20:10-12); *"Vieram então sitiá-lo em Abel-Bet-Maaca e levantaram contra a cidade um aterro que atingiu a altura da muralha."* (II Livro de Samuel, 20:15).

[107] Estatui o n.º1 do art. 23.º como factores de discriminação, designadamente, *"ascendência, idade, sexo, orientação sexual, estado civil, situação familiar, património genético, capacidade de trabalho reduzida, deficiência ou doença crónica, nacionalidade, origem étnica, religião, convicções políticas ou ideológicas e filiação sindical"*.

[108] A Lei n.º 18/2004, de 11 de Maio, logra transpor para o ordenamento jurídico português a Directiva n.º 2000/43/CE, de 29 de Junho que aplica o princípio da igualdade de tratamento entre as pessoas, sem distinção de origem racial ou étnica.

comportamento indesejado relacionado com a origem racial ou étnica, com o objectivo ou efeito de afectar a dignidade da pessoa ou de criar um ambiente intimidativo, hostil, degradante, humilhante ou desestabilizador"[109]. No mesmo sentido estatui a Lei n.º 14/2008, de 12 de Março, que proíbe e sanciona a discriminação em função do sexo no acesso ou fornecimento de bens e serviços, nos arts. 3.º al. c) e 4.º, n.º4, a qual, respectivamente, acolhe a noção de assédio anteriormente exposta bem como a qualificação do comportamento como discriminatório[110].

Assim, a hermenêutica dos referidos preceitos sugere assertivamente que uma determinada conduta poder-se-á qualificar, simultaneamente, como assediante e discriminatória. Neste sentido, o referido preceito normativo permite, em certa medida, burilar a noção de assédio, sendo certamente um elemento a considerar, assim como a influência juscomunitária na construção do mencionado quadro conceptual.

Não obstante, em 2009, o artigo 29.º da Lei n.º 7/2009, de 12 de Fevereiro, substitui a orientação acima mencionada pela qualificação da conduta assediante como *"comportamento indesejado, nomeadamente o baseado em factor de discriminação, praticado aquando do acesso ao emprego ou no próprio emprego, trabalho ou formação profissional, com o objectivo ou o efeito de perturbar ou constranger a pessoa, afectar a sua dignidade, ou de lhe criar um ambiente intimidativo, hostil, degradante, humilhante ou desestabilizador"*, transmitindo à tutela, dir-se-á desde já, uma configuração diversa no Código do Trabalho de 2009 da anteriormente prevista[111].

---

[109] A remissão legal operada no referido preceito prende-se com a noção de discriminação formulada. Nos termos do n.º1 do artigo 1.º, considera-se verificado o princípio da igualdade de tratamento a *"ausência de qualquer discriminação, directa ou indirecta, em razão da origem racial ou étnica"*.

[110] A Lei n.º 18/2004, de 11 de Maio, e a Lei n.º 14/2008, de 12 de Março, alterada pela Lei n.º9/2015, de 11 de Maio, correspondem respectivamente, no fundamental, à transposição das Directivas n.º n.º2000/43/CE e 2004/113/CE pelo que, nessa medida, são tributárias da criticável noção de assédio divulgada pelo Direito Comunitário: assim cf. *infra* 4.2.

[111] Não obstante, a noção de assédio não se encontra integralmente uniformizada no ordenamento jurídico português: após a aprovação do Código do Trabalho, foi entre nós aprovada a Lei n.º 3/2011, de 15 de Fevereiro, que proíbe a discriminação no acesso e exercício do trabalho independente e aplica o princípio da igualdade. Por este diploma, de âmbito limitado, estabelece-se que o assédio é discriminação sem que, baseado num factor de discriminação, *"a pessoa beneficiária da prestação de trabalho independente praticar acto ou omissão, não aceite pelo destinatário, baseado em factor de discriminação, com o objectivo de o perturbar, constranger, afectar a sua dignidade, ou de lhe criar um ambiente intimidativo, hostil, degradante, humilhante ou desestabilizador"*.

Estas breves referências, prévias à incursão da análise da figura, permitem formular *ab initio* uma ideia, ainda perfunctória, de assédio. Mesmo que carecida de aperfeiçoamento, o estabelecimento provisório da noção apresenta, no nosso entender, vantagens pedagógicas para o *iter* traçado uma vez que permite identificar o ponto lógico de partida, sem prejuízo de posterior refutação, inversão ou esclarecimento.

Assim, face ao que ficou dito, identificamos como assédio, por ora, a conduta ou conjunto de condutas, de carácter indesejado, singular ou reiteradas, ocorridas durante o procedimento de formação ou execução da relação laboral, que, por via de importunação do sujeito alvo, visam constranger, afectar a dignidade ou gerar um ambiente intimidativo, hostil, humilhante ou desestabilizador para o sujeito para as quais são direccionadas.

De igual forma, resulta desta análise perfunctória a índole marcadamente relacional da relação assediante. A situação assediante pode ser apresentada, para fins analíticos e de percepção da sua dinâmica, como uma relação comunicacional[112], recorrendo ao auxílio da teoria do processo de comunicação[113]. Assim, tal como simples conversação pode ser analiticamente dissecada na emissão e recepção de conteúdos informativos e na identificação dos respectivos produtores (emissor) e destinatários (receptor), a relação de assédio pode ser explicada com recurso a esse mesmo modelo.

Para que exista assédio, é necessária a identificação de um ou vários assediantes cujo comportamento, direccionado a um ou vários assediados, visa a sua despersonalização ou a lesão grave da dignidade inerente à sua condição humana. Aliás, parece ser relativamente pacífica a constatação da necessária existência de dois pólos comunicacionais (independentemente da natureza unitária ou plural desse pólo, ou seja, integrar um ou

---

Ora, esta noção, ainda que tributária da noção comunitária, corresponde a uma verdadeira *media via* entre a noção oriunda do Código do Trabalho de 2003 e a noção do Código do Trabalho de 2009.

[112] Ao referirmos a existência de uma relação comunicacional aludimos ao modelo simplificado de relação que se estabelece na transmissão de uma mensagem entre o *emissor* desse sinal comunicacional e o *receptor* que é destinatário da mesma.

[113] Sobre os diferentes modelos do processo de comunicação e as suas especificidades cf. JORGE PEDRO SOUSA, *Elementos de teoria e pesquisa da comunicação e dos media* 2.ª, Porto, Ed. Universidade Fernando Pessoa, 2006, 76 ss.

mais assediantes ou assediados) para que essa relação nociva e juridicamente desvaliosa possa existir[114].

Face ao exposto, a ideia (jurídica) de assédio que procurámos expressar é confessadamente extraída da letra da lei, seja dos seus elementos linguísticos ou da análise dos seus elementos descritivos e, por isso, é necessariamente imperfeita. Não olvidando ao labor dogmático desenvolvido por diversos autores e pela jurisprudência bem como ao conjunto de influências que determinaram a referida conformação jurídica – sobre a qual nos debruçaremos posteriormente[115] –, a opção tomada pretendeu erradicar deste ponto de partida qualquer pré-compreensão que pudesse, de algum modo, contaminar *ab initio*, o trabalho posterior.

Assim, entendemos que o pré-estabelecimento pedagógico deste conteúdo (de natureza jurídica) permitir-nos-á partir para a observação extra jurídica do fenómeno tendo, no entanto, um referencial normativo de partida.

2.5. Terminologia adoptada e delimitação

Um dos principais aspectos que emana do objecto do presente estudo e que carece, necessariamente, de análise respeita à delimitação do fenómeno e, em estreita conexão, à clara determinação da terminologia adoptada.

Tal tarefa mostra-se especialmente relevante visto que, se, por um lado, a abordagem multidisciplinar do assédio moral no âmbito das relações jurídico-laborais aporta em benefício do conhecimento científico a sua apreciação diferenciada em função da existência de perspectivas díspares sobre o mesmo objecto, permitindo, por conseguinte, alumiar com maior clareza o conjunto de características que se encontra em maior conexão com essa ciência. Porém, não poderemos deixar de notar que essa profusão de entendimentos, fruto dos diferentes lastros e pressupostos que lhe estão subjacentes, gera um denso enredo conceptual que perturba de sobremaneira a apreensão imediata do fenómeno[116].

---

[114] Em sentido que consideramos próximo, ao associar a origem do assédio ao desenvolvimento de relações interpessoais, MAGO ROCHA PACHECO, *O assédio moral no trabalho - o elo mais fraco*, Coimbra, Almedina, 2007, 21 ss.
[115] Cf. *infra* 6.
[116] Com um posicionamento próximo, cf. ISABEL RIBEIRO PARREIRA, *O assédio moral... cit*, 222 ss.

Desta multiplicidade de perspectivas científicas decorre uma consequência bastante visível para o estudo do fenómeno, reflectida na pluralidade terminológica existente[117]. Num plano meramente enunciativo e desprezadas as diferenças resultantes dos idiomas, a exteriorização de violência e agressividade intracomunitária é usualmente apresentada por recurso a uma pluralidade de conceitos quadro como *"mobbing"*, *"bullying"*, *"workplace violence"*, *"workplace bullying"*, *"harassment"*, *"moral harassment"*, *"acoso"*, *"acoso moral"*., *"acoso psicológico"*, *"hostigamiento psicológico"*, *"psicoterror laboral"*, *"acoso laboral"*, *"assédio moral"*, *"assédio psicológico"*, *"harcèlement moral"*, *"いじめ"(ijime*[118]*)"*, *"職場いじめ"(shokuba ijime*[119]*)*, enfim, profundamente vastos. Assim, promover a destrinça dessas figuras imporia o aprofundamento destes conceitos exojurídicos e o deslocamento para o âmbito de outra ciência que não a do Direito pelo que esse caminho não será trilhado. Se em momento prévio ao juridificação do assédio moral no ordenamento jurídico tal tarefa corresponderia a um pressuposto evidente e necessário, não consideramos que actualmente, salvo quanto a aspectos pontuais, o estudo jurídico dependa dessa prática.

Conforme refere Rita Garcia Pereira, o assédio moral *"recebe denominações diversas e encarna diferentes âmbitos consoante a perspectiva sob a qual é encarado"*, o que, conforme refere a citada autora, não despiciendo aquando da delimitação do conceito jurídico[120]. Ora, o presente ensaio perspectiva o problema na óptica da ciência jurídica porquanto não interessa, de todo, centrar a atenção na mera confrontação conceptual.

Porém, a noção jurídica de assédio identificada permite, desde já, traçar a sua distinção relativamente a outros fenómenos de precipitação laboral: ainda que uma perspectiva meramente estática sejam passíveis de distinção, tais situações, dependendo da sua reiteração, grau lesivo e, eventualmente, intenção do agente, poderão vir a degenerar em situações de assédio.

---

[117] Com mais desenvolvimentos cf. Rita Garcia Pereira, *Mobbing ou assédio moral no trabalho*, Coimbra, Coimbra Ed., 2009, 65 ss e Nuno Queiroz de Andrade / Telmo Mourinho Baptista, *Práticas... cit.*, 113.

[118] *"Assédio"*, em tradução do autor. No Japão e conforme fez notar Mago Rocha Pacheco, *O assédio...cit.*, 167, o *"ijime"* representa uma prática de eugenia laboral, afastando os mais velhos, os menos capazes e os menos produtivos do ciclo laboral produtivo.

[119] Em tradução livre, *"assédio no espaço de trabalho"*.

[120] Rita Garcia Pereira, *Mobbing...* 75 ss

O assédio não se confunde com o conflito: enquanto uma relação conflitual corporiza o resultado de uma interação recíproca sentidos inversos, divergentes ou simultaneamente incompatíveis ou seja, uma discordância expressa entre os pólos dessa relação, o assédio corresponde a um comportamento penalizador de sentido único e unilateral – ainda que possa não ser singular - dotado de um propósito ou efeito lesivo[121]. O assédio não se confunde com o *stress*, que corresponde a uma resposta biológica do organismo humano relativamente a um ou vários estímulos exteriores ambientais, seja pressão ou excesso de trabalho[122] e que geralmente se manifesta na saúde física e psíquica do trabalhador em resultado de um elemento objectivo e tangível, extensível ou conjecturável junto de quem se encontre numa situação similar; por sua vez, o assédio moral depende exclusivamente do estabelecimento de uma ou várias relações pessoais tóxicas sem que exista qualquer substrato que, uma vez purgado, impeça essa manifestação prejudicial[123]. De igual modo, o abuso do poder de direcção não consubstancia, por si, uma situação de assédio: enquanto aquele corporiza o exercício excessivo de uma prorrogativa legal ou a realização de um acto ou uma prática violadora das normas ordenadoras da relação juslaboral e, por isso, um incumprimento contratual, a situação de assédio moral corresponde a um comportamento que fruto da sua profundidade e potencial lesivo, atingiria o seu destinatário num grau incomportável independentemente da existência de qualquer relação contratual[124]. De igual modo não se confunde assédio com discriminação: ainda que possam ser identificadas situações de sobreposição, enquanto o assédio lesa o assediado na sua dignidade, a situação discriminatória, se infundada, caracteriza-se em razão da violação directa do direito à igualdade[125]. Finalmente, o assédio moral não corresponde integralmente ao *mobbing* enquanto fenómeno de índole grupal porquanto se encontra hodiernamente assente como pos-

---

[121] Mago Rocha Pacheco, *O assédio...cit.*, 141 e Marie-France Hirigoyen, *O assédio no trabalho...cit.* 21 ss.
[122] Rita Garcia Pereira, *Mobbing...* 150 ss
[123] Mago Rocha Pacheco, *O assédio...cit.*, 144 ss.
[124] Mago Rocha Pacheco, *O assédio...cit.*, 148.
[125] Assim, Cidália Santos da Silva, *Análise da figura do assédio moral: doença de trabalho ou acidente de trabalho*, Diss. mestrado Universidade do Minho, Braga, polic., 2012, 41 ss.

sível a constituição de situações assediantes tendo como catalisador um único agente[126].

Por fim, umas breves palavras acerca do enquadramento terminológico do assédio enquanto objecto jurídico. Entre nós, encontra-se propagado o emprego, enquanto sinónimos, das expressões *"assédio moral"*, *"assédio moral no trabalho"* e *"mobbing"* para descrever o fenómeno que nos ocupa e ainda, pese embora com menos prevalência, *"terrorismo psicológico"* e *"coacção moral"*.

Cremos que, pelo menos no plano jurídico, haverá vantagens em uniformizar a terminologia empregue, oferecendo ao Direito do Trabalho a sedimentação numa única nomenclatura do instrumento tutelador da dignidade das partes sendo certo que essa terminologia se deve revelar aderente ao fenómeno.

Quanto a nós, serão de afastar as expressões *"mobbing"*, *"terrorismo psicológico"* e *"coacção moral"* porquanto, respectivamente, fica aquém da extensão do fenómeno, não é dotada que qualquer alicerce legal ou suficientemente ilustrativa do seu substrato ou é dotado de um sentido técnico-jurídico arreigado que não se confunde com este fenómeno laboral[127]. Assim, ainda que susceptível a críticas, afigura-se-nos como adequado o emprego da locação *"assédio moral"* para reportar às situações de violência psicológica desenvolvidas no âmbito da relação laboral.

Todavia, este último aspecto que gera principais preocupações: o recurso ao vocábulo *"assédio moral"*, para além da putativa redução do bem jurídico tutelado à violação do direto à integridade moral, não permite estabelecer directamente a necessária existência de um vínculo em resultado dessa figura jurídica ao direito laboral.

Assim, julgamos que seria aconselhável promover, em futura a eventual alteração legislativa de fundo, uma modificação da nomenclatura do fenómeno, sugerindo-se o acolhimento no ordenamento jurídico português, enquanto denominação do conceito jurídico, a expressão *"assédio laboral"*.

---

[126] Marie-France Hirigoyen, *O assédio no trabalho...cit.* 68 ss.
[127] A coacção moral, cujo regime se encontra ínsito nos arts. 255.º ss do CC, corresponde a um vício na formação da vontade do autor da declaração ou, dito de outra forma, corresponde a uma *"perturbação da vontade, traduzida no medo resultante de ameaça ilícita de um dano (de um mal), cominada com intuito de extorquir a declaração negocial, actuando sobre a vontade negocial e determinando-a num sentido em que, de outra forma, se não determinaria"*. Assim, cf. ac. STJ de 11/04/2013, proc. 774/093TBVCD, rel. Hélder Roque.

Essa determinação permitiria, por um lado, acolher sobre a égide de uma noção *guarda-chuva*, o assédio moral laboral, seja de natureza discriminatória e não discriminatória, bem como o assédio sexual laboral e, deste modo, admitiria uma regulação centralizada e sistematizada do fenómeno. Por outro lado, o emprego dessa terminologia permitiria uniformizar em seu torno o fenómeno independentemente das suas manifestações sociais bem como, em resultado do vocábulo *"laboral"*, reconduziria imediatamente para o universo laboral aquela figura, transmitindo certeza e transparência ao âmbito de aplicabilidade daquele regime. É a existência da relação laboral ou equiparada que impõe a consagração do regime específico de tutela porquanto essa circunstância deverá, no nosso entender, compelir à modificação terminológica. O recurso à expressão *"assédio laboral"* permitiria separar conceptualmente o *"assédio moral fenómeno"* do *"assédio laboral jurídico"*, transportando clareza na diferenciação linguística das realidades abordadas, cindindo aquilo que pertence ao Direito do que pertence às restantes ciências e por fim, concederia um elemento claramente diferenciador face à abordagem jurídico-penal da questão, afastando-se assim o assédio laboral dos fenómenos da perseguição ou do *"stalking"*.

Em face do exposto, cremos que esta segunda hipótese se revela mais adequada às finalidades da norma e à segurança e certezs jurídica exigida porquanto somos da opinião que a sua adopção por parte do legislador seria benéfica para o desenvolvimento do mecanismo de tutela.

Não obstante a preferência terminológica exposta, dada a escassa difusão conceptual do assédio laboral e em benefício da clareza do nosso objecto, optamos por sacrificar a defesa da nomenclatura que melhor se adapta ao fenómeno jurídico pela percepção por problema porquanto empregaremos como sinónimos e indistintamente ambas as denominações para nos referirmos ao regime jurídico estabelecido no art 29.º do Código do Trabalho.

3. Da moléstia ao assédio moral

3.1. A identificação hodierna do assédio: Nova nomenclatura ou realidade?

Não há como negá-lo: o assédio laboral, tal como é colocado na *mesa de trabalho* do Direito, corresponde a uma questão oriunda de ciências afins, seja no domínio da psicologia, da sociologia ou da psiquiatria. Assim é em virtude da primeira abordagem científica ao fenómeno ter sido produzida por estas ciências, com acesso directo às consequências desse comportamento.

Conforme sugestivamente afirma Isabel Ribeiro Parreira, *"os trabalhadores assediados queixam-se e os psiquiatras e psicólogos ouvem-nos, procuram tratá-los e transmitem a mensagem aos sociólogos"*[128], cabendo, numa perspectiva cronológica, ao jurista o último lugar nessa cadeia de análise. Assim, atalhando caminho, dir-se-ia que é deste *melting pot* científico que resulta a profusão terminológica utilizada para identificar a mesma realidade ou, quanto muito, concretos aspectos dessa mesma realidade.

O crescente interesse pelo fenómeno da agressividade intra-comunitária bem como da violência psicológica, iniciado pelo estudo e análise da violência entre crianças em ambiente escolar (*bullying*), atraiu indubitavelmente a atenção de investigadores, provenientes das mais diversas origens científicas, bem como, ainda que em momento posterior, dos órgãos de comunicação social que potenciaram a incidência da atenção mediática sobre o mesmo.

---

[128] Isabel Ribeiro Parreira, *O assédio moral... cit*, 290.

No entanto, é necessário identificar a adopção de uma metodologia de observação tendencialmente parciária da questão, centrada na densificação de manifestações concretas deste fenómeno natureza potencialmente universal. Este modelo de desenvolvimento do conhecimento poderá eventualmente explicar, em parte, o quadro conceptual heterogéneo existente e que se reflecte nos diferentes ordenamentos jurídicos assim como na identificação das características distintivas do fenómeno.

Aliás, qualquer levantamento de natureza exaustiva que se procure realizar mostrar-se-á, no nosso entendimento, potencialmente votado ao fracasso: o desenvolvimento e publicação de estudos acerca da prática de comportamentos violentos em contexto comunitário, seja em ambiente escolar, laboral ou social tem-se multiplicado, desde o último quartel do século XX, a um ritmo avassalador e com uma extraordinária fluidez, seja de perspectiva, origem ou natureza conceptual[129]. Aliás, essa empresa não revelaria um carácter cabalmente útil para a ciência do Direito: ao Direito importa conhecer, como adquirido factual, a realidade existente, de modo a possibilitar a sua avaliação de acordo com os valores, princípios e normas vigentes numa determinada sociedade e num determinado estadio do seu desenvolvimento. Por conseguinte, enquanto às ciências auxiliares é reservado o reconhecimento, caracterização e identificação das suas características típicas, ao Direito cabe promover a sua qualificação e enquadramento no ordenamento jurídico.

O assédio laboral é, antes de tudo, uma realidade fáctica, um fenómeno originado e precipitado na comunidade. Por conseguinte, as ciências auxiliares – mormente a psicologia, a psiquiatria, a medicina e a sociologia – que, pelo seu objecto e método, procedem à identificação *in loco*, junto dos agentes, da existência de múltiplos relatos tendencialmente coincidentes quanto às suas manifestações e efeitos, lograram ordenar cientificamente o fenómeno de acordo com uma concreta perspectiva – em que naturalmente assenta essa ciência. Assim, a psicologia ir-se-á centrar essencialmente no estudo do fenómeno enquanto processo mental e comportamento observável, a psiquiatria perspectivará o fenómeno como causa ou catalisador da manifestação ou agravamento de uma doença mental ou de distúrbio

---

[129] A este respeito, cf. o notável levantamento efectuado no plano conceptual por ANA TERESA VERDASCA em *Assédio moral no trabalho...cit.*, 46 ss

de natureza psiquiátrica, a sociologia como facto social resultante da interacção dos vários agentes da estrutura social.

A abordagem jurídica é naturalmente distinta das restantes pois ao cultor do Direito compete, no nosso entendimento, confrontar o fenómeno com o ordenamento jurídico ou, dito de outro modo, envolver a realidade pelos comandos. Assim, face ao seu objecto, ao Direito é suficiente colher a caracterização genérica do fenómeno, as suas manifestações e elementos típicos conforme resulta desse produto científico, ainda que aplicando um filtro necessariamente crítico. Aliás, caso assim não fosse, o Direito estaria absolutamente limitado na abordagem do tema visto que não existe um efectivo consenso relativamente às características essenciais do fenómeno.

Em síntese, consideramos contingência necessária do estudo do assédio em ambiente laboral a observação dos contributivos científicos extra-jurídicos[130] sem, no entanto, deixar de os observar pelo prisma do Direito.

Ingressando imediatamente no âmbito do nosso objecto, o primeiro estudo que versa especificamente sobre este género de relações conflituais em ambiente laboral é atribuído à psiquiatra norte-americana CARROLL M. BRODSKY que, em 1976, apresentou a obra denominada *The Harassed Worker*[131] que versa, entre outros aspectos, o assédio enquanto processo social, tipos de assédio, impactos e consequências desses comportamentos para o trabalhador, descrevendo o fenómeno enquanto *"tentativas repetidas e persistentes de um indivíduo com o objectivo de perseguir, intimidar e quebrar a resistência de um outro indivíduo"*[132].

À sobredita obra que, pese embora precursora, alcançou um âmbito limitado, sucederam-se um largo conjunto de estudos que influenciaram determinantemente a abordagem ao fenómeno no continente europeu[133]: assim, é genericamente qualificada como pioneira a investigação desenvolvida na Suécia pelo psico-sociólogo alemão HEINZ LEYMANN desde o

---

[130] Com entendimento semelhante, ISABEL RIBEIRO PARREIRA, *O assédio moral... cit*, 212.
[131] CARROLL M. BRODSKY, *The Harassed Worker*, Toronto, Lexington Books, 1976.
[132] CARROLL M. BRODSKY, *The Harassed Worker...cit.*, apud RITA DE FREITAS DIAS, *O assédio moral e a sua influência na hierarquia de valores de trabalho*, Diss. mestrado Universidade Lusíada, Lisboa, polic., 2012, 29, disponível em http://repositorio.ulusiada.pt/handle/11067/165 (acedido a 25/03/2015).
[133] A este respeito cf. as referências enunciadas em ANA TERESA VERDASCA, *Assédio moral no trabalho...cit.,*, 45 ss e 60 ss, disponível em formato electrónico em http://hdl.handle.net/10400.5/2220 (acedido a 25/03/2015), RITA GARCIA PEREIRA, *Mobbing*... 39 ss (nota 60), JÚLIO VIEIRA GOMES, *Direito.... cit.*,427, CIDÁLIA SANTOS DA SILVA, *Análise ...cit.*, 20 ss.

início da década de 80 do século passado[134]. Com uma vasta extensão, tornaram-se especialmente notórias e influentes três obras do citado autor, a saber e entre outras, *Vuxenmobbing – om psykiskt våld I arbetslivet*[135], de 1986, *Mobbing. Psychoterror am Arbeitsplatz und wie man sich dagegen wehren kann*[136], de 1993, e *Mobbing: la persécution au travail*, em 1996. Aliás, é a investigação desenvolvida por LEYMANN que convoca para este âmbito o emprego da expressão *"mobbing"*, proveniente da etimologia e que permite igualmente convocar um carácter tendencialmente grupal[137]. Igualmente relevante para o desenvolvimento e estudo do fenómeno mostrou-se a investigação conduzida por MARIE-FRANCE HIRIGOYEN e dada a conhecer em *Le Harcèlement Moral - La Violence Perverse Au Quotidien*e e em *Malaise dans le travail, harcèlement moral: démêler le vrai du faux*[138] bem como o desenvolvimento apresentado por IÑAKI PIÑUEL em *Mobbing: cómo sobrevivir al acoso psicologico en el trabajo* (2001) e em *Mobbing: manual de autoayuda* (2003)[139].

A descrição desta fenomenologia factual, influenciada por estas e outras investigações, permitiu estimular decisivamente o desenvolvimento de outras perspectivas de abordagem das relações laborais, seja no plano da psicologia Organizacional, mormente quanto à sua contribuição para o adensamento de riscos psicossociais, ou da psicodinâmica do trabalho, sector especialmente impulsionado por CHRISTOPHE DEJOURS e que versa, no essencial, sobre a análise da dinâmica das relações sociais de trabalho e a sua possível influência sobre a saúde mental[140].

Em face do surgimento temporalmente concentrado da investigação que versa acerca desta temática, uma questão relativamente discutida pelos

---

[134] Assim, HEINZ LEYMANN, *"The content and development of mobbing at work"*, In: European Journal of Work and Organizational Psychology, 5 – 2, 1996, 165-184 (165).

[135] Em tradução livre, denominada *Mobbing entre adultos – sobre a violência mental no ambiente de trabalho*, publicada pela Studentlitteratur em Estocolmo, no ano de 1986.

[136] Em tradução livre, denominada *Mobbing: Terror psicológico no local de trabalho e como combatê-lo*, publicado pela Rowohlt em Reinbeck, no ano de 1993.

[137] Neste sentido, MAGO ROCHA PACHECO, *O assédio...cit.*, 167 e JÚLIO VIEIRA GOMES, *Direito.... cit.*,427.

[138] As obras de MARIE-FRANCE HIRIGOYEN citadas encontram-se traduzidas para língua portuguesa, respectivamente, em *Assédio, coacção e violência no quotidiano*, Lisboa, Pergaminho Ed., 1999 e *O assédio no trabalho: como distinguir a verdade*, Lisboa, Pergaminho Ed., 2002.

[139] NUNO QUEIROZ DE ANDRADE / TELMO MOURINHO BAPTISTA, *Práticas... cit.*, 110.

[140] A este respeito cf. JOÃO AREOSA, *"Comentário ao artigo "A sublimação, entre sofrimento e prazer no trabalho" – Christophe Dejours e a psicodinâmica do trabalho"* In: Revista Portuguesa de Psicanálise, n.º33 – 2.º semestre, Lisboa, Fenda Edições, 2014, 29-41 (31 ss).

diferentes autores prende-se com a origem temporal do assédio laboral, isto é, respeita à determinação se este fenómeno é pré-existente ao seu estudo recente ou se se trata de uma questão inteiramente nova, desencadeada por factores hodiernos como a pressão tecnológica e a agressiva concorrência oriunda da terceira globalização e que conduz à tentativa de redução do trabalho humano a um mero factor de produção. Não está, naturalmente, em causa o nascimento do assédio enquanto realidade jurídica – a qual apenas surgiu em momento posterior como adiante melhor se verá - mas como realidade ou fenómeno factual.

Neste ponto, as orientações divergem, essencialmente, em três sentidos distintos[141], a saber, *primo*, o entendimento segundo o qual se considera o assédio como um fenómeno inato à natureza segregacionista do ser humano e, como tal, coexistente à integração e vivência do Homem em comunidade, encontrando-se este pré-determinado a ostracizar ou segregar aqueles que considera mais frágeis, mais ameaçadores ou diferentes, não escapando a relação laboral a esta fatalidade pelo que o fenómeno teria uma origem concomitante com o nascimento da civilização humana[142], *secundo*, uma orientação de acordo com a qual o assédio corresponderia a uma realidade moderna e recentemente constituída, sendo resultado da conjugação de factores de natureza diversa, sejam económicos - como, entre outros, a autonomização dos processos produtivos e a consequente substituição do trabalho humano por laboração mecanizada ou o estabelecimento repentino de elevados padrões de qualidade e de produtividade e, por outro lado, – jurídicos – como a (putativa) rigidez nas relações laborais, seja na sua constituição, execução, modificação ou extinção ou a onerosidade resultante da actuação das normas reguladoras do contrato de trabalho – ou organizacionais – nomeadamente mediante implementação de uma estruturação do trabalho ou uma *"cultura da empresa"* que exige uma permanente conexão com o trabalho e plena dedicação dos trabalhadores ao projecto empresarial, seja no tempo de trabalho e não-trabalho; e, por fim, *tertio*, uma orientação de carácter intermédio rela-

---

[141] Cf. Júlio Vieira Gomes, *Direito.... cit.*,425, Rita Garcia Pereira, *Mobbing... cit.*, 39 ss.
[142] Neste sentido, Maria Regina Redinha, *"Assédio moral ou Mobbing no trabalho (Sumário)"*, In: António Moreira, *V Congresso Nacional de Direito do Trabalho*, Coimbra, Almedina, 2003, 169-171 (169), Maria Regina Redinha, *"Assédio moral ou Mobbing ...cit.*, 833 e Diana Lopes Esteves, *Mobbing: algumas considerações sobre a sua duração*, Porto, Diss. mestrado UCP – Porto, 2011, 11 ss.

tivamente às anteriores, segundo a qual o fenómeno se mostra tão antigo como a vivência comunitária do ser Humano ou concretizando ao nosso objecto, da existência do trabalho enquanto tal, sendo, por isso, um produto da natureza humana, ainda que, na actualidade, estes comportamentos cuja formação é endógena ao Homem sejam especialmente agudizados pelos factores exógenos anteriormente referidos e que se precipitaram nas sociedades actuais[143].

Não poderemos deixar de acolher a esta última corrente.

Hodiernamente encontra-se sobejamente identificada a existência empírica do assédio moral no âmbito das organizações. No entanto e ainda que os motivos que conduzem à sua manifestação sejam plúrimos[144], precipitam-se na actualidade um conjunto de factores e características que catalisam decisivamente a sua propagação.

O primeiro factor resulta, no que julgamos, da própria natureza humana do trabalho e do seu carácter tendencialmente grupal. Mostra-se pacífico que, de modo típico, o desenvolvimento das relações laborais ocorre no âmbito da estrutura organizacional do empregador[145], particularmente

---

[143] Neste sentido, RITA GARCIA PEREIRA, Mobbing... cit., 39 (dando esta autora especial ênfase à mediatização do fenómeno a que, hodiernamente, se vai assistindo), CELIA SUAY, "El acoso moral. algunas consideraciones criinológicas y penales", Barcelona, polic., 2010, 3, disponível em http://pagines.uab.cat/ analisisjuridico/sites/pagines.uab.cat.analisisjuridico/files/Acoso%20Moral%20WEB_%20Suay.pdf (acedido a 23/04/2015), GLÓRIA REBELO, "Assédio moral e dignidade no trabalho", In: CENTRO DE ESTUDOS JUDICIÁRIOS, Prontuário de Direito do Trabalho, 76-78 (Jan/Dez), Coimbra, Coimbra Ed., 2007, 105-119 (105 ss), CIDÁLIA SANTOS DA SILVA, Análise ...cit., , 19-20, e JOÃO LEAL AMADO, Contrato de trabalho, 4.ª, Coimbra, Coimbra Ed., 2014, 233.
A este respeito, mostra-se interessante pela sua perspectiva face às orientações tradicionais o entendimento expresso por CHRISTOPHE DEJOURS em "A sublimação, entre sofrimento e prazer o trabalho", In: Revista Portuguesa de Psicanálise, n.º 33 – 2.º semestre, Lisboa, Fenda Edições, 2014, 9-28 (21). Para o citado autor, não sendo o assédio no trabalho um fenómeno novo, este encontra-se especialmente agudizado, não em resultado de factores económicos mas em função da solidão dos assediados. Neste sentido, o citado autor argui que, *"não é de todo idêntico enfrentá-los [os factores adversos, onde se inclui o assédio] com a ajuda e a solidariedade dos outros ou encontrar-se sozinho, isolado e num ambiente humano potencialmente hostil"* pois, no seu entendimento, *"beneficiando do apoio moral e da simpatia dos outros, a vítima resiste psiquicamente muito melhor"*.

[144] A este respeito cf. ISABEL RIBEIRO PARREIRA, O assédio moral... cit, 217.

[145] O carácter organizacional da relação laboral encontra, hoje em dia, eco na definição legal de contrato de trabalho. Enquanto a noção tradicional, resultante do art. 1152.º do Código Civil, qualifica como contrato de trabalho *"aquele pelo qual uma pessoa se obriga, mediante retribuição, a*

uma pessoa colectiva – de natureza pública ou privada, comercial, civil, fundacional ou associativa[146] -, em que, dependendo do maior ou menor grau de sofisticação ou complexidade da sua estruturação hierárquica interna (ou inclusivamente, mesmo quando não exista qualquer estratificação no modelo organizacional), da dimensão empresarial, da repartição das suas prerrogativas enquanto empregador em múltiplos centros de decisão ou, inclusivamente, da natureza plurissocietária da estrutura, se mostra complexa a identificação da titularidade dos poderes laborais, num fenómeno de *"empregador sem rosto"* em que a origem dos comandos e a sua determinação se perde na cadeia hierárquica produtiva. A inserção dos trabalhadores nessa organização, independentemente do seu posicionamento hierárquico, gera a formação de núcleos, pequenas comunidades humanas de escopo produtivo onde, quotidianamente, os trabalhadores iniciarão e desenvolverão relações e interacções sociais. É no âmbito destes relacionamento interpessoais no âmbito dessas associações humanas que surgirão, com maior ou menor prevalência, atritos, conflitos, enfim, interacções sociais de sinal negativo pelas quais, no plano extra-jurídico, os indivíduos procurarão definir a ocupação dos espaços no grupo social e, assim, gerar posições de ascendente fáctico sobre um ou vários indivíduos no seio deste núcleo. Enfim, como sagazmente condensado por João Leal Amado, o local de trabalho é, por excelência, um *"território de autoridade e de convivialidade"*[147].

De igual modo e numa escala mais abreviada, estes relacionamentos conflituais hostis[148] poderão conduzir à tentativa de redução do oponente e, por conseguinte, à destruição da sua personalidade ou ao seu afasta-

---

prestar a sua actividade intelectual ou manual a outra pessoa, sob a autoridade e direcção desta", o Código do Trabalho de 2009 introduziu originariamente no seu art. 11.º esse carácter organizacional, reputando como de trabalho o contrato *"pelo qual uma pessoa singular se obriga, mediante retribuição, a prestar a sua actividade a outra ou outras pessoas, no âmbito de organização e sob a autoridade destas".* Em apreciação crítica a esta orientação – num sentido que não acompanhamos – cf. Luís Menezes Leitão, *Direito do Trabalho*, 4.ª, Coimbra, Almedina, 2014,115 ss.
[146] Cf. Carlos A. da Mota Pinto, *Teoria geral do direito civil*, 4.ª, Coimbra, Coimbra Ed., 2012, 282 ss.
[147] João Leal Amado, *Contrato...cit.,,* 233.
[148] Conforme salienta Isabel Ribeiro Parreira em *O assédio moral... cit,* 215. (...) e pese embora o conflito não se confunda com assédio, não poderemos deixar de notar que aquele poderá tipicamente actuar como um potenciador deste e, como tal, não deverá deixar de ser apreciado.

mento laboral ou isolamento face à restante comunidade, numa actuação de *mobbing* à semelhança com o que se verifica no reino animal[149].

Esta característica, inata ao ser humano e sendo, por isso, um elemento latente[150], encontra-se dependente de um conjunto de factores intrínsecos e extrínsecos aos membros desse micronúcleo comunitário que poderão favorecer a existência desses fenómenos segregantes e conflituais – mormente, a composição do grupo, a personalidade dos sujeitos e potenciais relações de compatibilidade ou incompatibilidade, o carácter, o ambiente social, o nível de instrução, a situação sócio-económica, problemas familiares, enfim, entre outros factores directamente conectados com a pessoa, presentes numa mescla variável, poderão influenciar a maior ou menor incidência desse elemento natural, resultante da natureza humana.

Assim, e não obstante, a própria actuação humana possa variar em função do seu contexto e de elementos auxiliares à determinação da sua vontade, não poderemos deixar de qualificar estes comportamentos como congénitos à natureza humana e, por isso, cuja origem é consentânea com os primeiros agrupamentos humanos.

Sem prejuízo do que ficou dito, aquele elemento básico foi sendo, paulatinamente, guarnecido por outras condicionantes díspares – dir-se-iam conjunturais - que conduziram, de uma maneira ou outra, ao recrudescimento deste fenómeno. O desenvolvimento tecnológico, a voragem induzida na economia mundial pela terceira globalização, proporcionada pela criação de um verdadeiro mercado global, a terciarização da economia, entre outros, vieram introduzir alterações à normal execução das relações laborais conforme desenvolvidas até à década de setenta do século passado[151]. Assim, o clima de competitividade transnacional fez recair sobre

---

[149] O *mobbing* - conceito oriundo da etologia, uma disciplina científica que se dedica ao estudo do comportamento animal – consiste originariamente, tal como cunhado por LORENZ KONRAD, num processo grupal desenvolvido pelo animal predado contra o seu predador pelo qual aquele logra afastar o perigo que resulta deste mediante emprego de um comportamento que não seria expectável, com que o predador não contaria. Vd. LORENZ KONRAD, *On agression*, Londres, Routledge Classics, 2002, 23 ss.

[150] O carácter latente dessa característica não implica, por si, que seja identificada ou que surja em todas as interacções humanas. Não obstante, a natureza gregária do ser humano impõe a sua consideração enquanto ponto de partida.

[151] Quanto ao enquadramento genérico deste fenómeno, as causas e consequências cf. ROSÁRIO PALMA RAMALHO, *Da autonomia...*cit., 550 ss.

os titulares das relações laborais um conjunto de exigências de produtividade, mutabilidade e dinamismo numa escala que até aí não existia.

Nesta senda, viram-se, os trabalhadores confrontados com a necessidade de justificar a todo o momento a existência do seu posto de trabalho o que, quando conjugado com elevadas taxas de desemprego e por um fraco dinamismo do mercado de trabalho, fomenta, principalmente nos trabalhadores, o medo relativamente ao seu futuro, seja pela supressão do seu posto de trabalho ou a sua substituição por trabalhadores mais jovens e com melhores qualificações, bem como, face aos seus colegas, inveja e rivalidade relativamente aos seus sucessos[152]. Por conseguinte, hoje afigura-se claro que as modificações no ambiente económico influenciaram de sobremaneira a forma de execução das relações laborais bem como o comportamento dos agentes envolvidos.

Em terceiro lugar, não poderemos desconsiderar a importância e efeito que as normas e regras existentes geram nos decisores e, neste caso, em empregadores e trabalhadores. A consagração e evolução do Direito do Trabalho logrou estabelecer um enquadramento jurídico em que, mediante tutela da parte mais fraca da relação laboral – o trabalhador -, se procura compor, na justa medida, o equilíbrio de poderes na execução do contrato de trabalho e pelo qual, entre outros aspectos, se procurou assegurar em maior ou menor grau a estabilidade da relação laboral.

Na verdade, este carácter perene, duradouro, sem termo, por tempo indeterminado e a tempo completo da relação laboral típica – denominado pela doutrina germânica como *"normalarbeitsverhältnis"*[153] – poderá favorecer em algumas circunstâncias a prática de actos assediantes em ambiente laboral, mormente travestido de assédio estratégico, pelo qual o agente pretende conduzir o assediado à cessação unilateral do seu contrato de trabalho e, com isto, colocar termo à relação contratual. Deste modo e de forma a ultrapassar as normas existentes que limitam a livre cessação do vínculo laboral ou, pelo menos, geram uma elevada onerosidade resultante da decisão de pôr termo ao vínculo, a utilização do assédio estratégico como mecanismo de gestão de recursos humanos - mormente em situações de pressão económica sobre a empresa -, vulgarizou-se, sendo empregue como *receita* que facilita o afastamento do trabalhador da empresa.

---

[152] Isabel Ribeiro Parreira, *O assédio moral...* cit, 217.
[153] Rosário Palma Ramalho, *Da autonomia...*cit., 542 ss.

Por outro lado, a maior sensibilização e conhecimento dos agentes relativamente aos seus direitos, principalmente por parte dos trabalhadores, em resultado de campanhas formativas e informativas no âmbito da segurança e saúde no trabalho e condições de trabalho contribuíram de certa maneira para o acréscimo da identificação das situações assediantes e, como tal, permitiu desmistificar o carácter pretensamente neutro de comportamentos assediantes que, outrora, seriam tidos como normais. Esta propagação do conhecimento do fenómeno – que, malogradamente, ainda não atinge níveis satisfatórios –, permitiu desqualificar como lícitas um conjunto de práticas reputadas como aceitáveis: é o que se verificou, nomeadamente, relativamente à prática denominada coloquialmente de *"emprateleiramento"*, corporizada na violação do dever de ocupação efectiva acometido ao empregador, pela qual o empregador determina o esvaziamento das tarefas e actividades do trabalhador, provocando neste o sentimento que já não é útil nem a sua presença na empresa se mostra necessária ou é valiosa.

Por fim e conforme CHRISTOPHE DEJOURS salienta[154], o envolvimento social e cultural dos envolvidos na relação assediante, a existência de uma eventual rede social de suporte, a presença de regras éticas ou de conduta transversais à comunidade bem como as próprias características, expectativas e directrizes socialmente dominantes, poderão potenciar o exacerbamento das consequências do assédio.

Ora, as modernas sociedades de base tecnológica onde os níveis de qualidade e produtividade que são exigidos aos agentes económicos pelo menor custo possível e, com especial incidência sobre os trabalhadores face às elevadas taxas de desemprego existentes, mostram-se palcos de excelência para o agravamento deste fenómeno. A título exemplificativo veja-se a conjugação destes factores no Japão: neste país, fruto das ancestrais tradições e regras socialmente aceites, ao cidadão médio é, simultaneamente exigido pelos seus pares um elevado nível de perfeição e êxito em todas as actividades em que se insere, sendo o insucesso fortemente penalizado pelo que, no plano escolar e laboral, essa intensa exigência e pressão social resultou directamente num incremento do número total de suicídios e, consequente, na taxa de suicídios por 100.000 habitantes. Da análise dos dados fornecidos pela Organização Mundial de Saúde a este

---

[154] CHRISTOPHE DEJOURS, *A sublimação...cit.*, 21 ss.

respeito[155] é possível encontrar uma ligação entre a existência de ciclos económicos favoráveis ou desfavoráveis e, consequentemente, o aumento ou a diminuição do número absoluto de suicídios. Então, observe-se o efeito que a crise financeira asiática de 1997 provocou neste índice: se, neste país, terão cometido suicídio 23.502 pessoas durante esse ano, esse índice disparou no ano seguinte – quando essa crise se agudizou especialmente neste país – para 31.758 mortes por suicídio[156].

Face ao exposto, consideramos que pese embora o assédio moral não corresponda a um fenómeno inteiramente inovador, encontra no estado actual do desenvolvimento civilizacional um conjunto de condições que permitem que nidifique e se manifeste com especial pujança e, por conseguinte, torna a sua prevalência, os seus efeitos e consequências mais latentes.

3.2. Características distintivas do fenómeno

Como vimos, o quadro conceptual onde nos movemos mostra-se bastante dinâmico, variando, entre autores, a prevalência de algumas características em prejuízo de outras[157], não existindo, até à presente data, uma definição formal para o fenómeno que seja globalmente acolhida[158]. Assim, a título exemplificativo, se para MARIE-FRANCE HIRIGOYEN o assédio moral no trabalho se pode definir como *"qualquer comportamento abusivo (gesto, palavra, comportamento, atitude...) que atente, pela sua repetição ou pela sua sistematização, contra a dignidade ou a integridade psíquica ou física de uma pessoa, pondo em perigo o seu emprego ou degradando o clima de trabalho"*[159], se INÃKI PIÑUEL coloca a tónica na finalidade dos actos e no modo de ope-

---

[155] Os mencionados dados foram obtidos mediante consulta da base de dados relativa à mortalidade da Organização Mundial de Saúde, em http://apps.who.int/healthinfo/statistics/mortality/whodpms/ (acedido a 10/06/2015).

[156] É especialmente interessante notar, a este respeito, a correlação que parece existir entre os resultados macroeconómicos e os valores absolutos de suicídios uma vez que a economia nipónica sofreu, entre 1997 e 1998, uma brusca diminuição do seu produto interno bruto, uma variável que parece influenciar aquele comportamento.

[157] Sobre a enunciação da pluralidade conceptual existente no plano das ciências auxiliares, vd. ANA TERESA VERDASCA, *Assédio moral...* cit., 66 ss e NUNO QUEIROZ DE ANDRADE / TELMO MOURINHO BAPTISTA, *Práticas...* cit., 111-112.

[158] MAGO ROCHA PACHECO, *O assédio...cit.*, 64.

[159] MARIE-FRANCE HIRIGOYEN, *O assédio no trabalho...cit.* 15.

rar, sendo o efeito lesivo um mero efeito colateral daquele objectivo que se pretende atingir[160], outros como DIETER ZAPF procuram definir o assédio como um processo durante o qual o destinatário é colocado numa posição de inferioridade em razão da prática de actos que perturbam, intimidam, ofendem, excluem o destinatário ou se exigem a prática de tarefas ofensivas para a sua pessoa[161]. Por fim, conforme sintetizado por ANA TERESA VERDASCA, o *"assédio moral no local de trabalho versa sobre comportamentos e práticas repetidas no tempo, dirigidas a um ou mais trabalhadores, consideradas indesejáveis por parte dos mesmos, podendo ser empreendidos inconscientemente ou deliberadamente mas que, claramente, causam humilhação, ofensa e angústia, e, adicionalmente, podem interferir com o desempenho do trabalho e causar um ambiente de trabalho desagradável, tenso ou mesmo hostil"* [162].

Procurando sintetizar as diferentes orientações existentes em razão do que lhes é comum, numa perspectiva psicológica, NUNO QUEIROZ DE ANDRADE e TELMO MOURINHO BAPTISTA assinalam ao assédio moral, enquanto manifestação fenomenológica, três características distintivas[163], a saber, *i)* a reiteração; *ii)* os efeitos; *iii)* o aproveitamento da debilidade do destinatário[164].

Para que se considere existir uma situação de assédio, costumam exigir os autores que o comportamento lesivo se repita, se prolongue no tempo ou seja persistente. Assim, esta característica permite diferenciar o assédio de situações de conflito, dissonância ou, no plano jurídico, de um pontual incumprimento contratual. Quanto ao prolongamento temporal desses comportamentos, tem-se verificado uma manifesta discordância entre os

---

[160] Segundo INÃKI PIÑUEL em *Mobbing – cómo sobrevivir al acoso psicologico en el trabajo*, Santander, Sal Terrae, 2001, 52 ss, o assédio *"consiste en el deliberado y continuo maltrato modal y verbal que recibe un trabajador, hasta entonces válido, adecuado o incluso excelente en su desempeño, por parte de uno o varios compañeros de trabajo, que buscan con ello desestabilizarlo y minarlo emocionalmente con vistas a deteriorar y hacer disminuir su capacidad laboral o empleabilidad y poder eliminarlo así más fácilmente del lugar y del trabajo que ocupa en la organización"*.

[161] DIETER ZAPF, "Organisational, work group related and personal causes of mobbing/bullying at work", In: *International Journal of Manpower*, 20, 1/2, 1999, 70-85 (73).

[162] ANA TERESA VERDASCA, *Assédio moral... cit.*, 66.

[163] NUNO QUEIROZ DE ANDRADE / TELMO MOURINHO BAPTISTA, *Práticas... cit.*, 112, que seguimos neste ponto.

[164] Em sentido próximo, considerando que o assédio se caracteriza por três facetas, a saber, a prática de determinados comportamentos, a duração e a consequência destes cf. JÚLIO VIEIRA GOMES, *Direito.... cit.*, 428.

autores: se, originariamente, alguns – mormente Leymann - considerariam que a situação assediante se prolongasse no tempo, pelo menos, durante seis meses, para outros bastaria uma repetição semanal dos actos lesivos. Ora, essa discussão, ainda que relevante para outras ciências, escapa ao Direito porquanto se mostra frontalmente contrário aos princípios jurídicos basilares do ordenamento exigir um período mínimo de tolerância à lesão para facultar a tutela e, por isso, não merece acolhimento[165].

Uma questão que usualmente é colocada e que surge interligada com o prolongamento temporal dos factos integradores da situação de assédio pretende-se com o putativo carácter sistematizado dos comportamentos lesivos. Assim, para alguns autores, à reiteração e persistência dos comportamentos lesivos exigem a existência de um *plus*, uma unidade de sentido nos comportamentos, uma sistematização que ligue unitariamente esses factos lesivos temporalmente espaçados.

Em segundo lugar, para que exista uma situação de assédio, requer-se esse procedimento temporalmente reiterado tenha uma carga lesiva para o seu destinatário. À situação de assédio-se exige a produção de um efeito no plano dos factos, perturbando ou gerando um efeito lesivo na pessoa. Assim, o mesmo acto, dependendo das circunstâncias e do destinatário, poder-se-á considerar altamente lesivo da sua pessoa ou inócuo, dependendo essa situação do receptor do acto de assédio. Nem, ao que julgamos, poderia ser de outro modo: o assédio moral, sendo uma situação relacional humana, está dependente da densidade humana dos envolvidos porquanto a qualificação do fenómeno está dependente os efeitos que esses actos projectem no seu destinatário. Assim, não poderá existir uma situação de assédio sem que haja lesão.

Por fim, é comum identificar-se como característica do fenómeno assediante a vulnerabilidade ou debilidade do destinatário do comportamento. Para que um comportamento surja como materialmente assediante, usual exigir-se que o assediado se encontre coarctado na sua liberdade e, por isso, num situação que impede, limita ou dificulta de sobremaneira a reacção normal contra um acto lesivo dada *"a desproporção de forças entre a vítima e o seu agressor ou agressores"* ou, por outro lado, tolda a demonstração de uma intencionalidade lesiva do acto[166].

---

[165] Júlio Vieira Gomes, *Direito....* cit., 429 e *Algumas reflexões ...cit.*, 77.
[166] Nuno Queiroz de Andrade / Telmo Mourinho Baptista, *Práticas... cit.*, 112.

Numa perspectiva marcadamente sociológica, ISABEL RIBEIRO PARREIRA[167] considera que o assédio moral corresponde a uma forma de *"violência psicológica em pequenas doses, iniciada sem qualquer aviso, prosseguida de forma subversiva, e extremamente destrutiva por via do efeito cumulativo de microtraumatismos frequentes e repetidos"*. O fenómeno pode assim, conforme desenvolvido pela citada autora, caracterizar-se genericamente com a prática de comportamentos de *"perseguição ou submissão da vítima a pequenos ataques repetidos, constituída por qualquer tipo de atitude por parte do assediador, não necessariamente ilícita em termos singulares, concretizada de várias maneiras [...] que pressupõe motivações variadas por parte do assediador, que, pela sua repetição ou sistematização no tempo e pelo recurso a meios insidiosos, subtis ou subversivos, não claros nem manifestos, que visam a diminuição da capacidade de defesa do assediado, criam uma relação assimétrica de dominante dominado psicologicamente, no âmbito da qual a vítima é destruída na sua identidade, o que representa uma violação da dignidade pessoal e profissional e, sobretudo, da integridade psico-física do assediado, com fortes danos para a saúde mental deste, colocando em perigo a manutenção do seu emprego e/ou degradando o ambiente laboral"*[168].

Não obstante, existe uma tensão nas posições expressadas relativamente à apreciação da intencionalidade lesiva do autor do acto ou, por outro lado, da mera consideração dos efeitos lesivos do comportamento ou, ainda, o significado objectivo daquelas condutas enquanto critério necessário da qualificação do acto como assédio[169].

A intencionalidade lesiva enquanto característica típica do assédio moral é particularmente cara para aqueles que, como parece ser MARIA REGINA REDINHA, consideram os comportamentos assediantes como uma conduta necessariamente perversa ou malévola, uma *"prática insana de perseguição, metodicamente organizada, temporalmente prolongada, dirigida normalmente contra um só trabalhador que, por consequência, se vê remetido para uma situação indefesa e desesperada, violentado e frequentemente constrangido a abandonar o seu emprego, seja por iniciativa própria ou não"*[170]. Porém, nem sempre essa intencionalidade pode considerar-me necessariamente malévola porquanto pode prosseguir fins sistémicos, de *"agressão geral"*, incutindo

---

[167] ISABEL RIBEIRO PARREIRA, *O assédio moral no trabalho...cit.*, 213 ss, que seguimos.
[168] ISABEL RIBEIRO PARREIRA, *O assédio moral no trabalho...cit.*, 213-214.
[169] A este próprio, com as referências doutrinárias aí patentes, cf. JÚLIO VIEIRA GOMES, *Direito.... cit.*,436.
[170] MARIA REGINA REDINHA, *Assédio moral ou Mobbing...cit.* 834.

medo no grupo de trabalho mediante a instrumentalização de um determinado trabalhador que, pelas suas características, se mostra diferente ou perturbador e que o empregador decide seleccionar como exemplo[171].

Ao que julgamos, não poderemos, por ora, desconsiderar qualquer uma dessas premissas porquanto, em face da variabilidade do comportamento, uma situação pode revelar-se lesiva exactamente no mesmo grau, dependendo do assediado que encontra do outro lado da relação. Ainda que no assédio destinado a forçar o trabalhador a colocar termo à relação laboral surja marcadamente vincada essa *vis* lesiva, essa característica afigura-se mais sumida noutras manifestações do fenómeno pelo que, ao que julgamos, deve ser casuisticamente apreciada.

Em face do exposto, afigura-se pacífico considerar assédio moral, enquanto fenómeno, o conjunto reiterado de actos, lícitos ou ilícitos, relacionados entre si pese temporalmente espaçados, conectados com a existência, formação ou execução de uma relação laboral, que se revelam finalisticamente destinados a lesar o destinatário ou geram este um efeito nocivo, perturbando, constrangendo ou afectando a dignidade do lesado ou lesados.

Assim, como visto e independentemente da corrente que se perfilhe, é certo que o assédio gera um efeito no sujeito alvo de onde poderão resultar uma plêiade de consequências. A circunstância de ser alvo de comportamento tóxico, temporalmente prolongado, poderá produzir um conjunto de consequências que se repercutirão, para além da execução do trabalho e da esfera da empresa, na saúde física e psíquica do sujeito activo, nas suas relações sociais e familiares e, num plano mais amplo, cujas ondas de choque se estenderão à sociedade em geral[172].

Encontrando-se prolongadamente na *linha de mira* no assediante, pressionado em razão do comportamento assediante, o sujeito passivo, no plano dos danos à sua saúde física e psíquica e dependendo da sua predisposição, poderá vir a experienciar, entre outros, estados de *stress*, ansiedade, ou poderá vir a padecer de depressão ou desenvolver perturbações psicossomáticas, corporizadas em alterações da personalidade induzidas pelo sujeição ao trauma, psicoses ou estados de mania, entre outras patologias do foro psíquico ou psiquiátrico que, tragicamente, poderão condu-

---

[171] Mago Rocha Pacheco, *O assédio...cit.*, 102 ss.
[172] Assim, Mago Rocha Pacheco, *O assédio...cit.*, 119 ss.

zir ao suicídio[173]. Não obstante o carácter marcadamente psíquico destas potenciais consequências, a constância daqueles actos de violência laboral poderão revelar-se mediante consequências físicas, gerando, entre outros, desequilíbrios hormonais, aumento ou perda de peso drástica, síndromes vertiginosos, náuseas, ansiedade, aumento da tensão arterial, problemas cutâneos, entre outros[174].

A sujeição reiterada àqueles comportamentos humilhantes e desestabilizadores poderá, também, produzir modificações psicológicas no visado, destruindo-lhe a autoestima do sujeito passivo, modificando a consideração do seu valor intrínseco e das suas qualidades, fazendo-se duvidar de si próprio e das suas apetências e competências técnicas, gerando fenómenos de imputação de culpa pelo insucesso empresarial ou por qualquer falha profissional, relevando as suas falhas e desvalorizando os seus sucessos, conduzindo então à corrosão interior do assediado[175].

A perturbação, vexame ou humilhação induzida no sujeito passivo no âmbito da relação laboral poderá originar, igualmente e em função dos efeitos psíquicos e psicológicos, modificações na vivência familiar do assediado bem como quebras acentuadas de produtividade, absentismo laboral, inquietude no ambiente de trabalho, enfim, um largo conjunto de efeitos transversais para a vivência regular do assediado[176].

---

[173] ISABEL RIBEIRO PARREIRA, *O assédio moral no trabalho...cit.*, 226 ss, MAGO ROCHA PACHECO, *O assédio...cit.*, 119 ss e MARIE-FRANCE HIRIGOYEN, *O assédio no trabalho...cit.*, 139 ss.
[174] ISABEL RIBEIRO PARREIRA, *O assédio moral no trabalho...cit.*, 227 e MAGO ROCHA PACHECO, *O assédio...cit.*, 123 ss.
[175] ISABEL RIBEIRO PARREIRA, *O assédio moral no trabalho...cit.*, 229.
[176] No plano da comunidade, a existência de situações de assédio moral não se revela indiferente: considerados os seus efeitos, a prevalência do fenómeno coloca um peso financeiro nos sistemas de previdência social (em resultado do pagamento de compensações substitutivas do rendimento do trabalho, em razão de incapacidades temporárias para o trabalho induzidas por actos de violência laboral, bem como do subsídio de desemprego resultante da cessação da relação laboral), sobrecarga o sistema assistencial público, (exigindo a prática de diversos actos médicos e exames complementares de diagnóstico, acompanhamento e tratamento psíquico e medicamentoso, daí resultando custos evitáveis), diminui a produtividade da economia, desbaratando milhares de horas de trabalho e gerando perturbações evitáveis da estrutura organizacional e, produtiva. Assim, parece claro que a única entidade que, eventualmente, poderá vir a ganhar com a prática do assédio é a entidade empregadora quando não seja sujeito passivo da relação assediante.
A este respeito vd. SÓNIA KIETZMANN LOPES, *O assédio moral...cit.*, 257 segundo a qual, na Alemanha, todos os anos se verifica uma quebra de produtividade na ordem dos 13 mil milhões de euros.

Assim, cremos não restarem dúvidas quando ao potencial ofensivo e lesivo do assédio no âmbito das relações laborais e, por isso, enquanto fenómeno carecido da atenção do Direito.

3.3. Manifestações: a tipologia do assédio

O fenómeno do assédio laboral, como anteriormente se observou, exige a existência de uma relação assediante de complexidade variável. Todavia, embora a relação assediante enquanto modelo explicativo seja um interessante modo de ilustrar o feixe relacional, acaba por se mostrar relativamente estático quanto às modalidades que o fenómeno pode assumir. Conforme temos vindo a indicar, o assédio laboral pode revestir uma pluralidade de manifestações, efeitos lesivos e finalidades porquanto ao Direito é útil, para fins analíticos, proceder à arrumação e classificação criteriosa das manifestações do fenómeno.

Assim, é usual na doutrina apresentar uma classificação cujo critério se centra no posicionamento dos sujeitos da relação, com especial enfoque no sujeito activo e no fluxo do acto, na motivação da conduta assediante[177] bem como, por outro lado, nos bens lesados.

3.3.1. Posição dos sujeitos: assédio vertical, horizontal, externo e misto

Centrado o critério distintivo no agente assediante, no sujeito activo da relação assediante, o assédio pode qualificar-se como *vertical, horizontal, externo* ou *misto*, respectivamente, caso se manifeste numa situação em que exista uma diferenciação hierárquica de *infra*-ordenação, de *jure* ou *de facto*[178], entre as partes naquela relação, caso assediante ou assediado

---

[177] ANA CALDAS CANEDO, *Assédio discriminatório e assédio moral simples: um contributo para a análise do conceito de assédio moral no Código do Trabalho*, Braga, polic., 2012, 43 ss. Quanto à primeira classificação cf. MAGO ROCHA PACHECO, *O assédio...cit.*, 157 ss e RITA GARCIA PEREIRA, *Mobbing...* cit., 173 ss..

[178] Ainda que, entre nós, se encontre em franca regressão o estabelecimento estático do escalonamento hierárquico entre diferentes profissionais, provavelmente em resultado da crise da categoria profissional, da eficácia da contratação colectiva e da própria estrutura empresarial portuguesa, as situações hierárquicas de facto, porque geram um ascendente efectivo sobre o visado, deverão ser tidas em consideração neste plano analítico. Por conseguinte, nessas situações em que a organização hierárquica não se encontre definida de modo evidente e

se encontrem no mesmo patamar hierárquico, o assédio provenha de um elemento exterior à estrutura organizativa do empregador, isto é, não se encontre regularmente integrado na orgânica funcional e produtiva da entidade empregadora[179] ou, por outro lado, se conjuguem algumas das categorias anteriormente enunciadas.

Quanto ao assédio vertical e entrecruzado com esta nomenclatura, este pode ser ainda ser classificado como *ascendente*, caso o sujeito activo da relação assediante se encontre posicionado em nível hierárquico inferior ao do destinatário assediado. Caso se verifique o inverso – situação aliás mais comum –, o assédio vertical dir-se-á *descendente* porquanto aquele comportamento é produzido e direccionado por um elemento da estrutura empresarial de grau superior face ao destinatário. O *assédio vertical descendente* é por vezes denominado como *bossing* – em razão do verbo inglês *"to boss"*, que reconduz para uma conduta oriunda do chefe, ou seja, do titular de um ascendente face ao destinatário[180] – ou como *assédio hierárquico* ainda que desta última classificação não seja imediatamente extractável o sentido da relação, ainda que tipicamente descendente.

Como bem se entende dadas as prorrogativas de poder resultantes da situação jurídica laboral e a sujeição do trabalhador, o assédio vertical descendente revela-se aquele onde o potencial lesivo atinge o seu ponto mais elevado, dado o possível aproveitamento da situação de dependência para fins ilícitos, lesivos e danosos.

Por seu turno, a situação de assédio horizontal é caracterizada pela paridade hierárquica entre assediante e assediado. Nestas situações, não existindo qualquer ascendente organizacional, a sua ignição poder-se-á

---

perceptível, é o modo de execução do contrato de trabalho que deve auxiliar na identificação do ascendente entre as partes daquele relacionamento.

[179] A respeito das duas primeiras categorias cf. MAGO ROCHA PACHECO, *O assédio...cit.*, 157 e MARIE-FRANCE HIRIGOYEN, *O assédio no trabalho...cit.* 98 ss.. Quanto à última categoria cf. JÚLIO VIEIRA GOMES, *Algumas reflexões ...cit.*, 87. Não obstante, na situação de assédio externo oriunda de prestador de serviços ou equiparado que, não sendo trabalhador, integre a estrutura organizativa do empregador será necessário verificar, de facto, o seu posicionamento nessa estrutura. Assim, o assédio conduzido por prestador de serviços integrado num estrato superior a hierarquia empresarial será uma situação de assédio vertical assim como a situação em que o agente assediante seja o executante da conduta determinada por um autor mediato de nível superior ao do assediado.

[180] MESSIAS CARVALHO, *"Assédio moral / mobbing"*, In: OTOC, VII - n.º77 (Agosto), 2006, 40-49 (43).

encontrar, por vezes, na procura da obtenção de um benefício para que ambos concorrem, em prejuízo da outra parte, seja a valorização ou promoção profissional do assediante conseguida em função da sabotagem empreendida sobre o colega[181].

Estas modalidades de assédio, salvo quanto ao *assédio misto, transversal* ou *combinado*[182], podem ser qualificadas como *assédio subjectivamente singular*, ou seja, cada parte da relação assediante pode ser exclusivamente constituída por uma única pessoa que encabeça, respectivamente, o lugar de sujeito activo e sujeito passivo daquela estrutura analítica. Porém, essa classificação não corresponde a um pressuposto necessário dessas classificações.

Situação diferente é o assédio classificado como *misto*[183]: neste, atendendo à centralidade do sujeito activo como critério analítico, o assédio misto será sempre *subjectivamente plural* porquanto exigirá sempre a presença, a título principal ou acessório, de sujeitos provenientes de diferentes estratos hierárquicos.

3.3.2. Motivação da conduta assediante

Relativamente à motivação da conduta assediante – ainda que tal enquadramento possa vir a demonstrar uma funcionalidade limitada no seio do regime jurídico -, os comportamentos assediantes podem ser catalogados como *assédio laboral emocional, assédio laboral estratégico* e *assédio laboral institucional* [184].

Assim, classifica-se como *emocional* (ou, dir-se-ia *congénito*) o assédio determinado em função das características inatas do sujeito activo atreito ao conflito e ao desenvolvimento de relações pessoais complexas. Por conseguinte, a colocação em prática de situações assediantes por parte destas pessoas tóxicas não serve outro propósito que a auto-safisfação resultante para produção de um efeito nocivo e nefasto[185].

Por seu turno, o assédio laboral estratégico engloba o conjunto de situações em que a implementação de um comportamento assediante tem como objectivo a produção de um efeito legalmente vedado ou cuja produção

---

[181] MAGO ROCHA PACHECO, *O assédio...cit.*, 160.
[182] Assim, MARIA REGINA REDINHA, *Assédio moral ou Mobbing...cit.* 836.
[183] MAGO ROCHA PACHECO, *O assédio...cit.*, 162.
[184] ANA CALDAS CANEDO, *Assédio...cit.*, 48.
[185] ANA CALDAS CANEDO, *Assédio...cit.*, 48.

implicaria um investimento que o agente considera demasiado oneroso. O assédio estratégico segue assim um fim, seja empresarial ou particular, cuja obtenção será realizada mediante prejuízo do sujeito passivo[186-187]. Assim, é tradicionalmente apresentada como uma situação de assédio estratégico o conjunto de actos, temporalmente prolongados, corporizados na violação do dever de ocupação efectiva pelo qual se decide retirar unilateralmente as funções de que o trabalhador é normalmente titular e, conjuntamente com o isolamento do trabalhador face aos restantes colegas, logra perturbar e lesar a sua dignidade profissional.

Por fim, saliente-se ainda o assédio moral *institucional*, que se caracteriza pela adopção generalizada e reiterada de um conjunto de prática lesivas, despersonalizantes e lesivas para os destinatários de uma determinada empresa ou sector de actividade tendo em vista a obtenção de melhores resultados produtivos, num comportamento de gestão por vezes denominado como *"implementação da cultura da empresa"*. Não obstante, da implementação da cultura da empresa, qual praxe, poderá resultar a prática de actos reiterados no tempo que tenham como efeito a perturbação, vexame ou lesivos da dignidade da pessoa humana[188].

---

[186] Júlio Vieira Gomes, *Direito...cit.*, 431 e Rita Garcia Pereira, *Mobbing...* cit., 175.

[187] Note-se que o assédio estratégico pode não partir do empregador, podendo ser horizontal ou misto: pense-se numa situação de *mobbing proprio sensu*, em que um conjunto de trabalhadores procuram afastar da estrutura laboral um *whistleblower* que revelou ou demonstrou junto da entidade empregadora a existência de um conjunto de actos ilícitos ou desconformidades nos procedimentos internos. Assim, é estratégico o assédio horizontal, vertical ou misto resultante de comportamentos destinados a afastar aquele trabalhador da estrutura organizacional.

[188] A prática é fértil a guarnecer o Direito de situações exemplificativas do retratado. São actualmente conhecidas empresas que, tendo em vista a implementação de uma cultura empresarial dita exigente, optam por admitir ao seu serviço trabalhadoras do sexo feminino, recém-licenciadas e à procura de primeiro emprego, para trabalharem em sítio distante do local de origem ou implementação do núcleo familiar e/ou social, de modo a exigir a sua dedicação total à empresa. Seleccionadas estas características que geram uma especial debilidade, é exigida a realização de trabalho no domicílio, fora do período normal de trabalho e do horário de trabalho, impondo-se a frequência de reuniões semanais de presença obrigatória, em horário nocturno, independentemente do trabalhador já ter terminado o seu período de trabalho ou se encontrar de férias ou no gozo de descanso obrigatório ou complementar. Tais práticas são complementadas pela modificação constante do horário de trabalho, impedido qualquer planeamento extra-laboral às trabalhadoras, impedimento do gozo de períodos de férias agendados sem apresentação de qualquer motivo atendível para o efeito, entre outras situações.

Por fim e tendo por base o regime jurídico vigente – que adiante melhor se verá -, poder-se-á classificar a situação assediante como *discriminatória* ou *não discriminatória*[189], conforme tenha ou não por base uma diferenciação juridicamente infundada, baseada ou não num factor discriminatório legalmente tipificado.

Como se pode observar, a situação relatada consubstancia uma situação de assédio institucional de grupo, pelo qual se submete um conjunto de pessoas em posição de especial debilidade a uma situação de perturbação e violação da sua dignidade.

[189] Rosário Palma Ramalho, *Tratado II...cit.*, 162 ss.

4. A consagração hodierna do assédio enquanto objecto de tutela

4.1. Primeiros avanços

O ordenamento jurídico sueco é tradicionalmente reputado como aquele onde se verificou inovatoriamente a perspectivação do assédio moral no trabalho enquanto questão jurídica carecida de tutela[190]: nesta sequência, foi aprovada pela *Arbetarskyddsstyrelsen*, a Autoridade Sueca para a Segurança e Saúde no Trabalho, em 21 de Setembro de 1993, a *Kränkande Särbehandling I Arbetslivet* – AFS 1993:17 -, publicada em 26 de Outubro, que se destina à adopção de medidas contra o assédio no local de trabalho. De igual modo e não obstante a frugal extensão deste diploma propedêutico, carecem especial atenção as Recomendações Gerais sobre a implementação das regras referentes à adopção de medidas contra o assédio no local de trabalho, emitida pela sobredita Autoridade, que, em certa medida, actuam como complemento legislativo e auxiliar interpretativo.

Beneficiando do desenvolvimento científico então existente, bem como dos estudos desenvolvidos por Leymann nesse país, o sobredito instrumento apresentou uma primeira proposta de intervenção regulamentar que, para além da abordagem inovadora, logrou influir na conformação

---

[190] Neste sentido, entre nós, Ana Caldas Canedo, *Assédio...cit.*, 64, Júlio Vieira Gomes, *Direito.... cit.*,427 ss, Mago Rocha Pacheco, *O assédio...cit.*, 201 ss, Rita Garcia Pereira, *Mobbing...* cit., 66.

posteriormente empreendida no âmbito do direito comunitário derivado que, aliás, assume expressamente essa referência[191].

Aliás, o carácter didáctico da abordagem resulta claramente das Recomendações Gerais que procedem à enunciação algo exaustiva das causas e consequências dos actos de assédio no trabalho. Assim, se apresentam as Recomendações Gerais como origens do assédio, entre outras, as *"deficiências na organização do trabalho, no sistema interno de informação ou na direcção do trabalho, no excesso ou insuficiência da carga de trabalho ou na exigência das solicitações"*, o sobredito instrumento não deixa de revelar como consequências dessa situação, seja numa perspectiva individual ou do grupo de trabalho, o aumento de atrito entre profissionais manifestado em aversão, irritabilidade ou indiferença, identificação de elevados níveis de *stress*, quebra de produtividade e eficiência, falta de confiança, aumento de doenças físicas, absentismo laboral ou desenvolvimento de pensamentos suicidas ou destrutivos.

Destinando a sua aplicação a todos os trabalhadores que possam ser alvo de comportamentos assediantes no exercício das suas actividades, *kränkande särbehandling*[192] é enquadrado como conjunto de acções - praticadas por trabalhadores, pelo empregador ou pelos seus representantes – censuráveis ou distintamente negativas da pessoa do trabalhador[193] as quais são direccionadas, de modo ofensivo[194], contra um trabalhador indi-

---

[191] Conforme é expressamente assumido pelo citado autor, a intervenção legislativa em matéria de assédio moral no trabalho resultou da existência de um aturado estudo, financiado pelo Fundo Sueco para o Ambiente de Trabalho, o qual decorreu entre 1983 e 1993. Assim, HEINZ LEYMANN / ANNELIE GUSTAFSSON, "Mobbing at work and the Development of post-traumatic stress disorders", In: European Journal of Work and Organizational Psychology, 5 – 2, 1996, 251-275 (251).

[192] A expressão *"kränkande särbehandling"* recorre simultaneamente ao emprego de duas palavras com sentidos distintos, a saber e respectivamente, *"insultante, abusivo, ofensivo ou desrespeitador"* e *"tratamento desigual ou diferencial"*. Temos assim uma construção conceptual que tutela os trabalhadores face a tratamentos diferenciados de cariz abusivo, insultante ou ofensivo pelo que, por conveniência expositiva, é transposta como *"assédio"* ou *"assediante"*.

[193] Conforme realça da análise da Recomendação Geral, são passíveis de identificação um largo conjunto de manifestações típicas de actos lesivos do trabalhador: são assim apresentados como exemplo de assédio direccionado ao trabalhador, entre outros, caluniar ou difamar, reter deliberadamente informação de trabalho ou fornecer informação errada, sabotar ou impedir o desempenho profissional, perseguir, ameaçar ou gerar medo.

[194] O carácter ofensivo dos actos assediantes *"são, resumidamente, caracterizados por uma falta grave de respeito ou ofendem os princípios gerais da honorabilidade e conduta moral para com outras*

vidualmente considerado e podem conduzir ao seu isolamento no local de trabalho ou distanciamento face à comunidade laboral – cf. 1 § do mencionado diploma. Deste modo e não obstante o incipiente carácter do quadro conceptual, atendendo que a proposta de definição do fenómeno não é, de todo, imune a críticas quanto à sua concepção, logra identificar um conjunto de elementos basilares na identificação do fenómeno, a saber, i) os agentes, ii) o destinatário; iii) a reiteração dos comportamentos; iv) o carácter ofensivo do acto e iv) os efeitos fundamentais do comportamento.

Assim, identificado o objecto e declarada expressamente a natureza inadmissível do assédio no trabalho (§3), o diploma impõe ao empregador a planificação da organização do trabalho de modo a prevenir ou, se possível, obstar à existência do fenómeno (§2). Paralelamente, foi prevista a implementação de procedimentos destinados à identificação precoce de sinais referentes a condições de trabalho insatisfatórias ou problemas na organização do trabalho que possam, em alguma medida, gerar situações de assédio no trabalho (§4) e, em caso afirmativo, promover a adopção de medidas tendo em vista a superação dessas condições (§5). Por fim, estatui-se a implementação, por parte do empregador, de um procedimento especial tendo em vista a prestação de apoio aos trabalhadores alvo de assédio e, deste modo, obstar às eventuais lesões e danos de daí poderão resultar (§6).

Não obstante o carácter marcadamente preventivo do diploma e uma vez o regime sueco originário opta por não abordar o assédio laboral numa perspectiva repressiva, teremos de reconhecer a limitada eficácia desta solução regulamentar face à ausência deste último componente. Porém, não poderemos deixar de relevar a importância do diploma face ao carácter inovador, à complexidade do objecto e à sua influência no direito posterior: assim e no nosso entendimento, os benefícios resultantes da sua aprovação mostram-se manifestamente superiores e em nada enfraquecidos pelo carácter lacunar do diploma[195].

---

pessoas", nos termos previstos na Recomendação Geral.

[195] Não obstante o carácter precursor daquele diploma, o ordenamento jurídico sueco não permaneceu imune à influência comunitária que se fez seguir: a este respeito, veja-se a Lei n.º 2008: 567 (*Diskrimineringslag*) pelo qual foi acolhido no §4 a noção de *"trakasserier"* (em tradução livre, assédio, perseguição) correspondente a *"um comportamento que afecta a dignidade de alguém e que se encontra relacionado com um tipo discriminatório, seja fundado no género, na identidade ou expressão transgénero, origem étnica, filiação, religião ou crença, deficiência, orientação*

4.2. A influência das fontes internacionais de Direito na protecção do assédio laboral: em especial, os instrumentos de Direito da União Europeia

Se os primeiros avanços científicos operados pelas diversas ciências auxiliares se mostraram decisivos na identificação hodierna do assédio enquanto tema de investigação e dado que se revelou ser uma questão socialmente relevante, seja em razão da descrição comportamento, dos seus resultados e consequências junto dos assediados ou no próprio tecido produtivo, essa função deverá ser primordialmente atribuída, no plano jurídico, ao direito comunitário derivado.

No entanto, o objecto que nos move não corresponde a uma mera modalidade de tutela da pessoa humana gerada espontaneamente por previdência convencional, sendo, pelo contrário, o culminar de um longo e maturado processo evolutivo no plano externo e interno dos ordenamentos jurídicos[196-197]. Ainda que num prisma exojurídico, não é alheio ao desenvolvimento da tutela do Direito o financiamento de inúmeros projectos de investigação do fenómeno em apreço desenvolvidos na década de 90 do século passado mormente na Alemanha, Áustria, Finlândia e Noruega[198].

Ora, se num âmbito mais lato poderemos reconduzir cronologicamente o ímpeto tutelador do trabalho no plano internacional ao período do 2.º pós-guerra e, em especial, à 2.ª metade do século XX, não poderemos deixar de relevar no plano do Direito Internacional diversos instrumentos convencionais de marcado relevo e incidência laboral[199], de entre os quais se destaca a Declaração Universal dos Direitos do Homem[200] (1948), o Pacto

---

sexual ou idade". Como se verá, esta noção corresponde, *grosso modo*, à noção comunitária de assédio discriminação e, como tal, ter-lhe-ão de ser assacadas as mesmas críticas que são imputadas à noção comunitária.

[196] António Menezes Cordeiro, *Trabalho... cit.*, 183 ss, José Andrade Mesquita, *Direito do Trabalho*, Lisboa, AAFDL, 2003, 141 ss., Pedro Romano Martinez, *Trabalho... cit.*, 184, Rosário Palma Ramalho, *Tratado I...cit.*, 187 ss.;

[197] Por não se inscrever manifestamente na questão a abordar, não nos iremos debruçar quanto ao movimento de aprofundamento dos direitos fundamentais nos diferentes ordenamentos jurídicos. Assim, cf. por todos, Jorge Miranda, *Manual de Direito Constitucional, IV – Direitos Fundamentais*, 4.ª, Coimbra, Coimbra Ed., 2008, 18 ss. (30 ss).

[198] Heinz Leymann / Annelie Gustafsson, *Mobbing at work ... cit.*, 251.

[199] Cf. em especial Vital Moreira, *Trabalho digno para todos – a "cláusula laboral" no comércio externo na União Europeia*, Coimbra, Coimbra Ed., 2014, 88 ss.

[200] A DUDH consagra, entre outros, o princípio da igualdade, nomeadamente salarial (arts 1.º e 23.º, n.º2), da não discriminação (art. 7.º), a protecção da intimidade da vida privada (art.

Internacional sobre os Direitos Económicos, Sociais e Culturais[201] (1976), a Convenção Europeia dos Direitos do Homem (1950) bem como a Carta Social Europeia[202] (adoptada em 1961 e revista em 1996).

Também relevantes apresentam-se dois instrumentos de Direito Internacional aprovados no âmbito da Organização das Nações Unidas, a saber, a Convenção sobre a Eliminação de Todas as Formas de Discriminação Racial, de 1965[203], e a Convenção sobre a Eliminação de todas as Formas de Discriminação contra as Mulheres, de 1979[204]. Ainda que centrados num factor discriminatório específico, as citadas convenções logram apresentar uma proposta de noção de *"discriminação"*, sendo entendida como *"qualquer distinção, exclusão, restrição ou preferência [..] que tenha como objectivo ou efeito destruir ou comprometer o reconhecimento, o gozo ou o exercício, em condições de igualdade, dos direitos do homem e das liberdades fundamentais nos domínios político, económico, social e cultural ou em qualquer outro domínio da vida pública"*[205], prevendo, consequentemente, as convenções a sua incidência

---

12.º), bem como o direito ao trabalho e à remuneração condigna (art. 23.º).

[201] O PIDESC apresenta um conjunto de disposições com incidência laboral de entre as quais se releva o direito à existência de condições de trabalho justas e favoráveis à segurança, saúde e higiene, à igualdade remuneratória e de oportunidades sem qualquer discriminação fundada no género (art 7.º) bem como atinentes à saúde, higiene e segurança no trabalho (art. 12.º).

[202] O direito ao trabalho em condições de trabalho justas (art. 2.º), à protecção da segurança, saúde e higiene (art. 3.º), à dignidade no trabalho (art. 26.º), bem como o direito à igualdade de oportunidades sem discriminações fundadas no género, nomeadamente no plano remuneratório (art. 20.º) constituem garantias resultantes da Carta Social Europeia, na sua versão revista. Apresenta-se, naturalmente, de especial relevo o compromisso assumido pelas partes contratantes no âmbito do direito à dignidade no trabalho em *"promover a sensibilização, a informação e a prevenção em matéria de assédio sexual no local de trabalho, ou em relação ao trabalho, e a tomar todas as medidas apropriadas para proteger os trabalhadores contra tais comportamentos"* (n.º1) bem como *"a promover a sensibilização, a informação e a prevenção em matéria de actos condenáveis ou explicitamente hostis e ofensivos dirigidos reiteradamente contra qualquer assalariado no local de trabalho ou em relação com o trabalho, e a tomar todas as medidas apropriadas para proteger os trabalhadores contra tais comportamentos"* (n.º2).

Não obstante a mencionada proclamação geral, é expressamente estabelecido pelo art. 26.º do anexo que *"considera-se que este artigo não obriga as Partes a promulgarem uma legislação"* bem como *"que o parágrafo 2 não abrange o assédio sexual"* pelo que, nessa medida, limita o âmbito potencial do convénio.

[203] Aprovada pela Lei n.º 7/82, de 29 de Abril.

[204] Aprovada pela Lei n.º 23/80, de 26 de Julho.

[205] A noção de discriminação apresentada nos arts. 1.º da CEDR e da CEDM aproximam-se nas características essenciais na construção do conceito, até pela técnica legislativa usada em ambos os diplomas. No mesmo sentido cf. GUILHERME DRAY, *O princípio da igualdade no*

no plano laboral: assim, veja-se o art. 5.º, al. e) da CEDR - *direito ao trabalho, à livre escolha do trabalho, a condições equitativas e satisfatórias de trabalho, à protecção contra o desemprego, a salário igual para trabalho igual e a uma remuneração equitativa e satisfatória"* e *"fundar sindicatos e de se filiar em sindicatos"* - art. 11.º, n.º1 e 2 da CEDM – entre outros, direito ao trabalho, à igualdade remuneratória e de tratamento e protecção na gravidez.

De igual modo, a actividade regulamentar desenvolvida pela Organização Internacional do Trabalho no sobredito período[206-207], ainda que não versando directamente o fenómeno, logrou apresentar aos Estados um conjunto de medidas tuteladoras de aspectos sensível na execução da relação laboral, fundadas especialmente em razões económicas, sociais e humanitárias[208]. Mostram-se assim salientes no processo evolutivo as Convenções da OIT, donde se salientam com incidência mediata no nosso objecto as Convenções n.º 100 (1951), sobre a igualdade de remuneração, n.º111 (1958) sobre a discriminação em matéria de emprego e profissão, n.º 155 (1981), sobre a segurança e saúde dos trabalhadores, e n.º 156 (1981), sobre os trabalhadores com responsabilidades familiares[209].

Direito do Trabalho – A sua aplicabilidade no domínio específico da formação de contratos individuais de trabalho, Coimbra, Almedina, 1999, 238 ss.

[206] A Organização Internacional do Trabalho, instituída pelo Tratado de Versalhes de 1919 e cujos princípios e fins fundamentais resultam expressamente da Declaração de Filadélfia de 1944, apresenta como escopo essencial a dignificação do trabalho e a protecção dos trabalhadores e das suas famílias. Não obstante, a mencionada organização movimenta-se no âmbito dos princípios gerais de Direito Internacional Público embora com algumas particularidades. Assim, dos instrumentos jurídicos existentes - Convenção e Recomendação – apenas a primeira (aprovada pela Conferência Geral por maioria de dois terços) vincula os Estados Membros após a sua aprovação, ainda que a sua vigência dependa da respectiva ratificação, nos termos gerais. Por sua vez, as recomendações apresentam carácter meramente indicativo. Relativamente à OIT cf., ANDRÉ GONÇALVES PEREIRA / FAUSTO DE QUADROS, *Manual de Direito Internacional Público*, 3.ª, Coimbra, Almedina, 2011, 554 ss e PEDRO ROMANO MARTINEZ, *Trabalho*....cit., 189 ss.

[207] Identificando como fundamentos para o desenvolvimento do Direito Internacional do Trabalho, entre outros, *"la concurrencia internacional, la contribución a la paz entre los pueblos, la acción en favor de la justicia social internacional, la necesidad de establecer una política social de conjunto, la persecución de un desarrollo económico y social equilibrado"* cf. ALFREDO MONTOYA MELGAR, *Derecho del Trabajo*, 9.ª, Madrid, Tecnos, 1988, 187 ss.

[208] Neste sentido, ainda que com âmbito mais lato, cf. ANTÓNIO MENEZES CORDEIRO, *Trabalho... cit.*, 183 ss.

[209] Como se verifica da análise do seu teor, as citadas convenções apenas se poderão qualificar como antecedentes jurídicos de manifestações concretas de actos materiais de assédio

A este respeito e exemplificativo da crescente importância que o assédio e, de modo mais amplo, o respeito pelo dignidade do trabalhador durante a execução do contrato de trabalho tem vindo a granjear nos instrumentos internacionais, atente-se ao teor da recente Convenção n.º 189 da OIT, adoptada a 16/06/2011, relativa ao trabalho digno para as trabalhadoras e trabalhadores do serviço doméstico, a qual foi aprovada pela Resolução da Assembleia da República n.º 42/2015, de 27 de Abril[210].

Pela vinculação a esta Convenção, os Estados outorgantes comprometem-se, entre outros e neste concreto âmbito sectorial, a adoptar medidas que assegurem condições de emprego equitativas e condições de trabalho dignas, incluindo condições de vida dignas que respeitem a vida privada do trabalhador caso este se encontre alojado com o agregado familiar do empregador (art. 6.º), bem como, especialmente relevante para o nosso objecto, *"tomar medidas para assegurar que os trabalhadores do serviço doméstico gozem de uma protecção efetiva contra todas as formas de abuso, assédio e violência"* (art. 5.º)[211].

Em 1 de Agosto de 2014, iniciou vigência a Convenção do Conselho da Europa para a prevenção e o combate à violência contra as mulheres e a violência doméstica, usualmente identificada como Convenção de Istambul (2011)[212]. Ainda que assente numa perspectiva monolítica, centrada exclusivamente no género feminino conforme resulta dos objectivos plas-

---

na concepção gizada pelos instrumentos de direito comunitário. Assim e como se observará adiante, as mencionadas convenções mostrar-se-ão parcialmente coincidentes com as directivas comunitárias face à acepção do assédio laboral enquanto acto discriminatório.

[210] As *supra* mencionadas convenções foram respectivamente ratificadas pelo Decreto-Lei n.º 47302, de 04/11/1966, pelo Decreto-Lei n.º 42520, de 23/09/59, pelo Decreto do Governo n.º 1/85, de 16/01/1985 e pelo Decreto do Governo n.º 66/84, de 11/10/1984.

[211] A este propósito, observe-se a terminologia empregue pela Organização Internacional do Trabalho na citada Convenção n.º 189, uma vez que a versão da Convenção em língua portuguesa, ainda que publicada em Diário da República, não faz fé. Assim, se na versão em língua inglesa da Convenção se pretende compelir os Estados a garantir *"effective protection against all forms of abuse, harassment and violence"*, a versão francesa do diploma opta, respectivamente, pelo emprego dos vocábulos *"abus"*, *"harcèlement"* e *"violence"*. Deste modo e ainda que naturalmente indiciário, a OIT parece inclinar-se linguisticamente neste sentido.

[212] A Convenção de Istambul iniciou vigência após o depósito do instrumento de ratificação por parte do 10.º Estado vinculado, conforme previsto no art. 76.º, n.º 3 da Convenção. No ordenamento jurídico português, a Convenção foi aprovada pela Resolução da Assembleia de República n.º 4/2013, de 21 de Janeiro, e ratificada pelo Decreto do Presidente da República n.º 13/2013, de 21 de Janeiro.

mados no art. 1.º - designadamente *"proteger as mulheres contra todas as formas de violência"* (al. a) e *"contribuir para a eliminação de todas as formas de discriminação contra as mulheres"* (al. b) – e tendo por base uma intervenção *praeter* laboral, a Convenção estabelece a adopção de um conjunto de medidas de direito substantivo que promova especialmente a tutela do género feminino no plano da igualdade e não discriminação. No entanto e não obstante o *leitmotiv* legiferante, a Convenção de Istambul acaba por determinar, nos termos do n.º3 do art. 4.º, que a implementação das medidas plasmadas na Convenção deverá ocorrer sem qualquer discriminação fundada, nomeadamente, no género pelo que a mencionada Convenção que se diria *prima facie* limitada no seu âmbito, apresenta uma aplicabilidade transversal.

Assim, é com base nesta perspectiva que a Convenção preconiza, com especial incidência sobre o nosso objecto, designadamente a criminalização da violência psicológica (art. 33.º) enquanto *"acto intencional de lesar gravemente a integridade psicológica de uma pessoa através da coerção ou ameaças"*, da perseguição (art. 34.º) como *"conduta intencional de ameaçar repetidamente outra pessoa, fazendo-a temer pela sua segurança"*, bem como do assédio sexual (art. 40.º) como *"conduta indesejada verbal, não-verbal ou física, de carácter sexual, tendo como objectivo violar a dignidade de uma pessoa, em particular quando esta conduta cria um ambiente intimidante, hostil, degradante, humilhante ou ofensivo"*[213].

---

[213] Na presente data, encontra-se a ser discutida a adopção de medidas legislativas que promovam ao cumprimento das obrigações assumidas pela República Portuguesa aquando da vinculação à Convenção de Istambul. São, designadamente, o caso dos Projectos de Lei n.º 647/XII, 659/XII, 661/XII e 663/XII. Em especial, saliente-se o Projecto de Lei n.º 661/XII, apresentado pelo grupo parlamentar do Bloco de Esquerda, que propõe a *"criação do tipo legal de assédio sexual no Código Penal"*, mediante o aditamento ao citado diploma do art. 163.º-A. Por essa proposta de preceito, estabelece-se pelo n.º1 que *"quem, reiteradamente, propuser ou solicitar favores de natureza sexual, para si ou para terceiros, ou adotar comportamento de teor sexual indesejado, verbal ou não verbal, atentando contra a dignidade da pessoa humana, quer em razão do seu carácter degradante ou humilhante, quer da situação intimidante ou hostil dele resultante, é punido com pena de prisão até 3 anos"*. Não obstante, prevê-se no n.º2 a criação de um tipo criminal distinto em que é dispensada a reiteração enquanto requisito, pelo qual se prevê a punibilidade *"nos termos do número anterior, [d]os comportamentos de conotação sexual, verbal ou não verbal, que, ainda não reiterados, constituam uma grave forma de pressão com o fim real ou aparente de obter, para si ou para terceiros, ato de natureza sexual"*. Por fim, prevê-se o agravamento da moldura penal em um terço nos seus limites quando os actos sejam praticados em abuso de autoridade, contra menor de 16 anos, pessoa especialmente vulnerável ou em co-autoria.

Ainda assim e não obstante o ambiente internacional pós-Declaração de Filadélfia (1944) se tenha mostrado especialmente favorável ao transversal estabelecimento de padrões mínimos relativamente às condições de execução do trabalho subordinado em sentido lato - ainda que tendo por base um modelo voluntarista -, bem como os instrumentos de Direito Internacional Público anteriormente elencados, a principal ênfase no desenvolvimento de regulamentação transnacional deverá ser atribuída à Comunidade Económica Europeia[214] – hoje, União Europeia -, de cujo sistema normativo a tutela jurídica do assédio laboral ancorou transversalmente as suas principais origens.

Como é sobejamente reconhecido, o processo de integração europeia correspondeu – e, em certa medida, continua a transportar essa aura – a um maturado procedimento de aproximação entre os Estados Membros de cariz sectorial, iniciado no domínio económico e que, fruto do aprofundamento do processo de integração, conduziu à expansão das Comunidades para o domínio das matérias sociais. Nessa medida, a análise da evolução do direito comunitário deverá ser concomitantemente acompanhada pelas transformações verificadas do direito comunitário primário e na própria índole da organização internacional que, por sua vez, limita o alcance dos instrumentos de direito comunitário derivado[215].

---

[214] ANTÓNIO CASIMIRO FERREIRA, *Sociedade da Austeridade e direito do trabalho de exceção*, Porto, Vida Económica, 2012, 19 ss. e 77 ss.

[215] Como bem se compreenderá, essa análise escapa determinantemente ao nosso objecto de estudo pelo que se remete para o enquadramento genérico da evolução das Comunidades Europeias e, posteriormente, da União Europeia. Assim, cf. ANA MARIA GUERRA MARTINS, *Manual de Direito da União Europeia*, Coimbra, Almedina, 2012, 71 ss FAUSTO DE QUADROS, *Direito da União Europeia*, 3.ª, Coimbra, Almedina, 2015, 36 ss, JOÃO MOTA DE CAMPOS et at., *Manual de Direito Europeu – O sistema institucional, a ordem jurídica e o ordenamento económico da União Europeia*, 7.ª, Coimbra, Coimbra Ed., 2014, 52 ss e 273 ss e JÓNATAS MACHADO, *Direito da União Europeia*, 2.ª, Coimbra, Coimbra Ed., 2014, 14 ss.
Numa perspectiva evolutiva, no prisma laboral cf. ainda ANTÓNIO MONTEIRO FERNANDES, *Direito...cit.*, 69 ss., ROSÁRIO PALMA RAMALHO, *Tratado I... cit.*, 192 ss e GUILHERME DRAY, *O princípio da protecção...cit.*, 353 ss.
Não obstante, não deixaremos de aludir à questão na medida em que as modificações operadas incidam directamente na transformação do enquadramento das matérias sociais e, nessa medida, no nosso objecto.

Edificada pelo Tratado de Roma de 1957[216] que a institui, a Comunidade Económica Europeia foi constituída tendo como escopo o desenvolvimento da integração económica entre os Estados Membros, onde se inclui a criação de um mercado comum entre a comunidade de países, bem como a aproximação progressiva das respectivas políticas económicas. No entanto, previa o Tratado instituidor que tais objectivos se destinam a promover o desenvolvimento harmonioso das actividades económicas da Comunidade, uma expansão contínua e equilibrada, tendencialmente estável, por forma a promover o aumento acelerado do nível de vida (art. 2.º do Tratado)[217].

Assim, não obstante o seu carácter vincadamente económico da Comunidade, o Tratado instituidor não deixou de versar, ainda que incidentalmente[218], um conjunto de matérias com incidência laboral, especialmente no âmbito dos fundamentos da Comunidade - Parte Segunda, Título III (livre circulação de pessoas, serviços e capitais), Capítulo I (trabalhadores): arts. 48.º a 51.º – bem como das políticas sociais – Parte Terceira, Título III (política social), Capítulo I (disposições sociais): arts. 117.º a 122.º[219]. O Tratado instituidor previa, nomeadamente, a livre circulação de trabalhadores no âmbito da comunidade e a consequente eliminação de formas de discriminação no âmbito do trabalho, remuneração ou condições de trabalho que se fundem na nacionalidade dos trabalhadores (art. 48.º), a promoção da melhoria das condições de vida e trabalho[220] (art. 117.º), bem

---

[216] Seguimos de perto, quanto a este ponto, ROSÁRIO PALMA RAMALHO, *Direito Social da União Europeia*, Coimbra, Almedina, 2009, 29 ss.

[217] GÉRARD LYON-CAEN / ANTOINE LYON-CAEN em *Droit social international et européen*, 5.ª, Dalloz, Paris, 1980, 160 ss, consideram que, em torno do citado preceito, gravitam duas ideias fundamentais a saber: a promoção de um elevado nível de emprego e, por outro lado, o fomento da melhoria progressiva das condições de vida e de trabalho e consequente harmonização dos padrões legislativos.

[218] Cf. ROSÁRIO PALMA RAMALHO, "*O Tratado de Lisboa e o modelo social da União Europeia. Algumas notas*", In: FAUSTO DE QUADROS (coord.), *O Tratado de Lisboa – Jornadas sobre o Tratado de Lisboa*, Coimbra, Almedina, 2012, 57-70 (58 ss).

[219] Quanto a este tópico, numa perspectiva institucional quanto à competência regulatória da Comunidade e a sua articulação com o princípio da subsidiariedade cf. MARIA LUÍSA DUARTE, "*Direito comunitário do trabalho – tópicos de identificação*", In: PEDRO ROMANO MARTINEZ (coord.), *Estudos do Instituto de Direito do Trabalho*, Vol I, Coimbra, Almedina, 2001, 153-188 (156 ss).

[220] O carácter originariamente económico da Comunidade ressalta de modo evidente de um conjunto de preceitos do tratado. Assim, salienta-se a preocupação pelo art. 117.º do Tratado em "*promouvoir l'amélioration des conditions de vie et de travail de la main-d'œuvre*".

como, de acordo com os objectivos gerais então definidos para a Comunidade, promover a colaboração entre os Estados no domínio do emprego, direito ao trabalho e condições de trabalho, formação e desenvolvimento profissional, segurança social, protecção contra acidentes de trabalho e doenças profissionais, higiene no trabalho assim como no âmbito dos direitos laborais colectivos e contratação colectiva, ainda que numa perspectiva meramente assistencial (art. 118.º)[221].

Com especial relevo para o nosso objecto mostra-se uma das primeiras orientações da Comunidade, plasmada no art. 119.º, que consiste na obrigação, imputada aos Estados, de assegurar e *"manter a aplicação do princípio da igualdade de remuneração entre os trabalhadores masculinos e trabalhadoras femininas para o mesmo trabalho"*[222], um princípio que, posteriormente, veio a ser transposto para o art. 53.º, alínea a) da Constituição Portuguesa, em 1976 (hoje, al. a) do n.º1 do art. 59.º da CRP). Não obstante a incidência social revelada pelo preceito, a orientação do Tratado buscava primordialmente a tutela de interesses económicos – nomeadamente da livre concorrência entre agentes económicos em decorrência do princípio da economia social de mercado que preside à Comunidade[223] - que, em função da relevância das práticas laborais, poderiam influir na integração económica[224].

---

[221] Conforme salientam assertivamente Manuel Alonso Olea e Maria Casas Baamonde em *Derecho del Trabajo...cit.*, 692, *"El Derecho social era, en aquel proyecto originario, competencia de los Estados miembros, que éstos ejercían en el ámbito comunitario a través de procedimientos de colaboración y cooperación, que la Comisión debía promover"* prosseguindo os autores indicando que *"la aprobación de normas propriamente comunitarias de carácter social exigía la unanimidad de los Estados miembros del Consejo"*.

[222] Cf. art. 119.º n.º1 do Tratado (tradução livre a partir da versão do Tratado em língua francesa).

[223] Assim, Fausto de Quadros, *Direito...cit.*, 46 ss. 109 ss.

[224] Neste sentido, Rosário Palma Ramalho, *Direito Social...cit.*, 30 ss. A citada autora faz decorrer do princípio de igualdade remuneratória entre géneros a obrigação de harmonização em matéria de condições de trabalho e a promoção do princípio comunitário da livre concorrência em virtude do carácter protector das mencionadas normas face a *"situações de dumping social, que têm reflexos nos preços dos produtos"*. Quanto ao conceito de *dumping* social, cf. Magdalena Bernaciak, *"Social dumping: political catchphrase or threat to labour standarts?"*, Bruxelas, European Trade Union Institute, 2012, 19 ss e 32 ss., disponível em http://ssrn.com/abstract=2208393 (acedido a 31/01/2015). Segundo a autora, o fenómeno poderá ser definido como *"a conscious strategy involving the lowering of wage and employment standards, driven by companies seeking to gain a competitive advantage over other market participants, and indirectly involving their workers as well as home and host country governments"*.

Baseado na estrutura plasmada pelos Tratados, o direito comunitário derivado desenvolveu, no âmbito dos limites impostos pela arquitectura institucional e pese embora apresentando um importante carácter social, uma função de relevo na densificação da tutela do trabalho e dos trabalhadores[225]. Decisivamente iniciada pela Resolução do Conselho de 21 de Janeiro de 1974[226] relativa a um programa de acção social tendente à realização do pleno e melhor emprego, melhoria das condições de vida e de trabalho, a mencionada Resolução procura, mediante o estabelecimento de um conjunto de requisitos, definir um projecto a prosseguir neste âmbito. Foi então estabelecido como desígnio a realização de *"acções que assegurem a igualdade entre homens e mulheres no que diz respeito ao acesso ao emprego e à formação e promoção profissionais assim como às condições de trabalho, incluindo as remunerações"* bem como *"estabelecer um programa de acção a favor dos trabalhadores que vise a humanização das condições de vida e trabalho"* que passe pela *"melhoria da segurança e higiene do trabalho, a eliminação progressiva das tensões físicas e psíquicas existentes no local e no posto de trabalho"*. Ora, ainda que de índole meramente programática, a Resolução do Conselho de 21 de Janeiro de 1974 logra estabelecer expressamente como objectivo da Comunidade a supressão gradual das tensões físicas e psíquicas em ambiente laboral e, necessariamente, o seu conhecimento como realidade fáctica[227].

Nestes termos, ainda que apresente um carácter marcadamente embrionário, a Resolução do Conselho de 21 de Janeiro de 1974 torna-se na semente latente que permitirá germinar, verificadas as condições necessárias, a tutela do assédio laboral no plano do Direito Comunitário. Não obstante, consideramos que deve ser claramente reconhecido o papel precursor da

---

[225] Numa perspectiva crítica da evolução da Comunidade no prisma social cf. MARCEL LALOIRE, *"Objectivos e dificuldades de uma Política Social Europeia"*, In: ASocial, 4, I (Outubro), 1963, 525-537 (528 ss).

[226] Publicado no JOCE n.º C 13, de 12 de Fevereiro de 1974.

[227] Mostra-se deveras interessante o confronto das versões do Jornal Oficial em diversas línguas, nomeadamente em castelhano, francês, inglês e português face à dissemelhança linguística identificável na mencionada resolução. Assim, se da versão castelhana do Jornal Oficial resulta como objectivo *"a la eliminación progresiva de las constricciones físicas y psíquicas que existan en el lugar y en el puesto de trabajo"*, em sentido semelhante à versão francófona (*"l'élimination progressive des contraintes physiques et psychiques existant sur le lieu et dans le poste de travail,"*), as versões em língua inglesa e portuguesa empregam em substituição das palavras *"constricciones"* e *"contraintes"*, respectivamente, as expressões *"stress"* e *"tensão"*.

citada Resolução como o primeiro instrumento jurídico de direito derivado que logra identificar o problema subsequentemente desenvolvido.

Em consequência do estabelecimento do mencionado programa de acção e em prossecução das disposições sociais ínsitas no Tratado, foi aprovado um conjunto de instrumentos de direito comunitário derivado que procura promover à execução da intervenção em matérias de pendor social[228-229]. Assim, é neste enquadramento que são aprovadas, designadamente a Directiva n.º 75/117/CEE (Conselho), de 10 de Fevereiro[230], relativa à aproximação das legislações no que se refere à aplicação do princípio da igualdade de remuneração entre trabalhadores masculinos e femininos[231], bem como a Directiva n.º 76/207/CEE (Conselho), de 9 de Fevereiro[232], relativa à concretização do princípio da igualdade de tratamento entre homens e mulheres no âmbito do acesso ao emprego, à formação e promoção profissionais e às condições de trabalho[233].

---

[228] Face ao nosso objecto, limitamos a nossa observação ao conjunto de normas e instrumentos jurídicos que, de modo directo ou indirecto, influíram na conformação da tutela do assédio laboral no plano comunitário.

[229] Saliente-se a instituição, na sequência do plano de acção, da Fundação Europeia para a melhoria das condições de vida e de trabalho pelo Regulamento (CEE) n.º 1365/75, de 26 de Maio, a qual se destina a promover à análise e reflexão acerca das condições de vida e trabalho existentes e auxiliar na definição de políticas comunitárias eficientes para o desenvolvimento e melhoria das mesmas.

[230] Publicada no JOCE n.º L 45/19, de 19 de Fevereiro de 1975.

[231] A Directiva n.º75/117/CEE procura densificar um conjunto de aspectos tendentes à efectivação do princípio de igualdade remuneratória entre géneros, estabelecendo simultaneamente um conjunto de normas de teor substantivo e de teor programático, impondo comandos de actuação, finalisticamente determinados, aos Estados Membros. Assim, se no plano substantivo a directiva impõe a eliminação de comportamentos discriminatórios na determinação do *quantum* remuneratório fundados em função do género do trabalhador (art. 1.º), determina designadamente no plano programático, no âmbito da aplicação do princípio da igualdade remuneratória entre géneros, a introdução de tutela jurisdicional face à sujeição de medidas discriminatórias (art. 2.º), a supressão de discriminações fundadas no sexo resultantes de actos legislativos, regulamentares, administrativos ou convencionais (arts. 3 e 4.º).

[232] Publicada no JOCE n.º L 39/40, de 14 de Fevereiro de 1976.

[233] Sem prejuízo do que ficou anteriormente dito, realça-se a importância do Tribunal de Justiça na clarificação e aprofundamento deste conjunto de matérias de índole social. Assim, conforme resulta do célebre acórdão do caso *Defrenne/Sabena*, de 8 de Abril de 1976 (processo n.º C-43/75), o Tribunal assume expressamente que *"desta dupla finalidade, económica e social, resulta que o princípio de remuneração faz parte dos fundamentos da Comunidade"*.

Carece, no nosso entender, especial densificação e análise crítica a Directiva n.º 76/207/CEE, pelo seu teor e relevância adquirida posteriormente. Versando sobre um conjunto de matérias que, *prima facie*, se considerariam excluídas das atribuições da Comunidade Económica, a Comissão fundamentou a necessidade de intervir no âmbito da igualdade entre género por razões essencialmente económicas[234]. Por esta via, o princípio da igualdade entre homens e mulheres dilata-se da questão remuneratória para o acesso ao emprego, formação e promoção profissionais e condições de trabalho, atingindo, por esta via, uma amplitude considerável face à originária configuração pactícia[235].

No que respeita ao seu teor, a Directiva destina-se a assegurar o respeito do princípio da igualdade de tratamento entre homens e mulheres no âmbito das condições de acesso ao emprego, formação e promoção profissional bem como condições de trabalho, procedendo à identificação deste estado enquanto *"ausência de qualquer discriminação em razão do sexo"* independentemente da sua origem directa ou indirecta (art. 2.º), impondo consequentemente aos Estados Membros o ónus de promover à supressão de práticas que se revelassem contrárias ao sobredito princípio, bem como a garantir o recurso ao poder jurisdicional para efectivação dos respectivos direitos (arts. 3.º a 6.º)[236].

---

[234] É expressamente assumido no preâmbulo da Directiva o seu carácter *praeter conventionem*: assim, o Conselho expõe a necessidade da Comunidade *"promover a igualização no progresso das condições de vida e trabalho da mão-de-obra"* visto que *"a igualdade de tratamento entre trabalhadores masculinos e femininos constitui um dos objectivos da Comunidade"*, não obstante o Tratado não tenha definido *"os poderes específicos necessários para o efeito"*. No entanto, a Comissão ancorou a Directiva no art. 235.º do Tratado, que prevê, em certas circunstâncias, a expansão das atribuições da Comunidade quando a actuação se mostrar essencial para o estabelecimento do mercado único, mediante o recurso a uma lógica intergovernamental: aprovação por unanimidade pela Comissão da proposta do Conselho, após consulta ao Parlamento Europeu.
Todavia, entendimento contrário foi assumido pelo Tribunal de Justiça no caso *Defrenne/Sabena*, de 8 de Abril de 1976 (processo n.º C-43/75): aqui, foi expressamente afirmado que *"não poderá ignorar-se [...] que uma aplicação integral do objectivo prosseguido pelo artigo 119.º, pela eliminação de toda a discriminação entre trabalhadores do sexo masculino e trabalhadores do sexo feminino, directas ou indirectas, na perspectiva não só das empresas individuais mas também de ramos inteiros da indústria e mesmo da economia global, pode implicar em alguns casos a determinação de critérios cuja execução reclama a intervenção de medidas comunitárias e nacionais adequadas"*, antecipando um grau de intervenção superior ao assumido.

[235] Cf. GUILHERME DRAY, *O princípio da igualdade...cit.*, 246 ss (em esp., 255 ss).

[236] Assim, GÉRARD LYON-CAEN / ANTOINE LYON-CAEN, *Droit social international...cit.*, 361.

No entanto, como se observa, a Directiva limita, por um lado, o seu âmbito à promoção da tutela da igualdade de género, não versando, assim, a protecção contra a prática de actos discriminatórios fundados noutro ou noutros factores. Por outro prisma, a intervenção comunitária não se limita exclusivamente a fomentar a protecção por razões exclusivamente relacionados com a actividade produtiva enquanto factor de produção pelo que, nessa medida, a Directiva logrou densificar o acervo comunitário no âmbito do Direito Social para além da mera intervenção económica.

O enquadramento institucional apresentado manteve-se relativamente estável[237] até à entrada em vigor do Acto Único Europeu, usualmente apontado como o acto pelo qual se iniciou a 2.ª fase de emergência do Direito Social Europeu[238]. Destinado, entre outras finalidades, a *"melhorar a situação económica e social, pelo aprofundamento das políticas comuns e prossecução de novos objectivos"*, o Acto Único Europeu logrou intervencionar o Tratado que institui a Comunidade Económica Europeia, mediante o estabelecimento da melhoria das condições existentes no domínio laboral, nomeadamente das condições de trabalho, de segurança e saúde dos trabalhadores (art. 118.º-A do TCEE) como objectivo, retirando, de igual modo, essas matérias do âmbito da área intergovernamental da Comunidade.

Por conseguinte, a atribuição de competência à Comunidade bem como o estabelecimento de um modo menos exigente na definição de normas juridicamente vinculativas para os Estados Membros, permitiu alavancar a progressão do Direito Social no seio da Comunidade[239], seja pela aprovação de actos de direito derivado ou pela conformação do direito primário. Assim, é também de salientar a adopção em 1989 da Carta Comunitária para os Direitos Sociais Fundamentais dos Trabalhadores, - malograda face à oposição do Reino Unido em adoptar o respectivo texto o que, consequentemente, gerou dúvidas quanto à sua vinculatividade, posteriormente

---

[237] Não obstante a relativa estabilidade verificada entre 1976 e 1987 no âmbito do direito primário (época essencialmente marcada pelo alargamento a 12 Estados Membros e pelo reforço dos poderes do Parlamento Europeu e do Tribunal de Contas), foi aprovado um conjunto de directivas no âmbito do Direito Social que corporizam a aplicação do princípio de igualdade em diversas áreas, nomeadamente, segurança social (Directivas n.º 79/7/CEE e n.º 86/378/CEE) e laboral (Directiva n.º 86/613/CEE).
[238] Neste sentido, Rosário Palma Ramalho, *Direito Social...cit.*, 36 ss.
[239] Rosário Palma Ramalho, *Direito Social...cit.*, 37.

superadas[240] - que proclamava a melhoria contínua das condições de vida e trabalho (parágrafo 7.º), a igualdade de tratamento e oportunidades entre homens e mulheres quanto ao acesso ao emprego, remuneração, condições de trabalho, protecção social, educação, formação e desenvolvimento profissional (parágrafo 16.º) bem como a garantia das condições de saúde e segurança no ambiente de trabalho (parágrafo 17.º)[241].

No entanto, o progressivo processo de desenvolvimento da Comunidade veio a ser significativamente adensado pela evolução verificada no enquadramento institucional, nomeadamente pela aprovação do Tratado da União Europeia, em Maastrich, em 1991, o qual vem assumir confessadamente a dimensão social da Comunidade Europeia pelos arts. 2.º e 3.º do Tratado, bem como o seu carácter tutelador dos direitos fundamentais conforme resultantes da Convenção Europeia de Salvaguarda dos Direitos do Homem e das Liberdades Fundamentais[242] e das *"tradições constitucionais comuns dos Estados Membros"* (art. F, n.º2 do Tratado da União Europeia). Apresenta-se ainda com especial relevância no âmbito do Tratado de Maastrich o Protocolo e Acordo relativo à política social, celebrado pelos Estados Membros à excepção do Reino Unido, aprovado em anexo ao Tratado. Mesmo que limitado por esta última circunstância, o Acordo estabelecia, tendo em vista uma melhor realização do mercado comum, o aprofundamento da integração no domínio social (nomeadamente quanto à melhoria do ambiente de trabalho, saúde e segurança e igualdade de oportunidades entre homens e mulheres) sendo estabelecido, em função do Protocolo, um regime menos exigente para aprovação de actos neste âmbito[243].

---

[240] Cf. ROSÁRIO PALMA RAMALHO, *Direito Social...cit.* 46 ss e MARIA LUÍSA DUARTE, *Direito comunitário do trabalho...cit.*, 162 ss.

[241] A este respeito cf. ANA MARIA GUERRA MARTINS, *Manual...cit.*, 92 ss

[242] A mencionada convenção, datada de 1950, foi assim assumida pela Comunidade Europeia como ponto de partida na tutela dos direitos fundamentais dos cidadãos. Mostra-se com especial relevância no plano do nosso objecto, o teor do Protocolo n.º12 à Convenção, de Novembro de 2000, que estabelece uma proibição genérica contra a discriminação infundada ou não atendível pese embora, como resulte expressamente do preceito, se reduza à atribuição de direitos e/ou prática de actos discriminatórios por parte de entidades públicas.

[243] Por aplicação do Protocolo, a aprovação no Conselho por maioria qualificada é obtida pela manifestação favorável de 44 votos favoráveis face aos 55 votos exigidos genericamente pelo Tratado. De igual modo, o Protocolo clarifica que quando seja exigida a unanimidade relativamente a estas matérias exclui-se, naturalmente, o Reino Unido no cômputo da votação.

De igual modo, a dimensão social da União foi aprofundada pela modificação dos Tratados introduzida pelo Tratado de Amesterdão, o qual logra intensificar a colocação dos direitos fundamentais no centro da União, a par das finalidades económicas[244], bem como atribui à Comunidade a faculdade de *"tomar medidas necessárias para combater a discriminação em razão do sexo, raça ou origem étnica, religião ou crença, deficiência, idade ou orientação sexual"* através do aditamento do art. 6.º-A ao Tratado da Comunidade Europeia[245-246]. Também é estabelecida como missão da Comunidade a promoção da *"igualdade entre homens e mulheres"* (art. 2.º TCE) bem como enveredada a reformulação das disposições do Tratado originário, acolhendo o carácter social agora assumido pela Comunidade de modo directo e imediato, findas as reservas do Reino Unido relativas ao Acordo de Política Social, ora incorporado no Tratado[247]. A igualdade de género extravasa, pela primeira vez no âmbito do direito primário, a mera questão remuneratória.

É com base neste enquadramento institucional que foi aprovado um conjunto de instrumentos de direito comunitário derivado que, como veremos, influenciaram determinantemente a conformação do assédio laboral nos ordenamentos jurídicos dos Estados Membros e, com especial incidência, o ordenamento jurídico português. No entanto, tal processo de construção de instrumentos jurídicos, mormente da Carta dos Direitos Fundamentais da União Europeia, iniciado em Junho de 1999, também terá influenciado de sobremaneira a construção das normas de direito derivado[248].

---

[244] Observe-se que o Tratado de Amesterdão logra, no plano substantivo, declarar expressamente o apego da União *"aos direitos sociais fundamentais, tal como definidos na Carta Social Europeia, assinada em Turim, em 18 de Outubro de 1961, e na Carta Comunitária dos Direitos Sociais Fundamentais dos Trabalhadores, de 1989"* (art. 1.º, n.º1 do Tratado), definindo nos vectores fundamentais da União o *"respeito pelos direitos do Homem e pelas liberdades fundamentais"* (art. 1.º, n.º8).

[245] Art. 13.º do TCE, na nova numeração.

[246] Sobre esta fase do processo de formação cf. JOSÉ JOÃO ABRANTES, *"Do Tratado de Roma ao Tratado de Amsterdão — a caminho de um Direito do Trabalho europeu?"*, In: RQL, 7, n.º 16, Coimbra, Coimbra Ed., 2000, 162-175.

[247] Assim, JOSÉ JOÃO ABRANTES, *Do Tratado de Roma...cit.*, 169 e ROSÁRIO PALMA RAMALHO, *Direito Social...cit.*, 40.

[248] Sobre o processo de elaboração da Carta dos Direitos Fundamentais da União Europeia cf. SÉRGIO SARAIVA DIREITO, *A carta dos direitos fundamentais e a sua relevância para a protecção dos direitos fundamentais na União Europeia*, RelM. FDUL, Lisboa, polic., 2002, 58 ss e FAUSTO DE QUADROS, *Manual...cit.,* . 197 ss.

Porém e antes de enveredar na observação do direito derivado surgido pós-Amesterdão, será necessária a análise dos instrumentos jurídicos de *softlaw* do Direito da Comunidade produzidos em momento anterior, nomeadamente a Recomendação da Comissão n.º 92/131/CEE, 27 de Novembro, relativa à protecção da dignidade da mulher e do homem no trabalho[249].

Aliás, ainda que dotado de carácter meramente persuasivo[250], o teor da Recomendação n.º 92/131/CEE carece de observação face ao carácter evolutivo do tratamento comunitário destas matérias e consequente transporte para as diferentes ordens jurídicas e natural influência em actos legiferantes subsequentes[251].

Partindo da constatação que *"comportamentos indesejáveis de natureza sexual ou outros comportamentos em razão do sexo que afectem a dignidade da mulher e do homem no trabalho, incluindo o comportamento de superiores e colegas, são inaceitáveis e podem, em determinadas circunstâncias, ser contrários ao princípio da igualdade de tratamento"*, a Comissão adverte os Estados para a necessidade de implementar acções no sentido de tutelar os trabalhadores de ambos os sexos relativamente a comportamentos de natureza indesejada, desproposidada e ofensiva que afectem a dignidade, de carácter sexual ou baseados no sexo[252].

Deste modo, não obstante encontrar-se exclusivamente centrado no carácter sexual ou de género desse comportamento atentatório da dignidade, a Recomendação alarga o âmbito do princípio de igualdade de tratamento bem como da Directiva n.º 76/207/CEE aos comportamentos de carácter sexual que, anteriormente, não se encontravam abrangidos pelo sobredito diploma.

Noutra perspectiva, a Recomendação propõe, adicionalmente, a implementação no sector público (cf. art. 2.º e 3.º) e, mediatamente, por essa via, no sector privado, do Código de Conduta da Comissão referente à efectiva protecção da dignidade da pessoa humana no trabalho. Nesta senda, destinado a fornecer orientações de carácter prático relacionadas com a protecção da dignidade no trabalho, o Código de Conduta publicado em

---

[249] A mencionada recomendação foi publicada no JOCE n.º L 49/1, de 24/02/1992.
[250] Sobre a importância das recomendações e o seu carácter vinculativo *de facto* cf. FAUSTO DE QUADROS, Manual...cit., . 397 ss.
[251] A este título cf. ISABEL RIBEIRO PARREIRA, *O assédio moral ...cit.*, 230.
[252] Cf. art. 1.º da Recomendação da Comissão n.º 92/131/CEE.

anexo à Recomendação propõe-se ambiciosamente a *"impedir a ocorrência de assédio sexual e, caso ele ocorra, garantir a aplicação das medidas mais adequadas para resolver o problema".*

Ora, como bem resulta do seu teor, o Código de Conduta centra-se exclusivamente no assédio sexual, classificando o fenómeno como discriminação sexual pois, de acordo com o entendimento expressado, *"o género da pessoa destinatária é o factor que determina quem é assediado"*[253]. Tendo subjacente esta percepção, é inteligível a explanação do assédio sexual enquanto *"comportamento indesejado de carácter sexual ou outros comportamentos em razão do sexo que afectem a dignidade das mulheres e dos homens no trabalho".*

Estruturalmente destinado à implementação por parte dos empregadores – o que permite entender, aliás, o seu carácter marcadamente didáctico –, o Código centra-se essencialmente em dois âmbitos de aconselhamento, a saber, referente à implementação de mecanismos preventivos bem como relativamente à introdução de procedimentos de resolução das situações identificadas como assédio sexual.

Não obstante o carácter precursor e vanguardista da Recomendação no que tange à promoção da tutela face ao assédio sexual laboral, as suas orientações não se mostram, no nosso entender, imunes a alguns apontamentos críticos.

Em especial, afigura-se de duvidosa procedência a qualificação do assédio sexual como uma manifestação de discriminação sexual uma vez que essa deficiente concepção sexual fica explicitamente patente, no nosso entender, se desenvolvido o raciocínio plasmado, nomeadamente, no Código de Conduta. Aliás, como tivemos oportunidade de observar[254], a situação assediante pode ser analiticamente apresentada, como uma relação de comunicação e, por isso, constituída por dois pólos comunicacionais. Acresce que, conforme definido pela Recomendação, esta relação de comunicação interpessoal[255] entre emissor e receptor, para ser asse-

---

[253] Cf. Parágrafo 3.º, ponto n.º3 do Código de Conduta da Comissão no domínio da luta contra o assédio sexual.
[254] Cf. *supra* 2.4.
[255] Conforme salienta JORGE PEDRO SOUSA, *Elementos ...cit.,* , 39 ss., a comunicação poderá ser verbal (escrita ou oral) ou não-verbal – *"gestos, posição dos braços e das mãos, espaço físico entre os interlocutores, posição do corpo, expressões faciais, contacto ocular, vestuário, silêncios, modulação da voz".* Ora, conforme se compreende e pese embora o critério empregue seja diverso – comportamento -, na verdade a situação assediante releva um carácter comunicacional, seja mediante a emissão expressa de mensagens de teor indesejado e que afectem a dignidade

diante, exige o carácter indesejado desse comportamento e, por outro lado, o carácter sexual do comportamento ou fundado – isto é, decidido ou originado – em função do sexo.

Ora, nesta medida, a citada orientação, originária do âmbito do movimento feminista[256], afigura-se, no nosso entendimento, manifestamente redutora.

A concepção do género do destinatário como factor único ou determinante num concreto acto qualificado como assédio sexual implicaria, a ser verdade, que tal acto surgisse exclusivamente direccionado para um determinado género e, no âmbito deste, fosse indistinto o concreto destinatário do comportamento. Se nos é permitido, a referida orientação parece associar ao comportamento um carácter patológico e, nessa medida, pré-determinado em face do género. Assim, conforme salienta JÚLIO VIEIRA GOMES, *"se um agente do sexo masculino persegue uma mulher porque se sente sexualmente atraído por ela – por aquela mulher – não nos parece que o comportamento deva ser considerado discriminatório, ainda que possa, obviamente, ser gravemente ilícito"*[257]. Não poderemos de deixar de manifestar a nossa concordância relativamente a este entendimento uma vez que, na nossa perspectiva, o estímulo assediante se encontra em fundado em local distinto do género.

Deste modo e não obstante o ajustamento que reputámos adequado face a dissonância expressada bem como o expurgo de um conjunto de pré-compreensões que se vislumbram – nomeadamente em relação à presunção do diploma relativamente ao género da vítima –, a Recomendação da Comissão n.º 92/131/CEE corresponde um suporte teórico e finalístico da reacção das instituições comunitárias face ao fenómeno do assédio sexual. Nesta medida, deve ser atribuído um essencial carácter histórico e teleológico face às Directivas que se seguiram e, em especial, face à sua potencial influência sobre o núcleo regulamentar relativo ao assédio laboral.

De igual modo e pese embora observado do nosso prisma de análise, cabe ainda referenciar a Directiva n.º 97/80/CEE, de 15 de Dezembro, relativa ao ónus da prova nos casos de discriminação fundada em razão

---

ou caso essa mensagem seja transmitida por meios não-verbais – contacto físico, constrição de espaço, entre outros.
[256] Assim, JÚLIO VIEIRA GOMES, *Direito.... cit.*, 408 ss (410)
[257] JÚLIO VIEIRA GOMES, *Direito.... cit.*, 411.

do sexo[258], a Directiva n.º 2000/43/CE, de 29 de Junho, que aplica o princípio da igualdade de tratamento entre as pessoas, sem distinção de origem racial ou étnica, bem como a Directiva n.º 2000/78/CE, de 27 de Novembro, que estabelece um quadro geral de igualdade de tratamento no emprego e na actividade profissional[259]. Estas três directivas, produzidas no advento da assunção da dimensão social da Comunidade Europeia, que irão conformar, decisivamente, a tutela do assédio tal como esta se manifestou originariamente pelo que a sua observação é, lógica e historicamente, necessária.

Aprovada em momento bastante posterior, a Directiva n.º 97/80/CEE vem guarnecer as normas de direito comunitário derivado de natureza substantiva, anteriormente introduzidas no ordenamento, de um regime processual que facultasse essa mesma tutela. Por conseguinte, a citada directiva propõe-se a *"garantir uma maior eficácia das medidas adoptadas pelos Estados Membros [...] para que qualquer pessoa que se considere lesada pela não aplicação [...] do princípio da igualdade de tratamento possa fazer valer os seus direitos"* – art. 1.º. Nessa medida, reputa-se verificado o princípio da igualdade de tratamento quando não se verifique qualquer discriminação baseada no sexo, seja esta de natureza directa ou indirecta[260] (art. 2.º, n°1).

Consequentemente e face à necessidade de obstar às limitações, vivenciadas na prática, em fazer actuar as normas protectoras dos destinatários de actos discriminatórios, a Comunidade impôs aos Estados Membros a adopção de medidas destinadas a instituir um mecanismo presuntivo face à violação do princípio de igualdade de tratamento, compelindo assim o n.º1 do art. 4.º à adopção de um sistema mitigado de prova.

Nesses termos, deve o lesado fazer prova dos factos constitutivos de uma presunção de discriminação sendo que, consequentemente, da verificação dessa presunção resulta o ónus do pretenso lesante em demonstrar a conformidade da prática com o princípio da igualdade de tratamento.

---

[258] Ainda que, para efeitos de exposição, se insira a análise à Directiva n.º 97/80/CEE neste ponto, cabe esclarecer que no plano da sua relação com os Tratados, a mencionada Directiva foi aprovada de acordo com os Tratados na redacção resultante do Tratado de Maastrich e não no âmbito do Tratado de Amesterdão como a sua análise cronológica poderia sugerir.

[259] *Vd.* ANA CALDAS CANEDO, *Assédio...cit.*, 57 ss

[260] Nos termos do n.º2 do art. 2.º da Directiva, reputa-se discriminação indirecta a *"disposição, critério ou prática aparentemente neutra [que] afecte uma proporção consideravelmente mais elevada de pessoas de um sexo"*, salvo quando essa actuação se mostre conforme com o princípio da proporcionalidade.

Por conseguinte, mediante a construção de um sistema de vasos comunicantes, permitir-se-ia colmatar a carência evidenciada pela insuficiente aplicação do direito substantivo.

Por seu turno, a Directiva n.º 2000/43/CE, de 29 de Junho, estabelece o enquadramento jurídico da aplicação do princípio da igualdade no âmbito da discriminação fundada na origem racial ou étnica, respeitante, designadamente ao acesso ao emprego e formação profissional, condições de trabalho e protecção social. Adoptando como concepção do respeito do princípio da igualdade a inexistência de qualquer discriminação infundada, entendimento aliás anteriormente encontrado na Directiva n.º 97/80/CEE, este diploma mostra-se especialmente relevante em razão do estabelecimento de uma base conceptual relativamente sólida e a partir da qual se desenvolverá a tutela do seu objecto. Assim, às noções de discriminação directa e discriminação indirecta[261], como base operativa da tutela do princípio da igualdade, junta-se, pela primeira vez no âmbito do direito comunitário, a construção conceptual do assédio.

Nesta sequência, dispõe o art. 2.º n.º3 da Directiva que *"o assédio é considerado discriminação [...] sempre que ocorrer um comportamento indesejado relacionado com a origem racial ou étnica, com o objectivo ou o efeito de violar a dignidade da pessoa e de criar um ambiente intimidativo, hostil, degradante, humilhante ou desestabilizador"*. Por conseguinte, o legislador comunitário logra qualificar como discriminatória a actuação assediante que se funde, *in casu*, na origem racial e étnica de um determinado sujeito[262].

Ainda assim, se purgada dos elementos referentes à limitação de objecto, consequência da própria natureza da Directiva, a noção apresentada qualifica o assédio como actuação indesejada que, de modo fortuito ou finalisticamente determinado, seja, alternativa ou cumulativamente, atentatória

---

[261] Cf. art. 2.º, n.º2, al. a) e b) da Directiva, que define face ao seu âmbito estrito, respectivamente, discriminação directa aquela em que *"em razão da origem racial ou étnica, uma pessoa seja objecto de tratamento menos favorável que aquele que é, tenha sido ou possa vir a ser dado a outra pessoa em situação comparável"* e discriminação indirecta como a situação em *"que uma disposição, critério ou prática aparentemente neutra coloque pessoas de uma dada origem racial ou étnica numa situação de desvantagem comparativamente com outras pessoas"*.

[262] Assim, no âmbito da Directiva n.º 2000/43/CE, reputa-se assediante – e, consequentemente, discriminatória – designadamente a conduta de um determinado empregador que faz associar a uma determinada nacionalidade, proveniência ou origem étnica um conjunto de características consideradas pejorativas, desqualificando nessa medida os trabalhadores ou candidatos a emprego dotados dessa característica ou proveniência.

da dignidade da pessoa humana ou geradora de um ambiente intimidativo, hostil, degradante, humilhante ou desestabilizador para o destinatário, plasmando, deste modo, uma tipologia lata, manifestamente fluída e, como tal, não delimitativa do fenómeno. Aliás, o carácter aberto da noção comunitária revela-se expressamente na própria directiva, a qual atribui aos Estados Membros a faculdade de definir, no âmbito do seu ordenamento jurídico, o que se deve atender como assédio – cf. art. 2.º, n.º3, 2.ª parte.

Cabe realçar ainda a previsão, no sentido anteriormente percorrido pela Directiva n.º 97/80/CEE, da implementação de um sistema de mitigação do ónus da prova mediante construção de uma presunção de discriminação e, uma vez verificada, inversão do ónus da prova (art 8.º).

Por fim, observe-se o teor da Directiva n.º 2000/78/CE, de 27 de Novembro. Destinada a estabelecer *"um quadro geral de igualdade de tratamento no emprego e na actividade profissional"*, a referida directiva procura implementar, no plano laboral, um regime tutelador do princípio da igualdade, obstando assim à prática de actos discriminatórios fundados, designadamente, na religião ou convicções religiosas, deficiência, idade e orientação sexual[263]. Deste modo, empregando o universo sistemático e conceptual anteriormente erigido na Directiva n.º 2000/43/CEE, o mencionado diploma logra estender a tutela concedida ao princípio da igualdade mediante a consagração de um sistema protector da discriminação fundada em factores típicos dessa actuação contrária ao citado princípio[264].

Em síntese, foi com base nestes esteios – Directivas n.º 76/207/CEE, n.º 97/80/CEE, n.º 2000/43/CE e n.º 2000/78/CE –, assentes na estrutura institucional então existente, que a União Europeia procurou asseverar a aplicação transversal e efectiva do princípio da igualdade mediante densificação da tutela no âmbito da discriminação fundada em factores típicos – designadamente género, raça, religião ou orientação sexual. Não obstante o método de intervenção adoptado ter revelado-se um tanto ou quanto casuístico e tendencialmente cirúrgico, alcançou influenciar decisivamente os Estados Membros na introdução de normas tuteladoras da discriminação e assédio nos respectivos ordenamentos, mormente no ordenamento jurídico português[265].

---

[263] Cf. Isabel Ribeiro Parreira, *O assédio moral no trabalho...*cit., 231 ss.
[264] Assim, cf. arts.2.º, n.º 2 e 3 (conceito de discriminação directa, indirecta e assédio), art. 3.º (âmbito de aplicação) e art. 10.º (ónus da prova) da Directiva.
[265] Cf. *infra* 5.3.

Não obstante, até ao presente momento a estrutura jurídica da União Europeia sofreu, novamente, um conjunto de mutações que incidem de modo relevante no nosso objecto. Assim, se o Tratado de Nice (2001) é tradicionalmente caracterizado como tendo o objectivo de ajustar o funcionamento institucional e o processo decisório da União face às adesões que se perspectivavam bem como acolher um conjunto de soluções abandonadas em Amesterdão[266], o citado instrumento não deixou, ainda que de modo ténue, de auxiliar na promoção do aprofundamento da dimensão social do trabalho no âmbito da União mediante a modificação do art. 137.º do TUE – designadamente através da consagração expressa da intervenção no domínio da segurança social e protecção social dos trabalhadores, protecção em caso de rescisão do contrato de trabalho e luta contra a exclusão social – bem como na flexibilização da intervenção comunitária mediante recurso ao processo de co-decisão previsto no art. 251.º do Tratado.

Sem prejuízo do carácter limitado que resulta da intervenção realizada pelo Tratado de Nice, foi nesse mesmo período que, concomitantemente, ocorreu a elaboração da Carta dos Direitos Fundamentais da União Europeia. Iniciada pela decisão do Conselho Europeu de Colónia de 3 e 4 de Junho de 1999 e tendo em vista a elaboração de um documento no qual *"fiquem consignados, com toda a evidência, a importância primordial de tais direitos [fundamentais] e o seu alcance para os cidadãos da União"*, incluindo *"os direitos económicos e sociais que se encontram consignados na Carta Social Europeia e na Carta Comunitária dos Direitos Sociais Fundamentais dos Trabalhadores (artigo 136.º TCE), na medida em que não constituam apenas uma base para objectivos de acção da União"*[267], a Carta viria a ser aprovada a 7 de Dezembro de 2000, em Nice. Fruto de um assaz diferenciado procedimento de elaboração e de *"aprovação"*[268] que se viria a repercutir na controvérsia referente à eventual natureza vinculativa da Carta[269], a Carta dos Direitos Fundamentais da União Europeia veio-se tornar, porque emanada dos órgãos comuni-

---

[266] Assim, Fausto de Quadros, *Manual... cit.*, 47 ss e 140 ss,

[267] Cf. Conclusões da Presidência do Conselho Europeu de Colónia de 3 e 4 de Junho de 1999 bem o respectivo anexo IV, disponível em www.europarl.europa.eu/summits/previous.htm (acedido a 17/02/2015).

[268] Cf. Fausto de Quadros, *Manual... cit.*, 145 ss. Conforme afirma o citado autor, a Carta corresponde, na verdade, a uma proclamação do Parlamento Europeu, do Conselho e da Comissão, o que lhe confere a natureza de acordo interinstitucional, acto atípico no plano do Direito Internacional Público.

[269] A este respeito *vd*, por todos, Fausto de Quadros, *Manual... cit.*, 153 ss.

tários, um instrumento jurídico fundamental para a compreensão destas matérias no âmbito do Direito da União.

Perscrutando o teor da Carta, são expressa e simultaneamente identificados e declarados um vasto conjunto de direitos, liberdades e princípios de carácter genérico com incidência laboral e especificamente laborais. Assim, para além da consagração da dignidade do ser humano como valor *a se* (art. 1.º), revela-se com especial incidência no âmbito laboral, designadamente[270], a consagração do direito à integridade física e mental (art. 3.º), ao respeito pela vida privada e familiar bem como das comunicações (art. 7.º), protecção de dados pessoas (art. 8.º), liberdade de associação, mormente sindical (art. 12.º), direito ao trabalho (art. 15.º), igualdade e não discriminação[271], incluindo a igualdade de género[272] (arts. 20.º, 21.º e 23.º), direito à informação e consulta dos trabalhadores na empresa (art. 27.º), negociação e contratação colectiva (art. 28.º), protecção contra o despedimento sem justa causa (art. 30.º), condições de trabalho justas e equitativas, onde se inclui a prestação de trabalho em condições sadias, seguras e dignas bem como ao direito ao descanso (art. 31.º), conciliação da vida familiar e profissional e protecção na maternidade (art. 33.º).

Ora, este extenso catálogo de direitos fundamentais consagrados no âmbito do Direito Comunitário e conforme desejado pelos diferentes órgãos, torna-se nesta medida uma referência basilar na análise jurídica da questão tanto mais que consiste na materialização da tendência comunitária, adepta dos pequenos passos no desenvolvimento do direito primário e derivado.

É este o espírito (e corpo) institucional que preside à análise, aprovação ou alteração de um lato conjunto de instrumentos de direito comunitário derivado – independentemente do carácter de *soft law* ou *hard law* dos mes-

---

[270] Cf. FAUSTO DE QUADROS, *Manual... cit.*, 150 ss, ROSÁRIO PALMA RAMALHO, *Direito Social...cit.*, 48 ss e GUILHERME DRAY, *O princípio da protecção... cit.*, 356 ss.
[271] A norma resultante do n.º 1 do art. 23.º garante, por si, a proibição da discriminação independentemente do factor que lhe subjaza. Não obstante, a Carta apresenta como factores tipicamente associados à prática de actos discriminatórios *"o sexo, raça, cor ou origem étnica ou social, características genéticas, língua, religião ou convicções, opiniões políticas ou outras, pertença a uma minoria nacional, riqueza, nascimento, deficiência, idade ou orientação sexual"*.
[272] A igualdade entre géneros consiste num dos vectores essenciais da União Europeia como temos vindo a demonstrar. No entanto e não obstante esse circunstancialismo, a Carta reforça de sobremaneira a necessidade de garantir uma efectiva e transversal igualdade entre homens e mulheres, com especial enfoque, no entanto, no âmbito do emprego, trabalho e remuneração.

mos - concernentes ao nosso objecto e que perduram vigentes à presente data: é designadamente o caso da Resolução do Parlamento n.º 2001/2339 (INI) sobre o assédio no local de trabalho[273], da Directiva n.º 2002/73/CE, que modifica a Directiva n.º 76/207/CEE do Conselho relativamente à aplicação do princípio da igualdade de tratamento entre homens e mulheres, da Directiva n.º 2004/113/CE do Conselho, de 13 de Dezembro, que aplica o princípio de igualdade de tratamento entre homens e mulheres no acesso a bens e serviços e seu fornecimento, da Directiva n.º 2006/54/CE do Parlamento e do Conselho, de 5 de Junho de 2006, relativa à aplicação do princípio da igualdade de oportunidades e igualdade de tratamento entre homens e mulheres em domínios ligados ao emprego e à actividade profissional[274] e da Directiva n.º 2010/41/UE do Parlamento Europeu e do Conselho, de 7 de Julho de 2010, relativa à aplicação do princípio da igualdade de tratamento entre homens e mulheres que exerçam uma actividade independente e que revoga a Directiva n.º 86/613/CEE do Conselho.

De carácter marcadamente político, a Resolução do Parlamento n.º 2001/2339 (INI), assente primordialmente nas conclusões apresentadas pelo estudo conduzido pela Fundação Europeia para a Melhoria das Condições de Vida e de Trabalho[275], logra identificar, por um lado, a prevalência, causas e consequências do fenómeno e, em simultâneo, traça algumas linhas gerais de actuação no combate ao assédio moral no âmbito Comunitário e, simultaneamente, pelos Estados Membros.

Deste modo, encarando o assédio moral como uma questão de dimensão laboral e, nessa perspectiva, com incidência directa na saúde física e psíquica dos trabalhadores – sem deixar de afirmar a sua especial implantação junto do género feminino -, a Resolução procede a um balizamento das condições favoráveis à sua manifestação – salientando especialmente a contratação a termo e a precariedade da situação de emprego – e, por outro lado, sugere a promoção de alterações legislativas por parte dos Estados Membros que permitam enquadrar juridicamente o fenómeno – donde perpassa a concreta definição de *"assédio moral"* - bem como, de igual modo, exorta à criação de procedimentos, estudos e acções formativas, informativas e preventivas tendo como finalidade última a melhoria da qualidade

---

[273] A resolução foi publicitada mediante publicação no JOCE n.º C 77 E/138, de 28 de Março de 2002.
[274] Publicada no JOCE n.º L 204/23, de 26 de Julho.
[275] Conhecida, igualmente, por *"Fundação de Dublin"* ou *"Eurofound"*.

do emprego e relações sociais laborais assim como a tutela da *"dignidade da pessoa do trabalhador, da sua intimidade e da sua honra"*. Assim, não obstante o carácter meramente orientador da Resolução n.º 2001/2339 (INI), corresponde a um valioso elemento interpretativo relativamente às orientações e entendimentos dos órgãos comunitários neste âmbito.

Por outro lado e em momento temporalmente próximo, ocorre a reforma e modernização da Directiva n.º 76/207/CE pela Directiva n.º 2002/73/CE referente à concretização do princípio da igualdade de tratamento entre homens e mulheres em ambiente laboral.

Mais do que uma mera rectificação de lacunas ou reformulação, a Directiva n.º 2002/73/CE representa uma verdadeira modificação de paradigma na abordagem comunitária da igualdade de tratamento entre género em virtude da própria ampliação da intervenção comunitária e institucional. Por conseguinte, a Directiva n.º 2002/73/CE logrou libertar-se da abordagem minimalista de 1976, focada essencialmente numa intervenção de índole económica, destinada ao fomento do mercado comum, prevenção de distorções concorrenciais e *dumping social*, tendo abraçado agora as novas atribuições da Comunidade no âmbito social e especificamente destinadas à paridade de tratamento e à garantia dos direitos fundamentais[276] e, de igual modo, incorporado o adquirido comunitário entretanto constituído relativamente a este aspecto.

Assim e na esteira deste adquirido, a Directiva assume expressamente o *"assédio relacionado com o sexo e o assédio sexual"* como manifestações contrárias ao princípio da igualdade de tratamento entre homens e mulheres, e, por isso são qualificados como discriminatórios – sejam fundados em razão do género ou de carácter sexual – e proibidos nos termos do art. 2.º, n.º 3. Por sua vez, a Directiva acolhe as noções de discriminação directa e discriminação indirecta anteriormente consagradas num lato conjunto de Directivas e, com por essa via, reforça a exequibilidade do regime tutelador da igualdade de género.

Portanto, tendo em vista a operacionalidade da tutela mediante recurso a dois conceitos juridicamente operativos, reputa-se assédio *"sempre que ocorrer um comportamento indesejado, relacionado com o sexo de uma dada pessoa, com o objectivo ou o efeito de violar a dignidade da pessoa e de criar um ambiente intimidativo, hostil, degradante, humilhante ou ofensivo"* – cf. art. 2.º, n.º 2, 3.º

---

[276] Neste sentido, JÚLIO VIEIRA GOMES, *Direito.... cit.,* 413.

inciso – e assédio sexual o *"comportamento indesejado de carácter sexual, sob forma verbal, não-verbal ou física, com o objectivo ou o efeito de violar a dignidade da pessoa, em particular pela criação de um ambiente intimidativo, hostil, degradante, humilhante ou ofensivo"* - cf. art. 2.º, n.º 2, 4.º inciso.

De natureza inovatória ressalta ainda o encargo imposto aos Estados Membros no que tange ao incentivo e promoção da igualdade de género no âmbito da negociação colectiva – art. 8.º-B, n.º 2 e 3 da Directiva -, operada, designadamente, mediante introdução de regimes e procedimentos mais expeditos daqueles que se encontram legalmente assegurados. No entanto, tal promoção não sortiu imediatamente efeitos práticos no ordenamento jurídico português[277] tendo, no entanto, essa situação vindo a ser paulatinamente invertida[278].

O mesmo entendimento encontra-se plasmado na regulamentação do acesso a bens, serviços e ao respectivo fornecimento em condições de igualdade de género, resultante da Directiva n.º 2004/113/CE, de 13 de Dezembro[279]. O citado diploma, em execução do art. 6.º do TUE e arts. 21.º e 22.º da CDFUE, pese embora não seja aplicável no âmbito do emprego e pro-

---

[277] A este respeito cf. ANTÓNIO DORNELAS (coord.) et al., *Livro Verde sobre as Relações Laborais*, Lisboa, Ministério do Trabalho e da Solidariedade Social, 2006, 104 e 133: de acordo com o mencionado levantamento – ainda que realizado no âmbito do CT03 – aos instrumentos de regulamentação colectiva do trabalho, *"o assédio e os direitos dos trabalhadores em caso de discriminação não são regulamentados nas convenções colectivas"* bem como *"os temas menos regulados nas convenções colectivas são o teletrabalho (não regulado), os direitos de personalidade, a greve, o encerramento temporário ou redução da actividade por facto respeitante ao empregador e a igualdade e não discriminação"*. Não obstante a posição apresentada, não poderemos assentir com o citado autor: é possível reconduzir ao ano de 2004 e durante a vigência do Código do Trabalho de 2003, a publicação da primeira cláusula reguladora do assédio moral ínsita num instrumento de regulamentação colectiva do trabalho. Assim, o acordo de empresa celebrado entre a Morais Matias, Lda. e a Federação dos Sindicatos das Indústrias da Cerâmica, Cimento e Vidro de Portugal, publicado no BTE n.º 30, de 15/08/2004, estabelece na sua cláusula 15.ª, sob epígrafe *"Coacção/Assédio"*, que *"1 - Todos os trabalhadores têm direito a exercer a sua actividade profissional de forma efectiva e sem quaisquer constrangimentos, no respeito integral pela dignidade da pessoa humana.; 2 — No caso de violação do disposto no n.º 1 por parte da entidade empregadora, esta constitui-se na obrigação de pagar ao trabalhador uma indemnização de valor nunca inferior ao triplo da retribuição efectivamente recebida, sem prejuízo de outras indemnizações por danos patrimoniais ou não patrimoniais a que houver lugar; 3 — Se a violação do n.o 1 da presente cláusula decorrer de conduta praticada por superior hierárquico, o trabalhador afectado pode denunciar a situação junto dos responsáveis da empresa, que terão de agir em sede disciplinar, sem prejuízo do recurso aos meios legais competentes"*.

[278] A este respeito cf. em melhor detalhe *infra* 5.6.

[279] Cf. JOCE n.º L 373/37, de 21 de Dezembro de 2004.

fissão, reitera o quadro conceptual comunitário referente à aplicação do princípio da igualdade, sedimentando, assim, o emprego dos conceitos de discriminação directa e indirecta bem como, por outro lado, de assédio e assédio sexual como comportamento indesejado, relacionado com o sexo do destinatário ou de carácter sexual, com o objectivo ou efeito de violar a dignidade da pessoa e criar um ambiente intimidativo – cf. art. 2.º, al. c) e d). De igual modo, é qualificado como discriminação em função do sexo o comportamento assediante conforme enquadrado na citada directiva – cf. art. 4.º, n.º3.

Por fim, no culminar deste processo evolutivo, foi aprovada a Directiva n.º 2006/54/CE do Parlamento e do Conselho, de 5 de Junho, que visa reformular a aplicação do princípio da igualdade de oportunidades e igualdade de tratamento entre homens e mulheres nos domínios ligados ao emprego e actividade profissional[280].

Face à evolução jurídica anteriormente exposta, a Directiva logrou, simultaneamente, modernizar a tutela face ao novo enquadramento institucional e ao desenvolvimento verificado no escopo e objectivos da União Europeia. Nesta sequência, o diploma logra proceder à revogação das Directivas n.º 75/117/CEE (princípio da igualdade remuneratória entre trabalhadores masculinos e femininos), n.º 76/207/CEE (igualdade entre géneros no acesso ao emprego, formação e promoção profissionais e condições de trabalho), n.º 86/378/CEE (igualdade de tratamento entre géneros quanto aos regimes profissionais de segurança social) e, por fim, n.º 97/80/CE (relativa ao ónus da prova nos casos de discriminação baseada no sexo) – cf. art. 34.º.

Pese embora se tenha verificado este rejuvenescimento regulatório e de índole geral – em oposição à abordagem sectorial anteriormente vigente –, a abordagem ao fenómeno do assédio – independentemente do carácter sexual do mesmo – encontra-se expressamente ancorado ao princípio da igualdade e, por conseguinte, à qualificação do acto como discriminatório[281]. Constata-se, por esta via, a homogeneidade conceptual deste aspecto, concretamente centrada no sexo como pedra de toque da tutela e a manutenção do regime anteriormente apresentado.

---

[280] Cf. JOCE n.º L 204/23, 26 de Julho de 2006.
[281] Veja-se o teor do considerando n.º 6 da citada Directiva.

Em síntese, considera-se assédio, para efeitos da Directiva n.º 2006/54/CE, o *"comportamento indesejado, relacionado com o sexo de uma dada pessoa, com o objectivo ou o efeito de violar a dignidade da pessoa e de criar um ambiente intimidativo, hostil, degradante, humilhante ou ofensivo"* – art. 2.º, n.º1, al. c) – e, por isso mesmo, discriminatório – art. 2.º, n.º2, al. a). Face a esta concepção, é dever dos Estados Membros conceder tutela jurisdicional em resposta aos referidos actos (art. 17.º) bem como introduzir medidas que garantam *"a existência de uma real e efectiva indemnização ou reparação [...] pelos prejuízos e danos sofridos por uma pessoa lesada em virtude de um acto discriminatório em razão do sexo, de uma forma que seja dissuasiva e proporcional aos prejuízos sofridos"* (art. 18.º)

Quanto à regulamentação probatória, a Directiva reitera a regulamentação anteriormente assegurada, instando os Estados à implementação de um sistema mitigado de ónus da prova mediante a introdução de uma presunção de discriminação – cuja actuação depende da demonstração, por parte do lesado, dos factos constitutivos dessa ilação -, pertencendo ao presuntivo autor do acto, por sua vez, o ónus de provar a conformidade dessa actuação com o princípio da igualdade.

Deste modo e sem prejuízo do posterior desenvolvimento do direito primário – mediante a outorga e início de vigência das modificações introduzidas aos Tratados pelo Tratado de Lisboa e, em especial, pela assunção definitiva da força vinculativa da Carta dos Direitos Fundamentais da União *ex vi* art. 6.º, n .º1 do TUE - e do direito derivado[282], é este o quadro regulatório fundamental em que assenta o assédio moral.

---

[282] No nosso entendimento, merecerem referência três instrumentos jurídicos de direito derivado que, aprovados em momento posterior à reformulação normativa resultante da Directiva n.º2006/54/CE, convocam à reflexão acerca da temática. São elas i) a *Resolução do Parlamento n.º 2007/2146*, de 15 de Janeiro, que aprova a Estratégia comunitária 2007/2012 para a saúde e a segurança no trabalho, a qual identifica o assédio, a desestabilização e a violência como ameaças à saúde e segurança no trabalho, nomeadamente no que toca à saúde psicológica; ii) o *Relatório n.º 2008/2209 (INI)*, aprovado pelo Parlamento Europeu a 22/01/2009, que incentiva as entidades empregadoras, no âmbito da saúde mental, à adopção de estratégias que promovam o bem-estar mental e emocional dos trabalhadores e à introdução de medidas contra o assédio; e iii) a *Directiva n.º 2010/41/UE*, de 7 de Julho, relativa à aplicação do princípio da igualdade de tratamento entre homens e mulheres que exerçam uma actividade independente, que acolhe no âmbito do seu objecto o quadro conceptual anteriormente exposto e, como tal, qualificando o assédio em função do género ou de carácter sexual como discriminatório.

Assim e à guisa de síntese, é passível de ser observado no direito comunitário o carácter arreigadamente conexo da tutela do assédio em contexto laboral com a protecção da igualdade de género no âmbito das relações juslaborais. Deste modo, se num primeiro momento essa orientação se encontrava dependente do escopo institucional e, por isso mesmo, limitado no plano económica, é possível notar que tal filosofia não foi invertida uma vez ultrapassada essa condicionante. Assim, o Direito Comunitário centra-se nessa concreta manifestação da conduta lesiva de natureza discriminatória, desconsiderando a parte do fenómeno que sobeja desse comando genérico aplicativo do princípio da igualdade.

Não obstante o que ficou dito no plano legislativo e ainda que este detenha um complexo enquadramento quanto à sua vinculatividade[283], cabe por fim evidenciar o teor do acordo-quadro europeu sobre assédio e violência no trabalho[284], estabelecido e celebrado entre os parceiros sociais a nível europeu[285]. Destinado a prevenir e gerir fenómenos de intimidação, assédio sexual e violência física no local de trabalho e incrementar a consciência e compreensão dos agentes relativamente ao fenómeno – assumindo-se expressamente que essa consciência e formação poderão provavelmente contribuir para a diminuição da sua prevalência –, o acordo-quadro estabelece consensualmente uma plataforma de entendimento acerca do que

---

[283] A negociação colectiva europeia, ao contrário do que se verifica a nível nacional, depende do seu sancionamento pelo Conselho, nos termos do art. 155.º, n.º2 do TFUE, sobre proposta da Comissão para que se manifeste a sua eficácia vertical. No entanto, verificado o procedimento associado àquela comunicação da Comissão ao Conselho e ao Parlamento Europeu, não existe qualquer evidência que este acordo-quadro tenha sido aprovado pelo Conselho. Todavia, na falta daquele pressuposto, estabelece a primeira parte daquele n.º2 que compete aos outorgantes conduzir à aplicação daquele acordo mediante os processos próprios dos Estados Membros, ou seja, mediante contratação colectiva interna pelo que, ainda assim, não poderemos deixar de apontar a vinculatividade *inter partes* de um acordo livremente estabelecido e negociado entre partes capacitadas para o efeito. A este respeito e ainda que no âmbito do direito institucional pregresso (posteriormente integrado nos tratados) cf. ANTÓNIO DIAS COIMBRA, *"A convenção colectiva de âmbito europeu – eficácia jurídica"*, in: RQL Ano I, nº3, Coimbra, Coimbra Ed., 1994, 144-153 (148 ss).

[284] Referimo-nos à comunicação da Comissão ao Conselho e ao Parlamento Europeu que transmite o acordo-quadro europeu sobre assédio e violência no trabalho (COM/2007/0686) de 08/11/2007 e cuja existência encontra acolhimento institucional no art. 155.º do TFUE.

[285] O citado resulta do acordo estabelecido pela *European Trade Union Confederation*, por parte dos trabalhadores, e pela *The Confederation of European Business*, pela *European Association of Craft Small and Medium-Sized Enterprises* e e pelo *European Center of Enterprises with Public Participation and of Enterprises of General Economic Interest* por parte dos empregadores.

se deve considerar como assédio as manifestações típicas mais frequentes e, por fim, o desenvolvimento de estratégias preventivas e repressivas para actuações que preencham aquele tipo. Por conseguinte, mais do que um típico articulado normativo, aquele documento constitui a base de entendimento no combate a estas manifestações de violência no trabalho, sendo o ponto de partida do compromisso assumido a que empregadores e trabalhadores poderão recorrer.

Estabelecendo como ponto de partida a necessidade de assegurar o respeito mútuo da dignidade nos locais de trabalho, aspecto basilar que os fenómenos de violência no trabalho que, assumindo múltiplas conformações, logram afectar, o acordo-quadro define como assédio como a acção repetida e deliberada, perpetrada por um ou mais trabalhadores[286], de intimidar, ameaçar ou humilhar o destinatário bem como a acção que tenha como propósito ou efeito violar a dignidade do assediado, *"afectando a sua saúde e/ou criando um ambiente de trabalho hostil"*.

Assim, assentes os malefícios, o acordo-quadro propõe-se a desenvolver uma política preventiva, corporizada no posicionamento empresarial contrário à prática do assédio bem como a instituição de procedimentos a adoptar aquando da sua manifestação que, entre outros, estabeleça um elemento de contacto consensualmente seleccionado pelo empregador e pelos trabalhadores, género mediador, garanta o carácter sigiloso do procedimento, promova o tratamento expedito dessa queixa e, em caso de abuso do direito de queixa ou verificação da efectiva prática do acto assediante, permita desenvolver imediatamente a concreta actividade disciplinar do empregador.

Deste modo e em suma, o citado acordo-quadro logra trazer para o âmbito da negociação colectiva europeia a violência no trabalho como objecto carecido de tutela jurídica e regulamentação específica sendo que, simultaneamente, oferece aos parceiros sociais uma plataforma conceptual relativamente ao assédio moral bem como impõe aos empregadores

---

[286] Pese embora a versão em português daquele acordo se refira expressamente a *"trabalhadores ou quadros"*, compulsada a versão em inglês do diploma – que, para todos os efeitos, é a única que faz fé pública do seu teor – opta por recorrer preferencialmente ao qualitativo *"managers or workers"* porquanto, face ao exposto, fica em evidência a especial importância da inclusão na organização empresarial e não tanto o vínculo jurídico existente. Nestes termos, emprega-se a expressão *"trabalhador"* fora no estrito sentido técnico-jurídico, abrangendo outras formas e modos de prestar actividade.

um dever de actuação preventiva e de implementação de procedimentos tendentes ao imediato combate àqueles ilícitos.

4.3. Difusão: a tutela do assédio nos ordenamentos jurídicos estrangeiros

Como tivemos oportunidade de observar, os estudos científicos desenvolvidos desde a década de oitenta do século passado tiveram como virtude a chamada de atenção de investigadores provenientes de diversas áreas científicas bem como de decisores para as principais características, efeitos e consequências do fenómeno identificado, nomeadamente no que respeita à sua verificação na execução das relações laborais.

Os legisladores nacionais não permaneceram imunes à influência pelo que, nesse seguimento, foram sendo paulatinamente introduzidos nos diversos ordenamentos, regimes autónomos ou normas jurídicas que acolhessem a sua tutela, num movimento legislativo que perdura até à presente data. No entanto, não menosprezando a influência do direito comunitário derivado que incide directamente nos Estados Membros e, mediatamente, em actos legislativos de outros Estados[287], os ordenamentos jurídicos estrangeiros têm vindo a adoptar soluções que, de algum modo, permitem uma abordagem diferenciada. Se, por um lado, a conjugação dessas aproximações permite identificar os pontos de pressão da protecção jurídica dos destinatários de actos de assédio laboral, faculta, por outro lado, a compreensão do estado actual da evolução do combate a fenómeno transversal nas relações jurídico-laborais que, em função dessa natureza, se poderão manifestar globalmente.

Por conseguinte, optámos por observar um conjunto de ordenamentos jurídicos que, de modo heterogéneo – seja no plano técnico, metodológico ou cronológico – considerámos que poderiam aportar à análise uma valia prática. Por esta ordem de ideias, procurámos observar, pese embora enquanto observador externo, a estruturação dos modelos reguladores presentes em alguns sistemas jurídicos de raiz romano-germânica e de *common-law*.

De igual modo, entendemos estender essa análise a alguns ordenamentos jurídicos de alguns países integrantes da Comunidade dos Países de

---

[287] Cf. *supra* 4.2.

Língua Portuguesa que, pela sua proximidade cultural e jurídica, pudessem contribuir para o aprofundamento do objecto de estudo.

4.3.1. Sistemas jurídicos de common-law[288] – Reino Unido

O assédio laboral no Reino Unido – *"workplace bullying"* – tornou-se num fenómeno socialmente examinado na década de 90 do século passado tendo, para o efeito, contribuído a realização de um conjunto de estudos de base empírica sobre a prevalência de tais actos na vigência das relações laborais[289]. Identificada a verificação do fenómeno bem como a sua especial manifestação em grupos dotados de características específicas, a evolução da legislação europeia verificada na época compeliu à ponderação de uma intervenção legislativa tuteladora dos actos assediantes.

No entanto e pese embora a discussão pública referente à eventual introdução da *"Dignity at Work Bill"*[290], este último instrumento legislativo não foi adoptado. Assim, é usual apontar-se como principal característica do regime britânico tutelador do assédio laboral a sua ambiguidade atendendo à profusão de normas que, potencialmente, poderão ser aplicáveis

---

[288] Por opção do autor, fundada na manifesta diferença axiológica existente no ordenamento jurídico da federação estado-unidense, mais focada na vertente da discriminação racial, não é aprofundada a observação deste ordenamento jurídico. Não obstante, para uma interessante contraposição entre o direito continental e o sistema norte-americano cf. GABRIELLE S. FRIEDMAN / JAMES Q. WHITMAN, "The european transformation of harassment law: discrimination versus dignity", In: *The Columbia Journal of European Law*, Vol. 9, 2003, 241-274 (265 ss).

[289] HELGE HOEL, "Workplace bullying in United Kingdom", In: *JILPT Report*, 12, Tóquio, The Japan Institute for Labour Policy and Training, 2013, 61 ss.

[290] A mencionada iniciativa legislativa, que pode ser consultada em http://www.parliament.the-stationery-office.co.uk/pa/ld200102/ldbills/031/2002031.pdf (acedido a 15/10/2014), previa a consagração expressa do direito do trabalhador à dignidade no trabalho (§1, n.º1). Prossegue o legislador (§1, n.º2) classificando como incumprimento do referido direito, por parte do empregador, as situações em que o trabalhador, durante a relação laboral, seja alvo de assédio, intimidação ou qualquer acto, omissão ou conduta que lhe provoque angústia ou agitação. Propunha-se, ainda, a tutela do trabalhador alvo de tratamento discriminatório por parte do empregador na sequência do exercício dos seus direitos (§2). Nessa circunstância, o empregador poderia vir a ser condenado a indemnizar o trabalhador pela violação do sobredito direito (§6).
No entanto, permitia-se que o se empregador eximisse sua responsabilidade pelos actos (cf. §4) desde que, à prática dos factos, tivesse adoptado medidas para implementar o controlo dos riscos identificados relativamente a eventuais actos assediantes, entre as quais se inclui a instituição de um procedimento a adoptar verificada a existência de tais actos.

ao caso concreto[291]. Em decorrência desta profusão, dependendo da conformação concreta da situação, poderão ser convocadas para a resolução do litígio, ainda que de âmbito geral, designadamente normas de *common law*, de saúde, higiene e segurança, das normas tuteladoras de actos discriminatórios bem como de estritas normas laborais.

Assim, no plano do *case law*, é tipicamente imputado ao empregador um dever de cuidado bem como o dever de confiança mútua na execução das relações laborais[292]. Não obstante a atribuição ao empregador de um dever de cuidado que seja tipicamente formatado para tutelar o risco de lesão física ou doença do trabalhador, a jurisprudência britânica tem promovido à interpretação daquele normativo considerando incluída na tutela todas as vertentes da saúde do trabalhador, incluindo a saúde mental[293]. De igual modo, o mencionado dever tem vindo a ser densificado em quatro subprincípios[294] de entre os quais se manifesta o dever de garantir um sistema de trabalho em condições de segurança pelo que deve empreender o empregador na identificação e controlo dos riscos identificados. Por conseguinte e como aplicação do referido dever, veja-se o caso *Walker v Northumberland County Council* pelo qual o empregador foi responsabilizado por um segundo esgotamento nervoso do trabalhador provocado pela execução da relação laboral uma vez que, já se tendo verificado essa situação, a manutenção das condições laborais não salvaguardava o risco apresentado[295].

Quanto ao dever de confiança mútua, este é tipicamente apontado como a obrigação do empregador não actuar de forma a destruir a relação de confiança existente entre o trabalhador e o empregador em função da relação laboral, tal como definido em *Malik v Bank of Credit and Commerce*

---

[291] HELGE HOEL, *Workplace bullying ... cit..*, 65.
[292] HELGE HOEL, *Workplace bullying...cit.*, 65 e A.W.R. AMBROSE, *Employment law,* Londres, Cassell Ltd, 1982, 19 ss e 29 ss.
[293] HELGE HOEL, *Workplace bullying...cit.*, 65.
[294] Assim conforme exposto por PAUL CHYNOWETH In: "*Employer's Health & Safety Responsibilities at Common Law*", s.n., 2002, 4, disponível em http://www.lawlectures.co.uk/law2/Documents-Law2/H&S-CL(study-paper).pdf (acedido a 17/10/2014), o dever de cuidado repercute-se no dever de providenciar i) colegas competentes, ii) segurança no trabalho; iii) segurança no local de trabalho e dos equipamentos e iv) um sistema de trabalho seguro.
[295] HELGE HOEL, *Workplace bullying...cit.*, 66.

International[296]. Ora, o referido dever actuará, designadamente, nas situações de assédio estratégico vertical em que o empregador pretende incitar a cessação do trabalho por iniciativa do trabalhador mediante a prática de actos ilícitos.

No plano da saúde, higiene e segurança no trabalho, o *Health and Safety at Work Act* 1974 estabelece pelo art. 2.º, §1 o dever do empregador assegurar, com base num critério de razoabilidade, a saúde, segurança e bem-estar de todos os seus trabalhadores bem como pelo art. 7.º o dever do trabalhador assegurar a segurança e saúde de si próprio bem como das restantes pessoas que possam vir a ser afectadas dos seus actos durante a execução da relação laboral, onde se devem considerar incluídas todas as doenças ou limitação do estado físico ou mental da pessoa[297].

Nesta circunstância, prevê o art. 40.º do *Health Act* a inversão do ónus da prova, estabelecendo que é aquele a quem é imputado o incumprimento do dever que cabe fazer prova que, atentas as circunstâncias do caso concreto, não seria viável ou razoavelmente possível fazer mais do que foi feito ou utilizar meios mais eficazes para cumprir o dever alegadamente violado. Caso da violação do referido dever resultem danos para o sujeito que a norma pretende tutelar, poderá este responsabilizar civilmente o sujeito vinculado em função do §2 do art. 47.º do referido *Act*.

No que respeita à protecção contra actos discriminatórios, o Reino Unido apresenta um largo historial legislativo nesse sentido de entre o qual poderemos enumerar, entre outros, o *Equal Pay Act* 1970, o *Sex Discrimination Act* 1975 e de 1986, o *Race Relations Act* 1976 e o *Disability Discrimination Act* 1995. No entanto, os referidos normativos foram alvo de reforma e harmonização pelo *Equality Act* 2010, onde se reúne o núcleo normativo referente a esta matéria.

O diploma encontra-se estruturado, por um lado, mediante a definição do que deva ser entendido como categoria protegida e, por outro, através da determinação das condutas consoante se mostrem discriminatórias tendo por base as referidas características. São classificadas como características protegidas (art. 4.º) a idade, deficiência, mudança de sexo, casamento, união civil, gravidez, maternidade, raça, crença, religião, sexo e orientação sexual.

---

[296] DAVID CABRELLI, *"The implied duty of mutual trust and confidence: an emerging overarching principle?"*, In: *Industrial Law Journal*, Vol. 34, n.º4, Oxford, 2005, 284-307 (284)
[297] HELGE HOEL, *Workplace bullying...cit.*, 66.

Quanto aos actos assediantes, o *Act* qualifica como assédio (art. 26.º) – onde se inclui a prática de actos de assédio sexual - o desenvolvimento de condutas indesejadas relacionadas com uma das categorias protegidas que tenham como causa ou efeito a violação da dignidade do destinatário ou gerar para este um ambiente intimidatório, hostil, degradante, humilhante ou ofensivo. Assim, prossegue o sobredito diploma, especificamente no plano laboral, estabelecendo expressamente a proibição de assediar os trabalhadores bem como os candidatos à celebração de uma relação laboral (art. 40.º), qualificando-se ainda como actos assediantes no âmbito da relação laboral aqueles que provenham de terceiros e cujo risco, de carácter previsível, não tenha sido acautelado pelo empregador.

Por seu turno, encontra acolhimento nas normas laborais a cessação do contrato de trabalho por iniciativa do trabalhador pese embora fundado em actos do empregador. Tais situações, designadas na literatura como *constructive dismissal*, encontram-se abrangidas pelo art. 95.º, §1, c) do *Employment Rights Act* 1996 pelo qual se estabelece que *"an employee is dismissed by his employer if [...] the employee terminates the contract under which he is employed (with or without notice) in circumstances in which he is entitled to terminate it without notice by reason of the employer's conduct"*. Nestes termos, têm os tribunais britânicos vindo a considerar que diversas condutas tipicamente associadas ao assédio são fundamento para cessação do vínculo laboral: veja-se, designadamente, o caso *Harvest Press Ltd* v. *McCaffrey* pelo qual o trabalhador, após ter ter informado o empregador que se encontrava a ser vítima de assédio horizontal, recusou a prestação de trabalho salvo se o empregador garantisse a sua segurança contra tais actos. Nessa sequência, o empregador procedeu ao despedimento do trabalhador tendo este sido impugnado judicialmente.

Não obstante o sobredito enquadramento legislativo, as associações representativas de trabalhadores no Reino Unido têm procurado promover a sensibilização, especialmente junto de entidades empregadoras de maior dimensão e reconhecimento público, para a necessidade de promover à aprovação de um quadro regulatório de proximidade tendo em vista o controlo ou a repressão do fenómeno[298]. Assim, é exemplificativa deste

---

[298] Veja-se, a este respeito, a campanha *Creating without conflict* desenvolvida, entre outros, pela *Federation of Entertainment Unions* que procura implementar um código de conduta bem como estabelecer orientações genéricas tendo em vista a existência de ambientes de trabalho sadios, positivos e que contribuam para o desenvolvimento da indústria do entretenimento.

trajecto a regulamentação existente na *British Broadcasting Company – BBC* a qual, aliás, foi recentemente posta à prova num confronto entre trabalhadores que poderá ser qualificada como assédio[299].

A *BBC Bullying and Harassment Grievance Policy*, de Abril de 2011, define como finalidade garantir a existência de locais de trabalho nos quais a dignidade dos trabalhadores seja respeitada pelo que, nessa medida, declara-se absolutamente intolerante a toda e qualquer prática de *bullying* ou assédio que, caso venha a ser identificada, será sujeita à política disciplinar da empresa bem como, nas actuações mais gravosas, poderá ser qualificada como conduta imprópria grave e conduzir ao despedimento disciplinar do autor[300]. Por conseguinte e tendo em vista essa tutela, é regulada a tramitação do procedimento a adoptar caso se identifique uma situação que se qualifique no âmbito do regulamento.

Para atingir tal desiderato, a *Policy* apresenta uma estruturação bipartida na regulação, estabelecendo o enquadramento e definição do fenómeno bem como institui o procedimento a adoptar aquando da sua verificação e os princípios basilares em que este assenta.

Em primeiro lugar, numa clara adopção da metodologia maioritariamente divulgada neste âmbito, inicia a *Policy* por estabelecer o quadro conceptual em que assenta. Assim, após estabelecer negativamente o âmbito de intervenção, identifica como *bullying*, num modelo exemplificativo, "*os*

---

[299] Referimo-nos à altercação ocorrida em 4 de Março de 2015 entre Jeremy Clarkson e Oisin Tymon, respectivamente, co-apresentador e produtor do célebre programa televisivo *Top Gear*, produzido por essa emissora, que se dedica principalmente à crítica de veículos automóveis, na sequência da qual a BBC decidiu não proceder à renovação do contrato que a vinculava a Jeremy Clarkson.

De acordo com os factos vindos a público resultantes da investigação levada a cabo pela emissora, o conhecido apresentador terá, durante a gravação de um episódio – ou seja, durante a execução da actividade laboral - e sem ter sido provocado para o efeito, agredido fisicamente o produtor durante cerca de 30 segundos, tendo resultado desses actos, para este último, inchaço e hemorragia no lábio. A agressão foi, de igual modo, acompanhada pela utilização, audível para o agredido e restantes colegas de trabalho, de linguagem agressiva e ameaças relativamente à manutenção do seu posto de trabalho, tendo gerado em Oisin Tymon, para além de angústia e *stress*, a convicção que perdera o seu posto de trabalho. Por fim, este comportamento agressivo foi estendido aos restantes membros da produção do programa durante um período razoável.

[300] A *BBC Bullying and Harassment Grievance Policy*, conforme resulta da modificação introduzida em 05/04/2011, poderá ser consultada em http://downloads.bbc.co.uk/foi/classes/policies_procedures/bullying_harassment_policy.pdf (acedido em 30/03/2015).

comportamentos que possam razoavelmente ser considerados ofensivos, intimidatórios, maliciosos, insultuosos ou humilhantes, e/ou um abuso de poder ou posição que procure sabotar um ou um grupo de trabalhadores"[301], os quais podem ser físicos, verbais ou não verbais bem como evidentes ou insidiosos. Por seu turno, classifica-se como *assédio*, independentemente da sua fonte, *"a conduta indesejada, relacionada com uma característica protegida – idade, deficiência, mudança de género, raça, religião ou crença, género ou orientação sexual – ou de carácter sexual que tenha como objectivo ou efeito violar a dignidade de outrem ou gerar um ambiente de trabalho intimidatório, hostil, degradante, humilhante ou ofensivo"*, seja de natureza física, verbal ou não verbal, evidente ou insidioso, abrangendo ainda a realização de actos desfavoráveis em função da prática ou recusa de actos de teor sexual, relacionados com o sexo ou com mudança de género do destinatário.

Por fim, relativamente ao procedimento, o regulamento estabelece uma clara preferência pela resolução informal e consensual dos conflitos gerados no ambiente de trabalho mediante recurso à mediação realizada por responsáveis hierarquicamente superiores. Caso esse desiderato não seja atingido, estabelece-se um procedimento formal para a tramitação de uma queixa de assédio laboral, o qual apresenta um carácter tendencialmente confidencial e tutelador da privacidade dos envolvidos.

Nesta primeira fase, o trabalhador assediado deverá comunicar ao serviço de Recursos Humanos, por escrito e no prazo de 28 dias, os factos ocorridos e os respectivos intervenientes. Em resultado dessa comunicação e após apreciação por parte do instrutor designado, deverá ser agendada uma reunião na qual deverão participar os intervenientes indicados na queixa para averiguação dos factos objecto de denúncia. Nesta sequência, deve o instrutor do procedimento procurar investigar os factos transmitidos pela queixa tendo em vista, por fim, a tomada de uma decisão quanto à situação, pela qual poderá sugerir a adopção de medidas que minorem a prevalência de actos assediantes, caso estes se venham a comprovar. Não obstante este carácter formal, as partes encontram-se estreitamente vinculadas por deveres de correcção e lealdade para com os restantes envolvidos no procedimento, o que procura obstar de sobremaneira à formulação de queixas infundadas ou, insidiosamente assediantes para o pretenso assediante.

---

[301] Tradução do autor.

Além da tramitação apresentada, é ao instrutor que cabe decidir, de acordo com um juízo de proporcionalidade, a adopção de medidas temporárias tais como a modificação temporária do posto de trabalho do pretenso assediante ou assediado.

Deste modo e conforme resulta desta breve observação, o estabelecimento de regulamentação interna, de base unilateral ou convencional, poderá desempenhar uma função pedagógica no âmbito empresarial bem como incentivar à identificação e efectiva denúncia do fenómeno, favorecendo por conseguinte a existência de um ambiente de trabalho humano, digno e sadio para os trabalhadores e facultando ao empregador, consequentemente, a recolha produtiva desse facto.

4.3.2. *Sistemas jurídicos romano-germânicos*

4.3.2.1. *Direito francês*

A tutela jurídica do assédio moral dinamiza-se no ano de 2000 com a entrada em vigor do *Décret* n.º 2000-110, de 4 de Fevereiro, que publica a Carta Social Europeia, elaborada em Estrasburgo a 3 de Maio de 1996[302]. Resultando do considerando n.º 26 a proclamação do direito dos trabalhadores à dignidade no trabalho, o mesmo é densificado, posteriormente no art. 26.º do citado diploma. Ainda que carecido de carácter exequível, o art. 26.º da parte II prevê o compromisso dos outorgantes em promover a sensibilização, informação e prevenção *"em matéria de assédio sexual no local de trabalho, ou em relação com o trabalho"* bem como *"tomar as medidas apropriadas a proteger os trabalhadores contra tais comportamentos"*. O mencionado compromisso é, também, estendido aos *"actos condenáveis ou explicitamente*

---

[302] Em momento prévio ao referido normativo, já o art. L 122-46 do *Code du travail*, introduzido pela *Loi* n.º 92-1179, de 2 de Novembro de 1992, proibia o despedimento ou a aplicação de sanções disciplinares ao trabalhador que, tendo sido alvo de condutas assediantes com origem num superior hierárquico, dotadas de escopo sexual, se tivesse recusado ou oposto às mesmas. Todavia, a tutela do assédio moral, ainda não encontrava acolhimento expresso no direito constituído. Para uma apreciação genérica referente a este assunto cf. SYLVAINE LAULOM, "France", In: ANN NUMHAUSER-HENNING / SYLVAINE LAULOM (coord.), *Harassment related to Sex and Sexual Harassment law in 33 European Countries – Discrimination versus Dignity*, European Commission, 2012, 101 ss., disponível em http://ec.europa.eu/justice/gender-equality/files/your_rights/final_harassement_en.pdf (acedido em 26/08/2014).

hostis ou ofensivos dirigidos contra qualquer assalariado no local de trabalho ou em relação com o trabalho" e às respectivas medidas de protecção.

Nessa sequência, foi publicada a *Loi* n.º 2002-73, de 17 de Janeiro, designada *Loi de modernisation sociale*, a qual constitui um diploma transversal, referente a um variado conjunto de matérias. Assim pelos artigos 168.º a 180.º, integrados no capítulo IV, dedicado à *"lutte contre le harcèlement morale au travail"*, são introduzidas alterações em alguns preceitos e aditados outros ao *Code du travail*, ao *Code pénal* e à *Loi* n.º 83-634, de 13 de Julho, que estabelece o regime jurídico aplicável aos trabalhadores que exercem funções públicas do Estado e das regiões, entre outras entidades públicas[303].

Este regime precursor da tutela do assédio no ordenamento jurídico francês caracteriza-se pela intervenção no plano laboral e no plano penal. Assim, quanto a este último, logrou-se introduzir a criminalização de actos constitutivos de assédio moral (art. 222-32-2 do *Code pénal*) e promoveu-se a supressão de requisitos na tipificação do assédio sexual como crime (art. 222-33 do *Code pénal*)[304].

Na lógica jurídico-laboral[305], para além da consagração do princípio da boa-fé na execução do contrato de trabalho (art. L 120-4), estabeleceu-se a proibição de submeter trabalhadores a actos repetidos de assédio moral que tenham como objecto ou efeito a degradação das condições de trabalho susceptíveis de afectar os direitos ou a dignidade do trabalhador, alterar a sua saúde física ou mental ou comprometer o seu futuro profissional (art. L 129-49). De igual modo, tutelou-se uma eventual reacção discriminatória num largo conjunto de matérias em caso de oposição aos actos assediantes, sendo essa tutela extensível a quem tenha testemunhado ou reportado tais actos.

---

[303] Neste âmbito, foi aditado o *article 6 – quinquies* que, entre outras normas, estabelece que *"aucun fonctionnaire ne doit subir les agissements répétés de harcèlement moral qui ont pour objet ou pour effet une dégradation des conditions de travail susceptible de porter atteinte à ses droits et à sa dignité, d'altérer sa santé physique ou mentale ou de compromettre son avenir professionnel"*.

[304] Logrou-se, pela referida alteração legislativa, expurgar do preceito um conjunto de aspectos que obstariam à efectiva aplicação. Em concreto, retirou-se do preceito o *modus operandi* de que dependia a ocorrência do crime – actos assediantes efectuados através de ordens, ameaças, restrições ou o exercício de pressões graves – bem como a necessidade de tais actos resultarem de pessoa dotada de autoridade conferida pelas suas funções. Assim, passou o preceito incriminador a estatuir que *"le fait de harceler autrui dans le but d'obtenir des faveurs de nature sexuelle est puni d'un an d'emprisonnement et de 15000 euros d'amende"*.

[305] Cf. Mago Rocha Pacheco, *O assédio...cit.*, 190 ss.

Estabelece-se, por uma via, a obrigação do empregador adoptar medidas necessárias à prevenção do assédio (art. L 122-51) designadamente mediante a planificação de métodos de protecção contra os riscos laborais entre os quais se encontra o assédio moral e o assédio sexual (art. L 4121-2). De igual modo, sanciona-se com nulidade todos os actos de disposição ou de cessação do contrato de trabalho em que tenha existido influência de condutas assediantes (art. L 122-50). Salienta-se ainda a introdução no art. L 122-54 de um procedimento de mediação tendo em vista a resolução, preferencialmente sem litígio, da situação de assédio identificada.

No plano processual, deve o trabalhador carrear os elementos dos quais se possa extrair a existência de uma situação de assédio sendo que, em contrapartida, caberá ao empregador descaracterizar, com base em elementos objectivos, os actos identificados pelo trabalhador (art. L122-52). Todavia, esta repartição do ónus não obsta que o juiz determine a realização de medidas de instrução tendo em vista o apuramento dos factos.

Alvo de uma alteração pontual[306], o regime jurídico acima exposto foi transportado e codificado no novo *Code du travail*, aprovado pela *Ordonnance* n.º 2007-329, de 12 de Março[307]. No plano sistemático, o regime jurídico tutelador do assédio encontra hodiernamente inscrito nas novas disposições legislativas, primeira parte, livro I, título V, dedicado exclusivamente aos *"harcèlements"*. O referido título, estruturado em cinco capítulos, regula, respectivamente, o campo de aplicação, o assédio moral, o assédio sexual, o regime adjectivo e as disposições penais entre os arts. L 1151-1 e 1155-2, num total de 17 artigos. Posteriormente à sua aprovação, o regime jurídico do assédio foi modificado pela *Loi* n.º 2010-769, de 9 de Julho, pela *Loi* n.º 2012-954, de 6 de Agosto, pela *Ordonnance* n.º 2014-699, de 26 de Junho e pela *Loi* n.º 2014-873, de 4 de Agosto.

Entrando na análise do regime jurídico, aplicável aos empregadores e aos trabalhadores de direito privado bem como aos trabalhadores de pessoas colectivas públicas sujeitas ao direito privado, considera-se como assédio moral o conjunto de actos reiterados que tenham como objecto

---

[306] Imposta pela *Loi* n.º 2003-6, de 3 de Janeiro, a qual introduziu modificações aos arts. L 122-52 e L122-54 no que respeita à mediação em caso de assédio.

[307] O *Code du travail*, que entrou em vigor a 1 de Março de 2008, encontra-se fundamentalmente dividido em dois núcleos: um, dedicado à parte legislativa, cujos artigos são identificados pela letra "L" que os precede, e outro, dedicado à parte regulamentar, cujos preceitos são antecedidos pelas letras "R" ou "D".

ou como efeito uma degradação das condições de trabalho susceptível de afectar adversamente os direitos do trabalhador e a sua dignidade, a sua saúde física ou mental ou comprometer o seu futuro profissional (art. L 1152-1). Estabelece-se ainda a protecção do trabalhador, pessoa em formação ou em estágio, contra sanções, despedimento ou medida discriminatória nomeadamente em matérias sensíveis[308], em resultado da oposição a actos de assédio moral, observação ou denúncia de tais actos[309] (art. L 1152-2). Encontra-se ainda esclarecido que a cessação do contrato de trabalho alcançada na constância da violação dos preceitos tuteladores do assédio moral ou qualquer manifestação de vontade é nula, considerando-se, para o efeito, que a liberdade do trabalhador se encontra coarctada nessa circunstância[310].

Numa lógica preventiva, estabelece-se a obrigação do empregador adoptar todas as medidas preventivas face ao fenómeno bem como de fazer cessar os actos assediantes assim que tenha conhecimento dos mesmos (art. L 1153-5). Acresce ao que ficou dito a implementação de um procedimento de mediação, de carácter facultativo e de índole pré-judicial, tendo em vista a resolução da querela de que um determinado trabalhador se sinta alvo (art. L 1152-6)[311].

---

[308] Identifica exemplificativamente o legislador francês como possível campo de discriminação as matérias de remuneração, formação, promoção, transferência ou renovação do contrato de trabalho.

[309] A extensão do regime de protecção aos trabalhadores que relatem situações de assédio moral, fomentando assim uma tutela mais eficaz dos direitos dos trabalhadores, afigura-se como uma solução interessante designadamente para o ordenamento jurídico português. Cf. Loïc LEROUGE, *"Moral harassment in the workplace: French law and european perspectives"*, In: *CCL&PJ*, 32, n.º 1, 2010, 109-152 (119 ss), disponível em http://heinonline.org/HOL/Page?handle=hein.journals/cllpj32 (acedido a 05/09/2014).

[310] O regime jurídico do assédio sexual é, no essencial, um reflexo do regime ora exposto. No entanto, realça-se o estabelecimento de dois grupos de condutas tuteladas: as condutas de assédio sexual e as condutas assimiladas a assédio sexual (art. L 1153-1). Assim, enquanto as primeiras são constituídas, de acordo com a legislação vigente, por palavras ou actos repetidos com conotação sexual que possam atentar a dignidade do assediado em função do seu carácter degradante, humilhante ou de uma situação intimidante, hostil ou ofensiva que seja criada em função dos mesmos, são qualificados como assimilados a assédio sexual todos os actos, ainda que não sejam reiterados, que consistam em formas de pressão graves, desenvolvidas com o propósito, real ou aparente, de obter um acto de natureza sexual para o assediante ou um terceiro.

[311] Tendo em vista a protecção do procedimento de mediação, são punidos com pena de prisão até um ano e multa até €3.750,00 a interferência ou tentativa de interferência no exercício

Por fim, no plano adjectivo, permanece consagrado o regime de ónus da prova anteriormente exposto: ao trabalhador caberá demonstrar os factos de onde se possa presumir a existência de assédio, cabendo ao empregador enquadrar objectivamente a factualidade exposta (art. L 1154-1)[312]. Estabelece-se ainda a possibilidade do trabalhador se fazer substituir em juízo por uma organização sindical podendo, no entanto, por termo ao litígio a todo o tempo (art. L 1154-2).

Sanciona-se ainda com pena de prisão até dois anos e pena de multa de até €30.000,00 a prática de actos assediantes (art. 222-33-2 do *Code pénal*)[313] bem como a prática de actos discriminatórios ocorridos após uma situação de assédio, cuja moldura penal é um ano de prisão e até €3.750,0 de multa (art. L 1155-2).

4.3.2.2. Direito alemão

O ordenamento jurídico alemão, contrariamente aos seus congéneres, optou por não fazer aprovar qualquer texto normativo que incida especialmente no fenómeno do assédio moral nas relações de trabalho[314]. Não obstante, essa opção legislativa nada tem a ver com a inexistência do fenó-

---

das funções de mediador (art. L 1155-1)

[312] Loïc Lerouge, "Workplace bullying and harassment in France and few comparisons with Belgium: a Legal perspective", In: *JILPT Report*, 12, Tóquio, The Japan Institute for Labour Policy and Training, 2013, 39-59 (41).

[313] A incriminação do assédio sexual, atendendo os bens jurídicos tutelados, apresenta um enquadramento diferenciado. Nos termos do art. 222-33 do *Code pénal*, o assédio sexual é punido com pena de prisão até dois anos e multa até €30.000. No entanto, a moldura penal é agravada para três anos e €45.000 de multa caso os factos incriminadores sejam cometidos por pessoa que abuse de poderes de autoridade resultantes da sua posição na hierarquia, contra menor de 15 anos ou contra pessoa que se encontre em situação de especial vulnerabilidade, conhecida pelo assediante, designadamente em resultado da sua idade, doença, debilidade, deficiência física ou mental, gravidez ou precariedade da sua situação económica ou social. A moldura penal é de igual modo agravada caso o assédio sexual seja desenvolvido por vários autores ou existam vários cúmplices na prática dos actos assediantes.

[314] Philipp S. Fischinger, "«Mobbing»: The German law of bullying", In: CCL&PJ, 32, n. º1, 2010, 153-184 (154) disponível em http://heinonline.org/HOL/Page?handle=hein.journals/cllpj32 (acedido a 02/09/2014) e Martin Wolmerath, "Workplace bullying and harassment in Germany", In: *JILPT Report*, 12, Tóquio, The Japan Institute for Labour Policy and Training, 2013, 77-90 (86), disponível em http://www.jil.go.jp/ english/reports/documents/jilpt-reports/no.12.pdf (acedido a 07/09/2014).

meno: de acordo com o inquérito conduzido pelo *Bundesanstalt für Arbeitsschutz und Arbeitsmedizin* no ano 2001[315], entre outros aspectos de relevo[316], logrou apurar que 495 dos 4396 inquiridos afirmava ter sido alvo de actos qualificáveis como assédio ao longo da sua vida[317] sendo que 5,5% da população activa tinha sido alvo de assédio no ano anterior[318].

Não obstante a ausência de um enquadramento conceptual originário, o fenómeno não deixou de ser enquadrado pela doutrina germânica e, com especial acuidade, pela jurisprudência. Neste ensejo, os diferentes órgãos jurisdicionais alemães foram encetando a densificação de um conceito integrativo das condutas[319]. Assim, é conhecida a primeira aproximação ao conceito de assédio moral efectuada pelo *Landesarbeitsgericht*[320]

---

[315] BÄRBEL MESCHKUTAT / MARTINA STACKELBECK / GEORG LANGENHOFF, *Der Mobbing-Report: Eine repräsentativstudie für die Bundesrepublik Deutschland*, Dortmund/Berlim, Bundesanstalt für Arbeitsschutz und Arbeitsmedizin, 2002, disponível em http://www.baua. de/cae/servlet/contentblob/682700/ publicationFile/46973/Fb951.pdf (acedido a 02/09/2014)

[316] Conforme exposto por PHILIPP S. FISCHINGER, *Mobbing...cit.*, 153-154, resultam da investigação alguns elementos que permitem traçar o panorama geral. Assim, o alvo da conduta assediante é, em norma, do sexo feminino, com idade inferior a 25 anos, provindo maioritariamente essa conduta de um superior hierárquico que actua isoladamente. Por sua vez, o assediante é, em norma, um superior hierárquico, do sexo masculino, com idade compreendida entre os 35 e os 55 anos.

[317] BÄRBEL MESCHKUTAT / MARTINA STACKELBECK / GEORG LANGENHOFF, *Der Mobbing-Report...*cit., 14 e 23 ss.

[318] No entanto, foi publicada a 24 de Junho de 1996 a *Gesetz zum Schutz der Beschäftigten vor sexueller Belästigung am Arbeitsplatz* que apresenta como escopo a tutela dos trabalhadores contra actos de assédio sexual. Assim, reputa-se assédio sexual no trabalho, nos termos do §2 (2) do referido normativo, todo o comportamento intencional, de índole sexual que viole a dignidade dos trabalhadores no local de trabalho. Prossegue o legislador indicando, exemplificativamente, como assédio sexual todos os actos de carácter sexual ou propostas desse teor, quer envolvam contacto físico, comentários ou observações de teor sexual bem como exibição de representações de índole pornográfica que sejam recusadas pelos assediados. Para além do direito de queixa previsto no §3 (1), é garantido ao trabalhador, em respeito do princípio da proporcionalidade, o direito a suspender a prestação de trabalho sem que daí resulte qualquer perda de remuneração ou benefícios - §4 (2). Noutra via, estabelece-se o direito do empregador promover a aplicação de uma sanção disciplinar que poderá ser proporcionalmente graduada entre a advertência e a cessação do contrato de trabalho com justa causa - §4 (1). Em contrapartida, é imposto aos empregadores o dever de adoptar medidas de protecção relativamente ao fenómeno, as quais deverão passar pela formação dos seus trabalhadores - §5.

[319] PHILIPP S. FISCHINGER, *Mobbing...cit.*,155.

[320] No âmbito da organização judiciária do ordenamento jurídico alemão, a jurisdição laboral é composta por *Arbeitsgerichte*, pelos *Landesarbeitsgerichte* e pelo *Bundesarbeitgericht* que

de *Thüringen* na sua decisão de 10.04.2001[321] mediante a identificação de um conjunto características[322]: de acordo com o entendimento revelado por esta instância, considera-se assédio moral, no direito do trabalho, o conjunto de condutas repetidas, geradoras de hostilidade, assédio ou discriminação, dirigidas a um colega ou subordinado, que, pela sua natureza, apresentam como substrato um objectivo ilegal, as quais, quando avaliadas unitariamente, violam o direito geral da personalidade ou outros direitos da vítima, legalmente protegidos, tais como a dignidade ou a sua saúde.

Em 2006, na sequência da transposição de um conjunto de directivas comunitárias – nomeadamente as Directivas do Conselho n.º 2000/43/CE, que aplica o princípio da igualdade entre as pessoas, sem distinção de origem racial ou étnica, n.º 2000/78/CE, que estabelece um quadro de igualdade de tratamento no emprego e na actividade profissional, n.º 2004/113/CE, que aplica o princípio da igualdade entre homens e mulheres no acesso a bens e serviços, bem como a Directiva n.º 2002/73/CE do Parlamento Europeu e do Conselho, que altera a Directiva nº 76/207/CEE relativa à concretização do princípio da igualdade de tratamento entre homens e mulheres no que se refere ao acesso ao emprego, à formação e promoção profissionais e às condições de trabalho – foi aprovada a *Allgemeines Gleichbehandlungsgesetz*, de 14 de Agosto de 2006, que cria um regime geral da igualdade de tratamento.

A AGG, que naturalmente apresenta um escopo genérico no âmbito do ordenamento jurídico germânico, apresenta nos n.ºs 3 e 4 do §3, dedicado

---

correspondem, respectivamente, a tribunais de primeira, segunda e terceira instâncias no âmbito da mencionada jurisdição. Assim, cf. Dário Moura Vicente, *Direito Comparado*, I, 2ª ed., Coimbra, Almedina, 2014, 188 ss.

[321] O teor da referida decisão pode ser encontrado em http://www.hensche.de/Rechtsanwalt_Arbeitsrecht_ Thueringen_Gera_Diskriminierung_Mobbing_010410_5Sa403-00.html (acedido a 02/09/2014).

[322] De acordo com o citado aresto, *"Mobbing im arbeitsrechtlichen Verständnis müssen danach fortgesetzte, aufeinander aufbauende oder ineinander übergreifende, der Anfeindung, Schikane oder Diskriminierung dienende Verhaltensweisen erfasst werden, die nach ihrer Art und ihrem Ablauf im Regelfall einer übergeordneten, von der Rechtsordnung nicht gedeckten Zielsetzung förderlich sind und jedenfalls in ihrer Gesamtheit das allgemeine Persönlichkeitsrecht, oder andere ebenso geschützte Rechte, wie die Ehre oder die Gesundheit des Betroffenen verletzen. Ein vorgefasster Plan ist nicht erforderlich. Eine Fortsetzung des Verhaltens unter schlichter Ausnutzung der sich jeweils bietenden Gelegenheiten ist ausreichend".*

às definições, um quadro conceptual de *belästigung* e *sexuelle belästigung*[323] - assédio e assédio sexual, respectivamente - que tem sido empregue pela jurisprudência, designadamente pelo *Bundesarbeitgericht* em sentido harmonizador[324].

Por seguinte, em consequência dos referidos preceitos, reputa-se assédio o comportamento indesejado que tenha como finalidade ou efeito violar a dignidade do destinatário da conduta ou tenha gerado um ambiente intimidatório, hostil, degradante, humilhante ou ofensivo, sendo esta conduta qualificada como discriminação, nos termos da AGG, quando se baseie na origem racial ou étnica, no sexo, religião, crença, deficiência, idade ou identidade sexual. Quando essa violação da dignidade ou a criação de um ambiente adverso tenha sido originado por condutas indesejadas de índole sexual, designadamente consubstanciadas por actos, solicitações ou contactos físicos de cariz sexual não desejados bem como pela exibição de representações com equivalente teor, estaremos na presente uma conduta qualificada como assédio sexual – e, consequentemente, como discriminação, nos termos do citado preceito da AGG[325].

É assim claro para a jurisprudência germânica a diferença circunstancial entre assédio moral e assédio moral discriminatório, gerando um verdadeiro diagrama de Venn no que respeita à delimitação das figuras: nem todas as situações de assédio são discriminação nem tampouco toda a dis-

---

[323] A palavra *Belästigung* significa, de acordo com *Dicionário Alemão-Português*, Porto, Porto Editora, 2000, 133, *"moléstia, maçada, aborrecimento"* ou, em linguagem coloquial, *"chatice"*.
[324] Cf. Philipp S. Fischinger, *Mobbing...cit.*,155.
[325] As definições de assédio e assédio moral estabelecidas na AGG correspondem, no essencial, às noções comunitárias, plasmadas designadamente nas Directivas n.º2004/113/CE e n.º2006/54/CE. No mesmo sentido cf. Ulrike Lembke, *"Germany"*, In: Ann Numhauser--Henning / Sylvaine Laulom (coord.), *Harassment related to Sex and Sexual Harassment law in 33 European Countries – Discrimination versus Dignity*, European Commission, 2012, 108-116 (109) ss., disponível em http://ec.europa.eu/justice/gender-equality/files/your_rights/final_harassment_en.pdf (acedido em 26/08/2014).
Com relevância para o nosso estudo – embora limitado pelas razões expostas - salienta-se a obrigação assacada ao empregador, pelo §13, de tomar de medidas necessárias para proteger os trabalhadores de actos de discriminação fundados nas características tipificadas no §1. No entanto, as situações de assédio fundadas nos critérios discriminatórios elencados geram, nos termos do §22, a inversão do ónus da prova: por conseguinte, bastará ao assediado comprovar indícios suficientes de uma determinada desvantagem interligada com uma das categorias suspeitas para que o alegado assediador se veja na contingência de provar o estrito cumprimento das normas anti-discriminação.

criminação consubstanciará assédio. De igual modo, são identificadas pelo poder judicial três características fundamentais nas situações de assédio moral: *primo*, o carácter reiterado e global de diversas condutas isoladas; *secundo*, a consideração do assédio enquanto figura relacional de carácter estático e, *tertio*, a existência de uma violação de um ou vários direitos do assediado[326].

Este último aspecto demanda pela sua especificidade, no nosso entender, especiais cautelas. Não existindo qualquer tipificação referente, em exclusivo, aos actos constitutivos de uma situação assédio moral enquanto ilícito, esse juízo de desvalor relativo a esse conglomerado de actos com unidade de sentido terá de ser procurado no ordenamento jurídico no seu todo. Por conseguinte, atendendo à ideia de assédio moral acima exposta, serão chamadas à colação as normas que, individualmente consideradas, logrem ser qualificadas, conforme exigido, como violações dos direitos da vítima.

Por conseguinte, pode ser qualificado como acto ilícito toda e qualquer violação ao direito geral de personalidade, extraído interpretativamente[327] dos arts. 1.º, n.º1 e 2.º, n.º1 da Constituição Federal da Alemanha que regulam, respectivamente, a inviolabilidade da dignidade humana e o direito ao livre desenvolvimento da personalidade[328].

Com base nos referidos direitos, o ordenamento jurídico alemão oferece opções de tutela de teleologia cautelar ou definitiva. De igual modo, como se verá, a causa de pedir poderá ser direcionada para o empregador ou para o ou os assediadores pelo que, face a esta dispersão, um eventual pedido ressarcitório poderá ser fundado, designadamente, caso se verifiquem os restantes pressupostos, na violação de bens jurídicos pessoais

---

[326] Cf. PHILIPP S. FISCHINGER, *Mobbing...cit.*,157.
[327] Cf., a este respeito, RABINDRANATH CAPELO DE SOUSA, *O direito geral...cit.*, 129-137 e ANTÓNIO MENEZES CORDEIRO, *Tratado de Direito Civil Português*, I, IV, 3.ª ed., Coimbra, Almedina, 2011, 59 ss. (65).
[328] Estabelece a *Grundgesetz für die Bundesrepublik Deutschland* que *"die Würde des Menschen ist unantastbar. Sie zu achten und zu schützen ist Verpflichtung aller staatlichen Gewalt"* – art. 1.º, n.º1 – bem como *"Jeder hat das Recht auf die freie Entfaltung seiner Persönlichkeit, soweit er nicht die Rechte anderer verletzt und nicht gegen die verfassungsmäßige Ordnung oder das Sittengesetz verstößt"* – art. 2.º, n.º1.

de natureza absoluta, nos termos do §823.º (1) do BGB, ou de deveres de protecção, nos termos do §823.º (2)[329-330].

Por fim, resta salientar um dos aspectos sensíveis referentes a este objecto: o ónus da prova. No entanto, o ordenamento jurídico alemão não apresenta qualquer especificidade – nem regime especial - a este nível pelo que é encargo do assediado a realização da prova dos actos constitutivos de assédio bem como, caso assim o requeira, do nexo de causalidade entre tais actos e um eventual prejuízo por si sofrido[331]. Excepciona-se deste regime, nos termos do §22 da AGG, as situações de assédio que consubstanciem, simultaneamente, discriminação pelo que, no âmbito desse normativo, cabe ao empregador demonstrar que os actos, omissões ou as medidas adoptadas não logram gerar uma situação juridicamente infundada de discriminação.

Face ao exposto e em síntese, podemos identificar um modelo de transição no sistema jurídico alemão que, pese embora proceda à recepção do Direito da União Europeia em matéria de assédio discriminatório, regula maioritariamente o fenómeno por aplicação de normas gerais. Nestes termos, concluímos pela inexistência de um regime coeso e efectivo que tutele especificamente o assédio moral.

4.3.2.3. *Direito chileno*[332]

Embora não seja comum entre nós a análise do estado da regulamentação de países hispânicos da América do Sul, consideramos, neste em particular, que a sua observação poderá revelar um estimulante contributo para a nossa reflexão.

O direito chileno apresenta-se neste âmbito, no nosso entendimento, como um direito moderno relativamente à consagração da tutela jurídica

---

[329] Cf. quanto a este aspecto, JOSÉ CORDEIRO ALMADA, *A responsabilidade civil delitual no BGB*, RelM. FDUL, 2000, 24 ss, LUÍS MENEZES LEITÃO, *Direito das obrigações*, I, 11ªed., Coimbra, Almedina, 2014, 291 ss., e ANTÓNIO MENEZES CORDEIRO, *Tratado de Direito Civil Português*, II, III, Coimbra, Almedina, 2010, 331 ss.

[330] Cf., por todos, o estudo densificado das hipóteses em PHILIPP S. FISCHINGER, *Mobbing... cit.*,159-168. No entanto, como bem salienta o referido autor a pp. 168, o ressarcimento pelos danos não patrimoniais encontra-se limitado à tutela aquiliana.

[331] PHILIPP S. FISCHINGER, *Mobbing...cit.*, 181.

[332] Quanto ao enquadramento do ordenamento jurídico do Chile no âmbito da família jurídica romano-germânica cf., DÁRIO MOURA VICENTE, *Direito Comparado...cit*, 138.

do assédio, seja de natureza moral ou sexual, nomeadamente em resultado[333] da aprovação da *Ley* n.º 20.607, de 8 de Agosto de 2012, que *"modifica el código del trabajo, sancionando las práticas de acoso laboral"*[334-335].

Inicia-se a tutela pelo reconhecimento expresso, pelo art. 2º do *Código del trabajo*[336], da função social do trabalho bem como, por outro, determinando que *"las relaciones laborales deberán siempre fundarse en un trato compatible com la dignidad de la persona"* sendo contrária a esta, entre outras manifestações, o *"acoso sexual"* e o *"acoso laboral"*[337]. Estabelece então o referido normativo que deve entender-se por *"acoso laboral"* toda a conduta, por qualquer meio, que constitua agressão ou assédio reiterado, exercida pelo empregador ou por um ou mais trabalhadores, contra outro ou outros trabalhadores, e que tenha como resultado para o ou os destinatários uma desconsideração, abuso, humilhação, ameaça ou prejuízo da sua situação de emprego ou das suas oportunidades de emprego[338-339].

[333] Não obstante, as condutas hoje enquadráveis na noção normativa de assédio moral já encontravam tutela na jurisprudência chilena, a qual considerava o acto como ilícito e, por conseguinte, justa causa de resolução do contrato de trabalho com a consequente indemnização, incluindo por danos não patrimoniais. Assim, cf. DIEGO LÓPEZ FERNANDEZ, *"Legal protection for victims of workplace harassment in Chile"*, In: CCL&PJ, 32, n.º 1, 2010, 91-108 (91 ss), disponível em http://heinonline.org/HOL/Page?handle=hein.journals/cllpj32 (acedido a 02/09/2014).

[334] Todos os textos normativos referenciados neste ponto podem ser consulados em linha no sítio da biblioteca do Congresso Nacional do Chile em www.leychile.cl. As normas e diplomas mencionados foram consultados a 26/08/2014.

[335] No entanto, a referida introdução legislativa foi antecedida pela *Ley* n.º 20.005, de 18 de Março de 2005, que *"tipifica y sanciona el acoso sexual"* e pela Ley n.º 20.348, de 19 de Junho de 2009, que *"resguarda el derecho a la igualdade en las remuneraciones"*. Assim, o regime jurídico previsto para o assédio moral actualmente existente irá assentar, em certa medida, no edifício pré-formulado para a tutela do assédio sexual.

[336] O *Código del trabajo* do Chile foi aprovado pelo *decreto com fuerza de ley* n.º1, de 31 de Julho de 2002, o qual refunde o texto coordenado, sistematizado e consolidado do Código do Trabalho.

[337] No nosso entendimento, é relevante salientar que o legislador chileno reporta expressamente como contrários à dignidade da pessoa humana os actos assediantes em matéria laboral. Por conseguinte, é clara a recondução efectuada à dignidade da pessoa do trabalhador na execução do contrato de trabalho, a qual é afectada pela prática de actos assediantes.

[338] Noutra via, o referido normativo reputa como *"acoso sexual"* o comportamento pelo qual uma pessoa, indevidamente e por qualquer meio, dirija solicitações de carácter sexual não consentidas por parte do destinatário e que ameacem ou prejudiquem a sua situação laboral ou as suas oportunidades de emprego.

[339] Os conceitos de assédio moral e assédio sexual constantes no *Código del trabajo* são aplicáveis a outras formas de prestação de actividade laboral subordinada: veja-se, a título exemplifi-

A CONSAGRAÇÃO HODIERNA DO ASSÉDIO ENQUANTO OBJECTO DE TUTELA

Entre os aspectos de relevo do regime jurídico referido inscreve-se o estabelecimento das *conductas de acoso sexual* e de *acosso sexual* como fundamento de despedimento sem direito a qualquer indemnização – art. 160.º, n.º1, alíneas b) e f) – bem como a consagração, como conteúdo obrigatório do regulamento interno[340], da instituição de um procedimento para aplicação de medidas de protecção e de sanções em caso de denúncia e verificação de uma situação de assédio sexual (art. 154.º, n.º12 do *Código del trabajo*).

Reserva-se porém especial referência à consagração, em título autónomo aditado pela referida *Ley* n.º 20.005, de 18 de Março de 2005, de um procedimento a adoptar em caso de denúncia de situação de assédio sexual[341]. Pelo referido regime, composto por cinco preceitos – arts. 211.º-A a 211.º-E do *Código del trabajo* – é regulado, com cariz inovador e alguma minúcia, a tramitação e garantias do procedimento a adoptar pelo empregador perante a denúncia de uma situação de assédio sexual[342] bem como a competência da Inspecção do Trabalho no âmbito do mesmo[343].

---

cativo, as remissões constantes no *Estatuto administrativo*, aprovado pelo *Decreto con fuerza de Ley* n.º 29, de 16/03/2005 e do *Estatuto administrativo para funcionários municipales*, aprovado pela *Ley* n.º 18883, de 29/12/1989, o que permite extrair a existência de uma lógica conceptual unitária na regulação deste fenómeno com incidência laboral, independentemente da natureza do vínculo.

[340] Nos termos da lei chilena – art. 153º do *Código del trabajo* –, o empregador que tenha ao seu serviço, em regime de permanência, 10 ou mais trabalhadores tem o dever de elaborar um regulamento interno que, entre outros aspectos, estabeleça as normas que garantam *"un ambiente laboral digno y de mutuo respeto entre los trabajadores"*.

[341] O referido procedimento encontra-se previsto no título IV referente à *"investigación y sanción del acoso sexual"* e é enquadrado sistematicamente no livro II *"de la protección a los trabajadores"*

[342] Ainda que da letra da lei resulte a aplicação exclusiva a situações de assédio sexual, o referido procedimento de inquérito apresenta características cujo interesse poderá relevar para a tutela do assédio moral, pelo que analisaremos em função da possível aplicação por identidade de razão.

[343] De acordo com o relatório anual publicado pela *Dirección del Trabajo* chilena, apenas 0,1% dos instrumentos de regulamentação colectiva do trabalho que iniciaram vigência incluíam, em si, cláusulas sobre assédio moral ou sexual ou privacidade dos trabalhadores, num total quantitativo de 3. No entanto, reporta a *Dirección del Trabajo*, no ano de 2013, a apresentação de 57 queixas que versam sobre assédio sexual, sendo que cerca de metade são reportadas ao sector do comércio bem como às actividades imobiliárias, empresariais e outras, num total de 28. Cf. Dirección del Trabajo, *Anuário estadístico*, Santiago, 2013, 273-274, disponível em http://www.dt.gob.cl/documentacion/1612/articles-99379_recurso_7.pdf (acedido a 09/09/2014).

Nos termos previstos, a pessoa alvo de actos que consubstanciem uma situação de assédio sexual deve apresentar uma denúncia por escrito à administração da pessoa colectiva, estabelecimento ou serviço ou, em alternativa, à Inspecção do Trabalho. Recebida a denúncia, o empregador deve adoptar medidas de protecção necessárias relativamente a todos os envolvidos, face à gravidade dos actos imputados bem como perante as consequências que os mesmos poderão ter para as condições de trabalho[344]. As referidas medidas de protecção não se encontram taxativamente previstas pese embora o legislador opte por indicar exemplificativamente a separação física entre os envolvidos ou redistribuição do tempo de trabalho, caso seja possível.

Nessa sequência, o empregador poderá, em alternativa, promover a realização de uma investigação interna quanto aos referidos factos ou remeter todos os dados de que disponha à Inspecção do Trabalho sendo que a mencionada investigação deverá concluir-se no prazo máximo de 30 dias. Caso o empregador opte por promover o inquérito, este deve ser efectuado de modo estritamente confidencial, tutelando os envolvidos, em respeito dos direitos de defesa e contraditório das partes. Findo o procedimento, devem as partes – e o serviço da Inspecção do Trabalho, caso o procedimento tenha sido interno, no prazo de 5 dias – ser notificadas das conclusões do inquérito.

Notificadas as partes, o empregador tem 15 dias contados da notificação para aplicar as medidas ou sanções adequadas aos factos resultantes do inquérito[345].

De igual modo, pode o trabalhador alvo de assédio moral recorrer processualmente às *Corte de Apelaciones*, nos termos do art. 20.º da Constituição da República do Chile, ao *recurso de protección* como meio de protecção

---

[344] Caso a denúncia tenha sido apresentada à Inspecção do Trabalho, cabe a esta sugerir ao empregador a aplicação de medidas de protecção.

[345] Estabelece-se no art. 168º que, se a impugnação do despedimento disciplinar vier a ser procedente, o empregador que tenha cumprido as suas obrigações – designadamente a publicação de regulamento interno caso a isso esteja obrigado e ao cumprimento do procedimento de investigação do assédio sexual – não é responsável pelo pagamento da majoração da indemnização a que haveria lugar em resultado da qualificação do despedimento como ilícito. Em igual sentido estatui o art. 154.º, n.º12 referente à inaplicabilidade da majoração de 80% da indemnização prevista no art. 168.º, n.º1, alínea c) se o despedimento for declarado injustificado, indevido, improcedente ou ilegal se o empregador tiver promovido regularmente o inquérito previsto nos arts. 211.º-A a 211.º-E.

contra acções ou omissões ilegais que, entre outros, coloquem em causa os direitos fundamentais do trabalhador o que, por certo, poderá estar em causa numa situação de assédio moral[346-347].

4.3.2.4. Direito brasileiro

O ordenamento jurídico brasileiro, atendendo à estruturação própria da República Federativa Brasileira[348], exige a observação em três planos distintos: *primo*, referente ao Estado Federal e à eventual tutela nesse âmbito, *secundo*, relativo a uma eventual regulamentação operada nesta matéria pelos estados federados e, *tertio*, a eventual existência de normas a nível municipal. Ainda acresce a esta circunstância a necessidade de operar a referida tutela – atendendo a identidade verificada nas situações – quer nas relações laborais privadas quer nas relações jurídicas de emprego público.

Não obstante, ainda que os bens jurídicos ofendidos sejam tutelados por recurso a outras figuras - o que exige, por conseguinte, a realização adicional de diversas operações jurídicas, necessariamente assentes em prova, que dificultam de sobremaneira a tutela de um fenómeno cuja prova, em si, se revela complexa[349] –, a tutela do assédio moral, a nível do Direito Federal, passará, designadamente, pela aplicação dos n.ºs III e IV do art. 1º da Constituição da República Federativa Brasileira, - que asseguram, respectivamente, a dignidade da pessoa humana e os valores sociais do trabalho e da livre iniciativa –, art. 3º - que estabelece um largo conjunto de direitos fundamentais dos quais cabe realçar, entre outros, a inviolabilidade

---

[346] DIEGO LÓPEZ FERNANDEZ, *Legal...cit.*, 103.
[347] Relativamente ao enquadramento dogmático do *recurso de protección*, o qual apresenta manifestamente características semelhantes ao recurso de amparo – pese embora direcionado às *Corte de Apelaciones* e não ao Tribunal Constitucional Chileno - cf., JORGE REIS NOVAIS, *Direitos fundamentais: Trunfos contra a maioria*, Coimbra, Coimbra Ed., 2006, 155 – 187 e CARLOS BLANCO DE MORAIS, *Justiça Constitucional*, II, Coimbra, Coimbra Ed., 2005, 989 ss.
[348] Cf. quanto a este aspecto, JORGE MIRANDA, *Manual de direito constitucional*, I – 1, 10ª, Coimbra, Coimbra Ed., 2014, 222 ss (relativamente à formação da República Federativa do Brasil) e III, 6ª, Coimbra, Coimbra Ed., 2010, 296 ss (face à complexidade resultante da multiplicidade de ordens jurídicas existentes no âmbito do Estado Federal).
[349] A referida circunstância transmuta-se num verdadeiro incentivo à produção de textos de índole científica e pedagógica relativamente ao assédio moral e ao assédio sexual. Compulsadas as indicações bibliográficas constantes das obras citadas no presente ponto, é identificado um largo acervo bibliográfico e jurisprudencial relativamente ao tema.

da intimidade, vida privada e honra –, bem como, na esfera laboral[350], pela cessação do contrato de trabalho fundada no art. 483º da Consolidação das Leis do Trabalho[351], justificada nomeadamente pelo incumprimento, pelo empregador, das obrigações resultantes do contrato de trabalho (al. d) ou pela prática de *"ato lesivo da honra e boa fama"* do trabalhador (al.e)[352].

Assim, não obstante as iniciativas legislativas votadas ao fracasso[353], a tutela directa do assédio revela-se incipiente no plano federal[354], a qual apenas poderá operar mediante recurso aos institutos gerais com as consequências daí resultantes[355]. No entanto, os últimos estudos indicam que

---

[350] Noutras esferas, conforme salienta ALEXANDRE PANDOLPHO MINASSA em *Assédio moral no âmbito da administração pública*, São Paulo, Habermann Ed., 2012, 88 ss., a legislação federal promove associação de consequências negativas à prática de actos de assédio: é o caso da Lei n.º 11.948, de 16 de Junho de 2009, que veda *"a concessão ou renovação de empréstimos ou financiamentos pelo BNDES [Banco Nacional de Desenvolvimento Econômico e Social] a empresas de iniciativa privada cujos dirigentes tenham sido condenados por assédio moral ou sexual"* – art. 4º.

[351] Aprovada pelo Decreto-Lei n.º 5.452, de 1 de Maio de 1943, alvo de sucessivas alterações sendo considerada a última introduzida pela Lei n.º 13.015, de 21 de Julho de 2014.

[352] Cf. CLÁUDIO CARNEIRO DE CASTRO, *O que você precisa de saber sobre o assédio moral nas relações de emprego*, São Paulo, LTr Ed., 2012, 194 ss.

[353] ALEXANDRE PANDOLPHO MINASSA, *Assédio...cit.*, 164 e CLÁUDIO CARNEIRO DE CASTRO, *O que você... cit.*, 89.
Um largo conjunto de iniciativas legislativas, no plano federal, não logrou obter aprovação: vejam-se, exemplificativamente, os projectos de lei n.º 2369, de 2003, sobre o assédio nas relações de trabalho, n.º 5.970, de 2001, sobre a coacção moral, n.º 80, de 2009, sobre coacção moral no emprego e 4.593, de 2009, sobre o assédio moral nas relações de trabalho.

[354] Ressalva-se todavia a incriminação prevista para prática de actos de assédio sexual, tipificação introduzida pelo aditamento do art. 216º-A no Código Penal pela Lei n.º 10.224, de 15 de Maio de 2001. Nos termos do referido preceito, considera-se assédio sexual o acto de *"constranger alguém com o intuito de obter vantagem ou favorecimento sexual, prevalecendo-se o agente da sua condição de superior hierárquico ou ascendência inerentes ao exercício de emprego, cargo ou função"*, o qual é punido com pena de prisão de um a dois anos.
Quanto a este tópico, ALEXANDRE PANDOLPHO MINASSA, *Assédio...cit.*, 165 salienta que, embora não exista enquadramento penal específico reservado ao assédio moral, as condutas qualificadas como tal poderão ser punidas em consequência de um eventual concurso de crimes previstos e punidos nos art. 146º (constrangimento ilegal, mediante violência, ameaça grave ou redução da capacidade de resistência), art. 147º (ameaça), 197º, n.º 1 (atentado contra a liberdade de trabalho) ou 203º (frustração de direito assegurado pela lei trabalhista).

[355] ALEXANDRE PANDOLPHO MINASSA em *Assédio...cit.*, 165-166 qualifica os arts. 116º, 117º e 137º da Lei n.º 8112, de 11 de Dezembro de 1990 como tuteladores do assédio moral no âmbito da administração pública Federal Brasileira. Todavia, no nosso entender, do alcance dos referidos preceitos não se poderá extrair, para além de uma mera protecção reflexa os direitos do trabalhador público, uma verdadeira tutela do assédio moral.

o Brasil apresenta uma elevada prevalência do fenómeno sendo que cerca de metade dos inquiridos afirma ter sofrido pelo menos uma situação de assédio moral[356].

Nestes termos, um trabalhador ou um empregador que seja alvo de condutas que sejam qualificadas como assédio apenas logrará obter tutela para a sua situação jurídica mediante aplicação do regime geral de Direito Civil: assim, da conjugação dos artigos 12.º, (tutela da personalidade), 186.º (acto ilícito) e 927.º e ss (responsabilidade civil), todos do Código Civil, resulta o regime jurídico ressarcitório referente aos actos de assédio moral praticados. No entanto, a tutela efectiva neste âmbito encontrará a jusante a complexa prova dos factos constitutivos do direito invocado, a qual deverá ocorrer nos termos gerais[357].

Não obstante o que ficou dito, é possível encontrar, no plano estadual e municipal, diversos normativos que regulam o fenómeno, especialmente no âmbito das relações laborais públicas. Assim, existem diplomas apro-

---

[356] De acordo com o estudo desenvolvido pela empresa de recrutamento em linha VAGAS, Ltda. em colaboração com a BBC Brasil em Junho de 2015, 47,3% das pessoas inquiridas declararam ter sido alvo de assédio no local de trabalho (definido para os fins de estudo como a circunstância de *"ser motivo de piadas e chacotas, ofensas, agressões verbais ou gritos constantes, gerando humilhação ou constrangimento individual ou coletivo"*). Relativamente ao género dos assediados, o levantamento aponta para uma aparente paridade, com 48,1% dos inquiridos declarantes do sexo masculino e 51,9% do sexo feminino. Todavia, de entre o universo dos inquiridos que não tinham sofrido assédio moral, um terço já presenciara a prática de um acto abusivo, ainda que não tenha sido vítima do mesmo. A este respeito cf. RAFAEL BARIFOUSE, *"Metade dos brasileiros já sofreu assédio no trabalho, aponta pesquisa"*, In: BBC Brasil, 15/06/2015, São Paulo, disponível em www.bbc.com/portuguese/noticias/2015/06/150610_assedio_trabalho_pesquisa_rb (acedido em 03/07/2015).

[357] Salienta-se, no âmbito do referido regime, a responsabilização objectiva do empregador, nos termos dos arts. 933.º e 932.º, inciso III do Código Civil, relativamente a eventuais actos de assédio horizontal e vertical – ascendente ou descendente - praticados por trabalhadores. Neste sentido cf. a comunicação apresentada por ARTUR MARQUES DA SILVA FILHO / MAURO CANTAREIRA SABINO, *Responsabilidade civil no assédio moral*, 10, disponível em formato electrónico em http://legacy.unifacef.com.br/novo/publicacoes/IIforum/Textos%20IC/Artur%20e%20Mauro.pdf (acedido em 05/09/2014).

vados[358] pelos Estados do Rio de Janeiro[359], São Paulo[360], Mato Grosso[361] e Minas Gerais[362].

No entanto e pese embora o esforço empreendido pelos legisladores estaduais, os regimes daí extraídos mostram-se díspares, em grande medida em consequência da abordagem ao fenómeno. Assim, se em alguns Estados o enquadramento passa pela construção conceptual do assédio moral enquanto elemento desvalioso, noutros a norma basta-se pelo simples estabelecimento da proibição do assédio moral sem que se logre apontar o que se deve entender como tal[363].

Noutra via, mesmo nos Estados que optaram por uma construção conceptualizada, são passíveis de ser identificadas disparidades quanto à ideia base. Assim e a título meramente exemplificativo, veja-se que enquanto o Estado do Rio de Janeiro, optou por identificar como assédio moral no trabalho como *"a exposição do funcionário, servidor ou empregado a situação humilhante ou constrangedora, ou qualquer ação, ou palavra gesto, praticada de modo repetitivo e prolongado, durante o expediente do órgão ou entidade, e, por agente, delegado, chefe ou supervisor hierárquico ou qualquer representante que, no exercício de suas funções, abusando da autoridade que lhe foi conferida, tenha por objetivo ou efeito atingir a auto-estima e a autodeterminação do subordinado, com danos ao ambiente de trabalho, aos serviços prestados ao público e ao próprio usuário, bem como, obstaculizar a evolução da carreira ou a estabilidade funcional do servidor constrangido"*(art. 2º), no Estado das Minas Gerais reputa-se como assédio moral *"a conduta de agente público que tenha por objetivo ou efeito degradar as condições de trabalho de outro agente público, atentar contra seus direitos ou*

---

[358] Cláudio Carneiro de Castro, *O que você...cit.*, 89 ss.
[359] Lei n.º 3.921, de 23 de Agosto de 2003, que veda o assédio moral, entre outras, no âmbito de órgãos, repartições, entidades da administração centralizada, autarquias, fundações e empresas públicas.
[360] Lei n.º 12.250, de 9 de Fevereiro de 2006, que veda o assédio moral no âmbito da administração pública estadual direta, indireta e fundações públicas. No entanto, a mencionada Lei viria a ser declarada inconstitucional pelo Supremo Tribunal Federal em resultado da acção directa de inconstitucionalidade n.º 3.980, de 23/10/2007.
[361] Lei complementar n.º 347/2009, que adita ao Estatuto dos Servidores Públicos Estaduais a proibição de assediar sexual e moralmente outro servidor público.
[362] Lei complementar n.º 117/2011, que dispõe sobre a prevenção e a punição do assédio moral na administração pública estadual.
[363] Esta opção foi adoptada pelo Estado de Mato Grosso mediante o aditamento de um inciso ao preceito que estabelece as proibições do servidor público.

sua dignidade, comprometer sua saúde física ou mental ou seu desenvolvimento profissional" (art. 3º).

Por conseguinte e pese o esforço demonstrado, há que considerar, no plano estadual, a tutela do assédio moral como incipiente no que respeita aos mecanismos de contenção do fenómeno e, em especial, relativamente à exclusiva aplicabilidade no emprego público.

Por fim, uma palavra para a regulamentação do assédio moral de âmbito municipal. Este plano regulamentar, em franca perfusão, prevê a tutela do assédio no âmbito do emprego público municipal mediante introdução de normas proibitivas do fenómeno e de previsões repressivas face à sua constatação[364].

São assim identificadas normas, de âmbito municipal, designadamente nos Estados da Bahia, Mato Grosso, Mato Grosso do Sul, Minas Gerais, Paraná, Rui Grande do Norte, Rondônia, Santa Catarina e São Paulo[365], sendo assinável a existência de regulamentação municipal em territórios onde não se verificou essa iniciativa estadual. Não obstante, as críticas acima exibidas relativamente no plano estadual são igualmente aplicáveis neste nível: a diversificada proliferação conceptual e bem como a existência de diferentes metodologias de abordagem ao fenómeno não permitem criar uma tutela jurídica coesa como a que se pretende perante os bens jurídicos em causa.

4.3.2.5. Direito belga

A tutela jurídica dos actos assediantes encontra-se, no essencial, estabelecida na *Loi du 5 Août 1996,* referente ao bem-estar dos trabalhadores na execução da relação laboral[366], em consequência do aditamento do *Chapitre*

---

[364] ALEXANDRE PANDOLPHO MINASSA, *Assédio...cit.*, 167.
[365] Uma listagem, actualizada a Dezembro de 2013, da legislação de índole municipal na República Federativa Brasileira pode ser encontrada em www.assediomoral.org/spip.php?rubrique20 (acedido a 30/08/2014).
[366] *Loi* n.º 1996012650, de 5 de Agosto de 1996, publicada no *Moniteur belge* de 18 de Setembro de 1996, disponível em http://www.ejustice.just.fgov.be/ (acedido a 09/09/2014). A referida lei - que promoveu à transposição originária da Directiva n.º 89/391/CEE do Conselho, de 17 de Junho de 1989, referente à introdução de medidas destinadas a promover a melhoria da segurança e saúde dos trabalhadores no trabalho – transpõe igualmente para o ordenamento jurídico belga as Directivas n.º 2000/78/CE e 2000/43/CE, ambas do Conselho, e n.º 2006/54/CE do Parlamento e do Conselho.

Vbis, introduzido pela *Loi du 11 Juin 2002*, que estabelece a protecção contra a violência e o assédio moral e sexual no trabalho[367]. Pelo art. 32bis, ínsito na segunda secção deste capítulo, que estabelece normas específicas referentes à prevenção de riscos psicossociais no trabalho, tais como o *stress*, a violência e o assédio moral ou sexual no trabalho, estatui-se peremptoriamente o dever de abstenção de actos de violência e assédio, o qual é subjectivamente atribuído aos empregadores, trabalhadores ou equiparados[368] ou terceiros, designadamente clientes ou fornecedores.

O ordenamento jurídico belga não se demite de procurar balizar a definição de *harcèlement moral* e *harcèlement sexuel au travail*, o que logra efectuar no pelo art. 32*ter*, n.º2 e 3[369]. Assim, reputa-se assédio moral o conjunto de condutas abusivas, de natureza similar ou diversa, externas ou internas à empresa ou instituição, verificadas durante um certo período de tempo, que tenham como objectivo ou efeito afectar a personalidade, dignidade ou integridade física ou psíquica de um trabalhador, durante a execução do trabalho. Tais condutas poderão colocar em causa o seu trabalho, gerar um ambiente de trabalho intimidante, hostil, degradante, humilhante ou ofensivo que se poderá manifestar, designadamente, através de palavras, intimidação, actos, gestos ou declarações escritas. Salienta ainda a lei belga na extensa definição que tais actos poderão encontrar-se particularmente relacionados com critérios discriminatórios[370]. Por outro caso, o assédio sexual, é apresentado como todo o comportamento não desejado, de natu-

---

A identificada *Loi* foi alvo, até à presente data, de 30 alterações, sendo a última considerada a modificação introduzida pela *Loi du 15 de Mai* publicada no *Moniteur belge* de 18 de Junho de 2014.

[367] *Loi* n.º2002012823, de 11 de Junho de 2002, publicada no *Moniteur belge* de 22 de Junho de 2002.

[368] São assimilados a trabalhadores, para o efeito de aplicação desta lei nos termos do art. 2.º §1, os estagiários no âmbito de estágios curriculares ou profissionais, aprendizes, pessoas em formação profissional bem como aqueles que prestem trabalho sob autoridade de uma pessoa, independentemente da celebração de um contrato de trabalho.

[369] O legislador belga optou por referenciar expressamente a aplicabilidade dos normativos a ambos os géneros. Não obstante essa conclusão fosse passível de ser obtida interpretativamente, logra afastar a *occasio legis* das directivas comunitárias transpostas que, entre outros fundamentos, são originadas tendo em vista o combate à desigualdade entre o género feminino e masculino.

[370] São enumerados como critérios discriminatórios, neste âmbito, a idade, estado civil, local de nascimento, fortuna, crenças religiosas ou filosóficas, filiação política ou sindical, língua, estado de saúde actual ou futuro, deficiência, característica física ou genética, origem social,

reza verbal, não-verbal ou físico, dotado de conotação sexual, que tenha como objectivo ou efeito atentar contra a dignidade de uma pessoa ou criar um ambiente intimidatório, hostil, degradante, humilhante ou ofensivo[371].

Fixado o enquadramento básico do fenómeno, o ordenamento jurídico da Bélgica apresenta duas respostas de índole diferenciada quanto a este problema: uma repressiva, após consumados os actos lesivos, e outra preventiva[372].

No plano prévio, estabelece-se, em linha com a protecção instituída para restantes riscos que coloquem em causa o *bien-être*[373] do trabalhador no exercício da actividade laboral, o dever do empregador promover à análise dos riscos existentes na actividade desenvolvida, tendo em vista a sua identificação e posterior aplicação de medidas tendentes à sua minimização. O cumprimento deste dever – um verdadeiro dever de protecção – materializa-se na adopção, pelo empregador, de um conjunto de medidas minimizadoras de uma potencial lesão corporizadas, as quais apresentam manifestamente uma índole estrutural ou organizacional.

Assim, nos termos do art. 32*quarter*, deve o empregador, nomeadamente, adoptar a organização da sua empresa de forma a reduzir os riscos de lesão (n.º 1), estabelecer o procedimento a accionar caso seja identificada uma situação de assédio (n.º 2) bem como formar e informar os trabalhadores dos seus deveres e direitos quanto a este fenómeno (n.º 6). Assim que tomar conhecimento de actos de assédio, deve o empregador adoptar as

---

nacionalidade, raça, cor, ascendência ou origem étnica, género, orientação sexual, identidade ou expressão do género.

[371] Estabelece o art 32*ter* que *"pour l'application de la présente loi, on entend par [3.º] harcèlement sexuel au travail : tout comportement non désiré verbal, non verbal ou corporel à connotation sexuelle, ayant pour objet ou pour effet de porter atteinte à la dignité d'une personne ou de créer un environnement intimidant, hostile, dégradant, humiliant ou offensant"*.

[372] Cf. Loïc LEROUGE, "Workplace bullying and harassment in France and few comparisons with Belgium...cit.,, 48.

[373] A *Loi du 5 Août 1996* circunscreve a sua regulamentação, em grande medida, em função do conceito de *bien-être* do trabalhador que, nos termos previstos no art. 3 §1, 1º é definido como todo o conjunto de factores relativos às condições em que o trabalho é prestado. Estes factores, mediante os quais o bem-estar no trabalho é atingido e para o qual a mencionada definição remete expressamente, encontram-se previstos no art. 4.º §1. Estes passam, designadamente, pela segurança e protecção da saúde no trabalho, pelos aspectos psicossociais em que a prestação laboral ocorre, ergonomia, higiene e condições sadias de trabalho – temperatura, luminosidade, humidade, entre outros aspectos.

medidas adequadas face aos factos, as quais poderão passar por medidas cautelares, caso sejam propostas pelo *conseiller en prévention*[374].

Ao trabalhador, alvo de condutas assediantes, é concedido o direito de requerer ao *conseiller en prévention* ou à *personne de confiance*, conforme aplicável, assistência psicossocial, de natureza informal (art.32*nonies*). Verificada a prática de actos de assédio durante a execução da relação laboral, tem o empregador o dever de proporcionar aos trabalhadores afectados, suportando os custos, a prestação de serviços de apoio psicológico (art. 32*quinquies*).

É estabelecido, ainda, um sistema protector do assediado perante uma eventual cessação do contrato de trabalho em consequência do exercício dos seus direitos, o qual subsiste enquanto perdurar a relação laboral[375], e é igualmente estendido, entre outros, ao trabalhador que tenham intervindo como testemunha de actos assediantes, corporizado numa proibição de despedimento[376]. No entanto, relativamente ao ónus da prova, verifica-se uma cisão temporal: caso a cessação da relação ocorra no prazo de 12 meses contados desde o facto que originara a aplicabilidade deste regime, cabe ao empregador fazer prova que tal cessação não é dotada de qualquer carácter discriminatório ou punitivo; ultrapassado tal período, o ónus da prova é exigido nos termos gerais.

A tutela opera da seguinte forma: modificadas unilateralmente as condições laborais ou notificado da cessação do contrato, o trabalhador deve, no prazo de 30 dias, requerer por escrito a reintegração ou reposição das anteriores condições laborais, sendo atribuído ao empregador um prazo de 30 dias para actuar nesse sentido; caso aceda, o empregador deve pagar ao trabalhador as diferenças salariais obtidas em função do seu acto.

Caso o empregador não empreenda nesse sentido ou o trabalhador não opte pela reintegração e seja declarado pelo tribunal o despedimento como ilícito, é devida, nos termos do §4 do art. 32*tredecis*, uma indemnização, a qual, de acordo com a escolha do trabalhador, poderá ser fixada

---

[374] Nos termos conjugados dos arts. 32.º e 32*sexies*, o empregador deverá constituir um *conseiller en prévention*, cuja função poderá ser executada por pessoa interna à empresa ou por serviço externo à mesma. No entanto, em certas condições legalmente previstas, poderá ser necessário indicar, após acordo prévio com os trabalhadores, uma *personne de confiance* para o efeito.

[375] O mencionado regime encontra previsto no art. 32*tredecies* da mencionada *Loi*.

[376] Loïc Lerouge, *Workplace bullying*... cit., 50.

com base nos danos efectivamente sofridos e provados pelo mesmo ou, em alternativa, atribuída em valor equivalente a seis meses de remuneração.

O regime estatui ainda, no art.32*decies*, a tutela contenciosa específica dos actos assediantes, estabelecendo que a reparação dos danos materiais e morais resultantes dos actos assediantes são ressarcíveis. No entanto, o cômputo desta indemnização poderá ser determinado de duas formas: uma, dir-se-ia *tradicional*, baseada nos danos efectivamente sofridos e comprovados pela vítima de assédio e outra, *presumida*, mediante o qual o *quantum* indemnizatório corresponde a três meses de remuneração, o qual poderá ser aumentado para seis meses caso os actos assediantes se encontrem interligados com um factor de discriminação, provenham de pessoa dotada de poderes de autoridade em relação à vítima ou em razão da gravidade objectiva dos actos – art. 32*decies*, §1/1.

Ainda no plano contencioso, é estabelecida uma inversão do ónus da prova relativamente ao assediado: em cumprimento do art. 32*undecies*[377], ao assediado compete carrear factos dos quais se possam presumir a existência de uma situação de assédio, cabendo posteriormente ao alegado assediador a prova de que tais comportamentos não consubstanciaram qualquer acto ou efeito assediante.

Em suma, poderemos concluir pela existência de um sistema tutelador do assédio moral – e sexual, em paralelo –, especificamente traçado para o fenómeno, que logra estabelecer um conjunto de meios reactivos à violação do núcleo fundamental de direitos. Salienta-se, ainda, que ao contrário do que se verifica em diversos ordenamentos jurídicos congéneres, o fenómeno não é imediatamente reconduzido ou regulado enquanto discriminação em função do género pelo que permite uma abordagem diferenciada do problema[378].

---

[377] No entanto, em estrito cumprimento dos mais elementares princípios básicos do processo penal de estrutura acusatória, a referida inversão do ónus de prova não é aplicável no âmbito de uma eventual imputação criminal, aliás, em linha com o n.º2 do art. 6.º da Convenção Europeia dos Direitos do Homem. Cf. quanto às modelações do processo penal, PAULO DE SOUSA MENDES, *Lições de direito processual penal*, Coimbra, Almedina, 2013, 21 ss e 209 ss (219).

[378] JEAN JACQMAIN, *"Belgium"*, In: ANN NUMHAUSER-HENNING / SYLVAINE LAULOM (coord.), *Harassment related to Sex and Sexual Harassment law in 33 European Countries – Discrimination versus Dignity*, European Commission, 2012, 44-51 (44), disponível em http://ec.europa.eu/justice/gender-equality/files/ your_rights/final_ harassement_en.pdf (acedido em 26/08/2014).

4.3.2.6. Direito italiano

O ordenamento jurídico italiano optou, até à presente data, por não regular tipologicamente o assédio moral na relação laboral enquanto acto ilícito[379] ainda que tenham sido desenvolvidas diversas iniciativas nesse sentido[380]. No entanto e pese embora essa circunstância, o fenómeno existe e encontra-se concretamente quantificado: de acordo com um estudo conduzido pelo *Istituto Nazionale di Statistica*, aproximadamente 350 mil mulheres teriam sofrido de assédio no local de trabalho, entre 2005 e 2008[381]. No entanto, esta circunstância compeliu a um relevante desenvolvimento da temática no plano doutrinário e jurisprudencial[382]. Aliás, desde a prolacção, em Novembro de 1999, da decisão do *tribunale di Torino*, reputada com a primeira decisão judicial que analisou, em profundidade, as questões colocadas pelo assédio[383], tem a jurisprudência sido convocada a resolver litígios de acordo com as normas vigentes neste ordenamento e a doutrina tem procurado densificar os contornos da figura[384].

Não obstante o que ficou dito, o assédio – ou *mobbing*, de acordo com a expressão comummente empregue neste ordenamento jurídico – foi parcialmente regulado, de modo incidental, por um conjunto de diplomas aos quais, todavia, carece uma lógica global.

Em primeiro lugar, a *legge 10 aprile 1991, n.º 125*, em função do aditamento introduzido pelo *decreto legislativo 30 maggio 2005, n.º* 145, que enquadra acções positivas para a efectivação da igualdade entre homens e mulheres no trabalho, estabelecia como discriminação (art. 2-*bis*) o assédio em função do sexo, o qual era reputado como qualquer comportamento indese-

---

[379] Assim, NICOLA GHIRARDI, *"Alla ricerca della fattispecie mobbing"*, In: *Revista da Faculdade de Direito da Universidade Lusófona do Porto*, Vol 3, n.º3, 2014, 59-78 (60).
[380] MAGO ROCHA PACHECO, *O assédio...cit.*, 197.
[381] INSTAT, *Le molestie sessuali e i ricatti sessuali sul lavoro*, 2009, 4, disponível em www.meltinglab.it/ images/violenze/files/testointegrale20100915.pdf (acedido a 13/09/2014).
O mesmo estudo salienta, com base na amostra obtida, que cerca de metade das trabalhadoras do sexo feminino será sido alvo, durante a sua vida activa, de actos qualificáveis como assédio sexual.
[382] NICOLA GHIRARDI, *Alla ricerca...* cit., 59.
[383] FERNANDO CARACUTA, *"Il mobbing e la tutela giudiziaria"*, In: *Diritto & Diritti – Rivista giurídica eletrónica*, Julho de 2000, disponível em formato electrónico em http://www.diritto.it/articoli/lavoro/ mobbing4.html (acedido a 14/09/2014).
[384] NICOLA GHIRARDI em *RIDL*, XXXI, n.º1, Nápoles, Giuffré, 2012, II, 60.

jado ou agressão empreendida por fundamentos relacionados com o sexo e que tenha como efeito ou propósito violar a dignidade de um ou vários trabalhadores ou gerar um clima intimidatório, hostil, degradante, humilhante ou ofensivo bem como qualquer comportamento indesejado com conotação sexual, expressado de forma física, verbal ou não verbal (art. 2-*ter*). No entanto, como salienta SIMONETTA RENGA, os tribunais italianos não terão recorrido frequentemente à aplicação destes normativos ao caso concreto[385].

A *legge 10 aprile 1991, n.º 125* foi, posteriormente, revogada pelo *decreto legislativo 11 aprile 2006, n.º 198* que aprova *il codice delle pari opportunita' tra uomo e donna*. Este *codice* tendo como finalidade declarada a promoção da igualdade entre géneros[386], verte *ipsis verbis* no art. 26.º, §1 e 2, a opção presente na legislação pregressa, qualificando a *molestie* como discriminação nos exactos termos acima descritos[387]. Ressalva-se, no entanto, a extensão operada pelo §2-*bis* do art. 26.º pelo qual são ainda qualificados como discriminatórios os actos que sejam originados pela oposição do trabalhador a actos assediantes[388].

Resulta ainda do art. 50-*bis* um comando ordenador referente ao conteúdo dos instrumentos de regulamentação colectiva do trabalho, admitindo a introdução de medidas preventivas, códigos de conduta e boas práticas tendentes à prevenção da prática de actos de assédio no local de trabalho, nas condições de trabalho bem como na formação e desen-

---

[385] SIMONETA RENGA, *"Italy"*, In: ANN NUMHAUSER-HENNING / SYLVAINE LAULOM (coord.), *Harassment related to Sex and Sexual Harassment law in 33 European Countries – Discrimination versus Dignity*, European Commission, 2012, 152-160 (153), disponível em http://ec.europa.eu/justice/gender-equality/files/ your_rights/final_ harassement_en.pdf (acedido em 26/08/2014).

[386] ARCANGELA PESCE, *"Mobbing: Ruolo di genere e pari opportunità nel mundo del lavoro"*, In: ANTONIO BELSITO (coord.), *Mobbing... per tutti!*, Bari, Cacucci Editore, 2011, 69 ss.

[387] Veja, a este respeito, a decisão do tribunal de Pistoia, anotado por RICCARDO DEL PUNTA, *"Un caso esemplare di molestie sessuali sul lavoro"*, In: RIDL, XXXII, n.º1, Nápoles, Giuffrè, 2013, 28-56, pela qual, em aplicação do *codice delle pari opportunita' tra uomo e donna*, foi declarado nulo o despedimento em função do seu carácter discriminatório, fundado no sexo, e condenado o empregador a indemnizar a trabalhadora a título de danos não patrimoniais.

[388] Realça-se porém, tal como verificado no anterior tratamento legislativo da questão, uma assimilação, no nosso entender excessiva, entre assédio e assédio em função do sexo. Essa opção legislativa conduz, por conseguinte, à desconsideração de um largo conjunto de actos violadores da dignidade da pessoa humana que, por conseguinte, terão de ser resolvidos por apelo às normas gerais.

volvimento profissional[389-390]. A aplicação das mencionadas medidas de protecção e prevenção poderá ser monitorizada pelos representantes dos trabalhadores, nos termos previstos no *Statuto dei lavoratori*[391].

A mesma lógica subjaz à qualificação dos actos assediantes como discriminação, nos termos do *decreto legislativo 9 luglio 2003, n.º 216*, que aplica o princípio da igualdade de tratamento entre pessoas, quando os mesmos se fundem em factores de discriminação, entre outros, como a religião, orientação sexual, deficiência ou idade. Este normativo, aplicável nomeadamente à execução das relações laborais e no acesso ao emprego, garante, por aplicação do art. 4.º, a tutela jurisdicional da referida violação por aplicação do art. 44.º da regulamentação da imigração e da condição do estrangeiro[392], implicando, assim, uma inversão do ónus da prova, cabendo ao assediado carrear elementos factuais e estatísticos dos quais o julgador possa presumir a existência de actos discriminatórios[393]. O regime é ainda complementado pela tutela ressarcitória de danos não patrimoniais originados pela agressão discriminatória, no âmbito do art. 28.º do *decreto legislativo 1 settembre 2011, n.º 150*.

Como salientámos, os referidos normativos não abrangem integralmente o fenómeno que versamos, como tal, os actos assediantes que não sejam fundados em qualquer factor discriminatório, como as situações de assédio estratégico, serão enquadráveis no âmbito da legislação comum. Assim, o carácter polimórfico do assédio e a ausência de uma tipologia estrita tornam complexa a determinação dos limites e direito aplicável.

---

[389] Assim, SIMONETA RENGA, *Italy...cit.*, 153.

[390] O *codice* prevê ainda nos arts.55.º-*bis* e 55.º-*ter*, relativamente ao fornecimento de bens e serviços, uma noção de assédio sexual e de discriminação com base do género coincidente com a anteriormente exposta.

[391] *Legge 20 maggio 1970, n.º300*.

[392] No plano contencioso, qualquer acção fundada em discriminação será tramitada, no tribunal competente do domicílio do requerente, nos termos previstos para o *rito sommario di cognizzione*, nos termos da aplicação conjugada do art. 44.º do *decreto legislativo 25 luglio 1998, n.º 286* e do art. 28.º do *decreto legislativo 1 settembre 2011, n.º 150*.

[393] Dispõe o art. 28.º do *decreto legislativo 1 settembre 2011, n.º 150* que *"quando il ricorrente fornisce elementi di fatto, desunti anche da dati di carattere statistico, dai quali si puo' presumere l'esistenza di atti, patti o comportamenti discriminatori, spetta al convenuto l'onere di provare l'insussistenza della discriminazione. I dati di carattere statistico possono essere relativi anche alle assunzioni, ai regimi contributivi, all'assegnazione delle mansioni e qualifiche, ai trasferimenti, alla progressione in carriera e ai licenziamenti dell'azienda interessata."*

No entanto, a jurisprudência tem auxiliado determinantemente a identificação dos elementos constitutivos de assédio: assim, veja-se o acórdão da *Corte Suprema di Cassazione* de 31 de Maio de 2011 pelo qual se considerou que *"ai fini della configurabilità della condotta lesiva del datore di lavoro sono, pertanto, rilevanti: a) la molteplicità di comportamenti di carattere persecutorio, illeciti o anche leciti se considerati singolarmente, che siano stati posti in essere in modo miratamente sistematico e prolungato contro il dipendente con intento vessatorio; b) l'evento lesivo della salute o della personalità del dipendente; c) il nesso eziologico tra la condotta del datore o del superiore gerarchico e il pregiudizio all'integrità psico-fisica del lavoratore; d) la prova dell'elemento soggettivo, cioè dell'intento persecutorio"*[394], entendimento reiterado pelo mesmo tribunal no acórdão de 28 de Agosto de 2013, n.º 19814[395].

Ainda assim, na realização desta tarefa é usual a invocação dos arts. 2.º e 32.º da *Costituzione della Repubblica Italiana* que estabelecem, respectivamente, a inviolabilidade e o respeito da dignidade da pessoa humana. Já no plano *infra*constitucional, a tutela de actos assediantes poder-se-á ancorar, designadamente, no art. 2043.º do *codice civile*, que estabelece a ressarcibilidade dos danos que resultem de actos ilícitos, mediante efectivação de responsabilidade civil aquiliana[396], no art. 2087.º do *codice civile*[397], que estabelece o dever do empregador adoptar as medidas necessárias à protecção da integridade física e da personalidade do trabalhador, dever de protecção que uma vez violado poderá originar responsabilidade civil contratual do empregador[398-399].

---

[394] NICOLA GHIRARDI, *Alla ricerca... cit.*, 63. Veja-se, a respeito do citado acórdão, a anotação crítica de NICOLA GHIRARDI em *RIDL*, XXXI, n.º1, Nápoles, Giuffré, 2012, II, 59 ss.

[395] O mencionado acórdão pode ser confrontado em ELENA PASQUALETTO, *"Intenzionalità del mobbing e costrittività organizzativa"*, In: *RIDL*, XXXIII, n.º1, Nápoles, Giuffré, 2014, II, 63 ss.

[396] Neste sentido, LUÍSA LERDA, *"La tutela giuridica del mobbing in Italia"*, Roma, Confindustria, 2003, 14, disponível em formato electrónico em http://www.gildavenezia.it/docs/archivio/2003/marzo2003/LA%20TUTELA%20GIURIDICA.pdf (acedido a 16/09/2014). Porém, como salienta a citada autora, deve o assediado, fazer prova dos factos constitutivos da situação jurídica que se arroga o que, a mais das vezes, poderá afigurar-se *probatio diabolica*.

[397] *"L'imprenditore è tenuto ad adottare nell'esercizio dell'impresa le misure che, secondo la particolarità del lavoro, l'esperienza e la tecnica, sono necessarie a tutelare l'integrità fisica e la personalità morale dei prestatori di lavoro."*

[398] LUÍSA LERDA, *La tutela...cit.*, 18.

[399] No plano probatório, a responsabilidade civil contratual beneficia, tal como no ordenamento jurídico português, de uma presunção ilicitude e culpa, nos termos previstos no art. 1218.º do *codice civile*, nos termos da qual *"il debitore che non esegue esattamente la prestazione dovuta*

Em suma, podemos identificar uma regulação parcial do fenómeno, proveniente, no essencial, da transposição de Direito da União Europeia comunitárias e aglutinadora do assédio enquanto discriminação e, como tal, insuficiente no nosso entendimento.

4.3.2.7. Direito espanhol

O ordenamento jurídico espanhol caracteriza-se, tal como o ordenamento jurídico italiano, pelo enquadramento assistemático do fenómeno[400], o que possibilita a segregação, por um lado, da tutela do assédio moral e, por outro, do assédio sexual ou assédio em função do género.

O assédio sexual ou em função do género, por influência do Direito da União Europeia[401] é regulado pela *Ley Orgánica n.º 3/2007, de 22 de marzo* relativa à consagração da igualdade efectiva entre mulheres e homens, sendo qualificado como discriminação[402]. Não obstante, em momento prévio à sua aprovação, as condutas constitutivas de assédio sexual poderiam fundar a sua tutela directamente na *Constitución Española*, designadamente nos arts. 10.º, n.º1 (dignidade da pessoa humana), 14.º (direito à igualdade e não discriminação), 15.º (direito à integridade física e moral), 18.º (direito à

è tenuto al risarcimento del danno, se non prova che l'inadempimento o il ritardo è stato determinato da impossibilità della prestazione derivante da causa a lui non imputabile.". Quanto à extensão da obrigação de indemnizar fundada em violação contratual, esta abrange a perda sofrida pelo credor bem como os lucros cessantes, nos termos do art. 1223.º. Neste sentido, ANTONIO BELSITO, *Lo estrano fenomeno del Mobbing*, Bari, Cacucci Editore, 2012, 121 ss, disponível em formato electrónico em www.vlex.com/source/11199 (acedido a 16/09/2014) e, entre nós, RUI SOARES PEREIRA, *A responsabilidade por danos não patrimoniais do incumprimento das obrigações no direito civil português*, Coimbra, Coimbra Ed., 2009, 150 ss.

[400] Neste sentido, ANA CALDAS CANEDO, *Assédio...cit.,*, 64, e MANUEL VELÁZQUEZ, "The Spanish Code of pratice on work-related bullying: reflections on European Law and its impact on a national strategy for labor inspectors", In: *CCL&PJ*, 32, n.º 1, 2010, 185-224 (202 ss).

[401] Está em causa a transposição, designadamente, da Directiva n.º2002/73/CE, do Parlamento e do Conselho, e n.ºˢ 76/207/CEE, 2004/113/CE e 97/80/CE, todas do Conselho.

[402] Em momento prévio ao referido normativo, já o legislador espanhol houvera ensaiado a definição conceptual de *acoso*. Assim, pelo art. 28.º da *Ley* n.º 62/2003, de 30 de Dezembro, é definido como assédio *"toda conducta no deseada relacionada con el origen racial o étnico, la religión o convicciones, la discapacidad, la edad o la orientación sexual de una persona, que tenga como objetivo o consecuencia atentar contra su dignidad y crear un entorno intimidatorio, humillante u ofensivo"*. No entanto, tal definição assimila a ideia de assédio a acto discriminatório o que, no nosso entender, se revela redutor.

intimidade) e, por fim, no art. 35.º, n.º1 *in fine* (proibição da discriminação laboral em função do sexo). No entanto, aprovada a referida *Ley*, podemos dividir a regulamentação em quatro âmbitos fundamentais, a saber, conceptual, preventivo, tutelar e contencioso.

Assim, no plano conceptual é estabelecido, nos termos do art. 7.º, n.º1, como acoso sexual *"cualquier comportamiento, verbal o físico, de naturaleza sexual que tenga el propósito o produzca el efecto de atentar contra la dignidad de una persona, en particular cuando se crea un entorno intimidatorio, degradante u ofensivo"*[403]. Por sua vez, descreve-se no n.º2 do citado artigo o assédio em função do género como o comportamento baseado no género de uma pessoa com o propósito ou efeito de atentar contra a sua dignidade e criar um ambiente intimidatório, degradante ou ofensivo.

No plano preventivo, é imposto aos empregadores, em colaboração com os representantes dos trabalhadores, o dever de promover medidas que limitem a existência de tais actos, designadamente mediante divulgação de códigos de boas práticas e de conduta ou instituição de acções de formação, bem como a definição de procedimentos a adoptar aquando da verificação de actos de assédio sexual ou em função do género.

Identificado um acto enquadrável na ideia acima descrita, actua o referido diploma no plano tutelar mediante o sancionamento com nulidade dos actos ou negócios que, de algum modo, sejam considerados como discriminatórios, prevendo a responsabilização dos autores mediante pagamento de indemnização que seja *"real, efectiva e proporcional"*. Por sua vez,

---

[403] Encontra-se tipificado, pelo art. 184.º do *Código Penal*, o crime de *acoso sexual*. Este estabelece como moldura penal pena de prisão de três a cinco meses ou pena de multa de seis a 10 meses a quem solicitar, no âmbito de uma relação laboral, de docência, prestação de serviços ou de natureza prolongada ou habitual, favores de natureza sexual, para si ou terceiro, e tal comportamento cause na vítima uma situação objectiva e gravemente intimidatória, hostil ou humilhante. A mencionada moldura penal é incrementada para cinco a sete meses de prisão ou multa de 10 a 14 meses caso o autor do facto ilícito tenha feito valer-se, na prática do acto, de uma situação de superioridade hierárquica ou tenha, de modo expresso ou tácito, mencionado a verificação de consequências negativas na relação contratual ou na verificação das legítimas expectativas da vítima (n.º2) ou, por outro lado, quando a vítima se encontre em situação de especial vulnerabilidade em razão de doença, idade ou da sua situação objectiva (n.º3/1ª parte). Por fim, caso o autor se tenha feito valer da sua posição hierárquica contra pessoa especialmente vulnerável, a moldura penal concretamente aplicável é de 6 meses a um ano de prisão (n.º3/2ª parte).

No entanto, ressalva-se que o exercício da acção penal referente a este crime se encontra condicionada à apresentação de denúncia nos termos do n.º1 do art.191.º do *Código Penal*.

no plano contencioso, é efectivada, nos termos do art. 13.º, uma inversão do ónus da prova nas acções onde o autor invoque ter sido alvo de acções discriminatórias, cabendo ao demandado fazer prova da proporcionalidade das mesmas ou do seu carácter não discriminatório[404].

Especificamente no âmbito das relações laborais, é estabelecida a protecção do trabalhador relativamente a actos de assédio sexual ou em função do género *ex vi* arts. 4.º, n.º2, al. e) do *Estatuto de los Trabajadores*, cuja violação constitui justa causa para a extinção da relação laboral, nos termos do art. 50.º, n.º1, al. c) do *Estatuto*, constitutiva do dever de indemnizar por aplicação do art. 56.º, n.º1[405]. Salienta-se, no entanto, o sancionamento com nulidade dos actos discriminatórios praticados pelo empregador, nos termos do art. 17.º do *Estatuto*.

Por sua vez, ao contrário do anteriormente verificado quanto ao assédio em função do género e não obstante as iniciativas legislativas apresentadas[406], o ordenamento jurídico espanhol não oferece qualquer enquadramento conceptual ou tutelar de actos violadores dos direitos dos trabalhadores, eventualmente qualificáveis como assédio moral[407]. Como tal, tem sido essencial o labor levado a cabo pela doutrina e jurisprudência no sentido de enquadrar esta figura enquanto acto ou conjunto de actos ilícitos no âmbito das normas gerais do ordenamento.

---

[404] O assédio sexual e em função do género são, ainda, qualificados como *infracção muito grave* nos termos dos n.ºs 13 e 13-bis do n.º8 da *Ley sobre Infracciones y Sanciones en el Ordem Social (Real Decreto Legislativo 5/2000, de 4 de agosto)* e, como tal, sancionadas com *multa* entre €6.251 e €187.515 em aplicação do n.º1 do art. 40.º do referido normativo. São suplementarmente aplicáveis sanções acessórias ao empregador assediante, nos termos do art. 46.º-bis, as quais poderão passar, designadamente, pela perda ou cancelamento de benefícios resultantes de programas de emprego. No mesmo sentido, Manuel Velázquez, *The Spanish Code...cit.*, 205.

[405] Cf. Manuel Alonso Olea / Maria Casas Baamonde, *Derecho del Trabajo...cit.*, 481 ss. A indemnização por *despido improcedente*, aplicável à resolução por justa causa do contrato de trabalho impõe o pagamento de uma indemnização equivalente a 33 dias de remuneração por cada ano de antiguidade.

[406] Mago Rocha Pacheco, *O assédio...cit.*, 185 ss.

[407] Ressalva-se, no entanto, a tipificação do assédio moral no âmbito das relações laborais como ilícito criminal: estatui o art. 173.º, n.º1, §2 do *Código Penal* a aplicação de uma pena de prisão de seis meses a dois anos aqueles que *"en el âmbito de cualquier laboral o funcionarial y prevaliéndose de su relación de superioridad, realicen contra otro de forma reiterada actos hostiles o humillantes que, sin llegar a constituir trato degradante, supongan grave acoso contra la víctima."*. Quanto a este aspecto vd. Gorgonio Martínez Atienza, *Tratamiento Jurídico–Criminológico del Mobbing o Acoso Laboral*, Barcelona, VLex, 2011, 238 ss.

No entanto, ao contrário do que se tem verificado noutros ordenamentos jurídicos, actualmente não é possível traçar uma definição unitária do que se considera assédio moral. Para esta indefinição terá contributo, certamente, a proliferação de terminologias uma vez que são empregues, muitas vezes indiscriminadamente e entre outras, as expressões *mobbing, acoso moral, acoso psicológico, hostigamiento psicológico, psicoterror laboral* e *acoso laboral* para as mesmas realidades ou realidades semelhantes[408]. No entanto, a referida proliferação terminológica auxilia, em certa medida, a transposição acrítica de conceitos provenientes de outras ciências que, por não terem passado pelo crivo da ciência jurídica, não serão totalmente operativas. Esta circunstância conduziu à formação de duas correntes jurisprudenciais que, embora partam de uma base comum – designadamente da noção clássica de HEINZ LEYMANN e daquela resultante do Direito da União Europeia -, se diferenciam[409], no essencial, pela necessidade da existência de um dano[410] (concepção de natureza objectiva) ou, por outro lado, pelo potencial lesivo da conduta (concepção subjectiva).

Por sua vez, a corrente subjectiva subdivide-se na determinação de um conceito operativo quanto à necessária intencionalidade das condutas geradoras de assédio sendo, no entanto, maioritária a jurisprudência que não considera dispensável o referido elemento.

Assim, veja-se a título exemplificativo desta orientação maioritária a decisão do *Tribunal Superior de Justicia da Galicia* de 17 de Julho de 2008 segundo o qual *"el acoso moral en el ámbito laboral, como se colige de la doctrina jurisprudencial y de los autores, consiste en la existencia de situaciones de hostigamiento a un trabajador a través de la concurrencia reiterada de actitudes de presión o violencia psicológica que provocan en el trabajador situaciones de stress o ansiedad, desembocando en su aislamiento en el marco laboral, ello acaece en el caso de autos, y esa conclusión se compadece con la concurrencia de un cuadro ansioso depresivo*

---

[408] Relativamente a este aspecto cf. *supra* 2.5.
[409] Seguimos relativamente a este aspecto ALEXANDRE VICENTINE XAVIER, *La respuesta jurídica frente al acoso moral en el trabajo*, León, diss. doutoramento Universidade de León, 2011, 38 ss, disponível em formato electrónico em http://buleria.unileon.es/xmlui/handle/10612/766 (acedido a 30/09/2014).
[410] Neste sentido, pronunciou-se o Tribunal Superior de Justicia de Madrid em 18 de Junho de 2001, o qual considerou assédio moral no trabalho as *"situaciones de hostigamiento a un trabajador frente al que se desarrollan actitudes de violencia psicológica de forma prolongada y que conducen a su extrañamiento social en el marco laboral, le causan alteraciones psicosomáticas de ansiedad y, en ocasiones, consiguen el abandono del empleo al no poder soportar el estrés al que se encuentra sometido"*.

reactivo a su puesto de trabajo, cuya existencia opera como nuevo indicio de la existencia de la vulneración de derechos fundamentales"[411-412].

Noutra via, atente-se ao teor do *critério técnico* 69/2009 emitido pela autoridade inspectiva espanhola, quanto às condutas assediantes e de violência no trabalho[413]. Com o escopo confesso de fixar os critérios de actuação da *Inspección de Trabajo y Seguridad Social* relativamente ao seu objecto, é preenchido o que se deve entender como *"acoso y violencia en el trabajo"*. Assim, considera-se violência psicológica o assédio sexual, remetendo a sua determinação para o art. 7.º, n.º1 da *Ley Orgánica n.º 3/2007* acima exposto, quanto ao assédio moral a referida orientação logra expor três modalidades que a referida actuação ilícita poderá adoptar, a saber, *a)* abuso de autoridade, reconduzida a um manifesto abuso do poder de direcção, *b)* prática vexatória ou ofensiva independentemente da existência de uma relação hierárquica ou de poder, de facto ou de direito, entre os sujeitos, e *c)* assédio discriminatório, tal como previsto no art. 8.º, n.º12 da *Ley de Infracciones y Sanciones del Orden Social*[414].

Em função da morfologia do fenómeno e das diferentes manifestações que este poderá assumir, a questão não é facilmente reconduzível a um preceito ou norma. Por outro lado, a esta circunstância acresce a estratificação do enquadramento normativo, uma vez que ao intérprete ou apli-

---

[411] ALEXANDRE VICENTINE XAVIER, *La respuesta...cit.*, 45

[412] Veja-se, ainda a proposta de definição de assédio moral, na lógica de risco laboral, apresentada pelo Grupo de Trabalho sobre Violência Psicológica no Trabalho, no âmbito do *Instituto Nacional de Seguridad e Higiene en el Trabajo*, como *"exposición a conductas de violencia psicológica, dirigidas de forma reiterada y prolongada en el tiempo, hacia una o más personas por parte de otrals que actúan frente aquella/s desde una posición de poder (no necesariamene jérarquica [..] Dicha exposición se da en el marco de una relación laboral y supone un riesgo importante para la salud"*. Cf. INSTITUTO NACIONAL DE SEGURIDAD E HIGIENE, *"Acoso psicológico en el trabajo: definición"*, In: *Notas Técnicas de Prevención*, 854, 2009, 3, disponível em formato electrónico em www.insht.es/ InshtWeb/Contenidos/Documentacion/FichasTecnicas/NTP/ Ficheros/ 21a921/854%20 web.pdf (acedido a 25/09/2014).

[413] A referida orientação, de natureza *infra* legal, poderá ser consultada em http://www.fsc. ccoo.es/comunes/ recursos/15729/doc42210_Criterio_tecnico_ ITSS_acoso_y_violencia. pdf (acedido a 17/10/2014).

[414] O normativo sanciona a título de ilícito de ordenação social a prática de actos unilaterais dos quais resulte uma discriminação positiva ou negativa tendo por base os típicos factores de discriminação: género, origem, estado civil, raça, condição social, ideologia religiosa ou política, parentesco, língua ou deficiência física. Quanto à aplicação do referido regime cf. MANUEL VELÁZQUEZ, *The Spanish Code...cit.*, 211 ss.

cador da lei caberá atender às normas no plano da *Constitución* bem como aos comandos de natureza *infra*-constitucional.

Se quanto ao plano constitucional remetemos para o que ficou *supra* afirmado, a resposta do ordenamento jurídico *infra*-constitucional à prática de actos assediantes no âmbito da relação jurídico-laboral poderá ser localizada, nomeadamente, no art. 4.º, n.º2, als. a), c), d) do *Estatuto de los Trabajadores*, que garantem, respectivamente, o direito à ocupação efectiva, a não ser alvo de actos directa ou indirectamente discriminatórios no acesso ou na execução do trabalho bem como à sua integridade física e a uma adequada política de segurança e higiene. A violação de tais direitos consubstancia, no caso de trabalhador, fundamento para a cessação do contrato de trabalho com justa causa, nos termos do art. 50.º, n.º1 e correspondente indemnização determinada pelo art. 56.º em 33 dias de salário por cada ano completo de antiguidade[415] ou, caso o ilícito seja praticado pelo trabalhador, nos termos do art. 54.º, n.º2, als. c), d) ou g), fundamento para cessação do contrato de trabalho por despedimento com justa causa procedido do competente procedimento disciplinar.

Noutro prisma, tem sido empreendida uma interpretação do regime jurídico das contingências ocorridas na execução do contrato de trabalho, estabelecido na *Ley General de la Seguridad Social*[416], no sentido de enquadrar as consequências resultantes de actos assediadores como acidente de trabalho[417], nos termos dos arts.115.º, n.ºs 1, 2, al. e) e 3, entendimento este que tem sido acolhido pela jurisprudência espanhola[418]. No entanto, esta solução apresenta como evidente óbice, em virtude da ausência de qualificação como doença profissional nos termos do art. 116.º, a necessária comprovação da doença como resultado directo e imediato da actividade laboral exercida. São ainda invocáveis tendo em vista a recuperação dos danos originados em função dos direitos acima enumerados os arts.

---

[415] Gorgonio Martínez Atienza, *Tratamiento...cit.*, 137.
[416] *Real Decreto Legislativo* 1/1994, de 20 de Junho, que aprova o texto consolidado da *Ley General de la Seguridad Social*.
[417] Assim, Mago Rocha Pacheco, *O assédio...cit.*, 247 e Cidália Santos da Silva, *Análise ...cit.*, 94 ss.
[418] Nos termos do n.º1 do art. 115.º, é acidente de trabalho *"toda lesión corporal que el trabajador sufra con ocasión o por consecuencia del trabajo que ejecute por cuenta ajena."*.

1101.º e 1902.º do *Código Civil*[419], nomeadamente, em situações de assédio horizontal.

Cabe mencionar, ainda, a sensível questão do ónus da prova. Em virtude da ausência de qualquer regulamentação específica, cabe ao assediado fazer prova, nos termos gerais, dos factos constitutivos do direito a que se arroga o que, atendendo às características do fenómeno, se revela uma actividade complexa. Ressalva-se, no entanto, o que ficou dito quanto a actos de assédio sexual ou assédio discriminatório em função do género e à inversão do ónus aí prevista.

Neste sentido e em síntese, a tutela do assédio moral no ordenamento jurídico espanhol quando globalmente considerado enfrenta as dificuldades que conduziram à instituição, noutras ordens jurídicas, de um regime jurídico específico. Assim e salvo quanto a actos fundados no género ou no sexo, a tutela de actos que coloquem em causa a dignidade do trabalhador mostra-se incipiente.

4.3.2.8. Sistemas jurídicos lusófonos[420]

Por fim, por proximidade cultural, analisaremos em que medida alguns dos ordenamentos jurídicos lusófonos acolhem a tutela das situações de assédio laboral[421].

As relações jurídico-laborais no ordenamento angolano encontram-se, no essencial, reguladas pela Lei Geral do Trabalho, aprovada pela Lei n.º 2/2000, de 11 de Fevereiro.

Não existindo qualquer preceito que enquadre especificamente o fenómeno, tal tutela poderá ser ancorada, entre outros, no dever de respeito, imposto ao empregador e ao trabalhador (respectivamente, pelos arts. 43.º, al. a) e 46.º, al. e) bem como no direito a ser tratado com respeito e digni-

---

[419] Mago Rocha Pacheco, *O assédio...cit.*, 188.
[420] Empregamos, por conveniência linguística, a expressão *"sistemas jurídicos lusófonos"* sem que, com isso, consideremos que exista uma família jurídica *proprio senso*. Cf. quanto a este aspecto, em posição à qual aderimos, Dário Moura Vicente, *Direito comparado...cit.*, 76 ss. (86) e *"O lugar dos sistemas jurídicos lusófonos entre as famílias jurídicas"* In: Jorge Miranda (coord.), *Estudos em homenagem ao Prof. Doutor Martim de Albuquerque*, I, Coimbra, Coimbra Ed., 2010, 401-429 (427 ss). Em sentido contrário cf. António Menezes Cordeiro, "O sistema lusófono de Direito", In: *ROA*, 70, I/IV, 2010, 17-119 (108 ss).
[421] Quanto ao ordenamento jurídico brasileiro, dada a sua extensão, cf. *supra* 4.3.2.4.

dade - 45.º, n.º1, al. a) -, e à ocupação efectiva - 45.º, n.º1, al.b). No entanto, tais preceitos deverão ser interpretados em consonância com a Constituição da República de Angola onde se incluem, para além da dignidade da pessoa humana (arts. 1.º, 31.º, n.º2), entre outros, o direito à integridade moral, intelectual e física (art. 31.º, n.º1), bom nome e reputação (art. 32.º, n.º1), directamente aplicáveis no plano horizontal e vertical em resultado do plasmado no art. 28.º da Constituição[422].

As referidas práticas consbustanciadoras de assédio, dependendo do autor, poderão basear justa causa de despedimento disciplinar se precedido do competente procedimento disciplinar (art. 224.º e 225.º, al. d), e) ou f)) ou justa causa de rescisão do contrato de trabalho por iniciativa do trabalhador (arts. 251.º, n.º1 e n.º2, al. d), e) e g))[423].

Quanto à prática de actos discriminatórios, a lei angolana assegura expressamente pelo art. 3.º, n.º1 da Lei Geral o direito ao trabalho, o qual não poderá ser prejudicado pela prática de actos discriminatórios fundados na raça, cor, sexo, origem étnica, estado civil, condição social, ideal religioso ou político, filiação sindical ou língua. O referido normativo adiciona aos mencionados factores de discriminação a idade, emprego, carreira profissional, cidadania ou vínculo de parentesco como elementos qualificáveis como discriminação, sancionando com nulidade as cláusulas contratuais que atentem contra o referido comando (art. 20.º, n.º2, b). Por fim, quanto à discriminação em função do género, os arts. 268.º ss estabelecem o direito à igualdade de tratamento e não discriminação da mulher no trabalho, consubstanciado no direito ao salário igual para trabalho igual (asseverado, igualmente, pelo art. 164.º) , à igualdade de oportunidades bem como à ausência de discriminação fundada no sexo.

Nestes termos e tal como demonstrado, o regime decorre essencialmente da consagração de direitos fundamentais bem como de direitos de personalidade, facultando uma tutela meramente indemnizatória, nos termos probatórios e materiais gerais, mostra-se ainda demasiado incipiente, não respondendo adequadamente aos problemas revelados.

Vejamos então o ordenamento jurídico vigente na Região Administrativa Especial de Macau. As relações jurídicas laborais são fundamental-

---

[422] LUÍS MENEZES LEITÃO, *Trabalho de Angola*...cit.,, 92 ss.

[423] Nesta última situação, o trabalhador tem direito a receber, a título de indemnização pela cessação do contrato de trabalho, um mês de salário base por ano de antiguidade nos termos do n.º1 do art. 265.º.

mente reguladas, neste ordenamento, pela Lei das Relações de Trabalho, Lei n.º 7/2008, na qual não poderá ser localizado qualquer regime especialmente desenhado para a tutela do assédio laboral pelo que qualquer resposta a este nível terá de ser localizada, após uma construção conceptual de cariz doutrinário ou jurisprudencial, nas normas gerais[424].

Ainda assim, impõe o art. 8.º, n.º1 do referido normativo o dever de respeito mútuo, entre empregadores e trabalhadores, dos respectivos direitos de personalidade, numa remissão explícita para o regime previsto nos arts. 67.º a 82.º do Código Civil de Macau[425]. A estes preceitos acrescem as disposições constantes da Lei Básica da Região Administrativa Especial de Macau[426] que asseguram os direitos fundamentais dos residentes (e não residentes *ex vi* art. 43.º) de onde se realçam o direito à igualdade (art. 25.º), à inviolabilidade da dignidade humana e ao bom nome, reputação e reserva da intimidade da vida privada e familiar (art. 30.º)[427].

Salienta-se ainda, quanto a actos fundados em factores de discriminação, a punição contravencional nos termos conjugados dos arts. 6.º, n.º2 e 85.º, n.º1, alínea §1) com multa definida entre MOP$20.000 e MOP$50.000.

A violação de tais direitos de personalidade, comutados em deveres pela relação laboral, poderá fundar, no nosso entender, a resolução do contrato de trabalho com justa causa, nos termos dos arts. 69.º e 71.º n.º5 respectivamente, sendo que caso a iniciativa seja do trabalhador, haverá lugar a uma

---

[424] Quanto ao direito pregresso, estabelecido pelo Decreto-Lei n.º 24/89/M, de 3 de Abril, cf. Cândida Antunes Pires, *Direito do trabalho de Macau*, 2.ª, Macau, Instituto Politécnico de Macau, 1996, 140 ss.

[425] Entre os direitos de personalidade consagrados no Código Civil, de texto próximo à matriz portuguesa, encontram-se exemplificativamente previstos, para além da tutela geral da personalidade (art. 67.º), o direito à vida (art. 70.º), à integridade física e psíquica (art. 71.º), à liberdade (art. 72.º), à honra (art. 73.º), à reserva sobre a intimidade da vida privada (art. 74.º) e à imagem e palavra (art. 80.º).

[426] Adoptada a 31 de Março de 1993 pela Assembleia Popular Nacional da República Popular da China e vigente desde 20 de Dezembro de 1999.

[427] Sobre o enquadramento da Lei Básica no ordenamento jurídico de Macau e a sua natureza jurídico-constitucional cf. Jorge Bacelar Gouveia, "*A Lei Básica da Região Administrativa Especial de Macau: contributo para uma compreensão de direito constitucional*", In: Jorge Miranda (coord.), *Estudos em homenagem ao Prof. Doutor André Gonçalves Pereira*, Coimbra, Coimbra Ed., 2006, 261-286 (271 ss). Quanto à consagração dos direitos fundamentais na Região Administrativa cf., por todos, José Melo Alexandrino, *O sistema de direitos fundamentais na lei básica da região administrativa especial de Macau*, Macau, Centro de Formação Jurídica e Judiciária, 2013, 35 ss.

indemnização estabelecida entre 7 e 20 dias de remuneração base consoante a antiguidade do trabalhador. Poderá ainda haver lugar à responsabilização do assediante, dependendo da sua conformação, nos termos dos arts. 477.º e 787.º do Código Civil de Macau, sendo que a prova dos factos constitutivos de tal direito ocorre nos termos gerais[428]. Como tal e face ao exposto, não existe qualquer regime específico tutelador do fenómeno.

No entanto, realce-se que, tanto quanto nos é dado a conhecer, em resposta ao paulatino crescimento de casos publicamente denunciados bem como à insuficiente adaptação do tipo criminal de injúria (art. 175.º do Código Penal de Macau) para punir de tais actos, encontra-se em curso uma iniciativa legislativa, promovida pela Direcção dos Serviços de Reforma Jurídica e do Direito Internacional, tendo em vista o enquadramento específico do fenómeno no ordenamento jurídico, nomeadamente mediante a tipificação do crime de assédio sexual enquanto crime público[429]. Pese embora não tenha sido divulgada a metodologia adoptada – introdução de um novo tipo de ilícito no Código Penal ou mediante recurso a diploma autónomo -, a discussão pública da questão demonstra a sua pertinência e actualidade.

Na República de Moçambique, as relações jurídico-laborais encontram-se reguladas, em geral[430], pela Lei n.º 23/2007, de 1 de Agosto. Deste regime extrai-se, por um lado, o dever de respeito dos direitos de personalidade do trabalhador[431] por parte do empregador (art. 5.º, n.º1) bem como

---

[428] Às situações de assédio que possam consubstanciar discriminação baseada no sexo poder-se-á ainda aplicar o Decreto-Lei n.º52/95/M, de 9 de Outubro de 1995, sendo que, nessa circunstância, se verifica uma mitigação do ónus da prova: ao trabalhador cabe fazer prova dos trabalhadores face aos quais se considera discriminado enquanto o empregador deve demonstrar que tal diferença de trabalho é legitimamente fundada. Não obstante, estabelece-se uma aparente protecção do trabalhador contra o despedimento de cujo incumprimento resulta o direito à indemnização pela cessação do contrato de trabalho, o trabalhador já teria direito, no mesmo montante.

[429] FILIPA ARAÚJO, "Assédio sexual / Revisão de crime incluída em alterações ao Código Penal", In: Hoje Macau, de 28 de Julho, Macau, 2014, disponível em http://hojemacau.com.mo/?p=73616 (acedido a 11/11/2014).

[430] Prevê o regime jurídico das relações individuais e colectivas de trabalho a regulamentação, em diplomas avulsos, entre outras, do trabalho doméstico, portuário, marítimo, rural ou desportivo.

[431] Naturalmente face à sua qualificação enquanto direitos, deveres, liberdades e garantias, deve ser ainda considerada a aplicabilidade dos arts. 35.º a 47.º da Constituição, que garantem,

a protecção face a actos discriminatórios infundados[432] (art. 54.º, n.º1). É ainda expressamente reconhecido *ex vi* al. c) do n.º5 do art. 54.º o direito do trabalhador *"ser tratado com correcção e respeito"*, onde se inscrevem os actos que atentem contra a *"honra, bom nome, imagem pública, vida privada e dignidade"* bem como o dever de *"respeitar e tratar com correcção e lealdade o empregador, os superiores hierárquicos, colegas de trabalho e demais pessoas que estejam ou entrem em contacto com a empresa"* (art. 58.º c)).

Pese embora não exista uma definição legal de assédio[433], é estabelecido pelo n.º2 do art. 66.º que o assédio[434] *"praticado no local de trabalho ou fora dele, que interfira na estabilidade no emprego ou na progressão profissional do ofendido, constitui infracção disciplinar"* sendo que, caso essa conduta seja praticada pelo empregador ou por mandatário deste, é atribuído ao trabalhador alvo, sem prejuízo do competente procedimento judicial, o direito a perceber uma indemnização correspondente a 20 salários mínimos – cf.

---

entre outros, o princípio da igualdade, designadamente de género (arts. 35.º e 36.º), direito à integridade física e moral (art. 40.º, n.º1), à honra, bom nome e reputação (art. 41.º).

[432] Estabelece-se, pelo art. 4.º, n.º1, a interpretação e aplicação da lei do trabalho em consonância, entre outros, com o princípio da não discriminação. Veja-se, a este título, a Lei n.º 5/2002, de 5 de Fevereiro, que adopta especiais medidas preventivas face a actos discriminatórios fundados na infecção por HIV/SIDA. Um dos aspectos da referida intervenção legislativa respeita à qualificação como justa causa do despedimento fundado na seropositividade ou suspeição de seropositividade do trabalhador, sendo então a indemnização elevada para o dobro – cf. art 13.º.

[433] No entanto, o Novo Código Penal de Moçambique, cuja vigência se iniciou em Fevereiro de 2015, tipifica como crime o assédio sexual. Assim, nos termos do art. 224.º, estabelece-se que aquele que *"constranger sexualmente alguém com promessa de benefício de qualquer natureza, será punido com a pena de multa até 10 salários mínimos"* (n.º1), *"abusando da autoridade que lhe conferem as suas funções, assediar sexualmente outra pessoa por ordens, ameaças ou coacção, com finalidade de obter favores ou benefícios de natureza sexual, será punido com pena de multa até vinte salários mínimos"* (n.º2), *"constranger alguém com intuito de obter vantagem ou favorecimento sexual, prevalecendo-se o agente da sua condição de superior hierárquico ou ascendência inerente ao exercício de emprego, cargo ou função, por meio de ameaça ou coacção, será punido com pena de multa de vinte a quarenta salários mínimos"* (n.º3), sendo esta última tipificação extensível às situações que ocorram no âmbito de relações domésticas, de coabitação, hospitalidade (n.º4 al. a)) ou com abuso ou violação do dever inerente ao ofício ou ministério (n.º4, al. b)).

[434] No ordenamento moçambicano, parece considerar-se o assédio sexual como um subtipo da categoria de actos caracterizados como assediantes. Assim, estabelece textualmente o referido preceito que *"o assédio, incluindo o assédio sexual [...] constitui uma infracção disciplinar"*.

art. 65.º, n.º3 [435]. Como tal, a densificação e determinação do que se deve entender por assédio é remetida para a jurisprudência e para a doutrina.

Por sua vez, âmbito das relações de emprego público, é ainda estabelecido no Estatuto Geral dos Funcionários e Agentes do Estado[436] o dever especial dos funcionários e agentes do Estado, não assediarem material, moral ou sexualmente, no local de trabalho ou fora dele, desde que tal acto interfira na estabilidade no emprego ou na progressão profissional, (art. 39.º, n.º 31), sendo tal acto cominado com a pena de despromoção ao funcionário em aplicação do art. 141.º, n.º3, al. e) da regulamentação.

No entanto e pese embora o mencionado enquadramento normativo, não se encontra legislativamente consagrado qualquer medida no plano probatório: assim, deve o assediado fazer prova dos factos constitutivos do direito que arrogue o que, como observamos, se mostra extremamente complexo dado o carácter previsivelmente insidioso dos actos assediantes[437].

Face ao exposto, consideramos que a tutela do fenómeno, ainda que de modo incipiente, encontra acolhimento neste ordenamento.

Por fim, a República Democrática de Timor-Leste acolhe, no âmbito dos princípios fundamentais das relações laborais, a protecção dos trabalhadores bem como dos candidatos a emprego contra actos assediantes, declarando-os proibidos. Neste sentido, a Lei do Trabalho, aprovada pela Lei n.º4/2012, de 21 de Fevereiro, identifica como assédio *"todo o comportamento indesejado que afete a dignidade de mulheres e homens ou que seja considerado ofensivo, sob a forma verbal, não-verbal ou física, ou que crie um ambiente de trabalho intimidativo, hostil, humilhante e desestabilizador à pessoa assediada"* (art. 7.º, n.º2), sendo imposto ao empregador o dever de adoptar as medidas

---

[435] Contrariamente ao que se verifica (actualmente) no ordenamento jurídico português, o salário mínimo em Moçambique é definido de acordo com o sector de actividade em causa pelo que a determinação do quantum indemnizatório dependerá do sector em que o trabalhador se encontra inserido. A título meramente exemplificativo, veja-se que o salário mínimo em vigor desde Maio de 2014 oscila entre os $2.857,00 meticais no subsector da pesca de kapenta e os $ 7.465,00 meticais no sector dos serviços financeiros.

[436] Aprovado pela Lei n.º14/2009, de 17 de Março e regulamentado pelo Decreto n.º62/2009, de 8 de Setembro.

[437] AMÉRICO OLIVEIRA FRAGOSO, *O HIV/SIDA em Moçambique – Breves considerações jurídico--laborais*, s.n., 2006, 21, disponível em formato electrónico em http://www.fd.ulisboa.pt/Portals/0/Docs/Institutos/ICJ/ LusCommune/FragosoAmerico2.pdf (acedido a 15/10/2014).

necessárias à prevenção de tais actos[438]. Conjuntamente com a consagração da proibição do assédio enquanto princípio fundamental no âmbito da formação e execução das relações laborais, é assegurada a protecção dos trabalhadores bem como dos candidatos a emprego face a actos discriminatórios baseados, nomeadamente, nos típicos critérios de discriminação identificados como tal (art. 6.º, nº2). A referida tutela é garantida mediante o estabelecimento de uma repartição do ónus da prova, cabendo então ao pretenso discriminado a demonstração dos factos e da medida em que se considera discriminado e ao alegado autor do acto discriminatório a demonstração da natureza legítima do acto.

São impostos ainda, ao empregador e aos trabalhadores deveres de respeito mútuo dos direitos à honra, bom nome, imagem pública, vida privada e dignidade, respectivamente, nos arts. 20.º, a) e g) e 21.º h) da Lei do Trabalho. De igual modo e de âmbito transversal, são chamados à colação, nomeadamente, os princípios e direitos fundamentais, estatuídos na Constituição da República Democrática de Timor-Leste, da dignidade da pessoa humana (art. 1.º, n.º1), da igualdade e não discriminação (art. 16.º e 17.º), direito à honra, bom nome e reputação (art. 36.º) bem como os direitos de personalidade, consagrados nos arts. 67.º a 78.º do Código Civil, aprovado pela Lei n.º10/2011, de 14 de Setembro.

Os actos assediantes constituem justa causa para rescisão do contrato de trabalho nos termos dos arts. 49.º, n.ºs 1 e 3, al. a) e c), sendo que, nessa circunstância, é atribuída ao trabalhador uma indemnização, dependendo da sua antiguidade na empresa, determinada entre um mês e um ano de remunerações por aplicação dos arts. 49.º, n.º5 e 55.º, nº 3, ou seja, o dobro da indemnização devida por despedimento ilícito. De igual modo, da prática de actos qualificados como assédio poderá resultar a rescisão do contrato de trabalho com justa causa por iniciativa do empregador, nos termos do art. 50.º, n.º1 e 3, al. d) e g). Em todo o caso, a referida indemnização

---

[438] O sistema jurídico timorense prossegue a sua moderna regulamentação, definindo no n.º3 do art. 7.º o assédio sexual como *"todo o comportamento indesejado de carácter sexual, que afete a dignidade de mulheres e homens ou que seja considerado ofensivo, sob a forma verbal, não-verbal ou física, como o contacto ou insinuações, comentários de índole sexual, exibição de pornografia e exigências sexuais, ou que crie um ambiente de trabalho intimidativo, hostil, humilhante e desestabilizador à pessoa assediada"*. No nosso entendimento andou bem o legislador timorense ao optar pela consagração disjunta do assédio e do assédio sexual conforme temos vindo a defender.

não obsta que seja intentada uma acção de responsabilidade civil tendo em vista a reparação dos danos originados pelos actos assediantes.

Por conseguinte, poderemos considerar que o ordenamento jurídico de Timor-Leste não se encontra alheio às recentes tendências legislativas neste âmbito, dispondo de um sistema que faculta um enquadramento específico do fenómeno, ainda que passível de aperfeiçoamento.

Em suma, ainda que parte significativa dos ordenamentos lusófonos acima elencados não acolham expressamente o fenómeno mediante a formulação de um regime especificamente tutelador, não deixaremos de salientar as iniciativas identificadas na defesa da dignidade da pessoa humana das partes da relação laboral na constância da mesma.

5. O assédio no ordenamento jurídico português – resenha

5.1. *Tutela primária*

Embora a questão jurídica subjacente ao fenómeno tenha adquirido novos contornos e consagração jurídica fruto, respectivamente, da prevalência, consequências e polimorfismo que o assédio laboral possa assumir, o fenómeno, se observado na sua perspectiva fáctica - e não jurídica - poderá ser parcialmente reconduzido a certos aspectos do direito nacional pretérito. Realce-se, no entanto, que essa recondução não poderá ser globalmente entendida como uma manifestação da tutela do assédio no ambiente laboral: assim, a consagração da dignidade enquanto vector da execução da relação laboral bem como o estabelecimento de um dever de ocupação efectiva do trabalhador cobrem somente certas características parciárias do universo.

No ordenamento jurídico português[439], no que ora releva, poder-se-á reconduzir originariamente a tutela da dignidade do empregador e do trabalhador ao enquadramento jurídico concedido pela Segunda República.

---

[439] Quanto ao enquadramento histórico da legislação laboral portuguesa, numa perspectiva cronológica, cf. António Menezes Cordeiro, *Trabalho... cit.*, 49 ss, Luís Menezes Leitão, *Direito do Trabalho*, 3.ª, Coimbra, Almedina, 2012, 31 ss, Rosário Palma Ramalho, *Tratado I... cit.*, 41 ss , Pedro Romano Martinez, *Direito ...cit.*, 76 ss.

No âmbito deste período, o regime jurídico central encontra-se gizado no Estatuto do Trabalho Nacional, aprovado pelo Decreto-Lei n.º 23048, de 23 de Setembro de 1933. Este diploma, geneticamente avesso a uma lógica conflitual entre trabalhadores e empregadores em razão da sua índole corporativista – cf. art. 5.º do ETN -, consiste no prolongamento da orientação ideológica do Estado Novo, devidamente enquadrada pela Constituição de 1933, sua contemporânea. Aliás, em algumas matérias nucleares, o Estatuto do Trabalho Nacional assumiu feições de *constituição material* no que respeita ao exercício do trabalho, tendo sido parcialmente absorvido em momento posterior pela Constituição de 1933. Exemplificativamente, veja--se a consagração do direito ao trabalho (art. 21.º ETN) que, pela Lei n.º 2048, de 11 de Junho de 1951, aditou art. 8.º do texto constitucional o n.º 1-A esse direito ao trabalho.

Assim, ainda que sem especial densificação, impõe o Estatuto do Trabalho Nacional a implementação de condições de trabalho que atendam às *"necessidades de higiene física e moral e* [a] *segurança do trabalhador"* – art. 25.º -, certamente em decorrência n.º 1 do célebre art. 8.º da Constituição de 1933[440].

No entanto, a primeira regulamentação no estrito âmbito das relações contratuais resulta da Lei n.º 1952, de 10 de Março de 1937, que instituiu o regime do contrato individual de trabalho. Nos termos do art. 11.º, §1 do sobredito regime, *"considera-se justa causa para rescisão ou denúncia do contrato de trabalho qualquer facto ou circunstância grave que torne prática e imediatamente impossível a subsistência das relações"*, nomeadamente, *"ofensas à honra, à dignidade ou interêsses de qualquer das partes"*. Por conseguinte, em função do mencionado normativo, tutela-se a dignidade do trabalhador ou do empregador, constituindo a sua violação fundamento para fazer cessar unilateralmente o contrato de trabalho que os vincula.

O aprofundamento do carácter pessoal das relações laborais e consequente humanização das mesmas foi adensado pela entrada em vigor do Decreto-Lei n.º 47032, de 27 de Maio de 1966, que aprova o regime do contrato individual de trabalho. Pese embora o mencionado regime tenha apresentado uma curta vigência, não poderemos deixar de realçar o desenvolvimento regulamentar face ao direito pretérito.

---

[440] A este respeito *vd.* JORGE MIRANDA, *"Direitos fundamentais e ordem social : na constituição de 1993"*, In: RDFUL, Vol. 46, n.º1, Coimbra, Coimbra Ed., 2005, 271-310 (301 ss).

No âmbito do mencionado diploma, estabelece-se, entre outros aspectos, o dever da entidade patronal *"tratar e respeitar o trabalhador como seu colaborador"* e *"proporcionar-lhe boas condições de trabalho, tanto do ponto de vista físico como moral"* – art. 19.º, al. a) e c). Idêntico dever de respeito e urbanidade é imposto ao trabalhador relativamente à entidade patronal (art. 20.º, n.º1, al. a)).

De igual modo, tal no pretérito regime, a inobservância de determinados deveres e a lesão de determinados interesses, nomeadamente os acima referidos, consubstancia justa causa de despedimento ou rescisão do contrato de trabalho consoante os fundamentos se encontrem na esfera do empregador ou do trabalhador. Assim, constituem justa causa por iniciativa do empregador, nos termos do art. 99.º, *"a influência perniciosa no ambiente de trabalho"* – al. d) –, *"a provocação repetida de conflitos com os seus companheiros ou abuso de autoridade para com os seus subordinados"*, – al. e) – *"a ofensa à honra e dignidade da entidade patronal ou dos superiores hierárquicos"* – al. h). Por sua vez constituem justa causa por iniciativa do trabalhador (art. 100.º) a violação das suas garantias de fonte legal – al. c) –, a ofensa à honra e dignidade do trabalhador – al. g) – bem como a conduta intencional da entidade patronal ou dos seus representantes de forma a levar o trabalhador a pôr termo ao contrato de trabalho – al. h).

No entanto, especial referência merece a consagração pela alínea b) do n.º1 do art. 21.º, enquanto garantia do trabalhador, da proibição do empregador *"exercer pressão sobre o trabalhador para que actue no sentido de influir desfavoravelmente nas condições de trabalho dele ou dos companheiros"*, consubstanciado tal acto fundamento para a rescisão do contrato com direito a indemnização nos termos conjugados do art. 21.º, n.º2 do sobredito normativo. Ora, tal garantia mostrava-se reforçada no plano legislativo pela consagração do poder-dever disciplinar da entidade patronal quando os trabalhadores, *"pela sua conduta, provoquem ou criem o risco de provocar a desmoralização dos companheiros, especialmente mulheres e menores"* – art. 40.º, n.º2[441].

De curta vigência, o Decreto-Lei n.º 47032, de 27 de Maio de 1966 foi rapidamente revisto e substituído pelo Decreto-Lei n.º 49408, de 24 de Novembro de 1969. No entanto, este último regime não aportou, ao que ora importa, uma modificação substancial do regime do contrato indivi-

---

[441] ALEXANDRA MARQUES SEQUEIRA, *"Do assédio no local de trabalho – um caso de* flirt *legislativo? Exercício de aproximação ao enquadramento jurídico do fenómeno"*, In: RQL, XII, 28, Coimbra, Coimbra Ed., 2006, 241-258 (242).

dual de trabalho aprovado pelo diploma de 1966[442]. Assim, face à existência de uma correspondência directa entre os preceitos no que respeita ao seu conteúdo e, em alguma medida, numeração e organização sistemática – cf. arts. 19.º, 20.º, 99.º e 100.º do Decreto-Lei n.º 49408, de 24 de Novembro -, remetemos para o que ficou anteriormente dito[443].

A quebra originada pela revolução de 25 de Abril de 1974, ao contrário do que se poderia equacionar – e que efectivamente se verificou no plano das relações colectivas de trabalho[444] -, não implicou imediatamente a supressão do regime juslaboral regulador do contrato individual de trabalho proveniente da 2.ª República[445].

Assim, pese embora não versando directamente a protecção das partes da relação laboral da prática de actos assediantes ou violadores da dignidade e em momento prévio à entrada em vigor do novo texto constitucional, o Decreto-Lei n.º 372-A/75, de 16 de Julho, promove a regulamentação específica das causas ou fundamentos para a cessação do contrato de trabalho mediante despedimento, sendo qualificados como justa causa de despedimento a *"violação de direitos ou garantias de trabalhadores seus subordinados"* – art. 10.º, n.º 2, b) -, c) bem como a *"provocação repetida de conflitos com os camaradas de trabalho"*[446] – art. 10.º, n.º 2, c). De igual modo, estabeleceu como fundamento para rescisão imediata do contrato de trabalho (art. 25.º) a *"violação culposa das garantias legais e convencionais do trabalhador"* - n.º 3

---

[442] Aliás, esse escopo é expressamente assumido pelo legislador no preâmbulo do diploma, o qual esclarece que *"a revisão que se propõe do Decreto-Lei n.º 47032 não determina, todavia, transformações radicais na matéria"*, prosseguindo aquele que *"assim, mantém-se praticamente intacta, quer a arquitectura e sistematização da lei, embora com alguns ajustamentos na numeração do articulado"*.

[443] Sobre este regime cf. Isabel Ribeiro Parreira, *O assédio moral no trabalho...cit.*, 237.

[444] A este respeito veja-se, designadamente, Luís Gonçalves da Silva, *Notas sobre a eficácia normativa das convenções colectivas*, Lisboa, IDT/Almedina, 2002, 41 ss., Pedro Romano Martinez, *Trabalho...cit.*, 82 ss., Luís Menezes Leitão, *Trabalho...cit.*,, 44 ss. e Rosário Palma Ramalho, *Tratado I... cit.*, 85 ss. Rosário Palma Ramalho em *Direito do Trabalho – Parte I – Dogmática geral*, 2.ª, Coimbra, Almedina, 2009, pp 531-540, apresenta um interessante índice de legislação, cronologicamente ordenado, que permite confrontar a evolução da legislação nacional de índole laboral.

[445] Assim, António Menezes Cordeiro, *Trabalho... cit.*, 59.

[446] Este período histórico é tipicamente marcado pelo emprego de expressões de teor tipicamente ideológico na legislação laboral, tendência que tem sido paulatinamente ultrapassada em função das intervenções legislativas subsequentes. Sobre a porosidade linguística do Direito do Trabalho cf. Rosário Palma Ramalho, *Da autonomia... cit.*, 22.33 (30) e *Tratado I... cit.*, 92 ss.

al. c) – bem como a *"lesão culposa de interesses patrimoniais do trabalhador ou a ofensa à sua honra ou dignidade"* – n.º3 al. f.).

A entrada em vigor da nova Constituição da República Portuguesa, em 25 de Abril de 1976, aporta ao enquadramento do problema um novo conjunto de normas que não poderão ser desconsideradas. Se analisado da perspectiva do nosso objecto, resulta do n.º1 do art. 51.º[447] o direito universal ao trabalho, da al. b) do art. 52.º a garantia à segurança no emprego bem como da al. b) do art. 53.º o direito *"a organização do trabalho em condições socialmente dignificantes, de forma a facultar a realização pessoal"*. Da interpretação dos sobreditos preceitos constitucionais – tal como efectuado por diversas decisões jurisprudenciais[448] e pela maioria da doutrina juslaboralista[449] - é passível de ser hermeneuticamente extraído o direito e correspondente dever à ocupação efectiva do trabalhador.

Em 1979, por declarada influência do texto constitucional, inicia vigência o primeiro regime jurídico tutelador da igualdade de género no plano laboral, aprovado pelo Decreto-Lei n.º 392/79, de 20 de Setembro[450]. Ainda que obste exclusivamente a actos ou resultados discriminatórios fundados na diferença de género, especialmente com incidência na componente remuneratória da relação laboral, o mencionado regime logra instituir um sistema efectivamente tutelador do trabalhador[451] alvo de discriminação

---

[447] Os artigos referidos reportam-se directamente à conformação originária da Constituição de 1976, sendo que remetemos o enquadramento actual para a análise do direito ora vigente.

[448] Veja-se, a título meramente exemplificativo, os acórdãos do TRP de 01/10/1984, TRE de 19/11/1987, TC n.º 107/88, de 31/05/1988 (rel. Monteiro Diniz), STJ de 22/05/91, referenciados por ALEXANDRA BORDALO GONÇALVES, *O direito à ocupação efectiva*, RelM. FDUL, s.i., policop., 1995, 5 ss.

[449] ANTÓNIO MENEZES CORDEIRO, *Trabalho...cit.*, 656 ss.; ROSÁRIO PALMA RAMALHO, *Tratado II... cit.*, 426 ss, JÚLIO VIEIRA GOMES, *Direito ...cit.*,551 ss., e PEDRO ROMANO MARTINEZ, *Trabalho...cit.*, 482 ss (484).

[450] Assim, MANUELA BENTO FIALHO, *"Uma igualdade no trabalho – Um caminho aberto, estrada por pavimentar..."*, In: CENTRO DE ESTUDOS JUDICIÁRIOS, *Prontuário de Direito do Trabalho*, 76-78, Coimbra, Coimbra Ed., 2008, 91-103 (93). No entanto, cremos não ser despiciendo inserir o referido diploma no processo de aproximação, nomeadamente no plano jurídico, ocorrido entre Portugal e a então Comunidade Económica Europeia, iniciado pelo pedido de adesão formal apresentado em Março de 1977.

[451] Ainda que formulado no feminino, empregando uma técnica legislativa criticável face ao carácter universal da discriminação (embora se compreenda o alcance legislativo face à sua especial incidência no género feminino), o diploma em causa é explícito na sua aplicação universal, nos termos do n.º 2 do art. 1.º.

mediante a consagração da inversão do ónus da prova: assim, nos termos do n.º4 do art. 9.º, cabe à trabalhadora alegar a discriminação de que se sente alvo por referência a um determinado ou determinados trabalhadores, sendo que caberá ao empregador justificar objectivamente que essas diferenças se fundam em critérios objectivos diversos do género dos intervenientes. Concomitantemente, foi ainda estabelecida uma protecção pós-eficaz do trabalhador discriminado mediante a presunção da natureza abusiva de uma qualquer sanção aplicada ao trabalhador no prazo de um ano contado da data da reclamação fundada em discriminação (art.11.º, n.º2)[452].

Saliente-se, de igual modo, o regime jurídico da cessação do contrato individual de trabalho e da celebração e caducidade do contrato de trabalho a termo, aprovado pelo Decreto-Lei n.º 64-A/89, de 27 de Fevereiro. Na sequência do direito pregresso, prescreve-se a *"violação de direitos e garantias de trabalhadores da empresa"* (art. 9.º, n.º2, b), *"provocação repetida de conflitos com outros trabalhadores da empresa"* (art. 9.º, n.º2, c) bem como a *"prática, no âmbito da empresa, de violências físicas, de injúrias ou outras ofensas punidas por lei sobre trabalhadores da empresa, elementos dos corpos sociais ou sobre a entidade patronal individual não pertencente aos mesmos órgãos, seus delegados ou representantes"* (art. 9.º, n.º2, i) como fundamentos para cessação do contrato de trabalho por iniciativa do empregador[453]. Quanto à rescisão por iniciativa do empregador, estabelecem-se expressamente, como justa causa a *"violação culposa das garantias legais ou convencionais do trabalhador"* (art. 35.º, n.º1, al. b) bem como *"ofensas à integridade física, liberdade, honra ou dignidade do*

---

[452] A orientação resultante do Decreto-Lei n.º 392/79, de 20 de Setembro veio a ser posteriormente estendida aos trabalhadores da Administração Pública em virtude da aprovação do Decreto-Lei n.º 426/88, de 18 de Novembro. Este diploma, que reflecte o teor do diploma de 1979, estabelece o regime acima exposto, respectivamente, no art. 10.º. No entanto, salienta-se a supressão da presunção do carácter abusivo da sanção aplicada.

[453] Neste sentido pronunciou-se o TRL em aresto de 08/01/1997 (rel. Guilherme Pires) relativamente a uma situação de assédio sexual, tendo decidido que *"desenvolvendo o Autor assédio sexual em relação à trabalhadora Carla, passando-lhe o braço por cima dela ou dando-lhe palmadinhas nas nádegas, pedindo-lhe que o beijasse e tendo chegado a dizer-lhe, entre outras, "qualquer dia violo-te"; passando, depois a sobrecarregá-la de trabalho, com a mera desculpa de a colega Rita ser de saúde mais frágil; e a tratá-la de maneira hostil; e, também, descompondo e tratando mal alguns colegas de trabalho, à frente de outros e do público - a sua actuação traduz um comportamento culposo que, pela sua gravidade e consequências, tornou imediata e praticamente impossível a subsistência da relação de trabalho, tendo sido correctamente despedido com justa causa, pela prática de factos previstos no artigo 9, nos. 1 e 2, alíneas b), c) e i) da LCCT89"*.

trabalhador, puníveis por lei, praticadas pela entidade empregadora ou seus representantes legítimos" (art. 35.º, n.º1, al. f)[454-455].

Por fim, mencione-se a intervenção empreendida no âmbito da protecção da igualdade de género e combate à discriminação fundada neste critério, em função da qual foi aprovada a Lei n.º 105/97, de 13 de Setembro, que visa concretizar os direitos dos indivíduos de ambos os sexos à igualdade de tratamento no trabalho e no emprego. Assente numa lógica marcadamente contra-ordenacional, o mencionado regime jurídico depende, no âmbito laboral, da atribuição de um desvalor à conduta do empregador tendo em vista a sua exclusiva efectivação jurisdicional. Assim, é estabelecida pelo art. 5.º um sistema de inversão do ónus da prova, cabendo ao empregador fazer prova da inexistência de qualquer prática, critério ou medida discriminatória fundada ou motivada no género dos destinatários.

Em resultado deste breve excurso à legislação laboral vigente em momento prévio ao movimento de codificação, poderemos identificar uma paulatina nidificação da tutela dos valores intrínsecos à natureza humana das partes das relações laborais. No entanto, por razões que se podem assacar à sua origem assistemática e parcelar da realidade, não poderemos considerar que, até este momento, existisse um regime protector próprio da prática de actos de assédio laboral porquanto tais práticas demandariam

---

[454] Veja-se no âmbito da citada legislação a condenação da entidade empregadora a indemnizar o trabalhador em resultado da violação do dever de ocupação efectiva, numa situação marcadamente assediante. Assim, o ac. STJ de 09/04/2003, proc. 02S3061, rel. Vítor Mesquita, considerou digna de tutela, entre outros, o sucessivo e articulado isolamento do trabalhador no âmbito do ambiente de trabalho, seja através do afastamento físico face aos restantes colegas de trabalho seja mediante retirada dos instrumentos de trabalho necessários à execução da prestação laboral contratada. Cf. GLÓRIA REBELO, *Assédio moral...cit.*, 115.

[455] No âmbito do regime jurídico específico do contrato de serviço doméstico, aprovado pelo Decreto-Lei n.º 508/80, de 21 de Outubro, constitui fundamento para a cessação da relação laboral por despedimento com justa causa a *"quebra de sigilo sobre qualquer assunto de que tenha conhecimento em virtude da convivência decorrente da natureza do contrato e de cuja revelação possa resultar prejuízo para a honra, bom nome ou património do agregado familiar"* (art.17.º, al. b). Ora, ainda que o *leitmotiv* da norma se centre na quebra da relação de confiança, elemento básico de subsistência de qualquer relação laboral, logra, ainda, tutelar subsidiariamente os direitos de personalidade que tal acto ou actos possam eventualmente lesar. O sobredito enquadramento foi mantido pelo art. 30.º al. j) do Decreto-Lei n.º235/92, de 24 de Outubro, que reforçou, de igual modo, a tutela na perspectiva do trabalhador, qualificando como justa causa para rescisão do contrato de serviço doméstico a *"lesão culposa de interesses patrimoniais sérios do trabalhador ou ofensa à sua honra ou dignidade"* (art. 32.º, n.º1, al. c).

o tratamento unitário de microlesões ou, em alternativa, exigiria a convocação do princípio da boa fé na execução do contratos[456].

Como se viu, as intervenções legislativas poderão ser sistematizadas em dois núcleos de intervenção, a saber, *primo*, relativamente aos fundamentos de cessação do contrato de trabalho e *secundo*, quanto à consagração igualdade de género e não discriminação[457]. Ora, se no primeiro núcleo a teleologia das normas nos conduz, na verdade, à identificação de actos que, pela sua gravidade e efeitos, colocam em causa a relação de confiança e, consequentemente, a subsistência da relação laboral, no segundo núcleo é identificável uma densificação de um dos princípios elementares da ordem constitucional da Terceira República, fundada na dignidade da pessoa humana, bem como das normas e princípios integradores da Comunidade Económica Europeia – hoje, União Europeia -, à qual Portugal promoveu uma aproximação legislativa que culminou na sua integração em 1986.

Por conseguinte, procuram as sobreditas normas e regimes jurídicos efectivar a igualdade entre géneros, especialmente no plano laboral, alavancando essa igualdade de tratamento no plano objectivo, reflectindo-se ainda esse escopo numa índole processual no que tange à qualificação do acto ou critério como discriminatório.

Deste modo, ainda que o fenómeno se encontrasse, incidental e de modo parcial, abstractamente abrangido pelas sobreditas normas e regimes jurídicos, não é passível de ser identificado um qualquer sistema coerente e concatenado que procure tutelar empregadores e trabalhadores da prática de actos de assédio laboral que visem atingir o seu núcleo básico de dignidade.

Não obstante a perspectiva juslaboralista que anteriormente nos ocupou, não poderá deixar de ser salientado, seja pelo lugar central que ocupa na civilística portuguesa, seja pela circunstância do seu corpo normativo se ter mantido inalterado, a este respeito, durante a vigência de dois textos constitucionais de sinais distintos, seja pela sua convivência normativa, desde 1 de Junho de 1967 até aos presentes dias: referimo-nos natural-

---

[456] Assim, MARIA REGINA REDINHA, *Assédio moral ou Mobbing...cit.* 841 ss.

[457] Os referidos núcleos poderiam ser, ainda, complementados com um terceiro vector, intrinsecamente interligado com a identificação de um direito/dever de ocupação efectiva. No entanto e considerando a natureza constitucional das mencionadas normas e o mencionado esforço argumento-interpretativo tendo em vista a identificação do mesmo, optámos por não o incluir nas mencionadas tendências.

mente ao Código Civil, aprovado pelo Decreto-Lei n.º 47344/66, de 25 de Novembro.

Conforme é sobejamente reconhecido, o Código Civil, após proceder à determinação do *alpha* e ómega da personalidade jurídica[458] das pessoas singulares, ou seja, atribuindo pelo nascimento completo e com vida ao ser humano e personalidade jurídica e retirando-lhe essa qualidade com a consumação da sua morte[459], dedica os seus arts.70.º a 81.º à regulação dos denominados direitos de personalidade[460].

Assim, é atribuída aos sujeitos da relação laboral, nos termos gerais, a titularidade dos direitos de personalidade que logram incidir sobre a mesma porquanto da sua invocação poderá lograr-se extrair um normativo tutelador.

5.2. Iniciativas: Projecto de Lei n.º 252/VIII e Projecto de Lei n.º 334/VIII

Pese embora o fenómeno se encontrasse, de modo parcial e assistemático, enquadrado pela aplicabilidade das normas gerais mencionadas, não existe, relativamente a pleitos judicial, um elevado historial relativamente a contendas tendo como principal objecto a prática de actos de assédio moral[461-462]. Para tal situação terão contribuído certamente, para além dos tradicionais, um vasto conjunto de factores de entre os quais se salienta um desconhecimento generalizado do fenómeno por parte da comunidade

---

[458] Na esteira de ANTÓNIO MENEZES CORDEIRO, entende-se personalidade jurídica como a susceptibilidade de ser um centro de imputação de normas jurídicas. Assim, cf. ANTÓNIO MENEZES CORDEIRO, *Tratado IV...cit.*, 570.
[459] Nos termos do art. 2.º da Lei n.º 141/99, de 28 de Agosto, estabelece-se o paralelo entre a morte e a *"cessação irreversível das funções do tronco cerebral"* pelo que considera-se morto e, por conseguinte, extinta a personalidade jurídica aquando da verificação desse requisito.
[460] Sobre os direitos de personalidade e a sua estrita conexão com o nosso objecto cf. *supra* 2.2.
[461] A este respeito cf. o levantamento de dez acórdãos formulado por PEDRO FREITAS PINTO, *O assédio moral ...cit.*, 447 ss.
[462] Os primeiros arestos relativos à protecção da dignidade do trabalhador contra actos assediantes - e determinação das respectivas consequências jurídicas - iniciaram-se, entre nós, relativamente às situações de assédio sexual, concretamente a situações em que o assediante é trabalhador e direcciona a sua conduta para outros trabalhadores, sendo que a perspectiva abordada não diverge da avaliação dos factos como justa causa de despedimento do assediante. De todo o modo, apenas em momento cronologicamente posterior, a sobredita tutela foi transposta para actuações de teor não sexual, nomeadamente situações de terrorismo psicológico ou de assédio estratégico tendo em vista a cessação do contrato de trabalho.

(que obsta à identificação de condutas como abusivas e ilícitas) e do respectivo enquadramento concedido pelo ordenamento jurídico por parte dos operadores judiciários (advogados, magistrados judiciais e do Ministério Público), o qual exigia uma tarefa exegética de maior complexidade, bem como eventuais decisões de estratégia processual, face à elevada complexidade na produção de prova e consequente incerteza no desfecho da lide.

Por conseguinte, para uma compreensão global da evolução do tratamento jurídico do tema, carecem de referência as primeiras iniciativas legislativas tendo em vista o enquadramento específico da questão. Assim, ainda que os malogrados Projectos de Lei n.º 252/VIII e n.º 334/VIII tenham vindo a caducar em resultado da demissão do XIV Governo Constitucional e, consequentemente, não tenham sido vertidos em Lei, o assédio em ambiente laboral foi alvo de análise e estudo por parte dos agentes políticos, o que permitiu a identificação do fenómeno como um problema latente e a divulgação do assédio moral como um problema contemporâneo.

Apresentado em Junho de 2000 por um grupo de seis deputados do Partido Socialista[463], o Projecto de Lei n.º 252/VIII propunha estabelecer, mediante aprovação de diploma autónomo, a protecção laboral contra o terrorismo psicológico ou assédio moral. Assim, esta iniciativa procurava, na sequência da progressiva consagração dos direitos dos trabalhadores, garantir o efectivo respeito da dignidade e integridade psíquica dos mesmos, prosseguindo o trilho percorrido por alguns Estados Membros da União Europeia contra o fenómeno do *"mobbing, «assédio moral» ou «terrorismo psicológico» exercido nos locais de trabalho"*. Adoptando uma lógica simplificada tripartida, o regime então proposto apresentava, respectivamente, o enquadramento e qualificação do fenómeno, o efeito ou desvalor jurídico e, por fim, a aplicação da respectiva sanção[464].

Nestes termos, o projecto de diploma propunha a consagração de medidas gerais de protecção dos trabalhadores contra o fenómeno, colocando então o assento regulamentador no conceito de *"terrorismo psicológico ou*

---

[463] O projecto de lei ao qual foi atribuído o n.º 252/VIII foi sufragada pelos Senhores Deputados Francisco Torres, José Barros Moura, Francisco de Assis, Barbosa de Oliveira, Medeiros Ferreiras e Strecht Ribeiro. A tramitação fundamental do mencionado procedimento legislativo poderá ser consultada em www.parlamento.pt/ActividadeParlamentar/Paginas/DetalheIniciativa.aspx?BID=5974, acedido a 02/12/2014.

[464] ANA CALDAS CANEDO, *Assédio...cit.*, 75 ss.

assédio moral". Tendo por base uma deficiente técnica legislativa, o mencionado conceito operativo «*assédio moral*» é conceptualmente remetido para o sub-conceito de *"degradação deliberada das condições físicas e psíquicas dos assalariados nos locais de trabalho"*, definido então nos termos do n.º.2 do art. 1.º como *"comportamentos dolosos dos empregadores conduzidos pela entidade patronal e/ou seus representantes, sejam eles superiores hierárquicos, colegas e/ou outras quaisquer pessoas com poder de facto para tal no local de trabalho".*

No entanto e tendo em vista a objectivização do regime proposto, a proposta de lei apresentava uma caracterização genérica dos actos ou comportamentos cuja tutela se pretendia impor: assim, nos termos do art. 1.º, n.º3, estes *"caracterizam-se pelo conteúdo vexatório e pela finalidade persecutória e/ou de isolamento, e traduzem-se em considerações, insinuações ou ameaças verbais e em atitudes que visem a desestabilização psíquica dos trabalhadores com o fim de provocarem o despedimento, a demissão forçada, o prejuízo das perspectivas de progressão na carreira, o retirar injustificado de tarefas anteriormente atribuídas, a despromoção injustificada de categorias anteriormente atribuídas, a penalização do tratamento retributivo, o constrangimento ao exercício de funções ou tarefas desqualificantes para a categoria profissional do assalariado, a exclusão da comunicação de informações relevantes para a actividade do trabalhador, a desqualificação dos resultados já obtidos."*

Assim, num sistema cuja articulação não se mostra evidente, não é passível de ser directamente extraída da previsão das condutas um desvalor jurídico para a prática de actos de assédio moral. Não obstante, o projecto propunha estabelecer um regime de anulabilidade, atribuído exclusivamente à vítima, dos actos e decisões *"atinentes às alterações das categorias, funções, encargos ou mesmo transferências atribuíveis à degradação deliberada das condições físicas e psíquicas dos assalariados nos locais de trabalho"*, nos termos do art. 2.º.

Por fim, apresentava-se a implementação de um regime sancionatório penal mediante a tipificação do terrorismo psicológico ou assédio moral como crime, punindo[465] o mesmo com pena de prisão de um a três anos ou

---

[465] A deficiente técnica legislativa empregue no projecto de lei, transversal ao diploma, encontra-se especialmente explícita na tipificação penal: a título exemplificativo, estabelece-se a condenação dos autores de actos de assédio moral quando deveria ser estabelecida a sua punição, atendendo que a condenação é uma função especialmente atribuída à função jurisdicional. A este respeito MAGO ROCHA PACHECO, *O assédio...cit.*, 203 ss.

multa[466] até €24.939,89. A moldura penal seria, no entanto, estabelecida entre dois a quatro anos de prisão ou multa até €99.759,58 caso na situação de terrorismo psicológico ou de assédio moral se prove uma situação de atentado contra a dignidade e integridade psíquica dos *"assalariados"*. Por fim, era estabelecida ainda a responsabilidade solidária do empregador e/ou dos superiores hierárquicos do autor material dos actos quando, de modo activo ou passivo, tivessem participação nos referidos actos ou omitissem a prática de actos ou medidas tendo em vista a cessação de tais violações.

Face ao teor do projecto apresentado, o mesmo foi globalmente apreciado negativamente pelas comissões que se pronunciaram relativamente ao mesmo. Não tendo sido colocada em causa a premência da questão, o teor das críticas formuladas centrou-se, no essencial, na insuficiente formulação do tipo legal e consequentes questões jurídicas associadas bem como na desconsideração de fenómenos existentes para além do assédio vertical descendente. No entanto, mostraram-se unânimes das pronúncias relativamente aos problemas resultantes da deficiente construção do articulado que, na opinião expressada, obstaria a um eficaz combate à questão[467]. Por seu lado, a União Geral dos Trabalhadores[468] pronunciou-se favoravelmente relativamente à necessidade de intervir legislativamente sobre o fenómeno tendo, no entanto, mostrado-se crítica relativamente à conformação da proposta. Assim, considerou a União Sindical, em primeiro lugar, desaconselhável o acolhimento da dupla denominação para o fenómeno (terrorismo psicológico e assédio moral) pelo que, caso pretenda o legislador atribuir tratamento diferenciado entre o assédio moral e o terrorismo psicológico deverá promover a concreta determinação e diferença entre os conceitos, pelo que foi realçada a necessidade de apuramento con-

---

[466] Pese embora a utilização textual da palavra "coima", cremos que os autores terão pretendido qualificar a sanção como multa face ao regime penal vigente e à pacífica diferenciação existente entre Direito Penal e Direito Contra-Ordenacional. A este respeito veja-se EDUARDO CORREIA, *"Direito Penal e direito de mera ordenação social"*, In: BFDUC, XLIV, Coimbra, FDUC, 1973, 257-281 (268 ss).

[467] Neste sentido pronunciaram a Comissão de Assuntos Constitucionais, Direitos, Liberdades e Garantias e a Comissão de Trabalho, Solidariedade e Segurança Social (DAR, II série A n.º 18/VIII/2, de 09/12/2000, 347- 349). A discussão na generalidade do Projecto de Lei nº 252/VIII encontra-se vertido no DAR, I série, n.º 28/VIII/2, de 09/12/2000, 1101-1108

[468] A pronúncia da UGT relativamente ao Projecto de Lei n.º 252/VIII poderá ser encontrada em www.ugt.pt/MOB.htm (acedido ao conteúdo da página tal como disponibilizado em 08/02/2004 mediante recurso à *"biblioteca da internet"*, em www.archive.org/)

ceptual do que se deve entender como lícito ou ilícito atendendo que, na maior parte das vezes, as situações de assédio moral se verificam em casos de fronteira[469]. Ainda relativamente à ilicitude assacada ao acto, entendeu a UGT que o desvalor dos actos deveria passar pela nulidade atendendo aos valores em causa e à respectiva gravidade dos mesmos.

Por fim, manifestou-se a UGT favorável à criação de uma presunção de assédio moral para comportamentos mais graves, concretamente determinados, sendo então atribuído o ónus da prova à entidade empregadora face à dificuldade de produzir prova para o trabalhador perseguido.

Não poderemos deixar de fazer notar a pertinência da esmagadora maioria das críticas assacadas ao Projecto de Lei n.º 252/VIII[470]. No nosso entendimento e sem prejuízo do incremento da notoriedade da questão em função da mesma, o mencionado projecto apresentava graves deficiências e incoerências internas que, a serem vertidas em Lei, poderiam causar graves transtornos às relações laborais. Assim e a título meramente exemplificativo, *"o retirar injustificado de tarefas anteriormente atribuídas"* poder-se-ia considerar um acto assediante quando, se apreciado objectivamente, poderá apresentar-se de difícil comprovação atendendo ao exercício do poder de direcção do empregador; de igual modo, poderiam ser levantadas questões quanto à articulação da anulabilidade dos actos aqui prevista com o regime previsto no art. 287.º do Código Civil no que toca à determinação do início do prazo. Ora, estas circunstâncias, conjugadas com os manifestos problemas do texto do diploma, originariam problemas de difícil resolução e operacionalidade pelo que, no nosso entender, não constituiria uma vantagem no combate ao fenómeno[471].

Noutra via, foi apresentado em Novembro de 2000 por um grupo de deputados do Partido Comunista Português[472] o Projecto de Lei n.º 334/VIII, que propunha *"estabelecer medidas de protecção dos trabalhadores contra*

---

[469] Assim, ANA CALDAS CANEDO, *Assédio... cit.*, 73.
[470] Parte das críticas são apresentadas por ANA CALDAS CANEDO, *Assédio... cit.*, 75 ss.
[471] No mesmo sentido, MAGO ROCHA PACHECO, *O assédio...cit.*, 206.
[472] O Projecto de Lei n.º 334/VIII foi sufragado pelas Senhoras Deputadas Odete Santos, Luísa Mesquita, Natália Filipe e Margarida Botelho e pelos Senhores Deputados Vicente Merendas, Lino de Carvalho, Honório Novo, Joaquim Matias, Bernardino Soares, Cândido Capela Dias, Octávio Teixeira e João Amaral.

práticas laborais violadoras da personalidade, dignidade e integridade física e psíquica dos trabalhadores, genericamente designadas por assédio"[473].

Fundamentada a sua apresentação no texto explicativo do Projecto pela *"multiplicação de práticas empresariais violadoras da dignidade e integridade física e psíquica dos trabalhadores e traduzidas em várias formas de assédio nos locais de trabalho"*, a mencionada iniciativa legislativa apresenta um conjunto de soluções que se reputavam suficientes para travar o fenómeno mediante aprovação de um regime resultante de diploma autónomo.

Definida a sua aplicabilidade a entidades públicas e privadas (art. 1.º), o mencionado projecto de diploma baseia a sua regulamentação numa noção de assédio, definindo o conceito operativo do sistema como *"comportamento persecutório, deliberado, abusivo do empregador, do seu representante, do superior hierárquico, colega ou outra pessoa com poder no local de trabalho, através de insinuações ou ameaças verbais e por atitudes que visem a desestabilização psíquica dos trabalhadores, originando a degradação das condições de trabalho e tendo por objectivo principal o despedimento do trabalhador, a sua demissão forçada ou o prejuízo das perspectivas de progressão na carreira"* (art. 2.º, n.º1). A sobredita noção, de natureza mais técnica, é auxiliada pelo estabelecimento de actos e comportamentos indiciadores de assédio (art. 2.º, n.º2), de entre os quais se incluem, designadamente a substracção injustificada de tarefas desempenhadas pelo trabalhador (al. a), o constrangimento ao exercício de funções ou tarefas desqualificantes para a categoria (al. c), exclusão de informação relevante para a actividade do trabalhador (al. d) ou a desqualificação sistemática dos resultados obtidos (al. e).

Sendo qualificado um trabalhador numa situação de assédio, propunha-se a atribuição do desvalor de nulidade bem como a não produção de efeitos aos actos e decisões praticados no âmbito da mesma (art. 4.º). Adicionalmente, caso dos actos de assédio resultasse a denúncia forçada do contrato de trabalho, era proposta a atribuição ao trabalhador de um montante indemnizatório corresponde ao dobro da indemnização devida por despedimento sem justa causa (art. 8.º, n.º3).

Resulta ainda do art. 3.º do diploma a imposição ao empregador do dever de garantir um bom ambiente de trabalho e prevenir a ocorrência de situações de assédio. Complementarmente, é atribuído à Inspecção-Geral

---

[473] A tramitação do procedimento legislativo referente ao mencionado Projecto, bem como o teor do mesmo, poderá ser consultado em www.parlamento.pt/ActividadeParlamentar/Paginas/DetalheIniciativa.aspx?BID =5832 (acedido a 05/12/2014).

do Trabalho – hoje, Autoridade para as Condições do Trabalho – o dever de colaboração na determinação de medidas a adoptar pelo empregador para prevenção do mencionado risco.

Quanto às consequências resultantes do assédio, propugnava-se pela qualificação dos actos ou comportamentos qualificáveis como assédio como constitutivos de contra-ordenação muito grave, nos termos do regime geral das contra-ordenações laborais, sendo a coima elevada para o dobro do valor aí definido (art. 5.º), cujo cumprimento é, ainda, solidariamente atribuído ao empregador e aos superiores hierárquicos do assediante (art. 6.º, n.º1), sendo competente a Inspecção-Geral do Trabalho para proceder ao levantamento dos autos de notícia. Quanto à vítima dos actos assediantes, é-lhe expressamente atribuído uma tutela indemnizatória pelos danos não patrimoniais por cujo cumprimento são solidariamente responsáveis o assediante, empregador e superior hierárquico.

Além do exposto, o Projecto de Lei n.º334/VIII propunha o estabelecimento da intervenção da Inspecção-Geral do Trabalho bem como do sindicato representativo da actividade profissional da vítima na fiscalização do procedimento disciplinar que o assediante viesse a ser alvo, caso tivesse actuado contra orientações da empresa ou do superior hierárquico. No entanto, do mencionado regime resultava uma manifesta limitação ao poder disciplinar do empregador, uma vez que resultava do n.º6 do art. 6.º que *"a decisão do processo disciplinar não poderá ser contrária à conclusão do processo contra-ordenacional, quando este terminar pela condenação ou pelo pagamento voluntário do coima"*[474].

Por fim e com especial interesse científico, o art. 9.º do Projecto de Lei n.º334/VIII apresentava um conjunto de preceitos com especial incidência no âmbito do direito probatório, uma questão especialmente sensível na temática do assédio laboral.

A este respeito, propunha-se a consagração de um sistema ponderado de prova das situações de assédio: assim, no que respeita aos comportamentos indicadores da existência de assédio (art. 9.º, n.º1), caberia ao assediado fazer prova dos actos e situações que fundamentam a sua demanda sendo que, uma vez estes provados, operaria uma presunção legal quando

---

[474] A operacionalidade de tal preceito poder-se-á mostrar duvidosa atendendo à tramitação e prazos estabelecidos para a execução do procedimento disciplinar. De igual modo, poderá ser discutível a determinação do empregador ao exercício do poder disciplinar bem como ao sentido da decisão final.

à natureza assediadora dos mesmos. Por sua vez e tendo em vista à sua defesa, quando o autor material dos actos não seja o empregador ou o superior hierárquico, cabe ao assediante, nos termos do n.º2 do art. 9.º, provar que tais actos ou comportamentos foram praticados sem intenção de exercer violência psicológica ou laboral sobre o destinatário[475]. Por sua vez, o superior hierárquico do assediado poderá afastar a sua responsabilidade caso prove que comunicou ao empregador a sua discordância face a tais actos ou, por outro lado, que desconhecia ou não tinha obrigação de conhecer (art. 9.º, n.º3).

Embora não tenha sido aprovado, o Projecto de Lei n.º334/VIII, se apreciado criticamente, apresenta-se, no nosso entender, como um aliciante contributo para o enquadramento do fenómeno.

Porém, não obstante as valias que se extraem do mesmo – designadamente no que respeita ao desvalor dos actos bem como na responsabilização dos autores dos mesmos – consideramos que existem alguns aspectos carecidos de aperfeiçoamento.

Por conseguinte, o Projecto desconsidera, de algum modo, o fenómeno do assédio vertical, desenvolvido por trabalhadores: ora, ainda que no plano estatístico se afigure menos predominante, consideramos que uma intervenção legislativa, em cumprimento das boas regras do Direito, se deverá caracterizar pela abstracção e generalidade pelo que, nessa medida, carece de aprimoramento.

De igual modo, consideramos que o conceito de assédio consagrado requer melhorias uma vez que, face ao seu teor, permanecem excluídas de tutela realidades onde essa intervenção se mostra necessária: face aos elementos estatuídos, o conceito estatuído encontra-se geneticamente focado para as situações de assédio estratégico face à determinação (e consequente prova dos elementos constituídos da qualificação) dos objectivos que o assediante pretende que se verifiquem, isto é, o despedimento do trabalhador, a rescisão ou resolução ou prejuízo nas perspectivas de progressão. De igual modo merecem reservas as distorções propostas ao direito de exercício do poder disciplinar[476] e à sua articulação com o procedimento disciplinar: ora, a operacionalidade de tal preceito poder-se-

---

[475] No entanto, como bem se notará, a contraprova da intenção na constância de uma presunção de sentido contrário releva-se uma circunstância de difícil superação no plano probatório.
[476] Referimo-nos expressamente à proibição de se verificar uma decisão contrária no procedimento disciplinar face àquela que resultar do processo contra-ordenacional.

-á mostrar duvidosa atendendo à tramitação e prazos estabelecidos para o seu desenvolvimento bem como a sua adequação face à tramitação do procedimento contra-ordenacional na sua fase administrativa. De igual forma, carece de clarificação a distribuição do ónus da prova quando o autor material dos actos assediantes seja o empregador ou o superior hierárquico do assediado, face ao teor do n.º2 do art. 9.º.

De todo o modo e não obstante o que ficou dito, o sistema plasmado no Projecto de Lei n.º334/VIII, pese embora não tenha vigorado, apresenta soluções técnicas que, se apreciadas abstractamente, demostram utilidade passível de ser replicada.

5.3. Consagração? Código do Trabalho 2003

5.3.1. Procedimento legislativo

Pese embora o fenómeno se encontrasse genericamente abrangido pela aplicabilidade das normas gerais salientadas e já tivesse sido versado por duas iniciativas legislativas, o assédio em ambiente laboral obteve, por fim, um regime jurídico específico no Código do Trabalho de 2003, aprovado pela Lei n.º 99/2003, de 27 de Agosto.

Tendo como objectivo confesso colocar termo à dispersão normativa existente até 2002 bem como dotar este ramo de Direito de um corpo normativo tendencialmente uno, sistematizado e contemporâneo[477], a Proposta de Lei n.º 29/IX do XV Governo Constitucional não se absteve de intervir *ex novo* em realidades para as quais o Direito do Trabalho então vigente não se mostrava suficiente, seja por sua iniciativa ou em resultado da transposição de direito comunitário derivado[478]. Ora, neste plano procurou-se, simultaneamente, enquadrar juridicamente um fenómeno com

---

[477] A exposição de motivos da Proposta de Lei n.º29/IX do XV Governo Constitucional mostra-se, *in passim*, bastante evidente quanto aos motivos e exigências que presidiam à revisão da legislação laboral. A este respeito cf. ainda PEDRO ROMANO MARTINEZ, *Trabalho...cit.*, 85 ss (87) e ROSÁRIO PALMA RAMALHO, *Tratado I...* cit., 94 ss (100 ss).

[478] O procedimento legislativo associado à Proposta de Lei n.º29/IX do XV Gonverno Constitucional, que culminou na aprovação da Lei n.º 99/2003, de 27 de Agosto, poderá ser consultada em www.parlamento.pt/ ActividadeParlamentar/Paginas/DetalheIniciativa.aspx?BID=19303 (acedido a 16/12/2014).

elevado potencial lesivo bem como, noutra via, empreender uma função pedagógica no combate ao mesmo[479].

Nesta sequência, foi introduzido na sobredita Proposta de Lei um preceito de índole inovador, no âmbito mais amplo da tutela da situação pessoal do trabalhador contra a prática de actos discriminatórios, pela qual se estatui como *"discriminação o assédio a candidatos a emprego e a trabalhadores"* – art. 44.º, n.º1 da Proposta. Por esta via, propunha o Governo a instituição de um sistema de tutela reflexa, classificando o assédio como discriminação e, consequentemente, fazendo-lhe aplicar o regime jurídico repressor do mesmo, nomeadamente no que tange ao ónus da prova bem como à tutela indemnizatória pelos danos patrimoniais e não patrimoniais infringidos, em resultado da aplicação, respectivamente, dos arts. 43.º, n.º3 e 46.º.

No entanto e considerando a introdução *ex novo* de um conceito de teor indeterminado e o recurso ao mesmo para a qualificação de um conjunto de actuações ou factos como discriminatórios, a Proposta procura densificar pelo n.º2 do art. 44.º o conceito de assédio, identificando-o como *"todo o comportamento indesejado relacionado com um dos factores indicados no anterior*[480]*, praticado no âmbito aquando do acesso ao emprego ou no próprio emprego, trabalho ou formação profissional, com o objectivo e o efeito de afectar a dignidade da pessoa ou criar um ambiente intimidativo, hostil, degradante, humilhante ou desestabilizador"* bem como *"todo o comportamento indesejado de carácter sexual, sob forma verbal, não verbal ou física, com o objectivo e o efeito referidos no número anterior"* (art. 44.º, n.º3).

Tendo visto a numeração do preceito em causa modificada[481], o artigo 23.º da Proposta foi votado na especialidade, tendo sido aprovado por una-

---

[479] Mago Rocha Pacheco, *O assédio...cit.*, 206 ss

[480] Pese embora o texto apresentado consista na reprodução do n.º2 do art. 44.º da Proposta de Lei, não resulta expressamente, certamente por lapso, o destino da remissão. No entanto, cremos que tal remissão se deverá considerar efectuada para o artigo anterior da proposta (art. 44.º, n.º1), o qual expõe os factos tipicamente apontados como critérios discriminatórios.

[481] A numeração anteriormente apresentada corresponde à numeração resultante da Proposta de Lei nos exactos termos conforme apresentada pelo XV Governo Constitucional. No entanto, certamente por lapso, foram considerados como integrantes da Proposta de Código do Trabalho, aprovado em anexo ao diploma, os artigos que, pela sua natureza, viriam a integrar o diploma preambular da Lei n.º 99/2003. Por conseguinte, a numeração da Proposta de Lei foi rectificada, tendo sido publicada em conformidade no Diário da Assembleia da República, II Série, n.º42/IX/1, 15/11/2002, 1292-1331 (1306). Assim, o mencionado art. 44.º da Proposta corresponde, na verdade, ao art. 23.º conforme publicado nos textos oficiais.

nimidade, uma vez rectificado o lapso identificado quanto à remissão[482]. Nesta sede, os deputados mostraram-se sensíveis às questões levantadas pela tutela do assédio laboral designadamente quanto ao seu carácter *praeter* discriminatório tendo, no entanto, o preceito em causa sido fundamentalmente aprovado de acordo com a conformação resultante da Proposta de Lei do Governo. Na sequência da tramitação da Proposta de Lei n.º 29/IX, o texto final da proposta – incluindo as modificações introduzidas pela Assembleia de República, em consequência das quais ocorreu uma modificação da numeração do preceito em causa, passando o regime jurídico que regula a prática do assédio a constar do art. 24.º - foi objecto de votação final global, tendo sido aprovada por maioria, com os votos a favor do Partido Social Democrata e do Centro Democrático Social – Partido Popular e contra das restantes forças partidárias[483].

Em consequência do encerramento do processo legislativo e subsequentes modificações introduzidas no diploma, foi publicada o Código de Trabalho pela Lei n.º99/2003, de 27 de Agosto, o qual acolheu inovatoriamente a tutela do assédio laboral no seu artigo 24.º [484-485].

Mostra-se de igual modo relevante no âmbito do presente objecto, fruto do sistema dualista implementado pelo Código do Trabalho de 2003, observar o teor das normas do diploma regulamentador do Código, a Lei

---

[482] Cf. Diário da Assembleia da República, II Série, A, N.º.85/IX/1 Suplemento, 09/04/2003, Relatório da votação na especialidade e texto final da comissão, 18 ss.

[483] Cf. Diário da Assembleia da República, I Série, N.º.110/IX/1, 11/04/2003, 4673, quanto à votação final global do Decreto da Assembleia 51/IX, e Diário da Assembleia da República, I Série, N.º.143/IX/1, 16/07/2003, 6000, quanto à votação final global do Decreto da Assembleia n.º 132/IX. Quanto à tramitação do procedimento legislativo – que, por não se inscrever no nosso objecto, não abordaremos – cf. ROSÁRIO PALMA RAMALHO, *Tratado I...* cit. 100 ss.

[484] A sobredita modificação do número do artigo deveu-se, em específico, ao aditamento do art. 12.º do CT03 que consagrou um conjunto de presunções de existência de contrato de trabalho.

[485] Em sentido contrário, considerando como pré-existente a realidade acolhida pelo Código do Trabalho 2003 cf. RITA GARCIA PEREIRA, *Mobbing...* cit., 195 ss. No entanto, não poderemos acolher a mencionada orientação atendendo que raciocínio implica a aceitação imediata da inexistência do assédio laboral enquanto realidade juridicamente autónoma. Assim, ainda que o fenómeno identificado pelas restantes ciências auxiliares como assédio obtivesse tutela em momento prévio à aprovação do CT03 nomeadamente por aplicação dos arts. 25.º da Constituição e 70.º do Código Civil, a criação *ex novo* da tutela do assédio laboral enquanto realidade juridicamente distinta das anteriormente mencionadas terá de ser reconduzida ao Código do Trabalho aprovado em 2003.

n.º 35/2004, de 29 de Julho. Assim, face à qualificação do assédio como discriminação, os arts. 31º a 34.º do RCT, serão igualmente convocáveis caso a situação em concreto se inscreva no âmbito objectivo da norma, o que se verificará face à conformação do assédio como discriminação, nos termos do art. 24.º, n.º1 do CT03[486].

Como ponto prévio, saliente-se a clara influência comunitária dos preceitos anteriormente mencionados, expressamente assumida no art. 2.º, al. b) da Lei n.º 99/2003, de 27 de Agosto: o acolhimento, juridicamente inovatório, da tutela do assédio laboral no nosso ordenamento jurídico apresenta-se claramente influenciado pela Directiva n.º 76/207/CEE (Conselho), de 9 de Fevereiro, (especialmente) na redacção introduzida pela Directiva n.º 2002/73/CE, de 23 de Setembro (Parlamento e Conselho)[487].

Conforme ficou oportunamente apresentado[488], o escopo apresentado pela Directiva visa, a saber, efectivar *"o princípio da igualdade de tratamento entre homens e mulheres no que se refere ao acesso ao emprego, incluindo a promoção, e à formação profissional, assim como no que se refere às condições, de trabalho e [...] à segurança social"* (art. 1.º). Ora, tal lógica encontra-se vertida no teor do diploma e, por seguinte, na sua construção normativa. Assim, à luz desta orientação, concebe-se que a construção conceptual ínsita no n.º2 do art.º 2.º da Directiva, tendo sido juridicamente transplantada[489] para os arts. 24.º CT03 e 32.º RCT, padeça das limitações de âmbito existentes na origem bem como dos *"custos de transplantação"*: assim, fruto do teor da sua origem, compreende-se no plano histórico a criticável formulação do assédio enquanto acto (exclusivamente) discriminatório bem como as des-

---

[486] Não obstante, é assaz interessar notar que do n.º1 do art.º 24.º do CT03 apenas resulta a qualificação como discriminação do *"assédio a candidato a emprego e a trabalhador"*. Dado o teor desta norma levantam-se um conjunto de interrogações, a saber, i) se estará abrangido pelo regime jurídico o assédio de que seja vítima o empregador, ii) se, em caso afirmativo, a ausência de qualificação como discriminação do assédio não corresponde a uma diferenciação materialmente infundada face à diferença de regimes daí resultante.

[487] PEDRO FREITAS PINTO, *O assédio...cit.*, 442.

[488] Cf. *supra* 4.2

[489] Na noção apresentada por PAUL EDWARD GELLER, *"Legal transplant in International Copyright: some problems of method"*, In: UCLA Pacific Law Journal, 13 (1), 1994, 1, disponível em formato electrónico em http://escholarship.org/uc/item/0b76s1xb (acedido a 02/01/2015) *"a legal transplant may be defined as any legal notion or rule which, after being developed in a «source» body of law, is then introduced into another, «host» body of law"*. A este respeito cf. DÁRIO MOURA VICENTE, *Direito comparado...cit.* 140 ss e 561 ss bem como as referências aí indicadas.

conformidades resultantes pela mera transplantação do regime da Directiva para o ordenamento jurídico interno[490].

5.3.2. Regime jurídico

Do art. 24.º do CT03 resulta, conforme anteriormente referido, a consagração do primeiro regime especificamente tutelador do assédio em ambiente laboral. No entanto, a conformação então decidida pelo legislador mostra-se, no nosso entender, demasiado restritiva quanto aos seus pressupostos e requisitos, consequência da filosofia subjacente ao seu estabelecimento.

Em primeiro lugar, manifesta-se um largo conjunto de dúvidas relativamente ao acerto da qualificação do assédio laboral como discriminação. No plano empírico e conforme ficou dito[491], existem diversas modalidades de assédio laboral que, fruto das suas características distintivas, se afastam manifestamente do plano discriminatório: é designadamente o caso do assédio estratégico bem como a maioria das manifestações de assédio horizontal e vertical ascendente[492].

Ainda que se conceda que, em certas situações fácticas, possa existir efectivamente um concurso entre regimes jurídicos aplicáveis[493], e que, nessa medida, a destrinça da qualificação a prestar ao acto tenha de ser procurada mediante identificação das características distintivas dos actos bem como à natureza dos regimes jurídicos, a qualificação do assédio como

---

[490] Em sentido contrário, considerando que a consagração do assédio moral no ordenamento jurídico apenas ocorreu com o Código do Trabalho 2009 cf. SÓNIA KIETZMANN LOPES, "O assédio moral no trabalho", In: CENTRO DE ESTUDOS JUDICIÁRIOS, Prontuário de Direito do Trabalho, 82, Coimbra, Coimbra Ed., 2009, 253-269 (258 ss). Salvo o devido respeito, não poderemos concordar esse entendimento visto que e em síntese, o assédio discriminatório que foi acolhido pelo normativo consubstancia uma das vertentes do assédio laboral porquanto, ainda que em termos limitados, a origem da tutela (deficitária, repita-se) deve ser reconduzida a esse momento histórico. Assim, em *media via*, Código do Trabalho de 2003 consubstanciou uma falsa partida que, no entanto, permitiu preparar a vigência do Código do Trabalho de 2009.
[491] Cf *supra* 3.2.
[492] Em sentido contrário, ALEXANDRA MARQUES SEQUEIRA, "Do assédio ...cit.,258.
[493] Nomeadamente, é de duvidosa qualificação como assédio laboral ou discriminação a situação do trabalhador do sector da hotelaria e restauração a que, sendo muçulmano, é ordenada a modificação das suas tarefas, sendo-lhe atribuída especificamente a confecção de produtos provenientes de suínos. Ora, a qualificação da situação apenas poderá ser correctamente realizada, no nosso entender, mediante recurso auxiliar a indícios e condicionalismos da tomada de decisão.

discriminação, conforme plasmada no n.º1 do art. 24.º do CT03 mostra--se, no nosso entender, para além de redutora, tecnicamente incorrecta[494].

No entanto, a qualificação discriminatória do assédio resulta directa e necessariamente, no nosso entender, da noção legalmente consagrada pelo n.º1 do mencionado preceito. Assim, o conceito indeterminado *"assédio"* é preenchido pelo legislador, considerando-se como assédio *"todo o comportamento indesejado relacionado com um dos factores indicados no n.º 1 do artigo anterior, praticado aquando do acesso ao emprego ou no próprio emprego, trabalho ou formação profissional, com o objectivo ou o efeito de afectar a dignidade da pessoa ou criar um ambiente intimidativo, hostil, degradante, humilhante ou desestabilizador"*.

Uma questão prévia que deve ser colocada prende-se com a natureza exclusiva da noção de assédio apresentada ou, por outras palavras, se o regime jurídico previsto naquele preceito do Código do Trabalho de 2003 admite a qualificação como assédio de outras condutas que não se inscrevam directamente na noção enunciada.

No nosso entender, tal interpretação mostra-se juridicamente inviável uma vez que a noção apresentada procura confessamente preencher o conceito mediante recurso a um conjunto – que, como adiante melhor veremos – lato de requisitos, de natureza cumulativa ou alternativa, que, se conjugados com o emprego do vocábulo *"entende-se"* no n.º2 do art. 24.º CT03 limita determinantemente uma nova formulação conceptual do assédio. De igual modo, o enquadramento conceptual do assédio de natureza sexual realizado pelo n.º3 do mencionado preceito – pelo qual o carácter discriminatório da figura é substituído pela índole sexual do comportamento – aponta para a natureza exclusiva do assédio discriminatório como juridicamente atendível para os efeitos da norma. Nestes termos, a técnica legislativa reduz os recursos hermenêuticos do intérprete à formulação de assédio apresentada[495].

---

[494] No mesmo sentido, identificando a amplitude do assédio e a desadequação da norma ao fenómeno, MARIA REGINA REDINHA, *Os direitos de personalidade ...cit.*, 170.

[495] Em sentido contrário, pugnando pela interpretação sistemática daqueles preceitos e, por conseguinte, pela sua consideração no âmbito do art. 29.º CT03 cf. RITA GARCIA PEREIRA, *Mobbing... cit.*, 198 ss. Não poderemos partilhar daquele entendimento pelas razões expostas que ora se condensam: malogradamente, a letra do preceito e os cânones interpretativos constantes do art. 9.º do Código Civil limitam determinantemente a concessão da tutela, por aquela via, aos actos de assédio moral. Restará assim ao invocante recorrer às restantes normas vigentes no nosso ordenamento que tutelam os direitos e bens jurídicos afectados pela concreta conformação do acto assediante e lograr demonstrar as lesões sofridas. Não

Por conseguinte, face ao carácter exclusivo bem como complexo da noção oferecida, mostra-se essencial a decomposição da mesma em três aspectos operativos, a saber, *i)* acto; *ii)* o momento, *e iii)* escopo e consequências.

Iniciando a análise por estes últimos aspectos, o assédio, no que tange ao momento, não levanta problemas de maior: é considerado como assédio o comportamento que, reunindo os restantes pressupostos enunciados no regime, seja efectivada no acesso ao emprego, na execução da relação laboral bem como em situação de formação profissional. Por sua vez, no que tange ao escopo e consequências do comportamento, o legislador opta por consagrar um sistema aberto de condutas juridicamente desvaliosas, seja relativamente aos objectivos prosseguidos ou ao seu efeito.

Concretamente quanto ao escopo, considera-se assediante a conduta que vise um objectivo ou gere um efeito, isto é, valoriza simultaneamente o legislador, pese embora com um carácter alternativo na operatividade jurídica do regime, o elemento volitivo ou o resultado objectivo da conduta. Por conseguinte, é passível de qualificação como assédio o comportamento, activo ou omissivo, que, ainda que negligente ou não intencional, afecte os bens jurídicos tutelados do destinatário[496].

Por fim, no que respeita às consequências, reputa-se juridicamente desvalioso o comportamento que afecte a dignidade da pessoa ou, em alternativa, crie um ambiente intimidativo, hostil, degradante, humilhante ou desestabilizador para o assediado.

Assim, se relativamente ao momento, ao escopo e consequências a questão se mostra mais cristalina, já quanto ao acto assediante, assomam-se duas questões fundamentais, à luz do respectivo preceito legal: em primeiro lugar, exigirá o regime jurídico o carácter activo do comportamento ou, por sua vez, poder-se-á considerar como assédio também um acto omissivo que, atentas as circunstâncias, atinja o mesmo desiderato? Em segundo lugar, a aplicabilidade do n.º 2 do art. 24.º requer que o comportamento se encontre intrinsecamente relacionado com um factor discriminatório enunciado no art. 23.º, n.º 1 (e, em caso afirmativo, se a mencionada remis-

---

obstante, encontrar-se-á no âmbito conceptual do assédio moral "*fenómeno*" e não do assédio moral jurídico e, por isso, juridicamente atípico.

[496] Assim, ALEXANDRA MARQUES SEQUEIRA, *Do assédio...* cit., 253 ss e, ainda que numa perspectiva crítica, GUILHERME DRAY em PEDRO ROMANO MARTINEZ (et al.), *Código do Trabalho – Anotado,* 2.ª, Coimbra, Almedina, 2004, 113 ss.

são abrange, de igual modo, os factores de discriminação enunciados no n.º1 do art. 32.º do RCT) ou, por outro lado, a conexão do comportamento com um ou vários factores de discriminação é meramente acessória para a qualificação de um comportamento como assédio?

No nosso entendimento, a resposta à primeira questão deverá ser inequivocamente afirmativa[497]. Não obstando frontalmente o regime jurídico a essa solução, dever-se-á procurar hermenêuticamente a solução mediante recurso aos critérios plasmados no art. 9.º do Código Civil, nomeadamente atendendo ao elemento gramatical do preceito e à teleologia da norma. Ora, se comportando o elemento gramatical tal interpretação e, por outro lado, atendendo aos efeitos que a norma pretende obstar e visto que os bens jurídicos objecto de tutela poderão ser igualmente atingidos e lesados pela omissão de prática de actos, consideramos que o comportamento assediante poderá assumir, no plano teórico, uma feição activa ou omissiva.

Por outro lado, quanto à segunda questão, parece resultar do regime então extraído do art. 24.º o relacionamento imperativo entre o acto assediante e a manifestação de um factor discriminatório típico pelo que a resposta será, de igual modo, afirmativa[498]. A qualificação do assédio como manifestação discriminatória bem como a necessária recondução a um factor discriminatório representa, para o primeiro sistema instituidor da tutela do assédio laboral, um critério essencial para a qualificação do comportamento, conjuntamente com o carácter indesejado. Assim, a natureza imperativa do comando impõe a qualificação da conduta assediante de teor não sexual, activa ou omissiva, como indesejada e discriminatória[499].

De todo o modo e ainda que se procure alargar o leque de condutas abrangidas pela norma mediante recurso aos conceitos de discriminação directa e discriminação indirecta, plasmados respectivamente nas alíneas a) e b) do n.º1 do art. 32.º do RCT, não se mostra juridicamente possível ultrapassar a necessária identificação do factor discriminatória *sub judice*

---

[497] No mesmo sentido, ainda que no âmbito do CT2009, cf. Sónia Kietzmann Lopes, *"O assédio moral cit.*, 260 ss.
[498] No mesmo sentido, cf. Maria Regina Redinha, *"Assédio – Uma noção binária?"*, In: Centro de Estudos Judiciários, *Prontuário de Direito do Trabalho*, 85, Coimbra, Coimbra Ed., 2010, 149-155 (151) = Centro de Estudos Judiciários, *O assédio no trabalho*, Lisboa, CEJ, 2014, 127-133 (128) e Pedro Freitas Pinto, *O assédio...cit.*, 442 ss
[499] Assim, Sónia Kietzmann Lopes, *O assédio moral...cit.*, 258.

atendendo que as mencionadas qualificações remetem novamente para tais elementos.

Por conseguinte, face às mencionadas precisões, o fenómeno juridicamente acolhido pelo art. 24.º do CT03 encontra-se limitado às situações de assédio de natureza discriminatória e sexual pelo que, nessa medida, não encontra acolhimento âmbito deste sistema, no nosso entender, o assédio estratégico[500]. Deste modo, o exercício de direitos face às restantes modalidades de assédio deveria ser procurado junto das normas gerais de Direito, concretamente destinadas à protecção dos direitos nucleares

---

[500] A este respeito, observe-se o ac. TRP de 07/07/2008, proc. 0812216, rel. Ferreira da Costa pelo qual se considerou que *"preenche a previsão do assédio moral a atitude da entidade patronal que, perante uma trabalhadora que não apresentava níveis de produção considerados satisfatórios, a retirou da sua posição habitual na linha de produção e a colocou numa máquina de costura, colocada propositadamente para esse efeito para além do corredor de passagem e de frente para a sua linha de produção, em destaque perante todas as colegas da secção de costura."*, anotado por PEDRO FREITAS PINTO, *O assédio...cit.*, 450 ss e JOÃO LEAL AMADO, *"As faces do assédio"*, In: RQL, XVI, 33, Coimbra, Coimbra Ed., 2009, 117-119.

Ora, não deixando de corresponder à verdade, conforme salienta o último autor, que *"o assédio constitui, ainda hoje, um conceito juridicamente fluido e impreciso, podendo traduzir-se em comportamentos muito diversificados, [...] pode ser vertical ou horizontal, [...] pode ter, ou não, carácter discriminatório, [...] pode ser, ou não, intencional"*, não poderemos deixar de discordar do sentido decisório do mencionado aresto e da sua anotação. Face ao teor do sobredito aresto, dúvidas parecem não restar que os factos jurisdicionalmente assentes poderão ser materialmente qualificados, no plano empírico, como assédio. No entanto, mais duvidosa é essa conformação face ao Direito então vigente: conforme oportunamente apresentado e em virtude da delimitação resultante do art. 24.º CT03, a situação não pode ser qualificada como assédio por, nomeadamente, não resultar directamente dos autos qualquer conexão a um ou vários factores de discriminação. Como tal – e não afastando o carácter ilícito e potencialmente discriminatório da medida adoptada -, não poderemos considerar que o Tribunal da Relação do Porto tenha andado bem na aplicação estrita das normas legais vigentes que resultam do CT03 ainda que materialmente a situação se mostrasse, tanto quanto nos é possível averiguar do teor do aresto, assediante. Assim, essa qualificação deveria partir da construção conceptual e assentar, entre outros, da violação do art. 18.º CT03. Não obstante, diferente apreciação seria concedida àquela situação na égide do CT09 conforme adiante melhor se verá.

individualmente lesados pela actuação do sujeito activo, em função deste procedimento plural[501-502].

No entanto e não obstante o que ficou dito, da qualificação do assédio como discriminação resulta, de modo imediato, a aplicabilidade do regime tutelador deste. Então, se deste (complexo) enquadramento sistemático poderão resultar dificuldades principalmente pedagógicas na compreensão da figura e das suas características e limites para os destinatários da norma, não deixa de merecer referência o carácter tendencialmente favo-

---

[501] Da anotação ao art. 24.º do CT03 em PEDRO ROMANO MARTINEZ (et al.), *Código do Trabalho anotado*, 2.ª, Coimbra, Almedina, 2004, 113 ss, GUILHERME DRAY, considera que, se articulado com o art. 18.º do mesmo diploma (direito à integridade física e moral), é passível de ser extraída a aplicabilidade às situações de assédio não discriminatório. Salvo o devido respeito, não poderemos reputar como procedente a interpretação apresentada face ao carácter fechado da noção de assédio juridicamente atendível no preceito legal pelo que, nessa medida, o recurso ao preceituado no art. 18.º CT03 inviabilizaria na prática a invocação do regime específico do assédio. Nestes termos, não sendo transponível um dos elementos-chave da tutela do assédio – o regime do ónus da prova –, o assediado ver-se-ia na necessidade de produzir prova relativamente à ocorrência dos actos que, na sua apreciação, violam a sua integridade física e moral. Nestes termos e ainda que a letra da lei se mostre insuficiente, no nosso entendimento não é passível de ser defendido o alargamento da aplicação do art. 24.º CT03: tal raciocínio deveria assentar da demonstração fáctica do fenómeno e, daí, demonstrar a existência de uma situação de assédio moral atípico *ex vi* art. 18.º e, eventualmente, noutras normas que se adequem aos factos provados. Cf. ac. TRP de 17/12/2008, proc. 843933, rel. Paula Leal Carvalho.

[502] Neste sentido, veja-se o notável acórdão do TRL de 25/09/2013, proc. 201/11.6TTFUN, rel. Isabel Tapadinhas. Neste declara-se expressamente *que "o assédio moral ou mobbing, abrangido no âmbito de tutela do art. 24.º, nº 2 do Código do Trabalho de 2003 [...] é aquele que se encontra conexionado com um, ou mais, factores de discriminação, de entre os expressamente previstos no art. 23.º, n.º 1, do mesmo diploma legal e 32.º, n.º 1, do Regulamento do Código do Trabalho (RCT)"*, porquanto *"o trabalhador que pretenda demonstrar a existência do comportamento, levado a cabo pelo empregador, susceptível de ser qualificado como mobbing ao abrigo do disposto no referido art. 24.º, nº 2, para além de alegar esse mesmo comportamento, tem de alegar que o mesmo se funda numa atitude discriminatória alicerçada em qualquer um dos factores de discriminação, comparativamente aferido face a outro ou a todos os restantes trabalhadores, aplicando-se, nesse caso, o regime especial de repartição do ónus da prova consignado no nº 3 do art. 23.º do CT"*. Não obstante, finaliza aquele aresto indicado assertiva e acertadamente que caso não fique demonstrado o carácter discriminatório da situação, *"o assédio moral por parte da ré, por ela invocado, tem de ser apreciado à luz das garantias consignadas no art. 18.º do CT, segundo o qual o empregador, incluindo as pessoas singulares que o representam, e o trabalhador gozam do direito à respectiva integridade física e moral, aplicando-se o regime geral de repartição do ónus da prova estabelecido no art. 342.º do Cód. Civil"*. Cf. a anotação ao citado ac. em *Vida Judiciária*, n.º 180 (Setembro), 2013, 37 ss.

rável do regime jurídico convocado, nomeadamente do art 23.º, n.º3 CT03 pelo qual ocorre uma mitigação do ónus da prova do assediado.

Sintetizando, o primeiro regime jurídico tutelador do assédio laboral, embora tenha a virtualidade de disseminar o conhecimento do fenómeno, mostra-se limitado relativamente à sua conformação jurídica, abrangendo somente um sector do mesmo. Por outro lado, ainda que a influência do direito comunitário tenha sido determinante nessa conformação, o regime resultante do art. 24.º CT03 não poderá deixar de ser criticado em virtude das insuficiências identificadas bem como pela excessiva aproximação do assédio à discriminação: essa opção conduziu à deturpação da tutela do assédio e, como tal, adiou a plena tutela da dignidade das partes da relação laboral[503].

Todavia – como, aliás, se verificou noutros ordenamentos jurídicos -, a jurisprudência não permaneceu imune à identificação do fenómeno e dos seus efeitos lesivos para os destinatários porquanto, ainda que tendo presentes as limitações normativas, tal circunstância não obstou à qualificação como assédio moral de actos que revestiam as características mínimas para o efeito. A este título é assaz relevante citar o acórdão do Tribunal da Relação de Lisboa, de 14/09/2011[504], que, no âmbito do Código do Trabalho de 2003 e mediante auxílio das construções oriundas da psicologia

---

[503] Observemos brevemente o ac. TRP de 02/02/2009, proc. 843819, rel. Albertina Pereira. Por este, no âmbito do CT03, considerou-se como assédio a prática de um conjunto de acções mediante as quais e, em síntese, o trabalhador viu modificada a sua prestação laboral foi infundadamente alvo de tratamento diferenciado face aos seus pares que, na douta opinião da Relação do Porto, afectou a sua dignidade. Todavia e ainda que não se coloque a (potencial) qualificação material (e não jurídica) daqueles actos como assediante, julgamos que a articulação normativa realizada – arts. 23.º, 24.º CT03 e 32.º RCT – não se pode extrair aquele resultado jurídico. Na verdade, aquela factualidade não poderia ser qualificada como assédio uma vez que não se funda em qualquer um dos factos de discriminação: ainda que se equacione a eventual aplicabilidade do art. 23.º, em virtude do emprego do vocábulo "nomeadamente", aquele preceito torna-se malogradamente tautológico em função do 32.º RCT. Assim, dever-se-ia o tribunal ter libertado daqueles normativos para que, de acordo com um *iter* lógico e desde que factualmente provado nos autos, permitisse atingir o mesmo resultado. Aliás, entendimento semelhante ao exposto foi adoptado, relativamente a esses autos, pelo STJ em 21/04/2010, proc. 1030/06.4TTPRT, rel. Vasques Dinis, segundo o qual *"o assédio moral invocado pelo Autor não deve ser apreciado à luz do quadro legal definido para garantir o princípio da igualdade e da não discriminação, mas sim, à luz das garantias consignadas no artigo 18.º, segundo o qual «[o] empregador, incluindo as pessoas singulares que o representam, e o trabalhador gozam do direito à respectiva integridade física e moral»"*, tendo, por conseguinte, sido revogada aquele aresto da Relação do Porto.

[504] Cf. ac. TRL de 14/09/2011, proc. 429/09.9TTLSB, rel. Maria João Romba.

e sociologia, ainda que a factualidade processualmente demonstrada não permitisse a qualificação daqueles actos como discriminatórios, era passível de ser qualificada como assédio moral. Em consequência, o aresto considerou que *"há diversos aspectos na conduta da R [...] que, apesar de não serem, quando analisados isoladamente, ilícitos, quando globalmente considerados, no seu conjunto e dado o seu prolongamento no tempo, são aptos a criar no trabalhador um desconforto e mal estar no trabalho que ferem a sua dignidade profissional, a sua integridade moral e psíquica, a tal ponto que acabaram por ter reflexos na sua prestação laboral, com a desmotivação que causam e também na saúde, levando-o a entrar numa situação de acompanhamento psiquiátrico, a conselho da própria médica do trabalho"* pelo que *"entendemos, pois que este circunstancialismo configura na realidade uma situação de assédio moral"*. Deste modo e ainda que mediante recurso a um raciocínio não totalmente linear[505], o aresto acaba por qualificar a situação como assédio moral e, por isso, como *"ilícito contratual dado que foi violado o dever de respeitar a integridade psíquica e moral do trabalhador, direito de personalidade consagrado no mencionado art. 18º do CT, dando causa a um dano moral merecedor da tutela do direito"*[506-507].

---

[505] A principal crítica ao *iter* traçado pelo referido acórdão respeita à seguinte circunstância: aquele aresto, na esteira do entendimento expressado por JÚLIO VIEIRA GOMES, considera, no âmbito do Código do Trabalho de 2003, que o assédio legalmente acolhido acaba por se mostrar um tipo jurídico aberto em resultado da remissão normativa operada pelo n.º2 do art. 24.º para os factores de discriminação previstos no art. 23.º, n.º1 em razão do emprego do advérbio *nomeadamente*. Porém, aquele aresto, sem resolver essa situação, acaba por optar pela qualificação da situação como de assédio legalmente não tipificado, fundando a sua *ratio decidendi* no art. 18.º do CT.
No nosso entendimento, andou bem o aresto ao não trilhar a aplicabilidade conjugada dos arts. 23.º, n.º1 e 24.º, n.º2 CT03 visto que se encontraria, a jusante, outro impedimento: como qualificar, nos termos do art. 32.º da Lei n.º 35/2004 e face à letra do preceito e da remissão operada para os factores discriminatórios típicos, a factualidade exposta como discriminatória?
[506] Todavia, o mencionado aresto proferido pela Relação de Lisboa veio a ser revogado pelo Supremo Tribunal de Justiça no acórdão de 29/03/2012, rel. Gonçalves Rocha, que tramitou com o mesmo número de processo. Em síntese, entenderam os juízes conselheiros que a factualidade carreada para os autos não se mostrava bastante para qualificar aquela situação em apreço como assediante bem como, por outro lado, não se encontra demonstrado o intuito persecutório exigido pelo n.º2 do art. 24.º do Código do Trabalho 2003.
[507] Em sentido próximo veja-se o ac. TRL de 13/05/2011, proc. 71/09.4TTVFX, rel. Natalino Bolas, que considera que *"tendo presente o teor dos n.os 1 e 2 do artigo 24.° e os ensinamentos da doutrina supra transcritos, pode afirmar-se que o assédio moral invocado pela A não deve ser apreciado à luz do quadro legal definido para garantir o princípio da igualdade e da não discriminação, mas sim, à luz das*

Noutra perspectiva, a prática de comportamentos qualificados como assediantes e inscritos no art. 24.º, é tipificada como contra-ordenação muito grave nos termos do n.º1 do art. 642.º CT03, punida com coima definida nos termos do n.º4 do art. 620.º CT03 entre 20 e 600 UC, caso o agente seja uma empresa, ou, nos termos do n.º4 do art. 621.º, entre 10 e 50 UC nas restantes situações[508].

Quanto às manifestações não discriminatórias de assédio laboral e que, por isso, não encontram acolhimento expresso naquele regime, a sua tutela jurídica exigiria mais aturada tarefa para as vítimas porquanto mostra-se necessário, tal como no âmbito do direito pré-codificado, produzir a demonstração da existência de um conjunto de actos pluriofensivos e, por isso, lesivos dos direitos do assediado, nomeadamente do direito à integridade física e mental[509], bem como do nexo existente entre esse conjunto de factos que permitem a sua integração sob uma lógica unitária. Neste plano, em suma, a regulamentação é lacunar pelo que ao lesado resta alicerçar o seu pedido nas normas que, de modo fragmentário, tutelam a lesão dos bens jurídicos afectados.

5.4. *Conformação: Código do Trabalho*

Expressamente planificada pelo art. 20.º da Lei n.º 99/2003 aquando da sua aprovação, o Código do Trabalho de 2003 foi alvo de uma intervenção

---

garantias consignadas no artigo 18.º, segundo o qual «[o] empregador, incluindo as pessoas singulares que o representam, e o trabalhador gozam do direito à respectiva integridade física e moral».
[508] Nos termos da legislação em vigor durante a vigência do Código do Trabalho de 2003, a Unidade de Conta era definida pelo art. 5.º, n.º2 do Decreto-Lei n.º 212/89, de 30 de Junho, na redacção introduzida pelo Decreto-Lei n.º 323/2001, de 17 de Dezembro, como *"a quantia em dinheiro equivalente a um quarto da remuneração mínima mensal mais elevada, garantida, no momento da condenação, aos trabalhadores por conta de outrem, arredondada, quando necessário, para a unidade de euros mais próxima ou, se a proximidade for igual, para a unidade de euros imediatamente inferior"*. Nestes termos, uma vez que durante a vigência do CT03, o valor da UC variou entre €79,81 e €96,00 cf. refere JOEL RAMOS PEREIRA, *Regulamento das Custas Processuais e legislação complementar*, 2.ª, Lisboa, Quid juris, 2013, 45 s, não é possível enquadrar quantitativamente o valor da coima. No entanto, o *quantum* máximo para a prática de assédio doloso cifrou-se em €57.600 e €4.800, respectivamente, para empresas e para os restantes autores.
[509] Neste sentido, ROSÁRIO PALMA RAMALHO, *Tratado II... cit.*, 162.

global que se corporizou na aprovação de um novo Código do Trabalho pela Lei n.º 7/2009, de 12 de Fevereiro[510].

Se num momento inicial apenas estaria em causa a mera avaliação da legislação vigente e o seu eventual aperfeiçoamento, em função dos elementos coligidos pelo Livro Verde sobre as Relações Laborais (2006)[511] e pelo Livro Branco das Relações Laborais[512] (2007) bem como dos objectivos de modernização das relações laborais prosseguidos pelo Governo, a intervenção legislativa veio a revelar-se global, culminando ulteriormente na aprovação de um novo Código do Trabalho[513].

Relativamente ao nosso objecto, a Proposta de Lei n.º 216/X[514] assume expressamente na sua exposição de motivos que é seu desiderato a adopção de um enquadramento inovador relativamente a um conjunto de matérias, de entre as quais se inclui o assédio laboral. Assim, anuncia a Proposta de diploma que *"altera-se a definição de assédio, passando a abarcar situações não relacionadas com qualquer factor de discriminação"*. Nessa sequência, são apresentadas na proposta duas modificações ao regime até aí vigente, uma de índole sistemática e outra de escopo material[515].

Quanto à disposição sistemática da tutela do assédio, contrariamente ao que se verificava na vigência do CT03 no qual o assédio se encontrava estatuído no âmbito das disposições gerais referentes à igualdade e não discriminação - Livro I (Parte Geral), Título II (Contrato de trabalho), Capítulo I (Disposições gerais), Secção II (Sujeitos), Subsecção III (Igualdade

---

[510] Cf. Luís Menezes Leitão, *Trabalho...*cit., 63 ss., Pedro Romano Martinez, *Trabalho...* cit., 98 ss e Rosário Palma Ramalho, *Tratado I... cit.*, 108 ss.

[511] António Dornelas (coord.), *Livro Verde sobre as Relações Laborais*, Lisboa, MTSS, 2006.

[512] Comissão do Livro Branco das Relações Laborais, *Livro Branco das Relações Laborais*, Lisboa, MTSS, 2007.

[513] Tais desígnios, expressamente assumidos pela Resolução do Conselho de Ministros n.º 160/2006, de 2 de Novembro, encontram-se espelhados na exposição de motivos da Proposta de Lei n.º 216/X apresentada à Assembleia da República pelo XVII Governo Constitucional e que veio a culminar na aprovação da Lei n.º 7/2009.

[514] Os elementos e referências relativas ao processo legislativo originado pela Proposta 216/X que culminou na aprovação do Código do Trabalho poderão ser consultados em www.parlamento.pt/ActividadeParlamentar/ Paginas/DetalheIniciativa.aspx?BID=34009 (acedido a 07/01/2015).

[515] A sobredita modificação, ainda que não exista qualquer indicação expressa nesse sentido, não terá ficado imune à avaliação doutrinária relativa à insuficiência daquele normativo bem como, por outro lado, à limitação operativa da jurisprudência nacional. A este respeito, vd. *infra* 6.1 e 6.3.

e não discriminação), Divisão I (Disposições gerais) -, a iniciativa legislativa propõe o seu reenquadramento organizativo mediante a criação de uma divisão autónoma dedicada exclusivamente ao fenómeno: Divisão II denominada *"proibição do assédio"*[516].

Se uma leitura apressada nos poderia conduzir a qualificar como meramente circunstancial a modificação na sistemática do Código, tal constatação não se mostra de acordo com a realidade subjacente[517]. Na verdade, a remodelação operada reflecte na sistemática legal a ampliação da figura para além dos limites da discriminação, plasmada no Direito material então proposto. Ainda que no plano meramente formal o assédio se mantenha compreendido no âmbito da igualdade e não discriminação no trabalho, tal reestruturação faculta ao intérprete, nem que seja no plano histórico-jurídico do preceito, um elemento interpretativo que não deverá ser liminarmente afastado. Aliás, pese embora se considere que *"a sistematização realizada pelo decisor legislativo constitui um ponto de partida para a comunicação do programa normativo contido na lei"* e, nessa medida, condicione *"a descodificação sistemática que o intérprete realiza da lei"*, tal limitação apresenta uma eficácia meramente relativa visto que o *"intérprete se move [...] num universo mais autónomo, onde os principais limites colocados à sua actividade derivam da metodologia científica da interpretação radicada na lei ou na Ciência do Direito"*[518]. Por conseguinte, trata-se de um elemento meramente indiciário do enquadramento do regime a que voltaremos adiante.

No entanto, consideramos que a inserção do assédio no âmbito da igualdade e não discriminação, ainda que o seu espectro tenha sido notavelmente maximizado como adiante se verá, não é imune a críticas. Como bem anteriormente ficou aflorado, a organização sistemática do Código adensa a neblina conceptual que circunda a proibição do assédio e a proibição da discriminação, podendo conduzir a uma aglutinação conceptual, o que, naturalmente, não é desejável[519].

---

[516] GUILHERME DRAY, *"Igualdade e não discriminação"*, In: PAULO MORGADO DE CARVALHO, *Código...cit.*, 123-138 (126).
[517] Pugnando pela irrelevância da modificação sistemática, de cujas conclusões se discorda, cf. RITA GARCIA PEREIRA, *Mobbing...* cit., 203 ss.
[518] CARLOS BLANCO DE MORAIS, *Manual de Legística – Critérios científicos e técnicos para legislar melhor*, Lisboa, Verbo, 2007, 550 ss.
[519] MAGO ROCHA PACHECO, *O assédio...cit.*, 209 ss.

Quanto à modificação material oferecida, apresenta a Proposta 216/X no seu art. 30.º um novo normativo, integralmente modificado face ao teor do anterior art. 24.º CT03, que reflecte um conjunto de transformações à figura jurídica anteriormente existente o qual foi posteriormente convertido, sem qualquer modificação, no art. 29.º do Código do Trabalho aprovado[520].

Em primeiro lugar[521], o art. 29.º afasta a qualificação expressa do assédio como discriminação, diligenciando pela supressão do anterior n.º1 do art 24.º CT03[522]. Por conseguinte, ainda que enquadrado no plano organizativo no âmbito da tutela da igualdade e não discriminação a eliminação da classificação gera adicionalmente um conjunto de questões de natureza teórica bem como prática que caberá ao intérprete solucionar. A título exemplificativo, será o enquadramento sistemático suficiente fundamento bastante para a convocação do regime de ónus da prova previsto no n.º5 do art. 25.º do CT à globalidade das situações de assédio ou tal raciocínio apenas é juridicamente procedente nas situações de assédio discriminatório[523]?

---

[520] Faça-se um breve parêntesis para mencionar o Projecto de Lei n.º 547/X (Partido Comunista Português), apresentado e discutido simultaneamente com a Proposta de Lei n.º 216/X, o qual propunha revogar o Código do Trabalho de 2003 e aprovar uma nova legislação laboral, a qual foi rejeitada por maioria.
Ainda assim, observe-se que o Projecto de Lei n.º 547/X apresentava, no seu art. 23.º, n.º2 o assédio moral e sexual como formas de violação da integridade física e moral, prescrevendo ainda no n.º3 que *"para efeitos do disposto no número anterior, considera-se assédio toda e qualquer conduta abusiva, manifestada em comportamentos, actos, palavras, gestos ou escritos, assumida pela entidade patronal ou seus representantes, superiores hierárquicos ou colegas de trabalho, que vise atentar contra a dignidade ou integridade física, psíquica ou moral do trabalhador, degradando as condições e ambiente de trabalho"*. Constituía-se, por fim, como contra-ordenação muito grave a violação da integridade física e psíquica dos trabalhadores (772.º, n.º1). No entanto, não encontrava prevista, todavia, qualquer inversão do ónus da prova em caso de assédio.
O mencionado Projecto de Lei bem como o restante procedimento poderá ser consultado em www.parlamento.pt/ActividadeParlamentar/Paginas/DetalheIniciativa.aspx?BID=33992(acedido 08/01/2015)
[521] O presente ponto assume, naturalmente, a ilustração de uma perspectiva evolutiva do ordenamento jurídico. Como tal, para uma maior densificação remetemos para análise do regime jurídico *infra* 6.
[522] Maria Regina Redinha, *"Da protecção da personalidade no Código do Trabalho"*. In: João Reis (coord) et al., *Para Jorge Leite...cit.*, 819-853 (821).
[523] Neste sentido, Rosário Palma Ramalho, *Tratado II...*cit., 186.

De todo o modo, a superação da assimilação entre assédio e assédio discriminatório[524] logrou ampliar indubitavelmente o assédio enquanto objecto de tutela, a qual vinha sendo alvo de críticas certeiras por parte da doutrina nacional e se apresentava frugalmente aplicado pela jurisprudência nacional[525].

Em segundo lugar, o art. 29.º do Código do Trabalho alarga o âmbito objectivo admissível pela norma, expurgando do conceito de assédio a necessária interconexão com um factor discriminatório típico conforme ocorrida no direito pregresso. Assim, o n.º1 do art. 29.º passa a definir como *"assédio o comportamento indesejado, nomeadamente o baseado em factor de discriminação, praticado aquando do acesso ao emprego ou no próprio emprego, trabalho ou formação profissional, com o objectivo ou o efeito de perturbar ou constranger a pessoa, afectar a sua dignidade, ou de lhe criar um ambiente intimidativo, hostil, degradante, humilhante ou desestabilizador"*.

Por conseguinte, a substituição da locução *"relacionado com um dos factores indicados no n.º1 do artigo anterior"*, presente no n.º2 do art. 24.º CT03, pela expressão *"nomeadamente o baseado em factor de discriminação"* ora plasmada no n.º1 do art. 29.º CT logrou substituir um pressuposto obrigatório de actuação do regime por um de natureza facultativa. Em virtude do mesmo, afasta-se o assédio da mera tutela de comportamentos indesejados discriminatórios para um escopo mais amplo de tutela de comportamentos indesejados[526].

Em terceiro lugar, a intervenção legislativa logrou ainda ampliar, no âmbito da definição de assédio, o escopo e as consequências juridicamente

---

[524] Em sentido contrário, considerando que o art. 29.º do Código do Trabalho de 2009 não acolhe o conceito integral de assédio cf. RITA GARCIA PEREIRA, *Mobbing 2011...cit.*, 119. Face ao que ficou exposto, não podemos aceder no sentido preconizado pela citada autora atendendo às efectivas modificações operadas.

[525] SÓNIA KIETZMANN LOPES, *O assédio moral... cit.*, 260, ALEXANDRA MARQUES SEQUEIRA, *Do assédio... cit.*, 243. Em sentido contrário, cf. RITA GARCIA PEREIRA *Mobbing...* cit., 203-204.

[526] A este respeito, demonstrando claramente a diferença existente entre os arts. 24.º CT03 e 29.º CT09 cf. ac. STJ de 05/03/2013, proc. 1361/09.1TTPRT, rel. Pinto Hespanhol. Quanto a este acórdão, e ainda que o seu sumário induza o leitor em erro, o citado aresto é lesto a considerar acertadamente que *"ao contrário do que sucedia com o art. 24.º, n.º 2, do CT/2003, que associava o conceito de assédio à verificação de um fator de discriminação (estes previstos no art. 23.º, n.º 1), o atual art. 29.º, ao introduzir a expressão "nomeadamente", veio "descolar" a, até então, associação entre o assédio e os fatores discriminatórios, podendo agora o assédio verificar-se em situação em que tais fatores não estejam presentes"*.

acolhidas pela norma[527]. Assim, à lógica bipartida pré-existente, o Código do Trabalho qualificou, com carácter alternativo, como juridicamente desvaliosa a circunstância de a conduta apresentar como objectivo ou produzir como efeito a perturbação ou constrangimento do assediante. Como adiante melhor se verá, a qualificação como assediante do comportamento indesejado depende, alternativamente, do objectivo ou efeito de:
    i. perturbar ou constranger; ou
    ii. afectar a dignidade; ou
    iii. criar um ambiente:
        a. intimidativo; ou
        b. hostil; ou
        c. degradante; ou
        d. humilhante; ou
        e. desestabilizador.

Em quarto lugar, procurou-se, ainda, clarificar o conceito de assédio sexual resultante do n.º3 do art. 24.º do CT03 e, agora, transposto com modificações de relevo para o n.º2 do art. 29.º do Código do Trabalho. Assim, se à luz do Código pregresso se qualificava *especialmente* como assédio o comportamento indesejado de carácter sexual que, independentemente do seu modo de exteriorização, visava o objectivo ou efeito genéricos ao assédio, o Código do Trabalho de 2009 logra autonomizar conceptualmente o assédio sexual como acto juridicamente desvalioso. Assim, nos termos do n.º2 do art. 29.º CT, *"constitui assédio sexual o comportamento indesejado de carácter sexual, sob forma verbal, não verbal ou física, com o objectivo ou o efeito"* de perturbar ou constranger, afectar a dignidade ou criar um ambiente intimidativo, hostil, degradante, humilhante ou desestabilizador para o visado.

Em quinto, estabelece-se expressamente que a prática de actos assediantes confere ao lesado o direito a indemnização por danos patrimoniais e não patrimoniais, nos termos gerais, por aplicação conjugada dos arts. 29.º, n.º3 e 28.º do CT. Ainda que a atribuição do mencionado direito

---

[527] No que respeita ainda ao n.º2 do art. 29.º, a Lei n.º7/2009 introduziu, adicionalmente, uma modificação linguística relativa à articulação de comportamentos considerados como assediantes. Por conseguinte, face ao carácter meramente correctivo dessa modificação, sem revelar, no nosso entender, qualquer alteração efectiva no sentido da norma, consideramos que não justifica uma explanação mais aturada.

não se revele especialmente inovadora[528], tal precisão mostra-se necessária face modificação sistemática operada pelo Código do Trabalho 2009 a que anteriormente aludimos.

Por fim, fruto da modificação estrutural empreendida ao Código do Trabalho pela revisão de 2009[529], a tipificação do acto assediante como contra-ordenação foi introduzido imediatamente n.º 4 do art.º 29.º, sendo qualificada como muito grave, cujo valor de coima se encontra compreendido entre 10 e 50 UC, caso o agente não tenha trabalhadores ao serviço ou, sendo pessoa singular, não exerça actividade com fins lucrativos, ou entre 20 e 600 UC[530], caso a contra-ordenação seja imputada a uma empresa – cf. arts. 554.º e 555.º CT.

5.5. *O assédio nas relações laborais públicas: unicidade ou dualidade?*

O fenómeno do assédio laboral que temos vindo a discorrer poder-se-á manifestar, conforme observado, de múltiplas formas sendo, inclusivamente, potenciado pela própria estrutura produtiva. Nesta medida, a

---

[528] Aliás, o art. 28.º CT corresponde, com ligeiras adaptações, ao art. 26º do CT03.

[529] No que respeita ao Livro II dos Códigos do Trabalho, enquanto a Lei n.º 99/2003 determinava no âmbito do mesmo, o respectivo enquadramento geral, procedimento e tipificação das contra-ordenações, a Lei n.º 7/2009 opta por regulamentar no citado livro somente os dois primeiros vectores, sendo a tipificação remetida directamente para o âmago do Código do Trabalho, solução que, no nosso entender, facilita de sobremaneira a percepção dos ilícitos pelos agentes.

[530] Atenta a data de início de vigência do Código do Trabalho 2009, cabe realçar, em função da evolução do valor da unidade de conta, a modificação do *quantum* da coima aplicável: assim, se aquando da entrada em vigor do Código do Trabalho 2009 (17/02/2009) a unidade de conta era definida de acordo com o art. 5.º, n.º 2 do Decreto-Lei n.º 212/89, de 30 de Junho, na redacção introduzida pelo Decreto-Lei n.º 323/2001, de 17 de Dezembro, tendo por referência a remuneração mínima mensal mais elevada, o método de determinação da UC veio a ser modificado com a entrada em vigor do Decreto-Lei n.º 34/2008, de 26 de Março, que aprova o Regulamento de Custas Processuais. Assim, desde 20 de Abril de 2009, a UC *"é fixada em um quarto do valor do indexante dos apoios sociais (IAS) vigente em Dezembro do ano anterior, arrendondada à unidade de euro, sendo actualizada anualmente com base na taxa de actualização do IAS"* – art. 22.º do Decreto-Lei n.º 34/2008, na redacção introduzida pelo Decreto-Lei n.º 181/2008, de 28 de Agosto.
Assim, após 20/04/2009 o valor da UC a considerar cifra-se em €102 sendo que, não obstante se prescreva a sua actualização anual, tal não se verificou até ao ano de 2015. Cf. CENTRO DE ESTUDOS JUDICIÁRIOS / DIREÇÃO-GERAL DA ADMINISTRAÇÃO DA JUSTIÇA, *Custas processuais – guia prático*, 2.ª, Lisboa, CEJ, 2014, 31 ss.

organização do trabalho poderá, ainda que involuntariamente, gerar uma organização, tenha ou não carácter hierárquico, propensa aos pequenos conflitos e ao exercício abusivo do poder de direcção e organização do trabalho que, se não forem atempadamente saneados, poderão degenerar em assédio laboral.

Ora, o assédio laboral consiste numa realidade transversal que não depende da natureza do vínculo jurídico-laboral, independentemente da eventualidade das características do mesmo se poderem qualificar como um elemento potenciador. Aliás, a Administração Pública tem sido apontada por diversos estudos europeus como um dos sectores de actividade onde existe uma maior prevalência de riscos psicossociais, onde se inclui o assédio laboral[531]. De acordo com os dados oficiais, 12,2% da população portuguesa empregada, num total de 522.959 pessoas, exerce a sua actividade profissional no âmbito das Administrações Públicas[532-533] pelo que, nessa medida, corresponde a um sector que carece de observação. Por fim, quanto aos vínculos jurídicos existentes no âmbito do emprego público, de acordo com os dados divulgados pela Direcção-Geral da Administração e do Emprego Público, 11,50% correspondem à nomeação, 76,35% a con-

---

[531] De acordo com o Quarto e Quinto Inquérito Europeu sobre as Condições de Trabalho, realizados respectivamente nos anos de 2005 e 2010, os sectores da Administração Pública e Defesa apresentam uma taxa de prevalência do fenómeno superior à média dos restantes sectores. No entanto e atendendo à volatilidade da construção dos sectores (a título exemplificativo, o sector da saúde que, entre nós, apresenta uma forte componente de trabalho público, é tratado autonomamente), os valores apresentados embora não sejam decisivos, representam um forte indício que não deverá ser desconsiderado. Os mencionados inquéritos poderão ser acedidos e consultados em www.eurofound.europa.eu/surveys/ewcs (acedido a 02/01/2015).
[532] DIRECÇÃO-GERAL DA ADMINISTRAÇÃO E DO EMPREGO PÚBLICO, *Boletim Estatístico do Emprego Público*, 11, Lisboa, DGAEP, Lisboa, 2014, 6 ss., disponível em www.dgaep.gov.pt/upload//DEEP/BOEP11/DGAEP-DEEP_BOEP_11_outubro2014.pdf (acedido a 02/01/2015).
[533] Ainda de acordo com os dados divulgados pelo *Boletim Estatístico do Emprego Público*, caso fosse empregue um critério mais amplo, poder-se-á ainda considerar emprego público o trabalho prestado no âmbito das empresas públicas e demais entidades do sector público, pelo que aos valores acima mencionados haveriam de ser adicionados os 162.441 trabalhadores que, a 30 de Junho de 2014, exerciam funções em empresas ou entidades detidas pela Administração Central, Administração Local e pelas Administrações Regionais Autonómicas. Por fim, salientam-se, ainda, os 20.444 prestadores de serviços que, a 30/06/2014, desenvolviam essa actividade junto das Administrações Públicas: pese embora não consista numa modalidade de prestação de trabalho juridicamente subordinado pelas razões que são sobejamente conhecidas, corresponde a um núcleo de prestação de trabalho que, desse modo, se poderá considerar integrante da organização laborativa estatal.

tratos de trabalho por tempo indeterminado e 9,42% a contrato de trabalho a termo[534-535]. Tal circunstancialismo dota assim o emprego público de características específicas que demandam reflexão apropriada.

Por fim, caso as mencionadas circunstâncias não se afigurassem suficientes para justificar a análise, verificaram-se um conjunto de intervenções legislativas no âmbito do emprego público, nos últimos 15 anos, que versaram igualmente o nosso objecto de estudo pelo que se mostra essencial observar o sentido e alcance dos regimes implementados[536].

Tal como o Direito (Privado) do Trabalho, as relações laborativas públicas têm sofrido uma assinalável evolução, principalmente a partir do último quartel do século XX, nomeadamente em função do afastamento do modelo de relação de emprego público administrativizado em benefício da aproximação a um arquétipo marcadamente privatístico ou de *laborização do emprego público*[537].

---

[534] DIRECÇÃO-GERAL DA ADMINISTRAÇÃO E DO EMPREGO PÚBLICO, *Síntese Estatística do Emprego Público* – 3.º Trimestre, Lisboa, DGAEP, Lisboa, 2014, 4, disponível em formato electrónico em www.dgaep.gov.pt/ upload//DEEP/SIEP2014/DGAEP-DEEP_SIEP_2014_T3_17112014.pdf (acedido a 02/01/2015).

[535] Saliente-se que os valores indicados para a contratação por tempo indeterminado e a contratação a termo inclui a contratação concluída nos termos do Código do Trabalho e da Lei Geral do Trabalho em Funções Públicas. De igual modo, refira-se que o serviço de estatística da DGAEP indica 2,7% do trabalho como prestado em comissão de serviço, cargo político ou mandato. No entanto, face à complexa qualificação da actividade como trabalho face às suas especificidades, optámos por desconsiderar o referido valor.

[536] Por manifestamente não se inscrever no âmbito da nossa análise, não nos focaremos nas questões referentes ao âmbito subjectivo e objectivo dos sistemas que regem a actividade laboral na Administração. No entanto e atendendo que é escopo do presente excurso demonstrar as diferenças e semelhanças existentes na tutela do assédio no trabalho em funções públicas e no regime de trabalho comum, tal precisão não se torna especialmente relevante atendendo que ambos os sistemas logram expostos.

[537] Assim, ALDA MARTINS, *"A laborização da função pública e o direito constitucional à segurança no emprego"*, In: Julgar, 7, 2009, ss. 163-184 (166 ss).
Não é, todavia, nosso intuito discorrer sobre a natureza jurídica juslaboral ou jusadministrativa das relações de emprego públicas uma vez que tal escapa determinantemente ao nosso objecto e demandaria a sua análise exclusiva. Assim, e não obstante as modificações legislativas entretanto ocorridas, não poderemos deixar de referenciar duas reflexões, com relações opostas, relativas ao contrato de trabalho em funções públicas: JORGE MEIRA COSTA, *"A natureza jurídica do contrato de trabalho em funções públicas"*, In: ISABEL CELESTE FONSECA (coord.), *Trabalho em funções públicas em tempos de crise: que Direito(s)?*, Braga, Sindicato dos Trabalhadores em Funções Públicas e Sociais do Norte, 2013, 113-127 (onde o citado autor identifica a natureza híbrida referido contrato) e ANA FERNANDA NEVES, *"O Direito da Função Pública"*,

Herdeira do tradicional enquadramento orgânico do funcionário ou agente do Estado[538], a Constituição da República de 1976 acolheu então essa noção no art. 270.º, orientação prontamente invertida pela 1.ª Revisão Constitucional, em 1982, tendo sido introduzida a expressão *"trabalhadores da administração pública e demais agentes do Estado"*[539].

A evolução do paradigma de emprego público após a Constituição de 1976 encontra o seu primeiro registo no regime resultante Decreto-Lei n.º 184/89, de 2 de Junho (princípios gerais em matéria de emprego público) e complementado pelo Decreto-Lei n.º 427/89, de 7 de Dezembro (regime de constituição, modificação e extinção da relação jurídica de emprego na Administração Pública): por esta via, é estabelecido como fonte da relação jurídica de emprego público a nomeação ou o contrato de pessoal, onde se inscreve o contrato administrativo de provimento e o contrato de trabalho a termo certo – art. 5.º DL 184/89. Como bem resulta do confronto do regime – nomeadamente dos arts. 15.º e ss do DL 427/89 - , a nomeação por tempo indeterminado corresponde à modalidade típica de relação jurídica de emprego na Administração, apenas sendo admissível o recurso às restantes modalidades, seja de nomeação ou de contrato nas hipóteses legalmente admissíveis[540]. Assim sendo, a natureza do vínculo e os pressupostos em que este assenta originaria a distinção entre funcionários e agentes[541].

À margem do enquadramento dos vínculos, foi anteriormente estabelecido em diploma autónomo – o Decreto-Lei n.º 24/84, de 16 de Janeiro – o estatuto disciplinar dos funcionários e agentes da administração central, regional e local, tendo em vista a regulamentação do emprego e pro-

---

In: PAULO OTERO / PEDRO GONÇALVES (coord)., *Tratado de Direito Administrativo Especial*, IV, Coimbra, Almedina, 2010, 359-556 (455) (na qual a Autora, pese embora identifique a natureza híbrida do contrato, qualifica como prevalente a sua expressão privada).

[538] CLÁUDIA VIANA, *"O conceito de funcionário público: tempos de mudança?"*, In: *Tékhne – Revista de Estudos Politécnicos*, Vol. V, n.º 8, Barcelos, 2007, 7-34 (8 ss), disponível em formato electrónico em www.scielo.gpeari.mctes.pt/pdf/tek/n8/v5n8a02.pdf (acedido a 03/01/2015). Conforme salienta a citada autora a pp 13 e ss, a terminologia empregue corresponde, no essencial, à conceptualização cunhada por MARCELLO CAETANO em *Manual de Direito Administrativo*, II, 10.ª, Coimbra, Almedina, 2013, 669 ss.

[539] Cf. actual art. 269.º da Constituição da República Portuguesa.

[540] No mesmo sentido, JOSÉ RIBEIRO / SOLEDADE RIBEIRO, *A relação jurídica de emprego na Administração Pública*, Coimbra, Almedina, 1994, 35 e 40, bem como CLÁUDIA VIANA, *O conceito... cit.*, 18 ss.

[541] ALDA MARTINS, *A laboralização ...cit.*, 164 ss.

cedimentos associados ao exercício do poder disciplinar do empregador público. No entanto, o mencionado diploma logrou estabelecer um conjunto de deveres gerais dos titulares de relações jurídicas de emprego público, nas alíneas a) a h) do art. 3.º, n.º4, de entre os quais se destaca o dever de correcção, que *"consiste em tratar com respeito quer os utentes dos serviços públicos, quer os próprios colegas quer ainda os superiores hierárquicos"* – art. 3.º, n.º10[542].

Assim, na ausência de regulamentação específica, a prática de actos assediantes no âmbito da Administração teria de ser enquadrada no âmbito dos deveres gerais dos servidores públicos o que, como sobejamente ficou afirmado, consiste numa limitação efectiva da tutela da dignidade do funcionário ou agente em função do complexo ónus da prova, seja responsabilizando directamente o assediante ou para efeitos do exercício do poder disciplinar.

Tal situação manteve-se estável até à entrada em vigor do Código do Trabalho de 2003, o qual previa, pela alínea a) do art. 5.º da Lei n.º 99/2003, de 22 de Agosto, a aplicabilidade dos arts. 22.º a 32.º do CT03, referente às matérias da igualdade e não discriminação no trabalho, aos titulares de relações jurídicas de emprego público que confiram, à luz da legislação então vigente, a qualidade de funcionário ou agente da Administração Pública. Noutro prisma, o art. 6.º da Lei preambular prescrevia, de igual modo, a aplicação do Código do Trabalho aos trabalhadores de pessoas colectivas públicas que não tivessem a qualidade de funcionário ou agente da Administração Pública[543]. Nesta medida, o regime jurídico referente à tutela do assédio laboral extraído do art. 24.º do Código de Trabalho de 2003, nos termos já anteriormente analisados, tornou-se igualmente aplicável a um largo conjunto de relações jurídicas de emprego público: assim, da conjugação das mencionadas normas resulta o primeiro regime jurídico tutelador do assédio laboral no âmbito da Administração Pública, gizado nos termos que resultam do CT03.

---

[542] O estatuto jurídico dos trabalhadores da administração pública não se reconduz somente ao exíguo enquadramento que, face ao teor do nosso objecto, não nos cabe abordar. No entanto, salienta-se que existem diversas vinculações a que os servidores públicos se encontram adstritos, nomeadamente resultantes da Constituição da República Portuguesa, do Código do Procedimento Administrativo e dos diversos diplomas avulsos que não cabe por ora elencar.
[543] No entanto, a mencionada norma foi alvo de revogação pela Lei n.º 12-A/2008, de 11 de Setembro.

No entanto, no âmbito do movimento de laboralização das relações de emprego público, foi aprovada a Lei n.º 23/2004, de 22 de Julho, que estabelece o regime específico do contrato de individual de trabalho na Administração Pública, simplificando o recurso ao contrato de trabalho mediante a modificação dos seus pressupostos e âmbito[544]: em função desta opção, o contrato de trabalho passa a estabelecer com a nomeação uma relação de alternatividade[545]. A Lei n.º23/2004, em virtude da qual se verifica uma efectiva aproximação ao regime laboral comum por aplicação do Código do Trabalho *ex vi* art. 2.º relativamente aos contratos de trabalho celebrados por pessoas colectivas públicas, salvo quanto a especificidades inerentes às actividades desenvolvidas, logrou aplicar directamente aos mencionados vínculos o preceituado no art. 24.º do CT03 quanto ao assédio laboral[546].

Assim, se com o início de vigência do Código do Trabalho a 1 de Dezembro de 2003 passou a vigorar entre nós um regime uno, simultaneamente tutelar do assédio laboral no âmbito das situações jurídico-laborais privadas e públicas, tal panorama foi modificado em função da reforma do emprego público, operada em 2008 pela aprovação de três diplomas nucleares, a saber, *i)* a Lei n.º 12-A/2008, de 27 de Fevereiro (LVCR), que aprova o regime de vinculação, carreiras e remuneração dos trabalhadores que exercem funções públicas, *ii)* a Lei n.º 58/2008, de 9 de Setembro, que estabelece o regime disciplinar dos trabalhadores que exercem funções públicas, e *iii)* a Lei n.º 59/2008, de 11 de Setembro, que aprova o regime de contrato de trabalho em funções públicas (RCTFP)[547].

A Lei n.º 12-A/2008 bem como a Lei n.º 59/2008 lograram substituir o regime jurídico anteriormente vigente pelo que, nessa medida, as normas que facultam a existência do regime uno de tutela do assédio laboral, os arts. 5.º, al. a) e 6.º da Lei n.º 99/2003, foram revogados, respectivamente,

---

[544] ROSÁRIO PALMA RAMALHO / PEDRO MADEIRA DE BRITO, *Contrato de Trabalho na Administração Pública*, 2.ª, Coimbra, Almedina, 2005, 8 e 10. Quanto aos aspectos fundamentais implementados pela Lei n.º 23/2004 cf. ROSÁRIO PALMA RAMALHO , *Tratado II... cit.*, 395 ss.

[545] CLÁUDIA VIANA, "Contrato de trabalho em funções públicas: privatização ou publicização da relação jurídica de emprego público?", In: JORGE MIRANDA (coord.), *Estudos em homenagem ao Prof. Doutor Sérvulo Correia*, II, Coimbra, Coimbra Ed., 2010, 277-304 (290 ss).

[546] No entanto, a mencionada norma foi alvo de revogação pela Lei n.º 12-A/2008, de 11 de Setembro.

[547] Para maiores desenvolvimentos relativamente à reforma do emprego público cf. CLÁUDIA VIANA, *Contrato de trabalho...cit*, 290.

pelos arts. 18.º, al. d) da Lei n.º 59/2008 e 116.º, al. bj) da Lei n.º12-A/2008 pelo que, a partir de 1 de Janeiro de 2009, o padrão regulatório acima apresentado viu-se modificado

No que importa ao nosso objecto, o foco regulamentar encontra-se centrado na Lei n.º 59/2008, especialmente no art. 8.º do citado diploma bem como no art. 15.º RCTFP. A relevância do primeiro preceito resume-se à extensão da aplicabilidade do regime então reservado para os contratos de trabalho em funções públicas aos trabalhadores da Administração cujo vínculo seja constituído por nomeação[548]. Assim, prescrevia o diploma a extensão da tutela em diversas matérias entre as quais se realça a protecção dos direitos de personalidade (al. a), protecção do património genético (al. c) e, ao que ora importa, no plano da igualdade e não discriminação (al. b)[549].

Chegados a este ponto, observemos o direito substantivo consagrado: apresenta o RCTFP, no seu art. 15.º, em três números e sob epígrafe *"assédio"*, a transposição textual do preceito ínsito no art. 24.º do Código do Trabalho de 2003, a qual se estende aos preceitos que integram o sistema normativo em causa – arts. 13.º e ss do RCTFP bem como os arts. 4.º a 14.º do Regulamento do RCTFP, cujo teor corresponde aos arts. 22.º ss CT03 e 31.º e ss do RCT. Por conseguinte e face à inexistência de carácter inovatório da mencionada disposição[550], remetemos para o que ficou dito aquando da análise anteriormente formulada ao regime do Código do Trabalho de 2003[551].

No entanto, não poderemos deixar de criticar, no plano da legística, a mera duplicação de preceitos legais com o mesmo teor: ainda que se mostre pragmática a inserção do preceito, facilitando ao cidadão – *in casu*, ao trabalhador público – o acesso ao teor das normas pelas quais se rege a sua relação laboral, revela-se imperfeita, no plano técnico-jurídico, a mul-

---

[548] Nos termos do art. 9.º, n.ºs 1 e 4 da LVCR, a relação jurídica de emprego público constitui-se por nomeação ou por contrato de trabalho em funções públicas bem como ainda, caso se verifiquem certas condições, por comissão de serviço.

[549] A remissão operada pelo art. 9.º da Lei n.º 12-A/2008 estabelece o intérprete, ao contrário do regime anteriormente previsto pela alínea a) do n.º5 da Lei n.º 99/2003, quanto à remissão *in totum* para o regime efectivamente aplicável, incluindo a sua regulamentação. Assim, se neste último regime se afigura duvidosa a extensão da norma remissiva – ainda que juridicamente sustentável face à natureza adjuvante e não inovadora da norma regulamentadora – tal situação não se verifica nesta situação.

[550] MARIA REGINA REDINHA, *Assédio noção binária...cit.*, 150.

[551] Cf. *supra* 5.3.2.

tiplicação de preceitos cuja *ratio essendi* se apresenta constante, pela mera circunstância de se incluírem em diploma cujo âmbito de aplicação, seja objectivo ou subjectivo, se mostra limitado. Aliás, o emprego de tal técnica legislativa potencia, em caso de intervenção legislativa, uma eventual dissonância regulatória que não se apresenta juridicamente fundada, quebrando então uma desejável coesão normativa.

Todavia, a harmonização da tutela do assédio laboral entre as relações jusprivatísticas de trabalho e de emprego público apresentou uma duração algo curta. Ainda que o regime resultante do art. 15.º do RCTFP se tenha mantido vigente até 01 de Agosto de 2014, data de inicio de vigência da Lei n.º 35/2014, que aprova a Lei Geral do Trabalho em Funções Públicas, a modificação introduzida pelo Código do Trabalho de 2009 ao regime tutelar do assédio laboral – e que, conforme observado anteriormente, modificou de modo relevante os parâmetros de combate ao fenómeno – gerou um parcelamento da abordagem ao fenómeno, em manifesto prejuízo da tutela do trabalhador em funções públicas.

Conforme MARIA REGINA REDINHA – e no nosso entender quanto a este ponto, bem – coloca a questão[552], enquanto o regime do Código do Trabalho, nomeadamente em função da modificação conceptual de assédio legalmente prevista no n.º1 do art. 29.º CT, aborda unitariamente o fenómeno, fazendo-lhe corresponder um único regime jurídico aplicável, o tratamento jurídico a que o assédio na Administração Pública é sujeito mantém-se arreigado à bipartição entre assédio discriminatório – cuja tutela poderá ser juridicamente reconduzida aos arts. 15.º ss do RCTFP – e assédio não discriminatório – cuja protecção exige o recurso aos normativos gerais, designadamente aos deveres laborais ou ao princípio da boa-fé ínsito no 86.º, n.º1 do RCTFP. Deste modo, em resultado da articulação de dois factores, a saber, a deficiente técnica empregue nos diplomas bem como a intervenção legislativa de que o Código do Trabalho foi objecto, não se geraram as condições necessárias para fixar transversalmente a tutela do assédio no trabalho no âmbito das relações laborais.

Por fim, o regime jurídico das relações de emprego público, conforme resultante da reforma de 2008, foi substituído pela Lei Geral do Trabalho em Funções Públicas, aprovada pela Lei n.º 35/2014, de 20 de Junho. Pese embora a LGTFP procure por termo à dispersão de diplomas legais regu-

---

[552] MARIA REGINA REDINHA, *Assédio noção binária...cit.*, 154 ss.

lamentadores da formação e execução da relação de emprego público[553], sucedendo assim à LVCR bem como ao RCTFP, opta deliberadamente por não se constituir um mero repositório de normas referentes a questões que não se mostram específicas do trabalho prestado em funções públicas, da sua natureza ou do próprio vínculo que se constitui[554].

Por conseguinte, prevê o art. 4.º da LGTFP um conjunto de remissões para o Código do Trabalho e para a legislação complementar, de matérias transversais e cuja especialidade no âmbito do trabalho público não justificaria a sua transposição para o diploma. Assim, algumas matérias de natureza genérica, dir-se-ia de *Direito Comum do Trabalho*, ainda que historicamente ínsitas no Código do Trabalho, integram por via remissiva e, consequentemente, regulam as relações jurídicas de emprego público. Nestes termos, para além das normas de Direito Colectivo do Trabalho (art.º 4.º, n.º1, al. j), k) e l), o LGTFP acolhe, de igual modo, as matérias constantes do Código do Trabalho referentes a direitos de personalidade (art. 4.º, n.º1, al.b) bem como igualdade e não discriminação (art. 4.º, n.º1, al.c).

Face ao teor das mencionadas normas e não existindo no âmbito da citada Lei Geral qualquer normativo específico quanto ao nosso objecto, apresenta-se a seguinte interrogação: prevê a LGTFP a aplicação directa do regime jurídico tutelar do assédio laboral prevista no Código do Trabalho por aplicação do art. 4.º, n.º1, al.c) do RCTFP?

Tal como interpretamos as normas referenciadas, a resposta deverá ser inequivocamente afirmativa[555].

No nosso entendimento, a técnica legislativa empregue na construção da remissão permite que o comando jurídico hermeneuticamente extraível do preceito apresente duas orientações principais: uma, segundo a qual o legislador optou por efectuar uma remissão material, referente a uma determinada matéria ou direito material aplicável ou, por outro lado, uma interpretação segundo a qual o legislador optou por remeter directamente para a estrutura organizativa do diploma destinatário da remissão, ou seja, aplicando um critério estrutural.

---

[553] PAULO VEIGA E MOURA / CÁTIA ARRIMAR, *Comentários à Lei Geral do Trabalho em Funções Públicas*, I, Coimbra, Coimbra Ed., 2014, 94 ss
[554] Críticos face à opção legislativa, cf. PAULO VEIGA E MOURA / CÁTIA ARRIMAR, *Comentários...* cit., 95.
[555] No mesmo sentido, CLÁUDIA HENRIQUES NUNES, *O contrato de trabalho em funções públicas – face à Lei Geral do Trabalho*, Coimbra, Coimbra Ed., 2014, 133 ss.

No que ao nosso objecto ora interessa, estamos certos que a remissão gizada pelo legislador se dirige à sistemática adoptada pelo Código do Trabalho, *in casu*, à Subsecção III com epígrafe correspondente à norma remissiva[556]. Para a mencionada conclusão contribuem, para além da letra da lei, um conjunto de factores, a saber, i) a circunstância de o critério remissivo de carácter estrutural presidir igualmente à maioria das restantes alíneas do mencionado diploma, ii) não existirem razões justificativas ou fundadas para suprimir tal regulamentação central no direito constituído, numa prática materialmente infundada; iii) não existir qualquer intenção relevada pelo legislador de operar uma regressão na protecção dos trabalhadores públicos, ainda mais quando se convocam as normas protectoras dos direitos de personalidade dos trabalhadores, indelevelmente relacionadas com o movimento de protecção do núcleo elementar de pessoalidade dos trabalhadores e, por fim, iv) a eventual violação da obrigação de transposição das normas comunitárias, já anteriormente promovida.

Por conseguinte e em síntese, consideramos que, hodiernamente e em função do sistema remissivo operado pelo art. 4.º, n.º1, c) do LGTFP, o art. 29.º do Código do Trabalho é transversalmente aplicável às relações juslaborais regidas pelo Código do Trabalho bem como às relações de emprego público.

A mencionada opção legislativa apresenta-se, no nosso entendimento, benéfica. A unificação da tutela face à prática de actos assediantes em ambiente laboral proporciona a sua identificação enquanto elemento transversal de tutela do trabalho juridicamente subordinado, independentemente da sua natureza pública ou privada, e, consequentemente, faculta a análise concentrada do regime jurídico por parte da doutrina e da jurisprudência, seja oriunda da jurisdição comum ou administrativa[557], bem

---

[556] Com entendimento diverso, ainda que sem fundamentação, cf. PAULO VEIGA E MOURA / CÁTIA ARRIMAR, *Comentários... cit.*, 99. De acordo com os citados autores, a remissão operada pelo art. 4.º, n.º1, al.c) do RCTFP deve considerar-se efectuada para os arts. 23.º a 28.º e 32.º do Código do Trabalho.

[557] A atribuição de competência à jurisdição administrativa e fiscal efectivada para a resolução de litígios emergentes do vínculo de emprego público, operada pelo art. 12.º da LGTFP poderá compelir ao exercício da função jurisdicional em matérias para as quais esta não se encontra historicamente vocacionada. Por conseguinte, cremos que, no âmbito de matérias tipicamente laborais ou jusprivadas, deverá a jurisdição administrativa e fiscal apresentar uma especial sensibilidade para a jurisprudência existente nos tribunais comuns.

como a sedimentação do sentido e alcance das normas legais e, assim, da tutela juridicamente concedida.

5.6. Negociação colectiva e assédio nas relações laborais

Conforme tivemos oportunidade de salientar oportunamente, provém do direito comunitário um vigoroso incentivo à promoção pelos Estados Membros da inclusão no âmbito da negociação colectiva entre parceiros sociais de um conjunto de matérias para os quais estas entidades se encontram especialmente vocacionados. Assim, entre outros normativos, a Directiva n.º 76/207/CEE, referente à concretização do princípio da igualdade de género, na redacção introduzida pela Directiva n.º 2002/73/CE, e a Directiva n.º 2006/54/CE, que veio reformular aquela primeira, impõem aos Estados Membros, respectivamente, nos seus art. 8.º-A, n.º 2 e 3 e art. 21.º, n.º 2 e 3, o ónus de fomentar junto dos parceiros sociais a promoção da igualdade entre géneros, a conciliação da vida profissional com a vida familiar, e, por outro lado, a celebração de acordos que estabeleçam regras de combate à discriminação. Ora como vimos, ainda que o assédio moral no âmbito das relações laborais não se esgote na eventual índole discriminatória do processo – e pese embora em determinadas circunstâncias se sobreponha -, não poderemos desconsiderar a influência daqueles comandos comunitários para além do seu objecto inicial pelo que atingirá de igual forma o fenómeno.

Notamos ainda que este estado de reforma legislativa constante no âmbito do direito substantivo e adjectivo poderá conduzir a resultados intoleráveis e, como tal, absurdos, seja no plano da jurisdição ou do processo. Assim, se nos focarmos no âmbito do sector empresarial do Estado, mais especificamente das entidades públicas empresariais, facilmente encontramos trabalhadores a exercer as mesmas funções e a ocupar categorias idênticas que, fruto de um diferente enquadramento jurídico, são titulares de diferentes vinculações e seguirão cursos processuais distintos e, eventualmente, distintos desfechos.
Assim, numa actuação juridicamente qualificada como assédio estratégico poderá tramitar disjuntamente na jurisdição comum e na jurisdição administrativa e fiscal caso os factos tenham sido simultaneamente praticados contra um trabalhador titular de vínculo de emprego público e contra um trabalhador titular de uma relação jurídico-laboral privada resultante da celebração de contrato individual de trabalho. Neste caso, teremos tribunais competentes oriundos de diferentes jurisdições bem como diferentes formas de processo tendente à apreciação dos mesmos factos e aplicação do mesmo direito.

Por conseguinte, a chamada dos parceiros sociais para o momento regulatório, para além de permitir uma densificação normativa a um nível mais próximo, permite potenciar os benefícios originários da auto-regulação propiciada pela negociação colectiva, mormente, a majoração da eficácia e respeito desses comandos[558].

Nesta perspectiva e em estrita concordância com as normas juscomunitárias, o sistema juslaboral português permitiu, quer no Código do Trabalho de 2003 quer no Código do Trabalho ora vigente, a densificação normativa dessas matérias no âmbito da convenção colectiva de trabalho[559]: se da conjugação dos arts. 4.º, n.º1 e 2 e 533.º do CT03 resulta, *a contrario senso*, a admissibilidade regulatória[560], esse carácter permissivo emerge ainda mais claro dos art. 3.º, n.º1 e 3 art. 492.º, n.º2, al. d) do CT ainda que, neste particular, imponha o tratamento mais favorável dos trabalhadores.

Como bem se entende, até à entrada em vigor do Código do Trabalho de 2003 o tratamento do assédio moral carecia de uma densa construção conceptual que permitisse a estruturação unitária da figura com base das restantes normas gerais tuteladoras da dignidade da pessoa humana. De igual modo e ainda que algumas franjas e manifestações típicas de assédio já fossem reportadas – mormente quanto à violação da ocupação efectiva do trabalhador - o fenómeno mostrava-se ainda uma realidade genericamente desconhecida para os operadores pelo que é perceptível o inexistente reflexo deste problema nos instrumentos de regulamentação colectiva do trabalho vigentes.

Não obstante, com a entrada em vigor do Código do Trabalho de 2003 e, em especial, do art. 24.º do CT03, esta situação viu-se modificada de forma ténue. De acordo com o levantamento realizado, durante a vigência

---

[558] Cf. refere ANTÓNIO MENEZES CORDEIRO em *Manual...cit.*, 255, as teorias associadas à legitimidade sociológica das decisões permitem justificar um maior grau de eficácia na observância dos comandos normativos quando os destinatários das mesmas participaram na sua formação e/ou aprovação. Em sentido próximo, vd. JÚLIO VIEIRA GOMES, *"Da interpretação e integração das convenções colectivas"*, in: *Novos estudos de Direito do Trabalho*, Coimbra, Coimbra Ed., 2010, 121-159 (127 ss).

[559] Face ao nosso objecto e visto que a nossa investigação não versa especificamente sobre esta temática, optámos por analisar exclusivamente as principais questões na perspectiva da convenção colectiva de trabalho que, como é conhecido, corresponde à manifestação por excelência do direito de negociação colectiva.

[560] Neste sentido cf. PEDRO ROMANO MARTINEZ, *Direito do Trabalho*, 4.ª, Coimbra, Almedina, 2007, 264 ss e 1139 ss.

do Código do Trabalho de 2003 foram passíveis de ser identificadas sete convenções colectivas – dois acordos de empresa, quatro contratos colectivos de trabalho, um acordo colectivo de trabalho[561] - que versam originariamente sobre este aspecto[562].

O primeiro instrumento de regulamentação colectiva do trabalho publicado no âmbito da vigência do Código de Trabalho de 2003 data do ano de 2004 e corresponde à aprovação de um acordo de empresa em modificação a um IRCT pré-existente, outorgado entre a sociedade comercial por quotas Morais Matias, Lda e a Federação dos Sindicatos de Cerâmica, Cimento e Vidro de Portugal[563]. No sobredito acordo de empresa logrou--se aditar uma cláusula sob epígrafe "coacção/assédio" que estabelecia expressamente nos seus três números que *"todos os trabalhadores têm direito a exercer a sua actividade profissional de forma efectiva e sem quaisquer constrangimentos, no respeito integral pela dignidade da pessoa humana"*, estatuindo-se de igual modo que, em caso de violação daquele preceito por parte da entidade empregadora, *"esta constitui-se na obrigação de pagar ao trabalhador uma indemnização de valor nunca inferior ao triplo da retribuição efectivamente recebida, sem prejuízo de outras indemnizações por danos patrimoniais ou não patrimoniais a que houver lugar"*. Por fim, o n.º3 daquela cláusula convencional estabelece que caso o comportamento violador da dignidade da pessoa humana

---

[561] A saber e por ordem cronológica, foi aprovado o AE celebrado entre a Morais Matias, Lda e a Federação dos Sindicatos de Cerâmica, Cimento e Vidro de Portugal (BTE n.º30, 2004), o CCT entre a Associação dos Industriais Transformadores de Vidro Plano de Portugal e a FEVICCOM — Federação Portuguesa dos Sindicatos da Construção, Cerâmica e Vidro e outra (BTE n.º 46, 2004), o CCT entre Liga Portuguesa de Futebol Profissional e a FESAHT — Federação dos Sindicatos da Agricultura, Alimentação, Bebidas, Hotelaria e Turismo de Portugal (BTE n.º3, 2005), o CCT entre a Liga Portuguesa de Futebol Profissional e a FEPCES — Federação Portuguesa dos Sindicatos do Comércio, Escritórios e Serviços e outros (BTE n.º3, 2005), o CCT entre a Associação Nacional dos Industriais Transformadores de Vidro e a FEVICCOM — Federação Portuguesa dos Sindicatos da Construção, Cerâmica e Vidro e outra (BTE n.º7, 2005), o ACT entre a Sociedade de Panificação Sul do Tejo, Lda. e outras e a Federação dos Sindicatos da Agricultura, Alimentação, Bebidas, Hotelaria e Turismo de Portugal (BTE n.º1, 2007) e o AE entre EMSUAS — Empresa Municipal de Serviços Urbanos de Alcácer do Sal, E. M., e o STAL — Sindicato Nacional dos Trabalhadores da Administração Local (BTE n.º4, 2008).

[562] Foram desconsiderados desta contabilização dos IRCT que consubstanciam meras revisões globais de instrumentos anteriormente aprovados. Por conseguinte, havendo sucessão no tempo de diferentes versões de IRCT entre as mesmas entidades, somente se considera o primeiro, salvo se tiver ocorrido alguma modificação substancial na regulamentação nele ínsita.

[563] Cf. BTE, 1.ª série, n.º 30, de 15/08/2004, 2895 ss.

provenha de um superior hierárquico e o trabalhador o decida denunciar ao empregador, este se encontra na obrigação de actuar disciplinarmente sobre o autor[564].

Conforme se observa do preceito enunciado, para além do reforço expresso da aplicabilidade do princípio basilar do ordenamento jurídico português – cf. art. 1.º da Constituição da República Portuguesa – aquele preceito, sem qualquer pretensão em definir conceptualmente o que se deve entender por assédio ou coacção, logra identificar imediatamente o aspecto fundamentar do sistema de tutela do assédio, a protecção da dignidade da pessoa humana. Assim, como se vê, esta estipulação convencional ultrapassa e muito o escopo tutelador presente do art. 24.º do CT03 que, como se viu, se limita à protecção do assédio fundado em factor de discriminação. Nesta perspectiva, é de enaltecer a argúcia daqueles agentes na construção daquele normativo.

Não obstante, o preceito mostra-se, no nosso entender, insuficiente face ao seu carácter unidireccional. Como se extrai dos n.º1 e 2 da Cláusula 15.ª, aquele normativo apenas versa sobre situações de assédio vertical descendente, ou seja, quando o acto assediante seja praticado pela entidade empregadora ou pelo superior hierárquico. Por conseguinte – e ainda que interpretativamente seja possível proceder ao aproveitamento do sentido útil daquela estipulação[565] – cremos que seria avisado abarcar naquele normativo o carácter multidirecional, em ambiente laboral, dos actos potencialmente lesivos da dignidade da pessoa humana dos sujeitos laborais, independentemente das posições ocupadas nessa relação.

---

[564] Naturalmente que daquela cláusula não resulta necessariamente o dever de aplicar uma sanção ao trabalhador: por exercer o poder disciplinar deve entender-se o exercício das faculdades associadas àquele poder sancionatório no âmbito laboral, nomeadamente a instauração de procedimento disciplinar para apuramento dos factos concretamente praticados. Por conseguinte, não sendo provado qualquer ilícito disciplinar no competente procedimento, não existe qualquer fundamento para aplicação de uma sanção disciplinar.

[565] Conforme tivemos oportunidade de salientar, consideramos que, em virtude natureza marcadamente privada e juscontratualista da convenção colectiva de trabalho, serão aplicáveis à convenção colectiva os critérios hermenêuticos plasmados nos arts. 236.º e ss do Código Civil. Para mais desenvolvimentos cf. Pedro Barrambana Santos, *"A natureza jurídica da convenção colectiva de trabalho – Novas reflexões acerca de um velho problema"*, In: Rosário Palma Ramalho (coord.), *Estudos do Instituto de Direito do Trabalho*, VII, Coimbra, Almedina, 2015, 247-328 (320 ss).

Igualmente relevante afigura-se-nos o estabelecimento de uma cláusula penal de carácter indemnizatório cujo mínimo exigível surge imediatamente estabelecido, pelo menos, no triplo da remuneração efectivamente recebida pelo trabalhador, sem prejuízo de outras indemnizações a que haja lugar. Do estabelecimento daquele montante indemnizatório mínimo, admissível nos termos do art. 811.º, n.º2 do Código Civil, transparecem ainda cautelas probatórios que, nesta sede, poderão ser de complexa produção de prova: ainda que ao trabalhador, demonstrada a situação de assédio, seja atribuído, a título de cláusula penal, pelo menos, aquele montante indemnizatório previamente estabelecido, caso o trabalhador logre provar que a extensão dos seus danos se estima em montante superior à indemnização estabelecida, poderá exigir o pagamento desse remanescente. No entanto, encontramo-nos num terreno em que fruto da difícil produção de prova, é assegurado ao trabalhador, provado o assédio, aquele mínimo indemnizatório[566].

Quanto às restantes convenções colectivas cuja publicação foi identificada durante o período de vigência do Código do Trabalho não se manifestam, salvo alguns aspectos pontuais, diferentes perspectivas face à cláusula apresentada, a qual aparece plasmada de modo idêntico IRCT elencados[567]. Por conseguinte, poderemos considerar, *grosso modo*, o preceito exposto como a regulamentação típica existente durante a vigência do CT03.

Por conseguinte, não poderemos concordar com a posição apresentada pelo Livro Verde sobre as Relações Laborais[568] quanto à inexistência de cláusulas convencionais respeitantes ao assédio moral durante a vigência do Código do Trabalho de 2003 face ao que anteriormente se demonstrou. Não obstante e ainda que no plano qualitativo se afirme a sua regu-

---

[566] Não obstante num plano pragmático o estabelecimento daquele valor possa valer como uma salvaguarda para o trabalhador assediado, garantindo-lhe um mínimo indemnizatório, apresentamos algumas reservas, no plano teórico, ao estabelecimento de uma relação directa, uma *"tarifação"*, entre a dignidade do trabalhador e o seu estatuto e nível remuneratório. Ora, como é sabido, no ordenamento jurídico português a obrigação de indemnizar apresenta um carácter fundamentalmente ressarcitório do lesado, destinada a responder ao dano infringido. Ora, parece-nos líquido que não existe a mínima ligação entre a dignidade do trabalhador e a remuneração por este auferida pelo este critério é, no nosso entender, de rejeitar.
[567] A este respeito, salienta-se somente a inexistência da cláusula indemnizatória em ambos os CCT outorgados FEVICCOM — Federação Portuguesa dos Sindicatos da Construção, Cerâmica e Vidro como associação de empregadores.
[568] António Dornelas (coord.), *Livro Verde ...cit.*, , 104 ss e 133.

lamentação, não poderemos, todavia, deixar de mencionar o seu carácter quantitativamente ínfimo face à realidade da negociação colectiva portuguesa, correspondendo a apenas a cerca 2% dos IRCT negociais vigentes entre 2003 e 2009[569].

Não obstante, a entrada em vigor do Código do Trabalho de 2009 não logrou dinamizar extraordinariamente a regulamentação neste âmbito pese embora, como melhor se verá, desde 2009 tem vindo paulatinamente a ser aprovadas em maior número convenções colectivas de trabalho que regulam o fenómeno. Assim, durante a vigência do Código do Trabalho, para além das revisões e modificações convenções colectivas publicadas outorgadas entre agentes que já tiveram oportunidade de regulamentar esta matéria no âmbito do direito pregresso, - que, naturalmente, correspondem à manutenção e renovação da plataforma de acordo anteriormente alcançada - é possível identificar um acréscimo de convenções colectivas que se propõem a regular o fenómeno. Porquanto é possível identificar a publicação de nove novas convenções colectivas trabalho – seis acordos de empresa, dois contratos colectivos de trabalho e um acordo colectivo[570] - que regulam concretamente o fenómeno.

---

[569] De acordo com os dados divulgados pelo INSTITUTO NACIONAL DE ESTATÍSTICA no *Anuário Estatístico de Portugal 2010*, Lisboa, INE, 2010, 231 ss, o número de IRCT negociais oscilou entre 244 (em 2006) e 296 (em 2008) o que permite notar a diminuta profusão desta regulamentação.

[570] Referimo-nos ao AE entre a Associação Humanitária de Bombeiros Voluntários de Vila de Rei e o STAL — Sindicato Nacional dos Trabalhadores da Administração Local (BTE n.º 26, 2009), ao AE entre a MoveAveiro — Empresa Municipal de Mobilidade, E. M., e o STAL — Sindicato Nacional dos Trabalhadores da Administração Local e outro (BTE n.º 35, 2009), ao AE entre a EMARP — Empresa Municipal de Águas e Resíduos de Portimão e o STAL — Sindicato Nacional dos Trabalhadores da Administração Local (BTE n.º 41, 2009), ao CCT entre a APHORT — Associação Portuguesa de Hotelaria, Restauração e Turismo e a FETESE — Federação dos Sindicatos da Indústria e Serviços (BTE n.º 40, 2011), ao AC entre a PT Comunicações, S. A., e outras e o SINDETELCO — Sindicato Democrático das Comunicações e dos Média e outros (BTE n.º 47, 2011), ao AE entre a Santa Casa da Misericórdia de Lisboa e o STFPSSRA - Sindicato dos Trabalhadores em Funções Públicas e Sociais do Sul e Regiões Autónomas e outro (BTE n.º 6, 2013), ao AE entre a CEFOSAP - Centro de Formação Sindical e Aperfeiçoamento Profissional e o SITESE - Sindicato dos Trabalhadores e Técnicos de Serviços (BTE n.º 25, 2014), ao AE entre a GOODREST - Serviços de Restauração e Catering, Lda. e a FESAHT - Federação dos Sindicatos da Agricultura, Alimentação, Bebidas, Hotelaria e Turismo de Portugal (BTE n.º 17, 2014) e ao CCT entre a AES - Associação de Empresas de Segurança e outra e a FETESE - Federação dos Sindicatos da Indústria e Serviços e outro (BTE n.º 32, 2014).

Em face do exposto e atendendo à ténue disseminação regulatória, não possível considerar que a regulamentação do assédio moral pelos instrumentos de regulamentação colectiva de trabalho corresponda a uma norma convencional típica face à limitação apresentada. Não obstante e contrariamente ao que se verificava durante a vigência do Código do Trabalho de 2003, não é possível apontar a existência de uma norma típica ou norma padrão que seja estabelecida.

Do universo de estipulações analisadas, é, porém, possível estabelecer a existência de três padrões de comportamento quando ao clausulado: um primeiro padrão, dir-se-ia de *matriz clássica ou originária*, que opta por estabelecer aos trabalhadores o exercício da actividade profissional de forma efectiva sem constrangimentos e em respeito da dignidade da pessoa humana. Esta corrente, que entre outras, se encontra presente nas convenções colectivas outorgadas pelo STAL enquanto associação sindical, sofre, no entanto, algumas concretizações díspares quanto à restante regulação, a saber, i) estabelecimento exclusivo da regra base; ii) consagração adicional da obrigação de actuar disciplinarmente sobre o agente assediador em caso de denúncia e, por fim, ainda que em número, iii) estabelecimento de cláusula penal e determinação de indemnização mínima em caso de assédio. Ora, como se observa, esta corrente corresponde, *grosso modo*, a ligeiras modificações do regime plasmado na CCT outorgada entre a Morais Matias, Lda e a Federação dos Sindicatos de Cerâmica, Cimento e Vidro de Portugal em 2004 pelo que retemos para o que ficou anteriormente dito.

Noutra perspectiva, é passível de ser identificada uma matriz mais legalista, ou seja, cujo teor se encontra mais estritamente arreigado à letra da lei.

Por conseguinte, estas convenções colectivas optam por transportar textualmente para o seu âmbito a norma legal estabelecida no art. 29.º CT pelo que, nessa medida, não se verificando qualquer regulação normativa adicional, aquelas cláusulas acabam por se revelar redundantes[571].

No entanto, no âmbito desta corrente, é possível identificar, em algumas convenções colectivas de trabalho, um conjunto de estipulações convencionais que, de acordo com o sistema de fontes estabelecido no Código do Trabalho de 2003, terão de ser consideradas como nulas por violação do art. 3.º, n.º3 do CT. É o caso de ambos AC outorgados entre a PT Comu-

---

[571] É o caso da cláusula 10.ª do CCT outorgado entre a APHORT — Associação Portuguesa de Hotelaria, Restauração e Turismo e a FETESE — Federação dos Sindicatos da Indústria e Serviços (BTE n.º 40, 2011)

nicações, S.A. e outras e o SINDETELCO — Sindicato Democrático das Comunicações e dos Média e outros (BTE n.º 47, 2011 e BTE n.º 20, 2013) bem como do AE outorgado entre a Santa Casa da Misericórdia de Lisboa e o STFPSSRA - Sindicato dos Trabalhadores em Funções Públicas e Sociais do Sul e Regiões Autónomas e outro (BTE n.º 6, 2013).

Conforme se salientou pela sua qualificação, a filosofia dos citados IRCT passa pelo desenvolvimento de uma aproximação ao teor da lei e pela sua replicação no instrumento convencional. Não obstante, os citados acordos colectivos, ao desenvolverem essa tarefa, logram modificar inadmissivelmente o regime jurídico aplicável aos sujeitos que se encontrem (ou encontrassem) vinculados por aquele acordo colectivo.

Vejamos o teor daqueles comandos: dispõe o citado acordo colectivo de 2011 na sua cláusula 5.ª, n.º1 que, *"é proibido à entidade empregadora [...] j) comportamentos que possam configurar assédio"* sendo que, nos termos do n.º 2 *"entende-se por assédio o comportamento indesejado baseado em factor de discriminação, praticado aquando do acesso ao emprego ou no próprio emprego, trabalho ou formação profissional, com o objectivo ou o efeito de perturbar ou constranger a pessoa, afectar a sua dignidade ou de lhe criar um ambiente intimidativo, hostil, degradante, humilhante ou desestabilizador"*. Por sua vez, o mencionado acordo colectivo de 2013 faz reproduzir no n.º1 na sua cláusula 11.ª o n.º2 da cláusula 5.ª do AC anterior.

Em sentido semelhante, o mencionado acordo de empresa reserva a cláusula 19.ª à regulamentação do assédio. Em primeiro lugar, aquele preceito procura definir no n.º1 o seu âmbito, classificando que *"o assédio exercido sobre candidato a emprego ou trabalhador, constitui discriminação"*. Nesta sequência, estabelece-se que *"constitui assédio, todo e qualquer comportamento indesejado relacionado com um dos fatores indiciados no n.º 2 da cláusula 17.ª* [ascendência, idade, sexo, orientação sexual, estado civil, situação familiar, património genético, capacidade de trabalho reduzida, deficiência, doença crónica, nacionalidade, origem étnica, religião, convicções políticas ou ideológicas e filiação sindical], *praticado sobre o candidato a emprego ou trabalhador, com o objetivo ou o efeito de afetar a dignidade da pessoa ou criar um ambiente intimidativo, hostil, degradante, humilhante ou desestabilizador"*.

Apreciadas as normas, constata-se a evidente semelhança daqueles preceitos ao art. 24.º do CT03, fixando uma concepção exclusiva de assédio discriminação. Não obstante, aquele entendimento redutor, conforme já tivemos oportunidade de expor, foi superado pela aprovação do art. 29.º do

Código do Trabalho, extraindo-se o intuito discriminatório como critério comportamental. Nesta perspectiva, a redução mediante recurso à contratação colectiva do conceito juridicamente atendível de assédio corporiza, no nosso entender, uma evidente limitação ao âmbito do regime legal. Por conseguinte, dado o enquadramento sistemático dos preceitos bem como o escopo prosseguidos por aquelas normas, o art. 29.º deve considerar-se abrangido pelo art. 3.º, n.º3, alínea a) do CT como matéria de intervenção restrita pela contratação colectiva pelo que qualquer intervenção nesse âmbito deve dispor em sentido mais favorável aos trabalhadores.

Em face do exposto, da aplicabilidade daquelas cláusulas de fonte convencional resulta uma evidente e objectiva redução da sua protecção, substituindo-se a tutela do assédio enquanto fenómeno global por um mero fragmento desse universo, o assédio discriminatório, pelo que, nos termos apresentados, deve ser aquela intervenção conceptual classificada como menos favorável aos trabalhadores e, por conseguinte, ser considerada nula por aplicação dos arts. 3.º, n.º3, al. a) e art. 478.º, n.º1, al.a), todos do Código do Trabalho. Assim, ainda que exista regulamentação, encontra-se em contravenção com o direito aplicável e, por conseguinte, será necessário suprir esta nulidade[572].

Por fim, é possível encontrar algumas cláusulas de orientação indefinida ou distinta. É o caso da cláusula 13.ª do AE celebrado entre o CEFO-SAP - Centro de Formação Sindical e Aperfeiçoamento Profissional e o SITESE - Sindicato dos Trabalhadores e Técnicos de Serviços pela qual se dispõe, sob epígrafe *"prevenção do assédio e violência no local de trabalho"* que *"sem prejuízo de outras obrigações, o centro proíbe e condena qualquer ato de violência no local de trabalho, avaliando e acompanhando todas as ocorrências"*. Não obstante o teor daquele normativo, não é possível extrair do mesmo qualquer comando de conduta para além da vinculação da entidade empregadora proceder à avaliação e acompanhamento das ocorrências levadas ao seu conhecimento. Não obstante, devemos notar que, conceptualmente, aquele preceito faz associar o assédio no local de trabalho à questão mais

---

[572] A título exemplificativo, veja-se o AE outorgado entre a Santa Casa da Misericórdia de Lisboa e o STFPSSRA estabelece na sua cláusula 118.º, n.º2, al.b) que se qualifica como *infracção* disciplinar grave a prática de assédio moral. Nestes termos, face à desconformidade legal identificada, aquele preceito convencional deverá ser correspondentemente interpretado tendo por referência o art. 29.º do Código do Trabalho e não o comando ínsito na cláusula 17.ª-

ampla da violência em ambiente laboral embora não seja extraído desse facto qualquer consequência.

Por conseguinte, cremos, para além da divulgação do fenómeno resultado da inserção no IRCT, não ser possível atribuir àquela norma qualquer função juridicamente proveitosa ou qualquer resultado efectivo para a tutela do bem jurídico a tutelar, a dignidade da pessoa humana.

Por fim e ainda neste âmbito, cabe realçar o teor do contrato colectivo celebrado entre a Associação de Empresas de Segurança e a Federação de Sindicatos da Indústria e Serviços[573] que, entre outros aspectos, se destaca por oferecer uma noção conceptual diferenciada de assédio.

Estabelece aquele preceito no n.º1 da cláusula 45.º que se qualifica como assédio o *"comportamento de um, ou mais, colegas de trabalho, trabalhadores ou representantes da entidade patronal, que tenha o propósito de perturbar ou constranger uma pessoa, afetando a sua dignidade, seja pela discriminação, ou pela criação um ambiente hostil, humilhante ou desestabilizador"* o que, conforme resulta do confronto com a norma de fonte legal, corresponde a um afastamento algo sensível de um conjunto de requisitos e sujeitos da norma e cuja legalidade poderá ser igualmente suscitada.

Não obstante, esta convenção colectiva afasta-se das restantes quanto a este aspecto em virtude da assunção, por parte da entidade empregadora no n.º2, da obrigação de promover práticas preventivas do fenómeno, mormente instituindo um código de boas práticas a entregar aos trabalhadores[574] bem como e ainda que de forma frugal, estabelece ao empregador o dever de afastamento entre vítima e agressor caso se venha a comprovar a queixa formulada (n.º3).

Ora, findo este excurso e pese embora os recentes desenvolvimentos ocorridos, concluímos que ainda existe um longo caminho a trilhar no âmbito da negociação colectiva relativamente ao assédio moral enquanto fenómeno

---

[573] Cf. BTE n.º 32, 2014.

[574] Ainda que o IRCT não resolva este aspecto, pode colocar-se a questão de saber se este código de boas práticas a provar pelo empregador pode consubstanciar, nos termos do art. 99.º do Código do Trabalho, um regulamento interno da empresa sobre a organização e disciplina do trabalho. Na nossa opinião, parece-nos que se encontram integralmente preenchidos os requisitos impostos por aquele regime legal. Por fim, quanto ao regime de participação na elaboração do regulamento interno, consideramos que este se encontra respeitado visto que os sujeitos laborais colectivos, no emprego do seu direito de negociação colectiva, decidiram atribuir à entidade empregadora o encargo de produzir esse conteúdo pelo que, para os devidos efeitos, deve considerar-se cumprido *ex ante* aquele requisito.

laboral, seja mediante instituição de mecanismos preventivos e repressivos da prática, procedimentos a observar e de salvaguarda dos visados.Assim e não obstante a sua paulatina introdução, as cláusulas que observámos revelam um indício da sensibilização dos sujeitos laborais colectivos para o fenómeno e, nesta medida, abrem perspectivas favoráveis ao aprofundamento da negociação colectiva nesta matéria, mormente mediante estabelecimento de modelos preventivos e procedimentos reactivos

5.7. Da norma à aplicação: a prática jurisprudencial

Conforme resulta da célebre afirmação de MONTESQUIEU, *"quand je vais dans un pays, je n'examine pas s'il y a de bonnes lois, mais si on exécute celles qui y sont, car il y a de bonnes lois partout"*[575], pelo que, transportando aquele ensinamento para o nosso objecto, consideramos que desempenha uma função essencial na compreensão integral do assédio laboral no ordenamento jurídico português a análise da actividade desempenhada pela função jurisdicional. No entanto, o exercício da função jurisdicional, especialmente neste âmbito, deve ser perspectivado, no nosso entender, tendo presente dois aspectos cuja relevância não deve ser desprezada, a saber, *i)* a proveniência jurisdicional e *ii)* a legislação aplicável.

Quanto à questão jurisdicional, é tradicional no nosso ordenamento jurídico a cisão entre a atribuição da competência aos tribunais administrativos e fiscais para conhecer dos litígios emergentes de vínculos de emprego público e concessão de competência à jurisdição comum, mormente aos tribunais e secções do trabalho[576], para decidir questões relati-

---

[575] MONTESQUIEU, *Notes sur l'Angleterre*, Paris, Garnier Frères, 1875, 7.

[576] Embora hodiernamente o tratamento do contencioso laboral esteja integrado na jurisdição comum e maioritariamente entregue às secções de competência especializada do trabalho – salvo quanto à Região Autónoma dos Açores, exceptuados os municípios da ilha de São Miguel, onde esta competência está acometida à instância local, nos termos da Lei n.º 62/2013, de 26 de Agosto -, nem sempre assim ocorreu entre nós: o Decreto-Lei n.º 24194, de 20 de Julho de 1934 logrou estabelecer originariamente a *"organização e jurisdição dos tribunais do trabalho"* dos quais, face a natureza corporativista do regime, se recorria para a secção do contencioso do trabalho e previdência social do Supremo Tribunal Administrativo, opções igualmente mantidas no Estatuto dos Tribunais do Trabalho, aprovado pelo Decreto-Lei n.º 41745, de 21 de Julho de 1958. Ora, este estado foi mantido até à entrada em vigor da Lei n.º 82/77, de 6 de Dezembro, que integrou na ordem judiciária os tribunais do trabalho (art. 85.º) e os concretizou como tribunais de competência especializada, opção reiterada e que

vas a litígios emergentes de questões laborais privadas[577]. Nestes termos, ainda que o assédio laboral seja uma manifestação socialmente emergente das relações humanas independentemente da natureza do vínculo, este fraccionamento poderá criar, potencialmente, um diferente desenvolvimento de base jurisprudencial.

Não obstante o que ficou exposto, a apreciação das decisões no âmbito da jurisdição administrativa encontra-se limitada, no nosso entender, em função da diminuta procura neste âmbito bem como, por outro lado, em resultado do tradicional legado histórico existente no contencioso administrativo e que, ainda que este já se encontre largamente ultrapassado, poderá limitar os agentes no exercício dos seus direitos. Nesta medida, a intervenção dos tribunais administrativos e fiscais em matérias que, se avaliadas por prisma diverso, poderiam consubstanciar assédio laboral, reconduz-se genericamente à identificação de violações nucleares de deveres, seja o dever de ocupação efectiva[578] ou outros, bem como à apreciação de

---

hoje encontra acolhimento da Lei n.º 62/2013, de 26 de Agosto, que aprovou a organização do sistema judiciário.
Quanto às relações de trabalho de direito público, seja pela aplicação dos arts. 796.º e ss do Código Administrativo, do Decreto-Lei n.º129/84, de 27 de Abril, que aprova o Estatuto dos Tribunais Administrativos e Fiscais, da Lei n.º 13/2002, de 19 de Fevereiro, que aprova o Estatuto dos Tribunais Administrativos e Fiscais, seja dos diplomas destinados à regulação das relações juslaborais públicas, é reservada à jurisdição administrativa a discussão desses pleitos. A este respeito cf. JOÃO RATO, "O desempenho da via judiciária: organização e funcionamento da justiça do trabalho", In: CONSELHO ECONÓMICO E SOCIAL, Debate sobre "administração e justiça do trabalho", Lisboa, CES, 1997, 26-33 (28 ss), disponível em www.ces.pt/download/574/DebateAdmJustTrab.pdf (acedido a 20/06/2015) e JOSÉ VIEIRA DE ANDRADE, A justiça administrativa, 11.ª, Coimbra, Almedina, 2011, 25 ss.
[577] Neste sentido, JOSÉ RODRIGUES DA SILVA, Trabalho...cit., 74 ss.
[578] Veja-se neste sentido o acórdão do STA de 03/11/2005, proc. 0803/05, rel. Rosendo José, no qual se considerou que a manutenção de um trabalhador sem que durante cerca de 17 anos fosse colocado em algum serviço e que durante cerca de 20 anos se viu na circunstância de não lhe ser distribuído trabalho consubstancia uma violação do princípio da boa fé na execução dos contratos e uma violação do art. 59.º, n.º1, al. b) da CRP pelo que, como tal, deve ser a Administração responsabilizada civilmente e obrigada a indemnizar o trabalhador. Ora, na situação em apreço, para além de não ser adstrito a um serviço ou estabelecidas funções para desempenhar, o trabalhador viu o seu posto de trabalho ser colocado fisicamente num espaço destinado a arrumos e material de limpeza pelo qua a factualidade associada a este caso parece remeter para o conjunto de comportamentos tidos como tipicamente assediantes. Não obstante, é assaz curioso notar que aquele douto tribunal optou por responsabilizar extracontratualmente a Administração por danos não patrimoniais face à natureza estatutária existente entre aquele funcionário e a entidade pública.

impugnação das sanções disciplinares aplicadas pela administração ao funcionário cuja factualidade dada como provada identifica potencialmente qualificáveis actos assediantes praticados pelo funcionário, dada a discricionariedade da Administração na determinação da sanção disciplinar[579].

Não poderemos afirmar, na verdadeira acepção, a existência de uma corrente jurisprudencial oriunda da jurisdição administrativa neste âmbito visto que as questões são genericamente perspectivadas num prisma nuclear, como violações de deveres funcionais, contratuais ou estatutários, singulares ou múltiplas, e não unificadas e apreciadas como um processo ilícito e danoso de índole global. Deste modo, a análise jurisprudencial terá de ser reservada para a jurisdição comum que historicamente proferiu as primeiras decisões a este respeito.

Noutro prisma e em intercepção com a jurisdição competente, cabe definir convenientemente e, em consequência, periodizar para fins analíticos, o fundamento normativo em que assenta a decisão judicial analisada: repescando o que ficou anteriormente exposto[580], o ordenamento jurídico português conheceu, até ao presente momento, três estádios de desenvolvimento normativo, a saber, *primo*, cronologicamente vigente entre 1976 e a entrada em vigor ao Código do Trabalho de 2003, caracterizado pela inexistência de norma específica, exigindo a convocação de normas e princípios gerais e o desenvolvimento do ilícito típico mediante construção conceptual, *secundo*, correspondente à vigência do Código do Trabalho de 2003, cuja principal especificidade passa pela identificação de uma tutela singular limitada em resultado da conformação confinada da norma e pela consequente construção conceptual, e *tertio*, a actual fase em curso decorrente da vigência do Código do Trabalho de 2009, marcada pelo acolhimento normativo, amplo e dotado de um regime específico, de um conceito de assédio laboral. Por conseguinte, o estabelecimento destes dois aspectos em momento prévio é determinante para a perspectivação da forma como o fenómeno tem sido perspectivada pelos tribunais comuns.

---

[579] Cf. acórdão do TCAS de 23/10/2010, proc. 06573/10, rel. Coelho da Cunha, acórdão do STA de 14/12/2005, proc.01127/04, rel. Cândido de Pinho. Assaz interessante é igualmente o parecer proferido pelo Magistrado do Ministério Público Carlos Monteiro junto do TCAS, de 30/07/2007, no âmbito do proc. 2947/07, no que tange à prescrição do direito a requerer a tutela ressarcitória.

[580] Em melhor detalhe, cf. *supra* 5.3.

Sem prejuízo do que ficou dito, a doutrina portuguesa, ao abordar a temática, tem vindo a interessar-se em analisar as decisões jurisdicionais proferidas após 2003 à medida que estes tem sido tornadas públicas, num movimento que reputamos natural face às problemáticas que resultam da aplicação do sistema jurídico, seja em resultado da *perturbação* originada pelo art 24.º do Código do Trabalho de 2003, seja relativamente à determinação dos pressupostos e requisitos de actuação do sistema normativo[581].

Ao contrário do que seria expectável, a aplicabilidade no âmbito do Direito do Trabalho das normas referentes à protecção da pessoa humana encontrou alguma resistência inicial, seja quanto à invocabilidade dos direitos fundamentais ou dos direitos de personalidade transversalmente concedidos. Tal resistência foi sendo paulatinamente quebrada desde meados da década de 80 do século passado, tendo contribuído para o efeito, em momento prévio à codificação, o expresso e consistente reconhecimento jurisdicional do direito à ocupação efectiva do trabalhador, mormente enquanto fundamento para resolução do contrato por justa causa[582].

Tipificado no ordenamento jurídico-laboral o conceito de assédio pelo art. 24.º do Código do Trabalho de 2003, a jurisprudência portuguesa procurou inicialmente, dados os contributos doutrinários existentes, densificar a extensão e alcance conceptual do regime jurídico do assédio moral, numa actividade cujos efeitos se prolongam praticamente até ao momento actual. Assim, tem sido globalmente entendido, no âmbito do CT03 que *"o trabalhador que pretenda demonstrar a existência do referido comportamento do empregador, qualificável como assédio moral, ao abrigo do disposto no referido art. 24.º, nº 2, para além de alegar esse mesmo comportamento, tem de alegar que o mesmo se funda numa atitude discriminatória alicerçada em qualquer um dos factores de discriminação comparativamente aferido face a outro, ou a todos os restantes trabalhadores"*[583]. Compreendidos dos limites do normativo tipificado ao

---

[581] A este respeito veja-se a abordagem jurisprudencial realizada por PEDRO FREITAS PINTO, *O assédio...cit.*, 447 ss., o comentário do aresto realizado por JOÃO LEAL AMADO, *As faces... cit.*, 117 bem como o repositório de jurisprudência constante de CENTRO DE ESTUDOS JUDICIÁRIOS, *O assédio no trabalho*, Lisboa, CEJ, 2014, 169 ss.

[582] Cf. exemplificativamente o ac. do TRL de 02/02/2011, proc. 105/08.8TTSNT, rel. Ramalho Pinto, dotado de um extenso levantamento jurisprudencial aí apresentado bem como o subsequente ac. STJ de 13/07/2011, rel. Gonçalves Rocha, que, mantendo a decisão da Relação de Lisboa, colige a argumentação doutrinária que, na égide da LCT, permite sustentar a existência do direito e dever de ocupação efectiva.

[583] Ac. TRL de 29/01/2014, proc. 420/06.7TTLSB, rel. Filomena Manso.

assédio discriminatório, a jurisprudência nacional não apresentou qualquer relutância em proceder à construção dogmática do assédio não discriminatório tendo por base a articulação dos arts. 18.º e 24.º CT03, aliás, num sentido patente no aresto da Relação do Lisboa de 25/09/2013, concluindo que, na inexistência de qualquer facto *"susceptível de afrontar, directa ou indirectamente, o princípio da igual dignidade sócio-laboral, subjacente a qualquer um dos factores característicos da discriminação, o assédio moral por parte da ré, por ela invocado, tem de ser apreciado à luz das garantias consignadas no art. 18.º do CT, segundo o qual o empregador, incluindo as pessoas singulares que o representam, e o trabalhador gozam do direito à respectiva integridade física e moral"*[584].

Ultrapassada a análise de aspecto que se encontra essencialmente vinculada à letra do preceito conforme estipulada pelo Código do Trabalho de 2003, existem um conjunto de questões cuja transversalidade ultrapassa das barreiras temporais da vigência da lei. Assim, e a título meramente exemplificativo, interroga-se a jurisprudência, entre outros, acerca do eventual carácter intencional do comportamento assediante[585], da reiteração ou carácter plurifactual do facto assediante[586], da repartição do ónus da prova[587], ou da eventual qualificação dos danos emergentes do assédio moral como acidente de trabalho ou doença profissional[588] sendo que tais questões são tipicamente equacionadas aquando da resolução do contrato de trabalho com justa causa pelo trabalhador ou, noutra perspectiva, em resultado do recurso jurisdicional da imputação da autoria de um ilícito contra-ordenacional. Assim, parece-nos evidente, em função das cerca de quatro dezenas de arestos identificados, proferidos pelos tribunais supe-

---

[584] Ac. TRL de 25/09/2013, proc. 201/11.6TTFUN, rel. Isabel Tapadinhas.
[585] Cf. com maior profundidade *infra* 6.5.
[586] Em detalhe, vd. *infra* 6.3.
[587] Cf. ac. STJ em 21/04/2010, proc. 1030/06.4TTPRT, rel. Vasques Dinis e ac. STJ de 23/11/2011, proc. 2412/06.7TTLSB, rel. Fernandes da Silva, que consideram, na égide do CT03, que às situações de assédio moral não inscritas no art. 24.º CT não é aplicável o regime de inversão do ónus de prova previsto no art. 23.º, n.º3 CT03, cabendo ao putativo lesado fazer prova dos factos constitutivos do direito a que se arroga.
[588] *Vd.* ac. TRP de 10/03/2008, proc. 716615, rel. Ferreira da Costa, no qual se decidiu que *"as situações de "mobbing" ou de assédio não são configuráveis, entre nós, como acidentes de trabalho, nem como doenças profissionais: os primeiros, porque o facto não é instantâneo, nem fortuito, mas reiterado e deliberado e as segundas porque não constam da respectiva lista. Daí que as condutas ilícitas que surjam nesta área apenas sejam ressarcíveis no âmbito da responsabilidade civil"*, entendimento reiterado pelo aresto do STJ de 13/01/2010, proc. 1466/03.2TTPRT, rel. Sousa Grandão.

riores, que o fenómeno tem vindo paulatinamente a adquirir um relevo crescente no ordenamento jurídico, em resultado do seu conhecimento pelos agentes e pelos operadores jurídicos. Não obstante, o quantitativo de decisões judiciais proferidas pelos tribunais superiores consiste num mero indicador da penetração do fenómeno na comunidade, ao qual poderá ser somado o número de *infracções* detectadas pela Autoridade para as Condições do Trabalho – foram levantados 23 autos durante o ano de 2013[589] - bem como os pleitos que terminam por acordo ou em razão da intervenção do tribunal de primeira instância.

Uma questão especialmente sensível para as ciências jurídicas e que, nesta sede, atinge uma especial pertinência dado os bens tutelados, respeita à determinação do *quantum* indemnizatório em razão dos danos não patrimoniais infringidos. Dada a inexistência de qualquer critério objectivo ou objectivado que permita a determinação da obrigação de indemnizar, cabe ao julgador, atendendo às circunstâncias do caso e de acordo com a sua sensibilidade, determinar esse montante, nos termos dos arts. 562.º ss do Código Civil. É esse condicionalismo que justifica que, nos mesmos autos, o Tribunal da Relação do Porto em aresto de 24/02/2014 tenha decidido modificar a condenação da entidade empregadora na obrigação de indemnizar o trabalhador por danos não patrimoniais de €2.000,00 para €15.000,00[590] ou, em quantitativo manifestamente diverso, o acórdão do Tribunal da Relação de Guimarães de 14/05/2015 que condenou a entidade empregadora a pagar uma indemnização ao trabalhador *"a título de danos não patrimoniais resultantes do assédio moral de que foi vítima"*, no montante de €100.000,00[591].

No entanto, esse problema não é exclusivo deste ramo do Direito, sendo expressamente assumido pelo Supremo Tribunal de Justiça que *"não são raras as decisões que, perante um quadro de facto similar, arbitram quantias indemnizatórias díspares com vista à reparação do mesmo dano não patrimonial"*, não obstante *"uma tendência progressiva, de actualização, dos valores indemnizatórios*

---

[589] AUTORIDADE PARA AS CONDIÇÕES DO TRABALHO, *Atividade de inspeção do trabalho: relatório 2013*, Lisboa, ACT, 2014, 72.
[590] Cf. ac. TRP de 24/02/2014, proc. 661/06.7TTMTS-B, rel. Machado da Silva.
[591] Cf. ac. TRG de 14/05/2015, proc. 79/13.5TTVCT, rel. Moisés Silva.

de certos danos morais"⁵⁹² pelo que a resolução da mesma escapa determinantemente a este ramo e, naturalmente, ,ao nosso objecto.

Não obstante e ainda no plano judicial, realce-se a título final que a quantificação da obrigação de indemnização referente a danos não patrimoniais, originado pela prática de actos de assédio moral, quando determinado consensualmente, poder-se-á ver artificialmente incrementada pelas partes por razões de eficiência tributária e contributiva: assim, caso o litígio venha a terminar mediante transacção judicialmente homologada ou decisão judicial ou arbitral – o que, entre nós, se tem verificado ocasionalmente em alguns pleitos -, aquela indemnização – que poderá comportar naturalmente, outros créditos salariais vencidos pela cessação do contrato de trabalho e, eventualmente, a compensação por despedimento ilícito ou por resolução com justa causa do trabalhador –, poderá ser qualificada como danos morais para evitar a sua qualificação enquanto rendimento sujeito a imposto, nos termos do art. 9.º, n.º1, al. b) do Código do Imposto sobre o Rendimento das Pessoas Singulares e como integrante da base de incidência contributiva nos termos do art. 48.º al. g) do Código dos Regimes Contributivos do Sistema Previdencial e de Segurança Social. Por conseguinte, a valoração dos valores judicialmente declarados em resultado da homologação de negócio processual, quando comparados face às decisões judiciais tradicionais bem como, num plano geral, face aos quantitativos definidos a título indemnizatório por danos não patrimoniais, deverão ser apreciados *cum grano salis* face a este previsível desvio de eficiência.

Em síntese, poderemos considerar que, hodiernamente, é possível encontrar no ordenamento jurídico português uma pujante função jurisdicional que é conhecedora do fenómeno, dos seus efeitos e se mostra genericamente capacitada para resolver as questões com que se encontra confrontado face ao regime vigente.

5.8. Os bens jurídicos tutelados

Chegados a este ponto, visto o fenómeno, as suas características, efeitos bem como a evolução da sua consagração no ordenamento jurídico nacional, julgamos pacífica a consideração do assédio moral enquanto acto ilí-

---

[592] SUPREMO TRIBUNAL DE JUSTIÇA, *Os danos não patrimoniais na jurisprudência das secções cíveis do Supremo Tribunal de Justiça*, Lisboa, STJ, 2013, 2.

cito porquanto lesivo dos direitos fundamentais e de personalidade dos envolvidos[593].

Conforme vimos, o assédio moral corresponde a um fenómeno pluriofensivo da pessoa do destinatário que pode assumir uma multiplicidade de formas, mais ou menos típicas e factualmente reiteradas. Assim, é usual qualificar-se o assédio laboral como um fenómeno que logra lesar a dignidade da pessoa humana do sujeito passivo. Porém, tal preferência não se mostra isenta a críticas de acordo com alguns entendimentos visto que *"o direito à dignidade revela-se um conceito muito amplo e abrangente, que não permite evidenciar com clareza o bem jurídico concretamente afectado"*[594]. Assim, ainda que se considere assente o carácter pluriofensivo do fenómeno e a multiplicidade de manifestações que este pode assumir, alguns autores sentem-se tentados a encetar a densificar os bens jurídicos eventualmente lesados e dos direitos possivelmente lesados pela situação assediante. Nesta sequência, são normalmente equacionados, em abstracto, como alvo de violação os direitos à dignidade, intimidade, honra, integridade física e moral, livre desenvolvimento da personalidade, entre outros, com a necessária repercussão no bem jurídico protegido por aqueles direitos[595].

Não obstante o carácter pluriofensivo e, *prima facie*, violador de uma pluralidade de direitos, os autores portugueses apresentam uma marcada tendência para se aproximarem da identificação da integridade moral enquanto bem jurídico tutelado pela consagração do assédio moral enquanto ilícito laboral[596].

Não poderemos acolher esse entendimento.

Conforme impressivamente salienta RITA GARCIA PEREIRA, a apreciação do assédio moral e a determinação do bem jurídico ou bens jurídicos lesados pela sua prática corresponde à *"encruzilhada de escolher o caminho por onde se iriam esgrimir os direitos afectados consoante o caso concreto e mediante juízos casuísticos ou o de procurar uma categoria onde se pudesse reconduzir o feixe de lesões através de um conceito unificador"*[597].

---

[593] Cf. *supra* 2.2.
[594] MAGO ROCHA PACHECO, *O assédio...cit.*, 38.
[595] MAGO ROCHA PACHECO, *O assédio...cit.*, 39.
[596] MAGO ROCHA PACHECO, *O assédio...cit.*, 61 ss. Considerando igualmente tutelada a integridade física cf ROSÁRIO PALMA RAMALHO, *Tratado II ...cit.* 162.
[597] RITA GARCIA PEREIRA, *Mobbing...* 146-147 e, em sentido próximo, ANA TERESA VERDASCA, *Assédio moral... cit.*, 166.

Ora, tal como a citada autora, não julgamos compatibilizável a consideração do assédio enquanto acto plurifactual plurilesivo, como congregador numa unidade de sentido de um conjunto de actos lesivos num só e, simultaneamente, se sugira a localização da tutela mediante recurso à análise nuclear do comportamento e dos efeitos daí resultantes: gerar-se-ia uma figura unitária, a tal pintura impressionista que refere Júlio Vieira Gomes[598], para posteriormente se voltar a centrar a análise das figuras geométricas de diferentes cores? Como justificar a centralização do assédio na tutela da integridade moral quando, dependente do agente, o comportamento assediante poder-se-á demonstrar mais desonroso que lesivo daquele bem jurídico? Não julgamos que essas inquietações possam vir a ser ultrapassadas porquanto, ainda que o arquétipo da relação assediante se desloque nesse sentido, não se afigura sustentável esse posicionamento.

Contudo, todos os direitos e respectivos bens jurídicos potencialmente lesados pela situação assediante partilham, no seu âmago, uma característica dotada de essencialidade: corporizam, em parte ou no todo, densificações do princípio da dignidade da pessoa humana, ou seja, destinam-se a proteger manifestações específicas ou especialmente relevantes emergentes da altamente complexa densidade do ser humano e da sua dimensão física e mental. É pelo desdobramento da dignidade da pessoa humana, vector paramétrico do nosso ordenamento jurídico e crivo de validade, que são extraídas aquelas projecções do parâmetro porquanto coloca-se a questão: deve considerar-se que, no assédio moral, se logrou realizar o movimento inverso, tutelado imediatamente na fonte do nosso sistema aqueles comportamentos atentatórios?

No nosso entendimento a resposta deve ser afirmativa. A consideração do assédio enquanto tutelador da dignidade da pessoa humana no âmbito da relação laboral logra funcionar como cláusula geral, suficientemente ampla para acolher as manifestações do fenómeno dignas de tutela mas não sendo igualmente vaga que permita uma interpretação absolutamente discricionária pelo que, no nosso entendimento, deve afirmar-se expressamente que o assédio moral se destina a tutelar de modo directo e imediato a dignidade da pessoa humana no seio da relação laboral.

Identificada a dignidade humana como bem jurídico, poder-se-á o intérprete socorrer do restante ordenamento jurídico para permitir demonstrar

---

[598] Júlio Vieira Gomes, *Algumas reflexões ...cit.*,75.

as características específicas daquela concreta manifestação e o potencial lesivo existente.

A colocação da dignidade da pessoa humana no centro da figura, como bem jurídico alvo de protecção do ordenamento, permitirá, no plano técnico, explicitar sobre uma justificação única todas as situações de assédio moral, incluindo o *assédio moral discriminatório* enquanto violação da igual dignidade da pessoa[599].

A resposta do entendimento apresentado pode ser ensaiada tendo por base as obrigações contratuais que resultam da relação laboral e que, se violadas, podem originar uma situação de assédio moral: afecta a dignidade da pessoa humana a violação do dever de urbanidade e probidade, mutuamente exigido – cf. art. 127.º, n.º1, al. a) e 128.º, n.º1, al. a) CT -, afecta igualmente a dignidade, na vertente da prestação do trabalho em condições condignas, respeitadoras da higiene, saúde e segurança no trabalho, ínsito no art. 59.º, n.º1, al. b) e c) da Constituição e arts. 127.º, n.º1, al. c) CT[600], assim como a violação do dever de ocupação efectiva, plasmado no art. 129.º, n.º1, al. b) CT, que consubstancia uma situação de desvalorização do trabalhador, afecta a sua dignidade social e pode lesar o bom nome e reputação, gerando uma situação vexatória e humilhante para o trabalhador[601], entre outros.

Por conseguinte, julgamos que a dignidade – aliás, com acolhimento expresso por parte da lei – permite explicar coerentemente a situação, dotando a figura jurídica, no fundamental, de um núcleo característico e unificador que permite a sua caracterização e a respectiva formulação teórica.

---

[599] Em sentido próximo, cf. ac. STJ de 23/11/2011, proc. 2412/06.7TTLSB, rel. Fernandes da Silva.

[600] O assédio laboral também, potencialmente, poderá colocar gerar o incumprimento, designadamente, dos art. 4.º, n.º1, al. a), art. 15.º, n.º1 e n.º2, als. b), c), f) e g), art. 73.º, art. 73.ºB, n.º1 e n.º2, al. h) e j) do Regime jurídico da promoção da segurança e saúde no trabalho, aprovado pela Lei n.º 102/2009, de 10 de Setembro.

[601] Neste sentido cf. ac. STJ de 03/03/1999, proc. 98S380, rel. Padrão Gonçalves e ac. TRL de 29/09/1999, Col Jur. 1999, 4.º - 106, ambos citados em ABÍLIO NETO, *Novo código do trabalho e legislação complementar anotados*, 3.ª, Lisboa, Ediforum, 2012, 280-281.

TÍTULO II
O ASSÉDIO LABORAL NO PLANO DA NORMATIVIDADE

6. O assédio Laboral no Direito constituído

6.1. Conceptualização

Devidamente enquadrado o fenómeno e em aproximação ao cerne da questão, cabe, por fim, aprofundar crítica e aturadamente o regime jurídico actualmente vigente no ordenamento jurídico português bem como, em consequência, a sua adequação.

Em primeiro lugar, o ponto de partida deve, no nosso entender, centrar-se na conceptualização operada pelo art. 29.º do Código do Trabalho. Neste preceito, cuja origem se reconduz ao art. 24.º do CT03, com modificações, e aos instrumentos de direito comunitário[602], o legislador ordinário nacional optou por empreender uma aproximação ao fenómeno de índole marcadamente exemplificativa, consagrando um verdadeiro sistema móvel no que tange ao preenchimento dos pressupostos que darão ignescência àquele regime jurídico[603]. Pois bem, se o n.º1 do art. 29.º acaba por

---

[602] Com maior detalhe cf. *supra* 5.4. No mesmo sentido Guilherme Dray In: Pedro Romano Martinez (et al.), *Código ...cit.*, 2013, 184 ss
[603] Sobre o conceito de sistema móvel e a sua construção cf. Walter Wilburg / Dora Moreira De Sousa (trad.) / Raúl Guichard (trad.), "*Desenvolvimento de um sistema móvel*

fornecer um conjunto de coordenadas genéricas e mutáveis do que se deve entender como o núcleo base da conduta assediante, não deixa, porém, de constituir um enunciado aberto a construções divergentes daquela legalmente apresentada, não excluindo, por conseguinte, a existência de outras manifestações igualmente lesivas em função do emprego, naquele normativo, da locução *"entende-se por"*[604]. Assim, o legislador parece ter optado pelo estabelecimento de um ponto de partida, um mínimo tutelar, permitindo adicionalmente a apresentação de uma formulação conceptual diferenciada que, pese embora divirja do texto legal, ainda se apresenta como materialmente assediante e, por isso, digna de tutela[605-606].

Nestas situações, contudo, a convocação do regime jurídico resultante do art. 29.º é bastante mais exigente para o assediado porquanto é a este que cabe, dentro do sistema jurídico em que se move, formular, demostrar e provar, para além dos factos constitutivos, uma tipologia (sociológica) de

---

no direito civil", In: DJ, XVI, 3, 2000, 55-73.

[604] O assédio laboral, nos termos do art. 29.º, pode ocorrer *"aquando do acesso ao emprego ou no próprio emprego, trabalho ou formação profissional"*. Todavia, no plano teórico pode colocar--se a questão de poder existir uma situação de assédio laboral cuja manifestação ocorra *post pactum finitum*: no nosso entendimento e uma vez cessado o contrato, não existe nada que impeça a qualificação de um determinado acto ou conjunto de condutas como assediantes ainda que o vínculo laboral tenha terminado. Pense-se, a título exemplificativo, na situação do empregador que, após cessado o contrato de trabalho, gera no trabalhador a convicção que o referenciará negativamente junto de futuros empregadores caso intente uma acção judicial ou exija o pagamento de créditos laborais vencidos ou do trabalhador que, uma vez cessado aquele contrato, exige ao empregador a adopção de um conjunto de condutas sob pena de ver disseminadas de modo insidioso algumas características do modo de execução da sua actividade.

[605] Quando abordamos a conceptualização do assédio laboral realizamos essa tarefa na perspectiva da nossa ciência, sendo, por isso, uma apreciação conceptual estritamente jurídica. Não obstante, não se olvidam as críticas discorridas por diversos autores pelas quais são imputadas diversas lacunas ao conceito jurídico. Todavia – porque nem no âmbito sectorial dessas ciências auxiliares existe uma uniformidade valorativa relativamente ao conceito de assédio moral -, uma vez que à ciência do Direito cabe, mediante abstracção, enquadrar o fenómeno por carecer manifestamente de tutela jurídica, tais críticas serão apenas perspectivadas tendo em vista a evolução do normativo e não a sua aplicabilidade no âmbito jurídico. Assim, a conceptualização que se aborda é técnico-jurídica e não técnica do fenómeno.

[606] Com posição diversa com a qual não se concorda, considerando que é *"consensual que existe uma omissão legal quanto à definição de assédio"*, cf. PAULA QUINTAS, *Os direitos de personalidade consagrados no Código do Trabalho na perspetiva exclusiva do trabalhador subordinado - direitos (des)figurados*, Coimbra, Almedina, 2013, 203 ss.

assédio cujo teor da norma não permite reconduzir, directamente, àquela sede legal[607].

Nesta perspectiva, ao assediado apresentam-se, no nosso entendimento, duas alternativas para aplicar aquele regime específico: *i)* alicerçar o seu pretenso direito, o seu pedido e causa de pedir numa construção conceptual, eventualmente guarnecida por ciências auxiliares, que permita qualificar uma determinada manifestação de violência laboral como assediante ou, em alternativa, *ii)* convocar à aplicabilidade do art. 10.º, n.º2 do Código Civil, demonstrando, cumulativamente, a existência de uma lacuna no sistema jurídico[608] bem como a procedência na situação lacunar das razões justificativas que conduziram à consagração do regime jurídico especialmente tutelador do assédio[609] e, com isto, lograr expandir o âmbito do n.º1 do art. 29.º. Feita uma destas demonstrações, é integralmente convocável aquele regime jurídico que, *prima facie*, se afigura distintamente protector do assediado.

Não obstante o que ficou dito, o carácter permissivo do regime jurídico não se reduz, contudo, somente ao momento do ingresso. Se, conforme ficou visto, podem existir *três chaves* que permitem aceder ao regime, carece de especial cuidado a análise do tipo legal face à sua transmeabilidade. Assim e sem prejuízo da necessidade de empreender na análise específica de cada um dos pressupostos resultantes da norma, é essencial partir daquele preceito legal: dispõe o art. 29.º que *"entende-se por assédio o comportamento indesejado, nomeadamente o baseado em factor de discriminação, praticado aquando do acesso ao emprego ou no próprio emprego, trabalho ou formação*

---

[607] Sobre as coordenadas gerais do fenómeno e os seus aspectos chave cf. *supra* 3.2.
[608] Conforme é relativamente pacífico, a lacuna caracteriza-se, por um lado, pela inexistência de norma jurídica aplicável aos factos *sub judice* e, por outro, por essa mesma situação exigir a intervenção do Direito. Neste sentido, vd. GERMANO MARQUES DA SILVA, *Introdução ao estudo do Direito*, Lisboa, UCP Ed., 2006, 251 e JOSÉ DE OLIVEIRA ASCENSÃO, "Interpretação das Leis. Integração das lacunas. Aplicação do princípio da analogia", In: ROA, 57, 1997, 913-941 (917).
[609] A este respeito e por escapar do nosso objecto, recorde-se a posição de JOSÉ DE OLIVEIRA ASCENSÃO em *O Direito ...cit.*, 447 ss segundo o qual *"é um tanto exagerado exigir que procedam no caso omisso as razões justificativas do caso regulado"* porquanto esse raciocínio axiológico deve observar, simultaneamente, os bens jurídicos tutelados pela norma e os bens jurídicos a tutelar na situação apreciada, a *ratio decidendi* legislativa e a sua eventual transposição para a situação analisada. Porquanto, é essencial para efeitos analíticos, no nosso entender, isolar devidamente o bem jurídico protegido e purgar desse raciocínio factores coadjuvantes que limitem essa percepção.

profissional, com o objectivo ou o efeito de perturbar ou constranger a pessoa, afectar a sua dignidade, ou de lhe criar um ambiente intimidativo, hostil, degradante, humilhante ou desestabilizador".

Uma primeira questão que pode ser colocada respeita à técnica legislativa empregue e à sua eficácia: andou bem o legislador nacional ao estabelecer, concomitantemente, uma cláusula geral e um sistema móvel no plano dos pressupostos?

No nosso entender, a resposta terá de ser inequivocamente afirmativa.

Conforme já tivemos oportunidade de frisar, o assédio laboral caracteriza-se pela multiplicidade de modelos e manifestações que pode assumir[610] pelo que, qualquer ensaio regulamentar, ver-se-á na linha de mira de críticas, acutilantes e seguramente acertadas, que permitirão demonstrar que, não obstante o esforço legislativo, aquele preceito acaba revelar, em certa medida, uma insuficiência conceptual. Ora, ainda que o intérprete ou aplicador da lei não encontre imediatamente uma norma à medida da sua situação, não poderemos deixar de recordar a célebre expressão de MANUEL GOMES DA SILVA que identifica a lei como um conjunto de lacunas e não um conjunto de regras[611]. Assim é também no nosso entender: ao intérprete e aplicador é exigido, no âmbito do sistema em que se move procurar suprir a natural incompletude do ordenamento face à finitude da prognose legiferante.

Por conseguinte e sendo esta característica actual e de índole inultrapassável, estamos em crer que ao legislador cabe assumir expressamente, face ao objecto e à sua natureza, essa incapacidade genética, recorrendo para o efeito à consagração de uma abrangente cláusula geral, mediante recurso a conceitos indeterminados, que, em certa medida, devolva à comunidade jurídica a sua densificação[612]. Não obstante em prejuízo da apreciação dos elementos constitutivos dessa cláusula cuja apreciação remetemos para momento posterior, na constância de uma cláusula geral é mister que o legislador proceda, de modo claro e evidente, ao efectivo travejamento dos princípios e bens jurídicos a tutelar que permita ao operador a sua identificação e, em momento posterior, fundar e fundamentar a sua acti-

---

[610] Cf. *supra* 3.3.
[611] Associando aquela expressão ao citado autor, cf. JOSÉ DE OLIVEIRA ASCENSÃO, *Interpretação...cit.*, 917.
[612] Neste sentido, RITA GARCIA PEREIRA, *Mobbing...* 160 ss e 196 ss.

vidade. Em síntese: na ausência de certeza conceptual deve o legislador apostar na demonstração cristalina da teleologia da norma.

Todavia, tal situação não se verifica no ordenamento português. Apostada na caracterização das manifestações típicas, o legislador nacional, malogradamente, não empreendeu nesse sentido por isso essa questão deve – e tem sido – ser alvo de ponderação por parte da doutrina. Ora, conforme tivemos oportunidade de verificar[613], e não obstante as eventuais perturbações que este entendimento possa encarar[614], que julgamos que não deverão existir hesitações em identificar a dignidade da pessoa humana (do empregador e do trabalhador) como bem jurídico fundamental tutelado, parâmetro central do nosso sistema jurídico, em razão de dois argumentos essenciais, a saber e em suma, em virtude do carácter pluriofensivo do assédio laboral[615], que, independentemente da lesão específica ou mais aprofundada de um bem jurídico concretizado, é lógica e dogmaticamente reconduzido àquele parâmetro, e, por outro lado, em resultado da origem histórica do direito do trabalho como direito da dignidade no trabalho[616].

Assim, e não obstante o acolhimento da técnica legislativa empregue, não poderemos considerar que a construção conceptual apresentada seja insusceptível a reparos: conforme afirma JÚLIO VIEIRA GOMES, que acompanhamos quanto a este ponto, o conceito jurídico de assédio no ambiente de trabalho encontra-se em plena evolução não podendo, por

---

[613] Cf *supra* 5.8.

[614] No nosso entendimento, o influxo das directivas comunitárias, manifestamente espelhado no art. 24.º do CT03, o enquadramento sistemático do assédio na subsecção dedicada à regulamentação da igualdade e não discriminação no trabalho bem como o método de determinação legal do regime jurídico aplicável podem gerar no intérprete dúvidas legítimas o que, no âmbito de um fenómeno que se pode apresentar através de uma multiplicidade de formas, não é aconselhável. Por conseguinte, se quanto ao primeiro aspecto o caminho tem vindo paulatinamente a clarificar a emancipação face às suas origens, quanto ao segundo deverá o legislador conceder ao assédio o enquadramento sistemático que este carece, estabelecendo igualmente um regime actuante específico.

[615] Assim, MAGO ROCHA PACHECO, *O assédio...cit.*, 21 ss e JÚLIO VIEIRA GOMES, *Algumas reflexões ...cit.*, 84.

[616] A *"questão social"* resultante da revolução industrial acaba por revelar, na verdade, um movimento pela dignificação e dignidade do trabalho donde emergem as bases do hodierno Direito do Trabalho. A este respeito cf., entre outros, ROSÁRIO PALMA RAMALHO, *Da autonomia...cit.*, 189, ANTÓNIO MENEZES CORDEIRO, *Manual... cit.*, 33 ss e MANUEL PALOMEQUE LOPEZ, *Direito do trabalho e ideologia*, Coimbra, Almedina, 2001, 22 ss.

isso, considerar-se integralmente estabilizado[617]. Aliás, esta perturbação do conceito jurídico de assédio é transportada das restantes ciências para o Direito atendendo que não existe qualquer definição que suscite um acolhimento transversal porquanto este reflexo é, no nosso entender, natural face à coadjuvação prestada na caracterização do fenómeno por aquelas à ciência do Direito[618].

Além do mais, dir-se-ia ainda que a construção conceptual ora vigente no ordenamento jurídico se encontra actualmente apenas na segunda fase de maturação jurídica da sua aplicação pelo que julgamos que ainda não decorreu um hiato suficientemente extenso para permitir aferir da adequação daquela construção às necessidades do ordenamento jurídico, dado o carácter contingente de alguns dos seus requisitos e cuja eficiência apenas a prática jurisprudencial poderá elucidar[619].

Um primeiro apontamento crítico, no plano da legística, deve ser imediatamente realçado: em nenhum ponto do art. 29.º do Código do Trabalho se declara textualmente e de modo expresso que o assédio laboral

---

[617] Júlio Vieira Gomes, *Algumas reflexões ...cit.*, 84.
[618] Ana Caldas Canedo, *Assédio...cit.*, 23.
[619] Vejamos: o art. 7.º, n.º1 da Lei n.º 7/2009, de 12 de Fevereiro, cuja vigência se iniciou a 17/02/2009, determina a sujeição ao Código do Trabalho 2009, "[d]*os contratos de trabalho e os instrumentos de regulamentação colectiva de trabalho celebrados ou adoptados antes da entrada em vigor da referida lei, salvo quanto a condições de validade e a efeitos de factos ou situações totalmente passados anteriormente àquele momento*" porquanto, em função da parte final daquele preceito, apenas poderão ser considerados para efeitos da aplicação do art. 29.º do Código do Trabalho e não obstante a potencial extensão no tempo, os factos assediantes ocorridos depois daquela última data. Pois bem, se atendermos que durante o período de vigência do Código do Trabalho de 2009, de acordo com os dados disponibilizados pela Direcção-Geral da Política da Justiça, o prazo médio de decisão no âmbito da justiça laboral, se cifra em cerca de 18 meses (cerca de 12 meses na primeira instância, e 3 meses para as decisões das Relações e do Supremo Tribunal de Justiça), é logicamente perceptível a demora da aplicação daquele novo normativo nas decisões proferidas. Acresce ao exposto a complexidade probatória associada a uma petição fundada em assédio moral, que exige o carreamento para os autos de um largo conjunto de factos e respectiva prova o que, pela sua natureza, exige a realização de diligências probatórias, eventualmente desenvolvidas por peritos e a inquirição de testemunhas que, naturalmente, conduzirão a uma duração do pleito superior à média apresentada. Assim, o tempo cronológico mostra-se estreito para o tempo do Direito e uma completa apreciação da eficácia do normativo. Relativamente aos elementos apresentados cf. Direcção-Geral da Política da Justiça, *Sistema de informação das estatísticas da justiça,* disponível em linha em http://www.siej.dgpj.mj.pt/ webeis/index.jsp?username=Publico (acedido a 04/07/2015).

é proibido[620]. Ora, ainda que esse comando proibitivo de depreenda da interpretação sistemática da lei, mormente da determinação do carácter lesivo do acto e da formação do direito à indemnização por danos patrimoniais e não patrimoniais do art. 28.º *ex vi* 29.º, n.º3, da tipificação do assédio como ilícito contra-ordenacional, da epígrafe da Divisão II, constituída exclusivamente pelo art. 29.º, da directiva comunitária cuja transposição se efectua e, enfim, da desconformidade daquela prática com as normas e princípios vigentes no nosso ordenamento, julgamos que reveste uma essencialidade básica essa determinação clara. Mais do que uma questão de certeza jurídica – que naturalmente, não se deve desprezar -, deve enfatizar-se a necessidade de promover o acesso directo e a apreensão do teor das normas pelos seus destinatários, situação especialmente crítica para os trabalhadores subordinados. Por conseguinte e se isolado do seu conjunto, o art. 29.º é meramente constituído, respectivamente pela enunciação de dois ensaios definitórios, uma norma remissiva e pela (pretensa) tipificação como ilícito contra-ordenacional do assédio o que manifestamente é insuficiente face aos objectivos do regime jurídico, a tutela da dignidade da pessoa.

Não obstante, julgamos que a deformidade do sistema apresenta uma raiz essencialmente histórica. Ora, na égide do CT03, o assédio era considerado como discriminação (art. 24.º, n.º1 CT03) porquanto, nos termos do art. 23.º, n.º1 CT03, proibia-se aquela prática. Todavia, com a modificação empreendida em 2009, é eliminada a qualificação do assédio como discriminação e, como tal, eliminada essa remissão, é suprimida a proibição expressa do assédio laboral. Por conseguinte, esta desarticulação deve-se à reconfiguração normativa do assédio operada em 2009 sem que o restante sistema de suporte tivesse acompanhado essa mudança[621].

Acresce que este aspecto gera uma especial apreensão principalmente no plano contra-ordenacional pois cremos que não se encontram verificados os pressupostos legais exigidos para a regularidade da constituição daquele tipo incriminador pelo que, como tal, aquele tipo incriminador se encontra ferido de legalidade. Ora, estabelecem os arts. 1.º e 2.º do RGCO que *"constitui contra-ordenação todo o facto ilícito e censurável que preencha um tipo legal no qual se comine uma coima"* sendo que *"só será punido como contra-*

---

[620] Neste sentido, ANTÓNIO MONTEIRO FERNANDES, Direito...cit., 172 e ROSÁRIO PALMA RAMALHO, Tratado II... cit., 163.
[621] Com interpretação similar *vd.* ROSÁRIO PALMA RAMALHO, Tratado II... cit., 163.

-ordenação o facto descrito e declarado passível de coima por lei anterior ao momento da sua prática" porquanto, em nosso entendimento, devem ser aplicados nesta sede e em função da sua natureza sancionatória, o princípio da tipificação expressa do tipo legal contra-ordenacional. Por conseguinte, não sendo expressamente declarado como ilícito a prática de actos assediantes, isto é, não existindo um verdadeiro comando proibitivo, a tutela contra-ordenacional encontra-se, no nosso entender e não obstante a existência de decisões judiciais pelas quais foi aplicado aquele tipo incriminador[622], prejudicada pela preterição do elemento basilar no sistema contra-ordenacional pelo que aquele sistema falece pela raiz. Atendendo ao princípio basilar que *nullum crimen sine lege* prévia, escrita, estrita e certa, aplicável por identidade de razão em matéria contra-ordenacional, na falta da qualificação expressa como ilícito ou proibido, a ilicitude contra-ordenacional do assédio cede pelas suas fundações porquanto é no nosso entender essencial suprir esta falha que, desde 2009, prejudica a incriminação contra-ordenacional do assédio laboral[623]. Em suma, consideramos inultrapassável tal facto porquanto a tipificação contra-ordenacional do assédio laboral se afigura inoperável e, por isso, meramente aparente.

De igual modo, são assacadas àquele conceito outras críticas que, em suma, respeitam à delimitação do fenómeno operada pela norma. A este respeito, ANTÓNIO MONTEIRO FERNANDES critica a amplitude da noção, abarcando situações que não são de assédio e que, como tal, parece não *"constituir o instrumento de diferenciação que é necessário"*[624]. Ora, não poderemos deixar de aderir, genericamente, a esta orientação: a regulamentação jurídica do assédio laboral deve procurar, na medida do possível, o equilibro entre a concessão de tutela às situações que carecem juridicamente da mesma e evitar essa extensão a situações que não revelam material-

---

[622] Vd. exemplificativamente o já comentado acórdão do TRP de 07/07/2008, proc. 0812216, rel. Ferreira da Costa, bem como o acórdão do TRC, de 23/11/2011, proc. 222/11.9T4AVR, rel. Manuela Fialho.
[623] Conforme salienta JORGE DE FIGUEIREDO DIAS em *Direito Penal, Parte Geral*, I, 2.ª Coimbra, Coimbra Ed., 2007, 180 ss, *"esquecimentos, lacunas deficiências de regulamentação ou de redacção funcionam por isso sempre contra o legislador e a favor da liberdade, por mais evidente que se revele ter sido intenção daquele (ou constituir finalidade da norma) abranger na punibilidade também certos (outros) comportamentos"*. Assim, PAULO PINTO DE ALBUQUERQUE, *Comentário do regime geral das contra-ordenações à luz da Constituição da República Portuguesa e da Convenção Europeia dos Direitos do Homem*, Lisboa, UCP Editora, 2011, 34 ss.
[624] ANTÓNIO MONTEIRO FERNANDES, *Direito...cit.*, 173.

mente as características ofensivas do acto assediante e, como tal, deverão ser excluídas daquele regime. Todavia, não poderemos olvidar que, sob a ideia transversal de assédio moral, concepção vaga e abrangente, se cruzam duas traves-mestras do sistema que, como válvula geral, são dotadas de uma lata amplitude, destinando-se, em razão da sua maleabilidade, a oferecer tutela onde os restantes normativos não atingem esse desiderato: referimo-nos expressamente ao princípio da boa fé e à dignidade da pessoa humana. Assim, as limitações extrínsecas apresentam-se um valoroso instrumento delimitador da válvula sistémica.

Por outro lado e em estreita conexão com o que ficou dito, quando tudo é assédio, nada é assédio[625] porquanto essa regulamentação e aplicação deve-se mostrar especialmente parcimoniosa sob pena de destruir um valoroso meio de tutela, subverter o sentido da intervenção, banalizando o assédio laboral e, eventualmente, transformando o pretenso assediado em assediador face à tutela excessivamente concedida por aquele regime[626].

Todavia e visto que, até ao presente momento, não foram apreciados os pressupostos da convocação daquele normativo, cremos extemporânea a pronúncia de fundo relativamente ao reparo apresentado que, por isso, poderia encerrar inaceitáveis pré-compreensões pelo que remetemos essa análise para momento ulterior.

No entanto e ponderando o que ficou visto, consideramos, *prima facie* e sem prejuízo da necessidade premente de promover o ajustamento dos aspectos apresentados, que a conceptualização de assédio plasmada no art. 29.º do Código do Trabalho consiste num valoroso esforço, dotado de abstracção, de enquadramento do fenómeno pese embora, conforme expressado anteriormente, careça de aperfeiçoamento imediato[627].

---

[625] RITA GARCIA PEREIRA, *Mobbing 2011*...cit. 117.
[626] JÚLIO VIEIRA GOMES, *Direito*...cit., 436.
[627] Sem prejuízo do que ficou dito quanto às deficiências identificadas na tutela contra-ordenacional, clarifique-se o seguinte aspecto: nos termos estatuídos pelo art. 29.º e pelo Código do Trabalho, pode ser sancionado a título contra-ordenacional qualquer sujeito que pratique actos assediantes em foro laboral, não se limitando esse sancionamento ao empregador. Vejamos, face à (malograda) tipificação contra-ordenacional e qualificação como ilícito muito grave, são convocados, neste plano, os arts. 546.º e ss do Código do Trabalho. Por conseguinte, o art. 551.º não exclui a responsabilização de um agente pessoa singular que pratique, por sua própria iniciativa, actos assediantes direccionados a um colega do trabalho pese embora, nessa circunstância, opere a redução da coima nos termos previstos no art. 555.º. Aliás, em teoria tanto poderá ser responsabilizado o trabalhador que assediou dolosamente como a entidade

6.2. Sujeitos

Conforme aflorámos anteriormente, a prática de actos assediantes depende, de modo directo, da formação de uma relação assediante entre o assediador ou assediadores e o assediado ou assediados porquanto é adequada a sua demonstração por recurso à teoria comunicacional: assim, para que se verifique uma situação potencialmente assediante, é necessário identificar, pelo menos, a existência de dois pólos contrapostos, um pólo assediador/emissor e um pólo assediado/receptor, bem como um direccionamento daquele acto ou o comportamento entre um e outro, transferindo essa mensagem assediante. De igual modo, acresce à estrutura apresentada a sua eventual complexificação resultante da existência de *"sighters"* ou *"side mobbers"*, ou seja, terceiros que assistem à prática de actos lesivos e que optam não denunciar a sua constância, coadjuvando activa ou passivamente o assediante na agressão empreendida[628].

Assim, face à estrutura plurisubjectiva do fenómeno, uma das principais questões suscitadas respeita à determinação, no âmbito do regime jurídico vigente, que sujeitos poderão ser sujeitos activos e passivos do fenómeno e que, como tal, podem integrar a relação assediante.

Iniciando a análise na perspectiva do sujeito passivo – isto é, pessoa alvo de actos assediantes - e, por isso, carecido de protecção, atendendo ao elemento literal da norma, o teor do n.º1 do art. 29.º não resolve directamente a questão, identificando os destinatários da norma uma vez que, a este respeito, é exclusivamente estabelecido como elemento de conexão determinante a prática durante o acesso ao emprego ou durante a própria execução do trabalho ou formação profissional. O regime, pese embora aparentemente se encaminhe para a concessão da tutela ao trabalhador em razão dos pressupostos seleccionados, não enjeita a concessão de tutela em termos mais amplos porquanto, face aos valores e bens jurídicos em causa, à sua possível lesão durante a execução da relação laboral e em resultado do potencial lesivo e às manifestações típicas do fenómeno, deve considerar-se tutelador de ambas as partes da relação juslaboral ou seja, tanto empregador como trabalhador.

---

empregadora que, a título de negligência incumpriu os deveres a que se encontrava vinculada. Em sentido contrário cf. Nuno Cerejeira Namora, *"Assédio moral ou «mobbing»: soluções de «Iure Condendo»"*, In: *Vida Judiciária*, n.º 187 (Jan-Fev), 2015, 24 ss

[628] Assim, Messias Carvalho, *Assédio moral / mobbing...cit.*, 41 e 43.

Esta interpretação da norma é reforçada se se confrontar o regime ora vigente com o resultante do Código do Trabalho 2003. De acordo com o art. 24.º deste último diploma, *"constitui discriminação o assédio a candidato a emprego e a trabalhador"* prosseguindo então o Código com o enquadramento do regime jurídico vigente. Ainda que a conjugação da parte daquela norma não se apresentasse linear[629], tendo aquele preceito sido suprimido aquando da reforma do Código do Trabalho em 2009 e, por conseguinte, uma vez eliminado o estabelecimento expresso da relação entre assédio e a posição passiva do trabalhador, não existe qualquer fundamento objectivo que limite a sua aplicabilidade para ambas as partes da relação laboral. Nem se diga, a este respeito, que o trabalhador, por se encontrar tendencialmente inserido na organização do empregador e sob o poder de direcção e disciplinar, é o único destinatário da norma: ainda que as situações de assédio moral direccionadas ao empregador sejam estatisticamente escassas, não é estranho ao fenómeno a circunstância de, dada a proximidade exigida durante a execução do contrato, especialmente manifesta nas situações em que o empregador é uma pessoa singular ou nas situações em que o empregador apresente uma especial vulnerabilidade, serem empregues pelos trabalhadores actos assediantes tendo em vista a obtenção de um ascendente sobre o empregador. Como tal e atendendo que se encontra em causa a violação do parâmetro básico e ordenador do nosso sistema jurídico, não existe qualquer fundamento que legitime essa diferença de tratamento em função da posição jurídica no contrato de trabalho e a consequente oneração do empregador que pretenda ver protegidos os seus direitos.

Outra questão que poderá ser colocada dada a lata letra do preceito prende-se com a intervenção de terceiros durante a execução do contrato de trabalho: pode um terceiro à relação laboral (um cliente ou um fornecedor de bens e serviços) fundar um pedido indemnizatório tendo como causa de pedir a prática de assédio moral, por parte de um trabalhador, nos termos previstos no art. 29.º?

---

[629] No âmbito do CT03, da conjugação dos n.ºs 1 e 2 do art. 24.º poder-se-ia extrair como comando normativo a exclusiva protecção do assédio cujo destinatário fosse o trabalhador bem como, por outro, a exclusiva qualificação como discriminação do assédio cujo lesado fosse trabalhador. Ora, qualquer um desses entendimentos, fortemente arreigados à letra dos preceitos e ao seu enquadramento sistemático mostram-se, sem justificação aparente, fortemente limitadores da tutela da dignidade da pessoa humana

No nosso entendimento a resposta deve ser claramente negativa.

Ainda que a letra do preceito se mostre ampla – note-se que, em abstracto, aquele somente exige a existência, durante a execução da relação laboral, de um comportamento indesejado com o objectivo ou efeito de perturbar ou constranger, afectar a dignidade ou gerar um ambiente intimidativo, degradante, humilhante ou desestabilizador –, esta deve ser interpretada *cum grano salis*, ou seja, com parcimónia atendendo à conformação do fenómeno que procura combater. A tutela do assédio laboral surge historicamente destinada e propõe-se a tutelar as microlesões de bens jurídicos pessoais, ocorridas em resultado da execução da relação laboral e fruto dessa proximidade *in executio* e da relação de dependência existente, que, se consideradas no seu conjunto, correspondem a um processo tendencialmente insidioso e destrutivo da individualidade do assediado e, por isso, atentatório da dignidade da pessoa humana. Como se sabe, a protecção da dignidade da pessoa humana é desmultiplicada através da concessão em diversas posições jurídicas individualizadas, alvo de tutela nos termos gerais do direito. Não obstante e dada a natureza estrutural da relação jurídico-laboral, resultante, em suma, da existência de uma situação de domínio fáctica e jurídica, associada a poderes de direcção e disciplinares, e da previsível dependência de facto, foi sendo paulatinamente constatada a necessidade de majorar a tutela da dignidade da pessoa humana no seio da relação laboral. Para além dos referidos factores, a consagração do assédio laboral como um *plus* face à posição jurídica vantajosa resultante da protecção resultante de direito fundamental ou de um direito de personalidade deveu-se, no essencial, em razões pragmáticas resultantes da ineficácia da tutela genérica em garantir a efectividade daqueles princípios comunitários basilares[630].

Assim, pelas razões aduzidas, impõe-se uma leitura restrita do texto da norma, permanecendo a sua aplicabilidade, relativamente aos sujeitos passivos, dependente da existência de uma relação laboral entre os participantes da relação assediante porquanto aquele regime é exclusivamente aplicável a empregadores e trabalhadores.

---

[630] Veja-se o ac. do STJ de 12/03/2014, proc. 590/12.5TTLRA, rel. Mário Belo Morgado, o qual considerou textualmente que *"nas situações de assédio moral, a lesão dos direitos de personalidade surge no quadro da especial vulnerabilidade que caracteriza a posição do trabalhador na relação laboral e em infracção de deveres de protecção e segurança emergentes desta relação"*. É este, quanto a nós, o busílis da questão.

Noutra pespectiva, o enquadramento jurídico concedido aos sujeitos activos não se mostra manifestamente diverso relativamente ao anteriormente exposto: tanto podem ser sujeitos activos da relação assediante trabalhadores e empregadores na constância da relação laboral e relativamente a factos que se encontrem em estrita conexão com a mesma. Por conseguinte pelos argumentos aduzidos, aquele regime é actuável na situação de assédio empreendida por empregadores ou trabalhadores.

Todavia, duas situações concretas carecem de esclarecimento: é assédio laboral, para os fins previstos no art. 29.º, o comportamento assediante que seja perpetrado por *i)* trabalhador contra trabalhador, sem intervenção ou colaboração activa ou passiva do empregador, *ii)* por terceiro contra trabalhador, durante e em execução da relação laboral?

Ainda que, *prima facie*, se pudesse considerar nas situações elencadas o sujeito passivo não se encontra numa situação de sujeição ou domínio idêntica relativamente à típica situação de assédio face ao autor desse acto lesivo, empreendida pelo empregador, existem, no entanto, razões objectivas que compelem a considerar a sua abrangência pela norma[631]. Por um lado, a abordagem analítica do fenómeno permite detectar a manifestação destes mecanismos de violência laboral com a mesma gravidade e efeitos para o seu destinatário entre trabalhadores e entre trabalhadores e terceiros porquanto, não sendo o normativo restritivo a esse ponto, dever-se-á considerar actuável um princípio de protecção daquele bem jurídico fundamental[632]. Por outro lado, este entendimento é reforçado pela existência de uma arquitectura de protecção do trabalhador, seja face aos seus pares ou superiores hierárquicos, seja durante a execução do trabalho relativamente aos riscos inerentes ao mesmo. Incidindo sobre o empregador uma posição de garante relativamente à existência de boas condições de trabalho, do ponto de vista físico e moral e à protecção da segurança e saúde do trabalhador, mormente mediante o dever de prevenção de riscos, extensí-

---

[631] No mesmo sentido, SÓNIA KIETZMANN LOPES, *O assédio moral... cit.*, 260 e RITA JORGE PINHEIRO, *"A responsabilidade civil dos agentes perante a vítima de assédio moral"*, In: AAVV, *Vinte anos de Questões Laborais*, Coimbra, Coimbra Ed., 2013, 409-435 (426 ss).

[632] Relatando uma situação potencialmente assediante, consubstanciada na circunstância de, em vários dias consecutivos, a mulher de um dos administradores da entidade empregadora ter permanecido por diversos períodos de tempo, tanto no período de manhã como no de tarde, na secretária existente à frente da secretária da trabalhadora, de onde podia observar esta durante todo o seu horário de trabalho, onde lia várias revistas, cf. ac. TRP de 25/02/2013, proc. 203/11.2TTBCL, rel. Paula Maria Roberto.

vel ao relacionamento que o trabalhador venha a ter com os seus pares ou com terceiros com que contacte em função do exercício do seu trabalho – cf. art. 59.º, n.º1, al.b) e c) CRP e art. 127.º, n.º1, al. c) e g) CT – e igualmente precipitadas nesta sede as razões que objectivamente conduziram à criação deste regime jurídico especial[633], temos por assente a sua inclusão naquele normativo[634-635]. Aliás, a este título já se pronunciou o Tribunal da Relação de Lisboa, considerando, numa acção intentada contra o empregador, parte legítima os superiores hierárquicos e os colegas que terão sido, respectivamente, os mentores e os executantes de uma prática prolongada de perseguição profissional[636].

Por fim, cabe esclarecer o alcance do conceito de trabalhador como sujeito activo e passivo da relação assediante nos termos do art. 29.º. Ora, se *prima facie* o emprego da ideia de trabalhador abarca, no sentido técnico-jurídico do termo, a posição debitória de actividade de trabalho no âmbito da relação jurídica emergente da celebração do contrato de trabalho, esta assume, nesta sede, extensão ampla e distinta.

Estabelece o art. 10.º do CT, sob epígrafe *"situações equiparadas"*, a extensão da aplicabilidade da *"normas legais respeitantes a direitos de personalidade,*

---

[633] Conforme bem se poderá apreender, na constância da relação de trabalho o sujeito passivo, *in caso* o trabalhador, encontra-se determinantemente constrangido quanto ao exercício dos seus direitos atendendo, conforme anteriormente exposto, a um largo conjunto de factores que o compelem a tolerar actos e comportamentos que, se não fora a necessidade de manter vigente a sua relação laboral, não toleraria. Por conseguinte, esta dependência do trabalhador relativamente à relação laboral é igualmente extensível aos restantes trabalhadores e a terceiros que com este contactem em virtude da relação laboral face às consequências que para si poderão advir.

[634] Assim, relativamente ao assédio externo cf. Júlio Vieira Gomes, *Algumas reflexões... cit.*, 87 ss e Luís Menezes Leitão, *Trabalho...cit.*, 159 ss. Nesse mesmo sentido já se pronunciou oportunamente a jurisprudência francesa, considerando conceptualmente abrangida na situação de assédio e, por isso, responsabilizando o empregador pelo comportamento perpetrado por terceiro, visto que sobre ele impede o dever de prevenir a precipitação deste risco psicossocial no âmbito da relação laboral. Por outro lado, conforme se observou anteriormente, existem ordenamentos jurídicos como o belga que consagram expressamente essa responsabilização do empregador dada o encargo em garantir a existência de condições de trabalho salubres.

[635] Em situação semelhante, tendo decidido que *"é a entidade empregadora quem tem de indemnizar a trabalhadora que sofreu um episódio de assédio moral por parte da sua superiora hierárquica, que inclui todos os danos provocados pela assediante"*, cf. ac. STJ de 12/03/2014, proc. 590/12.5TTLRA, rel. Mário Belo Morgado.

[636] Vd. ac. TRL de 21/03/2013, proc. 2755/10.5TTLSB, rel. Ramalho Pinto.

igualdade e não discriminação e segurança e saúde no trabalho" às situações em que se verifique, sem subordinação jurídica, a prestação de trabalho a outrem quando o prestador se deva considerar na dependência económica do beneficiário da actividade. As situações equiparadas são, hoje em dia, acolhidas nos termos e para os efeitos expostos naquele preceito, correspondendo a uma área cinzenta, de intercepção, existente entre o direito do trabalho e o tradicional direito dos contratos ou das obrigações, entre situações de subordinação jurídica e de parasubordinação[637].

A prestação da actividade laboriosa, entendida como a prestação material de trabalho no interesse do beneficiário, pode assumir no plano jurídico diferentes modelos de execução, tipos contratuais e regimes jurídicos aplicáveis. Conforme é já tradicional, a qualificação de uma determinada relação jurídica como trabalho subordinado e, por isso, sujeita às normas de Direito do Trabalho, impõe a identificação de uma situação de dependência jurídica do prestador de trabalho, uma abstracção funcional denominada como subordinação jurídica[638]. É a subordinação jurídica, entendida como uma posição de sujeição ou estado de dependência pessoal do trabalhador relativamente ao empregador, contratualmente determinada, que conduz à qualificação laboral ou obrigacional do vínculo o que implica uma manifesta diferenciação de regimes aplicáveis[639].

Não obstante a existência de actividade laborativa prestada em regime efectivamente autónomo, tem vindo a ser identificada a fuga à constituição de relações laborais típicas em benefício da constituição formal de contratos de prestações de serviços e outros contratos atípicos, enfim, relações de trabalho pretensamente autónomas dada a flexibilidade patenteada pelo regime obrigacional e a sua reduzida onerosidade para beneficiário da actividade face ao direito laboral[640]. Assim, não existindo formalmente subordinação jurídica, aquela relação de trabalho é juridicamente

---

[637] A este respeito cf., ANTÓNIO MENEZES CORDEIRO, *Manual... cit.*, 112 ss, ROSÁRIO PALMA RAMALHO, *Tratado I... cit.*, 448 ss e *Tratado II... cit.*, 75 ss e LUÍS MENEZES LEITÃO, *Trabalho...*cit., 149 ss.

[638] Sobre a subordinação jurídica e a sua importância na autonomia dogmática do Direito do Trabalho cf. JÚLIO VIEIRA GOMES, *Direito...cit.*, 101 ss e 191 ss e ROSÁRIO PALMA RAMALHO, *Da autonomia...*cit., 85 ss e 751 ss.

[639] ANTÓNIO MENEZES CORDEIRO, *Manual... cit.*, 127 ss, JÚLIO VIEIRA GOMES, *Direito... cit.*, 103 e ROSÁRIO PALMA RAMALHO, *Tratado II... cit.*, 30 ss.

[640] ANA LAMBELHO, *"Trabalho autónomo economicamente dependente: da necessidade de um regime jurídico próprio"*, In: JOÃO REIS (coord) et al., *Para Jorge Leite...*cit., 433-454 (435).

tratada como um contrato de prestação de serviços e, assim, trabalho juridicamente autónomo ainda que a sua execução assuma uma realidade diametralmente díspar. Tanto assim é que as legislações dos diferentes ordenamentos jurídicos, identificada esta fuga ao Direito do Trabalho, têm-se visto na necessidade, quer no plano contributivo e fiscal, de promover, para fins limitados, o enquadramento da actividade laborativa autónoma como actividade laborativa subordinada, numa realidade a que o ordenamento nacional não é alheio[641].

No entanto, esta circunstância não impõe por si só a equiparação da prestação de trabalho autónoma à prestação de trabalho subordinado sob pena de, em consequência da utilização desadequada da prestação de trabalho em regime de autonomia formal, se eliminar desproporcionadamente um virtuoso enquadramento contratual para os prestadores de serviços autónomos. Aliás, ainda que a prática mostre essa insuficiência, o combate ao recurso aos falsos prestadores de serviço sujeitos a subordinação jurídica foi reforçada com a entrada em vigor da Lei n.º 63/2013, de 27 de Agosto que, entre outros aspectos, aditou ao Código do Processo de Trabalho os arts. 186.º-K a 186.º-R que estabelecem a acção especial de reconhecimento da existência de contrato de trabalho onde se procura demonstrar essa subordinação jurídica[642].

Não obstante, não é este último objectivo que se encontra subjacente ao estabelecido no art. 10.º do CT porquanto não seu desiderato obstar à deslaboralização das relações de trabalho: é objectivo daquele normativo tutelar eficazmente, mediante expansão da tutela efectivamente laboral, alguns aspectos essenciais da prestação da actividade laborativa – *direitos de*

---

[641] A este respeito, estabelece o art. 140.º do Código dos Regimes Contributivos do Sistema Previdencial de Segurança Social que *"as pessoas coletivas e as pessoas singulares com atividade empresarial [...] que no mesmo ano civil beneficiem de pelo menos 80% do valor total da atividade de trabalhador independente, são abrangidas pelo presente regime na qualidade de entidades contratantes"* e, por isso, obrigadas a contribuir nessa qualidade para o sistema previdencial de Segurança Social através do pagamento de 5% da taxa contributiva (art. 168.º, n.º 7). De igual modo, no âmbito do Imposto sobre o Rendimento das Pessoas Singulares, é expressamente estabelecido no n.º 8 do art. 28.º do CIRS *"se os rendimentos auferidos resultarem de serviços prestados a uma única entidade [...], o sujeito passivo pode, em cada ano, optar pela tributação de acordo com as regras estabelecidas para a categoria A"*.

[642] A este respeito cf., por todos, Pedro Petrucci de Freitas, *"Da acção de reconhecimento da existência de contrato de trabalho: breves comentários"*, In: ROA, 73 – IV (Out-Dez), 2013, 1423-1443 e Alcides Martins, *Direito do processo laboral*, 2.ª, Coimbra, Almedina, 2015, 251 ss.

personalidade, igualdade, não discriminação e segurança e saúde no trabalho – aos prestadores de trabalho que devam considerar-se na dependência económica do beneficiário da actividade, sejam ou não verdadeiros prestadores de serviços na acepção técnico-jurídica da expressão. Nesta sede não está em causa verificar a existência dos indícios de laboralidade naquela relação contratual – que, se positiva, implica a qualificação como laboral da relação e a aplicação directa daquelas normas -, procurando-se, contudo, conceder uma tutela acrescida aos prestadores de serviços economicamente dependentes da sua prestação.

Face ao critério estabelecido pelo legislador, deve procurar-se responder a duas interrogações, mormente, em que situações se deve considerar que o prestador da actividade laborativa é economicamente dependente do beneficiário e, por fim, qual a *leitmotiv* que impele o legislador a equiparar o prestador de actividade ao trabalhador subordinado e a extensão dessa equiparação.

A situação de dependência económica permanece hodiernamente como uma questão jurídica controvertida[643] sendo-lhe reservada, nos diversos ordenamentos, um tratamento juridicamente divergente[644]. Esta circunstância resulta da identificação de relações de trabalho autónomo, em que, não existindo uma verdadeira situação de subordinação jurídica, o prestador se encontra, face ao adquirente do serviço, num plano de sujeição económica face ao receptor da prestação e, por isso, numa condição materialmente idêntica ao trabalhador relativamente ao empregador[645]. Porém

---

[643] Pedro Romano Martinez, *Código...cit.*, 125 ss.
[644] A este respeito cf. Ana Lambelho, *Trabalho...cit.*, 445 ss.
[645] A relação entre a subordinação jurídica e a subordinação económica tem vindo a ser analisada durante a evolução do direito laboral. Se historicamente a subordinação económica pode ser identificada pelo direito do trabalho como a ignição da sua existência – recorde-se a *"questão social"* - o desenvolvimento legislativo, dogmático e analítico das relações laborais conduziu à superação daquela e à sua substituição pela subordinação jurídica enquanto situação jurídica de domínio ou *infra*-ordenação do trabalhador face ao empregador. A diferença de critérios é manifesta: assim, o trabalhador que seja titular de outras fontes de rendimento para além da proveniente da sua relação laboral ver-se-ia, potencialmente, excluído da tutela jurídico-laboral ainda que se encontrasse numa posição de sujeição ao poder ordenador do empregador pelo que, nestes termos, o recurso à subordinação jurídica mostra-se um critério mais uniforme e consentâneo com a estrutura da execução do contrato de trabalho. A este respeito, é lapidar a diferenciação lavrada por Rosário Palma Ramalho, *Tratado I... cit.*, 448 que passamos a citar: *"a subordinação* [jurídica] *consubstancia-se no estado pessoal de sujeição do trabalhador aos poderes de directivo e disciplinar do empregador (e, nesse sentido, é uma dependência*

e não se olvidando a existência de trabalhadores autónomos economicamente independentes e que actuam paritariamente no mercado de prestação de serviços sem que haja particular necessidade de cuidado com a sua tutela, a situação é especialmente sensível nos trabalhadores autónomos dependentes[646]. Assim, por razões económico-sociais, o legislador logrou equiparar como carecidos de tutela, para fins determinados, a subordinação jurídica à dependência económica dada a situação de sujeição e, por isso, considerando merecedor de protecção jurídica em igual medida, entre outros, quanto aos seus direitos de personalidade e saúde e segurança no trabalho[647].

Porém, qual é o critério para identificar uma situação de dependência económica? Não existindo qualquer achega ao preenchimento daquele conceito indeterminado[648], compete à doutrina e à jurisprudência a densificação normativa daquele preceito. Nesta medida, têm sido apresentados alguns indícios da dependência económica a saber[649], a circunstância da maioria dos rendimentos ou encomendas serem provenientes de um

---

pessoal), enquanto a dependência económica se reporta à necessidade que o trabalhador tem do salário para subsistir ou à circunstância de trabalhar em exclusivo para um credor".
Assim e em complemento àquele posicionamento, ao qual aderimos, sempre se dirá o seguinte: enquanto a subordinação jurídica é um elemento estrutural da relação laboral (e, por isso de existência necessária), a dependência económica corresponde a um elemento eventual de todos os modelos de prestação da atividade laboral. Por conseguinte, porque exógena à relação contratual, a dependência económica assume actualmente uma menor relevância jurídica face à dependência pessoal do trabalhador.

[646] Como se bem compreenderá, é manifestamente diferente a situação de dependência de um prestador de serviços que preste o seu trabalho, em regime de exclusividade, a uma única entidade face à situação do prestador de serviços que actua livremente nesse mercado, oferecendo e prestando os seus serviços a todos aqueles que decidam contratar com este. Enquanto na primeira situação existe um evidente ascendente do beneficiário da actividade sobre o prestador, em condições idênticas à relação laboral, nessa segunda situação esse ascendente é claramente mitigado fruto do desprendimento económico do prestador.

[647] Defendendo a necessidade de estabelecer um regime jurídico próprio nomeadamente em matéria de previdência social, higiene e segurança no trabalho, tempos de trabalho, parentalidade e garantias de cobrança de créditos emergentes das relações jurídicas parasubordinadas cf. ANA LAMBELHO, Trabalho...cit., 452 ss. PEDRO ROMANO MARTINEZ, Direito...cit., 367 ss.

[648] O ordenamento jurídico português opta, deliberadamente, pela manutenção daquele conceito como uma cláusula geral indeterminada, Não obstante, observe-se que, para os fins previstos no regime da LAT "presume-se que o trabalhador está na dependência económica da pessoa em proveito da qual presta serviços" (art. 3.º, n.º2 da Lei n.º 98/2009, de 4 de Setembro).

[649] Seguimos, quanto a este ponto, JÚLIO VIEIRA GOMES, Direito...cit., 192.

único dador de trabalho ou, em alternativa, o facto daquele rendimento ser necessário para o sustento da família do prestador[650], a prevalente personalidade da obra, o carácter *intuitu personae* da prestação, a ausência de integração do prestador de trabalho com o mercado ou o direccionamento da sua actividade profissional exclusivamente para um adquirente, a contratação em regime de exclusividade, a inserção funcional da actividade do prestador no ciclo produtivo do receptor do trabalho e a duração e o modo de execução da prestação do trabalho.

A este respeito, PEDRO ROMANO MARTINEZ logra apresentar, tendo em vista a determinação de uma situação de dependência económica, um critério dicotómico[651]: assim, de acordo com uma perspectiva socioeconómica, o trabalhador depende do empregador caso resulte dessa relação contratual a maioria dos seus rendimentos; por outro lado, fundando-se num critério económico-jurídico, o trabalhador depende economicamente do empregador se o escoamento do resultado da sua actividade produtiva se encontrar limitada a um único receptor de trabalho e, por isso, a sua actividade depender deste. Na opinião do citado autor, deve considerar-se acolhido no art. 10.º do Código do Trabalho o critério económico-jurídico atendendo que, uma vez integrado na estrutura de produção empresarial, sujeito ao controlo da actividade pela empresa, o prestador encontra-se numa posição análoga ao do trabalhador. Por outro lado, PEDRO ROMANO MARTINEZ exclui da equação do critério socioeconómico visto que essa equiparação dependeria de uma situação integralmente exógena ao contrato, diferentemente do que se verifica se for empregue o critério económico-jurídico[652].

Todavia, não poderemos acolher a sobredita posição. Ainda que se conceda relativamente ao último argumento aduzido, julgamos que é necessário, todavia, observar o escopo e efeitos que a extensão daquele normativo procura produzir. Ora, conforme ficou visto, o art. 10.º do Código do Trabalho procura estender aos agentes laboratoriais as normas legais referentes a direitos de personalidade, igualdade e não discriminação e segurança e saúde no trabalho. Por conseguinte, ainda que, *prima facie*, se devesse enjeitar o recurso a um critério exógeno ao modo de execução contratual para conduzir à sua qualificação como equiparado ao contrato de traba-

---

[650] PEDRO ROMANO MARTINEZ, *Direito...cit.*, 368 ss.
[651] PEDRO ROMANO MARTINEZ, *Direito...cit.*, 368 ss.
[652] Em sentido semelhante, DIOGO VAZ MARECOS, *Uma nova...cit.*, 67 ss.

lho (a proveniência do rendimento do trabalhador), não poderemos olvidar que aquela norma prossegue, na realidade, fins de tutela social (e não económica) relativamente aos trabalhadores cuja situação ou liberdade pessoal se encontra reduzida pela necessidade de obter, por aquela via, rendimentos que permitam a sua subsistência. Além disso, a integração do prestador na actividade produtiva da empresa que, obviamente, será controlada e avaliada face aos parâmetros vigentes, não se materializa apenas relativamente à actividade laboral corporizada ou manufacturada, sendo igualmente transversal às actividades intelectuais. Acresce ainda que a dependência económica que o preceito procura identificar corresponde a uma realidade naturalística, do plano dos factos e, como tal, não existe fundamento que permita limitar a aplicabilidade das normas quando esse facto resulte directamente da relação contratual executada.

Por fim e ainda que não se despreze o lastro histórico daquele preceito ao art. 2.º da LCT[653], originariamente arreigado à prestação de trabalho no domicilio, não poderá ser desconsiderado o alargamento da norma levada a cabo, primeiro, pelo art. 13.º do CT03 e, posteriormente, pelo art. 10.º CT. Assim, o escopo da norma alargou-se manifestamente em razão daquela intervenção legislativa porquanto, no nosso entender, não deve procurar-se interpretar restritivamente aquele conceito indeterminado, resultando a extracção daquele preceito de uma norma idêntica ao art. 2.º da LCT.

Assim, em síntese, existindo uma efectiva constrição da liberdade do prestador em resultado da dependência da sua actividade profissional face a um único beneficiário da actividade e, concomitantemente, uma dependência face à origem do seu rendimento, julgamos que não deve ser rejeitado qualquer critério que faculte o reconhecimento daquela situação fáctica de dependência económica.

Por outro lado, a jurisprudência já tem vindo a identificar a dependência económica, ainda que para os efeitos da LAT *"com a resposta à satisfação das necessidades do dia a dia, em termos de alimentação, alojamento, vestuário, mas também com o restante complexo de necessidades essenciais à realização pessoal de cada um"*, encontrando-se, por isso, *"numa situação de falta de autonomia económica e como tal em dependência económica, quem não tem, só por si, capacidade para responder aos encargos de natureza económica relacionados com a satisfação*

---

[653] A este respeito cf. Pedro Romano Martinez *Código 2.ª...cit.*, 96 ss (anot. 13.º) e Pedro Romano Martinez, *Código...cit.*, 125 ss (anot. 10.º)

daquele conjunto de necessidades"[654]. Todavia, a função jurisdicional tem sido convocada a pronunciar-se a este respeito quase exclusivamente no âmbito do regime jurídico dos acidentes de trabalho e doenças profissionais porquanto o art. 10.º do Código do Trabalho permanece quase inexplorado.

Em face do exposto e aplicando os critérios anteriormente enunciados e em linha de conta com os regimes tributários e contributivos, são economicamente dependentes nos termos do art. 10.º do CT os prestadores de serviços cuja actividade, durante um período temporalmente razoável, tenha sido exclusivamente prestado a uma única entidade ou cuja actividade corresponda a, pelo menos, 80% da actividade do prestador. De igual modo e pelas razões expostas, devem considerar-se como economicamente dependentes, para os fins daquele preceito, os praticantes, aprendizes, estagiários[655], demais pessoas que devam considerar-se em situação de formação profissional, administradores, directores, gerentes ou equi-

---

[654] Cf. ac. STJ, de 22/01/2015, proc. 481/11.7TTGMR, rel. António Leones Dantas.
[655] Relativamente à posição do estagiário, a situação poderá ser matizada de modo diverso consoante a materialidade que lhe subjaz. Nos termos da legislação em vigor, os estágios poderão ser profissionais, (incluindo aqueles que tenham como objectivo a aquisição de uma habilitação profissional legalmente exigível para o acesso ao exercício de determinada profissão ou sejam desenvolvidos junto de organismo da administração central ou administração local), curriculares e profissionais extracurriculares. De igual modo, os estágios poderão ser remunerados ou não remunerados, subsidiários ou não subsidiados, financiados ou não financiados.
Ainda que, como à frente melhor se verá, se deva considerar directamente abrangidos pelo art. 29.º, as pessoas que se encontrem em situação de formação profissional e não obstante as matrizes existentes, sempre se diria que a constituição da relação de tirocínio gera no estagiário uma situação fáctica de sujeição, independentemente do carácter remunerado da aprendizagem, semelhante à situação do trabalhador subordinado, dir-se-ia, equivalente ao paralelo efectuado entre o trabalhador subordinado e o prestador economicamente dependente. Sem conceder quanto à aplicabilidade directa do art. 29.º, sempre se consideraria, por identidade e por maioria de razão, que a relação de estágio se encontra abrangida pelo art. 10.º do Código do Trabalho.
Em sentido contrário, considerando inaplicável o art. 10.º ao contrato de estágio, especialmente em resultado da adopção de um critério económico-jurídico cf. DIOGO VAZ MARECOS, *Uma nova...cit.*, 66 ss. Conforme resulta do que ficou dito, não poderemos concordar com esta posição visto que, em nosso entender, não resulta daquele preceito qualquer vinculação ao critério seleccionado. Além disso, parte o citado autor de uma premissa que não poderemos dar como assente: o art. 10.º CT não se destina *"a prevenir que situações que não se encontrem juridicamente bem definidas como contrato de trabalho ou como contrato de prestação de serviços possam igualmente beneficiar da protecção das normas legais respeitantes a direitos de personalidade"* entre outros. Destina-se, sim, a fornecer uma protecção tutelar a prestadores de actividade laborativa,

parados que sejam remunerados por essa actividade sem existir qualquer subordinação jurídica[656].

Visto este aspecto, retorne-se à questão inicial: o regime jurídico resultante do art. 29.º *ex vi* 10.º, ambos do Código do Trabalho, é aplicável aos prestadores de actividade laborativa economicamente dependentes? No nosso entender a resposta deve ser indubitavelmente afirmativa: seja mediante recurso a um critério material (tutela dos direitos de personalidade) seja em função de um critério sistemático (igualdade e não discriminação), decorre expressamente do art. 10.º do Código do Trabalho a aplicabilidade expressa das Subsecções II e II do Livro I, Título II, Secção II daquele diploma, resultando dessa circunstância a aplicabilidade do regime jurídico tutelador do assédio laboral aos prestadores de actividade economicamente dependentes[657]. Assim, os sujeitos referenciados podem

independentemente do vínculo jurídico que lhe subjaz, que se encontrem economicamente dependentes do beneficiário da prestação o que argui na posição perfilhada.

Por fim, saliente-se que a prática demostra que os operadores têm vindo a recorrer à admissão de estagiários, mediante celebração de contratos de estágio, promovendo a sua inserção imediata na sua estrutura produtiva. Para o efeito, após um período de formação inicial tendo em vista a sua ambientação na estrutura, constituem-se equipas de trabalho, tendencialmente formadas por estagiários, inseridas na estrutura hierarquizada e sob orientação, fiscalização e direcção de um supervisor que as acompanha. Por conseguinte e salvo melhor opinião, tal situação jurídica revela-se materialmente equivalente a uma situação de sujeição jurídica quer de dependência económica pelo que, pelas razões anteriormente aduzidas, é aplicável aquele regime jurídico.

[656] Não se mostra juridicamente fundamentado, no nosso entender, a desconsideração das categorias elencadas de prestador de actividade face às restantes. Sendo todo o ser humano igual na sua dignidade e, verificado o potenciamento desse risco de lesão, não existe como desconsiderar essa ascendente e a atribuição de tutela aliás, à semelhança do que verifica no âmbito dos acidentes de trabalho. Tanto assim é que não é juridicamente inteligível e inadmissível desarticulação entre o art. 4.º da Lei n.º 7/2009, de 12 de Fevereiro e o art. 10.º do Código do Trabalho. Deste modo, por maioria de razão, deve ser concedida a tutela aqueles agentes.

[657] Conforme sintetiza RITA GARCIA PEREIRA, *Mobbing 2011...cit.*, 119, num entendimento que partilhamos "*uma das características do mobbing é ter como pressuposto uma situação fáctica em que uma das partes está numa situação de maior fragilidade, seja formal, seja meramente material, situação essa que é aproveitada para dotar de ainda maior eficácia as agressões que lhe são dirigidas*".

ser considerados sujeitos activos ou passivos da relação assediante nos termos e para efeitos do art. 29.º do Código do Trabalho[658-659].

6.3. Comportamento: indesejado, reiterado, sistemático e insidioso?

Estabelece o n.º1 do art. 29.º que, antes de mais, o assédio corresponde a um comportamento indesejado. Ora, conforme já tivemos oportunidade de analisar, a relação assediante reveste um carácter comunicacional visto que o assediante induz ou provoca no assediado um conjunto de efeitos que constituirão uma situação jurídica de assédio laboral.

Colocado conceptualmente nestes termos, da análise da norma perscrutam-se imediatamente duas interrogações, *primo*, determinar se o comportamento do assediante exige a sua manifestação através de um acto de conteúdo activo ou se, pelo contrário, o seu preenchimento se basta com uma identificação de uma conduta omissiva e, *secundo*, em que circunstâncias se deve considerar que aquela conduta – *activa ou omissiva como em primeiro lugar se verá* – é indesejada do destinatário e, por isso, daí poderá ser extraída um primeiro requisito para a sua qualificação como contrária ao ordenamento jurídico e, por isso, ilícita.

---

[658] A título comparativo, é assaz interessante verificar o teor do art. 4.º, al. a) da Lei n.º 102/2009, de 10 de Setembro, na redacção introduzida pela Lei n.º3/2014, de 28 de Janeiro. Assim, para efeitos do regime jurídico da promoção da segurança e saúde no trabalho considera-se como *"«trabalhador» a pessoa singular que, mediante retribuição, se obriga a prestar serviço a um empregador e, bem assim, o tirocinante, o estagiário, o aprendiz e os que estejam na dependência económica do empregador em razão dos meios de trabalho e do resultado da sua atividade, embora não titulares de uma relação jurídica de emprego"*, em sentido próximo ao defendido.

[659] Ao contrário do que, *prima facie*, se poderia julgar, a situação jurídica dos trabalhadores independentes mostra-se especialmente sensível ainda que exista um regime jurídico aplicável: a Lei n.º3/2011, de 15 de Fevereiro, que proíbe qualquer discriminação no acesso e exercício do trabalho independente, dedica-se a regular, no seu art. 5.º, n.º5, exclusivamente o assédio baseado em factor de discriminação. Por conseguinte e atentas às manifestações do fenómeno, tal normativo mostra-se evidentemente insuficiente para combater as restantes manifestações. Assim, em caso de violação da dignidade do trabalhador independente economicamente dependente, cabe ao lesado fazer-se valer do regime plasmado no art. 29.º do Código do Trabalho. Todavia, ficam fora desta remissão e da Lei n.º 3/2011, o assédio não discriminatório praticado contra trabalhadores independentes que não sejam economicamente dependentes. Assim, julgamos que numa futura intervenção legislativa – que deverá ocorrer a breve trecho – a situação dos trabalhadores independentes deve ser apreciada pelo legislador tendo em vista a sua aproximação ao regime laboral quanto ao assédio.

Em primeiro lugar, o que é um comportamento?

Recorrendo ao sentido comum da palavra, *comportamento* reconduz-se ao modo de comportar ou ao procedimento adoptado[660]. Noutra pespectiva, aquele vocábulo logra designar genericamente *"qualquer actividade observável de um organismo animal e que, referido ao homem, se usa também em sentido moral, normativo, disciplinar, etc."*[661]. Por conseguinte, um comportamento corresponde a um acontecimento ou evento material da vida real ou, dito de outro modo, o comportamento corresponde a um facto; dado que o evento resulta da determinação da vontade humana e o Direito associa efeitos, estamos perante um facto jurídico *lato sensu* e, em concreto, um *acto jurídico lato sensu*[662].

Mais que um mero enquadramento teórico, a determinação do comportamento enquanto constitutivo da acção assediante permite estabelecer, *ab initio*, um conteúdo mínimo de voluntariedade nessa actuação. Por conseguinte, e transportando a teoria dos factos jurídicos para esta sede, permite imediatamente eliminar como comportamento um conjunto de situações *prima facie*, que, porque perturbam, constrangem ou afectam a dignidade da pessoa, poderiam ser qualificadas como assédio. Assim, não consubstancia uma situação de assédio a circunstância de um trabalhador ser injuriado ou perturbado por um colega de trabalho que padeça, por exemplo, da síndroma de *Tourette* face à involuntariedade daquele comportamento[663].

---

[660] Assim, JOÃO GRAVE / COELHO NETTO, *Lello ... cit.*, 404.

[661] Vd. ORLINDO GOUVEIA PEREIRA, "Comportamento", In: *Pólis – Enciclopédia Verbo da Sociedade e do Estado*, I, 2.ª, Lisboa, Verbo, 1997, 1047-1051. Não obstante, aquele vocábulo comporta, no plano científico, um conjunto de acepções díspares: conforme referenciado pelo citado autor, o comportamento humano é observado, entre outros, pela psicologia, pela biologia, pela antropologia, pela economia, pela sociologia.

[662] Vd. JOÃO DE CASTRO MENDES, *Direito Civil – Teoria geral*, III, Lisboa, AAFDL, 1968, 2 ss, JOSÉ DE OLIVEIRA ASCENSÃO, *Direito Civil – Teoria Geral*, II, Coimbra, Coimbra Ed., 1999, 7 ss e ANTÓNIO MENEZES CORDEIRO, *Tratado de Direito Civil*, II – *Parte geral - negócio jurídico*, 4.ª, Coimbra, Almedina, 2014, 83 ss.

[663] De acordo com o *Manual Merck - Edição de saúde para a família*, São Paulo, Oceano Grupo Editorial, s.i. disponível em linha em http://www.manualmerck.net/ (acedido a 09/07/2015), a síndroma de *Tourette* corresponde a uma perturbação hereditária, de causa desconhecida, que se manifesta pelo aparecimento, com carácter absolutamente involuntário, de tiques simples e que, pode progredir na manifestação de movimentos bruscos, incluindo vocalização, e, nos casos mais graves, pode conduzir à pronunciação, de forma compulsiva e involuntária, de impropérios, grosserias e outras ofensas. Por conseguinte, se devidamente desenquadra-

Questão diversa prende-se com a classificação daquele *acto jurídico lato sensu* como um acto jurídico *stricto sensu* ou, em alternativa, uma acção. Conforme ensina José de Oliveira Ascensão, que seguimos quanto a este ponto o *"acto jurídico em sentido estrito é aquele que é imputável à vontade do sujeito, mas em que é irrelevante a sua finalidade* [enquanto] n*as acções, pelo contrário, é decisivo saber qual a colocação de fins do agente"*, ou seja, *"na acção há ainda uma vontade de realização de fins que é juridicamente relevante"*[664]. Ora, atendendo que o normativo dispõe que o assédio tanto pode ocorrer quando o agente tenha um objectivo ou gere um efeito assediante e o enquadramento de tal requisito como elemento subjectivo do comportamento assediante carece de análise autónoma, voltaremos ao mesmo adiante. Ainda assim, reforce-se o que ficou dito: para efeito do art. 29.º, o comportamento assediante tem-se, pelo menos, como um acto jurídico *lato sensu* e, por isso, dotado de um mínimo de determinação na sua existência; quanto à vontade juridicamente relevante relativa à realização de fins, voltaremos a ela em momento posterior[665].

Assente que o comportamento assediante corresponde a acontecimento ou evento material da vida real resultante da vontade humana, impõe-se indagar: esse facto deve assumir exclusivamente natureza comissiva ou, por outro lado, deve entender-se como abrangido naquele âmbito os comportamentos omissivos que revistam um lastro assediante e que, por sua vez, sejam passíveis de lesar os bens jurídicos que a norma pretende tutelar?

Em primeiro lugar, cabe estabelecer que o n.º1 do art. 29.º não toma qualquer decisão relativamente a esse aspecto, quer admitido ou rejeitando essa hipótese, pelo que cabe ao intérprete procurar no sistema jurídico essa resposta[666]. Atente-se, aliás, que o elemento linguístico do preceito não exclui qualquer das hipóteses uma vez que, no plano naturalístico dos

---

da, as manifestações externas desta síndrome poderiam conduzir à qualificação do agente como assediante. Todavia, fruto da ausência da determinação da vontade humana na sua manifestação, não devem ser considerados, para os devidos efeitos, como manifestações de vontade humana.

[664] José de Oliveira Ascensão, *Direito Civil II... cit.*, 11 ss 14 ss.
[665] Cf. *infra* 6.5
[666] Paula Quintas, *Os direitos de personalidade...cit.*, 205 e Sónia Kietzmann Lopes, *O assédio moral...cit.*, 260. Não obstante e ao contrário do que refere a última autora, julgamos que não se pode extrair imediatamente do silêncio do legislador a admissibilidade da conduta omissiva pelo que haverá sempre de verificar a sua compatibilização quer com o sistema jurídico quer com o regime jurídico directamente envolvido.

factos, os comportamentos, entendidos como actividade humana observável, podem revestir condutas activas ou omissivas[667]. Tanto assim é que conforme já oportunamente observámos, a relação assediante apresenta uma estrutura relacional de tipo comunicional pela qual se logra a prática do acto assediante. Por conseguinte e nesta sede, não existe, *prima facie*, nada que obste, à admissibilidade no âmbito deste regime jurídico de comportamentos omissivos.

Noutra perspectiva, é naturalisticamente possível, por recurso a comportamentos omissivos, perturbar constranger a pessoa, afectar a dignidade, gerar um ambiente intimidativo, hostil, degradante, humilhante ou desestabilizador para o destinatário? No nosso entender a resposta deve ser inequivocamente positiva. De acordo com as suas manifestações típicas[668], o assédio poder-se-á precipitar sob a forma de isolamento da vítima, não comunicando com esta ou segregando-a da restante comunidade laboral, ocultando a transmissão de informação disponível ou informação essencial e necessária à correcta execução da actividade laboral ou, por outro lado, omitindo a atribuição de actividade laboral ao trabalhador, deixando-o profissionalmente inactivo enquanto decorre o tempo de trabalho, violando o seu dever de ocupação efectiva. Por conseguinte consta-se que face à possível hostilização insidiosa do assediado, o comportamento omissivo adequa-se de modo competente à descrição dos comportamentos potencialmente lesivos dos destinatários. Por sua vez, no plano jurídico e atendendo à estruturação da relação contratual em execução, a omissão da prática de alguns actos consubstancia a omissão da prática de actos juridicamente devidos e, por isso, o incumprimento de algumas obrigações juslaborais. Deste modo e face ao exposto, considerados que, por juridicamente admissível e naturalisticamente adaptável ao fenómeno, o compor-

---

[667] Recordando novamente os ensinamentos oriundos das ciências da comunicação, a comunicação pode ser estabelecida por meios verbais (oral, escrita ou mediante língua gestual) ou não verbais (gestos, comportamentos, objectos, cores). Ora, através do emprego de qualquer uma forma de comunicação e desde que o destinatário esteja capacitado para o efeito, é possível transmitir ao receptor um comando, uma ideia, uma regra. A este respeito, recorde-se o art. 103.º do Decreto-Regulamentar n.º 22-A/98, de 1 de Outubro, que estabelece os sinais dos agentes reguladores do trânsito: mediante a realização daqueles sinais, o agente regulador de trânsito transmite ao condutor um comando permissivo ou proibitivo que corresponde a uma regra jurídica cujo incumprimento é sancionado a título contra-ordenacional nos termos previstos no Código da Estrada.

[668] Isabel Ribeiro Parreira, *O assédio moral... cit*, 218 ss.

tamento previsto no n.º1 do art. 29.º do Código do Trabalho pode revestir carácter comissivo ou omissivo[669].

Para que o comportamento seja juridicamente qualificado como assédio, exige o art. 29.º do Código do Trabalho que revele um carácter indesejado. Contudo, coloca-se a questão de saber se a apreciação do carácter indesejado do comportamento deve ser subjectivamente perspectivada pela pessoa do destinatário, isto é, relevar exclusivamente a qualificação em razão do receptor da conduta ou, em alternativa, apenas deverá considerar-se como indesejado um comportamento que, de modo abstracto e objectivo, seja qualificado, num plano de normalidade, como indesejado por um destinatário comum.

Dada a teleologia do regime jurídico e do bem jurídico tutelado, cremos que a indesejabilidade de um comportamento, qualquer que seja, deverá ser apreciada numa perspectiva subjectiva, mormente da do destinatário do comportamento[670]. Conforme já vimos oportunamente, sendo local de trabalho um espaço de convivialidade, é natural que nele se desenvolvam diversas relações pessoais entre a comunidade de trabalho, relações que, dado o seu carácter interpessoal, poderão ser mais ou menos aprofundadas. Por conseguinte e dado o substrato relacional, um qualquer comportamento deverá ser considerado dado o seu concreto contexto e, nomeadamente, a sua proveniência. Assim, um determinado gracejo, comentário ou atitude, com o mesmo teor e com origem diferentes, poderá produzir diferentes efeitos no seu destinatário. Por outro lado, uma objectivização do carácter indesejado do comportamento lograria padronizar a

---

[669] Observado o ordenamento jurídico numa perspectiva global, existe adicionalmente um argumento que, pese embora não revista carácter decisivo, reforça a posição expressada. Subsequentemente à aprovação do art. 29.º do Código do Trabalho, foi aprovada, em transposição de um conjunto de directivas comunitárias, a Lei n.º 3/2011, de 15 de Fevereiro. Por este diploma, que proíbe qualquer discriminação no acesso e no exercício do trabalho independente e aplica o princípio da igualdade neste âmbito, estabelece-se que o assédio é discriminação sempre que, baseado num facto de discriminação, *"a pessoa beneficiária da prestação de trabalho independente praticar acto ou omissão, não aceite pelo destinatário, baseado em factor de discriminação, com o objectivo de o perturbar, constranger, afectar a sua dignidade, ou de lhe criar um ambiente intimidativo, hostil, degradante, humilhante ou desestabilizador"*. Purgada de divergências terminológicas, esta noção acolhe o entendimento segundo o qual o comportamento assediante pode revestir carácter activo assim como omissivo, o que, para além de apontar o sentido do entendimento legislativo relativamente a este aspecto, actua como um contributo para a extracção da norma daquele preceito.

[670] Neste sentido, ALEXANDRA MARQUES SEQUEIRA, *Do assédio...* cit., 255.

eventual conformidade ou desconformidade de um acto, excluindo o carácter relacional humano, assim como afastaria a produção do nexo entre o carácter indesejado da conduta e a potencial lesão do bem jurídico tutelado.

Contudo, a adopção da citada perspectiva subjectiva – que, repita-se, melhor se adequa ao fenómeno em razão da estrutura – levanta outro problema: esse carácter indesejado do comportamento deve ser do conhecimento do sujeito activo da relação assediante ou, por outro lado, basta-se pela sua qualificação do comportamento como indesejado pelo sujeito passivo?

Quanto a este ponto, a multiplicidade de manifestações que este fenómeno pode assumir geram algumas perturbações na sua avaliação. Assim, se existem comportamentos assediantes cuja indesejabilidade para o destinatário é evidente e que, por isso, o sujeito activo não poderá ignorar (nomeadamente a alegação que o assediado padece de problemas psicológicos, a crítica persistente e prolongada do trabalho desenvolvido, a prática de ameaças verbais ou realização de intimidação mediante utilização de chamadas telefónicas, correio electrónico ou outro instrumento de comunicação[671]), outras práticas existem que, sobre uma aparente normalidade e carácter inócuo, logram produzir aqueles efeitos indesejados sobre o assediado.

Embora a questão seja manifestamente duvidosa, inclinamo-nos para considerar que a qualificação de um qualquer acto como assediante depende do conhecimento do agente desse carácter indesejado. Ainda que pela protecção ao assédio laboral se procure tutelar direitos de natureza absoluta[672] e que, por isso, exigem *erga omnes* o seu respeito pela comunidade, não nos afigura proporcional ou tecnicamente admissível face à letra do preceito dispensar o conhecimento dessa circunstância por parte do agente pelo que a aplicabilidade daquele normativo depende da demonstração desse facto. Nestes termos e dado o pretenso carácter continuado da situação assediante, especialmente na presença de actos de aparência inócua, a demonstração deste requisito revela-se um ónus do pretenso assediado. Assim, sentindo-se lesado na sua dignidade por um qualquer comportamento, o assediado deve comunicar de modo expresso ao seu autor a sua indesejabilidade daquele comportamento e, com isso, solicitar a sua

---

[671] Estas e outras práticas assediantes são extensamente apresentadas por MAGO ROCHA PACHECO, *O assédio...cit.*, 81 ss.
[672] Assim, cf. ANA MORAIS ANTUNES, *Comentário...cit.*, 13 ss.

cessação. Caso o sujeito passivo prossiga com aquela conduta, constitui-se o pretenso assediado no direito de fazer actuar aquele regime geral.

Todavia e conforme se aduziu, existem actos e práticas de teor assediante que, pela sua natureza, são manifestamente intoleráveis pelo ordenamento jurídico e, por isso, patenteiam de modo evidente o seu carácter indesejado. Nestas situações e caso no assediado não tenha afirmado expressamente a indesejabilidade daquele acto, tal circunstância não prejudica a aplicabilidade daquele regime atendendo que da demonstração e prova da prática do acto ou actos resulta imediatamente o seu carácter indesejado.

Por fim, uma das principais questões levantadas pela doutrina respeita à qualificação do assédio, nos termos da legislação vigente, exclusivamente enquanto ilícito continuado[673], aglutinador de um conjunto de factos lícitos ou ilícitos que, pela sua reiteração, afectem determinantemente a dignidade da pessoa do destinatário ou, por outro lado, se é admissível qualificar-se como assediante um único comportamento ou facto ofensivo e singular que ofenda determinantemente a dignidade do destinatário ou de uma das suas concretas manifestações. Assim, a questão basicamente passa por considerar que a situação assediante é necessariamente constituída por um conjunto de facto ou se pode ser constituída por um único facto, se é exclusivamente assédio uma situação reiterada ou se também poderá ser qualificada como tal uma situação singular.

Para esta questão é especialmente relevante, enquanto ponto de ordem, observar a evolução que o preceito tem vindo a sofrer desde a sua introdução no ordenamento jurídico português. Assim, se em 2003 o n.º 2 do art. 24.º do Código apontava como assédio – *assédio este qualificado* ex lege *como discriminação* - *"todo o comportamento indesejado"*, tal orientação foi cirurgicamente modificada em 2009 pela nova redacção do n.º 1 do art. 29.º, tendo logrado eliminar o vocábulo *"todo"*. Por conseguinte, coloca-se a questão: em face do actual regime plasmado no Código do Trabalho de 2009, é aco-

---

[673] Importamos, para esta sede, a título impróprio e meramente exemplificativo, a ideia patente no art. 30.º, n.º 2 do Código Penal referente à prática do crime continuado. Em função do art. 29.º do Código do Trabalho - o qual apresenta um conjunto de semelhanças com aquele regime juspenal -, considera-se como um único ilícito – o assédio laboral – a prática plúrima do mesmo tipo de ilícito (violação do direito à integridade moral) ou vários tipos de ilícito que protejam fundamentalmente o mesmo bem jurídico (dignidade da pessoa humana), no quadro da mesma situação (relação laboral).

lhido no âmbito do conceito jurídico de assédio laboral a situação assediante constituída por um único facto?

A este respeito pronunciou-se RITA GARCIA PEREIRA no âmbito de ambos Códigos: de acordo com a citada autora, com especial incidência no Código de 2003, ainda que uma primeira abordagem tendesse a conceder resposta integralmente positiva à inclusão do assédio de facto único no então art. 24.º, tal interpretação literal deverá ser corrigida face à parte final do preceito, concluindo a Autora pela inclusão na norma do assédio de facto único de gravidade extrema e do assédio de factos múltiplos, posição esta que, considera, se mantém igualmente válida face ao Código de 2009[674], sendo tal entendimento secundado por CIDÁLIA SANTOS SILVA[675].

SÓNIA KIETZMANN LOPES[676] considera, por seu turno, que essa reiteração ou pluralidade de actos não se revela um verdadeiro requisito ou pressuposto da activação daquele normativo ainda que, diga-se, considere que é nessa situação que se encontra a principal mais-valia da identificação do fenómeno e da consagração jurídica do assédio. Por sua vez, ANA CALDAS CANEDO[677], pese embora repute a reiteração como característica do fenómeno, considera que tal pressuposto não se encontra consagrado daquela norma jurídica, propugnando, no entanto, pela admissão do assédio de facto único especialmente na situação de assédio no acesso ao emprego, ainda que tal consubstancie um desvio à regra geral. Por seu turno, JÚLIO VIEIRA GOMES considera, face à autonomia conceptual existente, não é juridicamente passível de ser exigida, face à letra do art. 29.º, a reiteração dos actos assediantes como requisito[678]. GLÓRIA REBELO[679] pronuncia-se positivamente relativamente à admissibilidade da ofensa singular como assédio moral face à letra do preceito sendo que, por fim, PAULA QUINTAS[680] considera que a prática de um único facto é suficiente para a qualificação do mesmo como assédio.

---

[674] RITA GARCIA PEREIRA, *Mobbing...* 202 ss e *Mobbing 2011...* 116 e 120. Não obstante a citada autora parece inclinar-se para considerar a reiteração como característica do fenómeno a qual, todavia, argui não ter sido acolhida pelo legislador nacional em qualquer das versões da legislação.
[675] CIDÁLIA SANTOS DA SILVA, *Análise...cit.*, 64.
[676] SÓNIA KIETZMANN LOPES, *O assédio moral...cit.*, 255 e 261 ss.
[677] ANA CALDAS CANEDO, *Assédio...cit.*, 34 ss e 86 ss.
[678] JÚLIO VIEIRA GOMES, *Algumas reflexões...* cit., 78.
[679] GLÓRIA REBELO, *Assédio moral...cit.*, 115.
[680] PAULA QUINTAS, *Os direitos de personalidade...cit.*, 205.

Posição diversa é defendida no ordenamento jurídico nacional por MAGO ROCHA PACHECO[681]. De acordo com a posição apresentada pelo Autor, na esteira da doutrina espanhola e italiana, é pressuposto da precipitação do assédio enquanto fenómeno a reiteração do comportamento lesivo no tempo porquanto considerar, ainda que não assumido textualmente face ao art. 24.º então vigente, o carácter necessário da verificação desse pressuposto para convocar a sua aplicabilidade, na constância de múltiplos factos. Posição idêntica é perfilhada por GUILHERME DRAY[682], ANTÓNIO MONTEIRO FERNANDES[683], DIANA LOPES ESTEVES[684], ALEXANDRA MARQUES SEQUEIRA[685], ANA RIBEIRO COSTA[686] e MARIA REGINA REDINHA[687].

A jurisprudência nacional tem, de igual modo, vindo a contribuir para este debate uma vez que tem tido oportunidade para se pronunciar, quando convocada e a título prévio, relativamente aos requisitos de actuação dos regimes legais que vigoraram até à presente data. Quanto a este aspecto, as decisões judiciais oriundas dos tribunais superiores – que, na sua maioria, usam tratar unitariamente as questões referentes ao carácter singular ou plural do facto assediante, à sua reiteração e duração temporal – têm-se orientado para considerar o assédio enquanto fenómeno jurídico multifactual e, por isso, repetido no tempo[688], ainda que sejam identificáveis arestos em sentido contrário[689]. Veja-se a este propósito o acórdão do Tri-

---

[681] MAGO ROCHA PACHECO, *O assédio...cit.*, 92 ss.
[682] GUILHERME DRAY, In: PEDRO ROMANO MARTINEZ, *Código...cit.*, 185 ss.
[683] ANTÓNIO MONTEIRO FERNANDES, *Direito...cit.*, 174.
[684] DIANA LOPES ESTEVES, *Mobbing...cit.*, 24.
[685] ALEXANDRA MARQUES SEQUEIRA, *Do assédio...* cit., 248.
[686] ANA RIBEIRO COSTA, "O ressarcimento dos danos decorrentes do assédio moral ao abrigo dos regimes das contingências profissionais", In: RQL, XVII, n.º 35-36, 2010, 103-158 (106 ss).
[687] MARIA REGINA REDINHA, *Assédio..., cit.*, 834, que pese embora não se debruce sobre qualquer regime jurídico vigente, se aproxima da defesa do carácter sucessivo e persistente dos actos.
[688] Assim, cf. ac. STJ de 29/03/2012, proc. 429/09TTLSB, rel. Gonçalves Rocha, ac. STJ de 12/03/2014, proc. 590/12.5TTLRA, rel. Mário Belo Morgado, ac. TRL de 09/05/2007, proc. 1254/2007, rel. Maria João Romba, ac. TRL de 14-09-2011, proc. 429/09.9TTLSB, rel. Maria João Romba, ac. TRP de 16/09/2011, proc. 540/09.6TTMTS, rel. António José Ramos e ac. TRP de 04-02-2013, proc. 1827/11.3TTPRT, rel. António José Ramos.
[689] Em sentido contrário, considerando que um comportamento é suficiente para a qualificação (contra-ordenacional) como assédio moral cf. ac. TRC de 23/11/2011, proc. n.º 222/11.9T4AVR, rel. Manuela Fialho.

bunal da Relação de Évora de 16/01/2014 que considerou *"um e-mail enviado pela empregadora ao trabalhador, dando conta de que conforme conversas anteriores lhe enviava uma minuta de despedimento por extinção de posto de trabalho e uma carta com pedido de demissão para o caso do Ministério do Trabalho não aceitar o despedimento, não constitui assédio moral, pois trata-se de uma única mensagem e não de um comportamento reiterado, cujo conteúdo não permite concluir que a empregadora criou terror psicológico ao trabalhador, com o objectivo de o deixar indefeso, perturbado, diminuído ou humilhado"*[690].

A este título, é manifesta a existência de uma orientação maioritária identificável pelo que é possível afirmar cabalmente que a jurisprudência tem procurado resistir à inclusão no âmbito daquele preceito o assédio de facto único.

Na nossa opinião, julgamos que o preceito legal deve ser entendido, como não poderia deixar de ser, à luz do sistema jurídico onde se insere e às próprias características identificadas ao fenómeno que, não sendo decisivas, permitirão extrair alguns elementos coadjuvantes para a percepção desta questão.

É inegável que, tradicionalmente, o assédio moral é reputado e descrito como um método insidioso e sistematizado, uma perseguição temporalmente dilatada que procura, paulatinamente, desgastar o trabalhador, levá-lo a cometer algum erro ou descontrolar-se tendo em vista a sua segregação e/ou afastamento da empresa[691] porquanto, dada a sua natureza, é natural a identificação, oriundas das restantes ciências, dessa sua característica distintiva. No entanto, essa manifestação sociológica típica do fenómeno não limita, impede ou obriga, *prima facie*, a sua qualificação como assédio laboral contando se exista uma correspondência mínima entre situações e escopos tutelados. Ainda que deva evitar a tendência para o ensimesmamento no momento decisório, a juridificação do fenómeno cabe exclusivamente ao Direito.

Conforme constatado, é indiscutível que aquele normativo se dirige hodiernamente para a tutela das situações típicas, plúrimas, temporal-

---

[690] Ac. TRE de 16/01/2014, proc. 326/12.0TTEVR, rel. Paula do Paço.
[691] Isabel Ribeiro Parreira, *O assédio moral... cit*, 222 ss, Nuno Queiroz de Andrade / Telmo Mourinho Baptista, *Práticas... cit.*, 110 ss e Maria Regina Redinha, *Assédio moral ou Mobbing...cit.* 834 ss. Aliás, segundo Anália Torres (coord.) et al., *Assédio... cit.* 3, esta prática é a mais prevalecente em Portugal, correspondendo a 4 em cada 10 situações de assédio laboral.

mente dispersas embora logicamente interligadas pelo agente porquanto estas se encontram explicitamente acolhidas no preceito. Ora, a finalidade originária do estudo do fenómeno e acolhimento no ordenamento jurídico é garantir a existência de um sistema, de uma lupa nas palavras de Luca Nocco[692], que permita demonstrar o que de outro modo não se veria, expor o que se encontra oculto enquanto se tutela a dignidade da pessoa do lesado. Se nos é permitida a imagem, o regime jurídico tutelador do assédio moral encontra-se funcionalmente destinado para prevenir e tipificar o homicídio originado por envenenamento e não resultante da utilização de arma de fogo.

Assim, como regra geral, estas macrosituações encontrar-se-ão, à primeira vista, sujeitas à tutela geral do direito, seja mediante recurso à protecção fornecida pelos direitos fundamentais ou pelos direitos de personalidade do destinatário porquanto na constância de um único facto ofensivo deve o sujeito passivo recorrer à tutela comum para a defesa dos seus direitos dado que, face ao carácter do acto, não se perscruta a necessidade de *"recorrer à lupa"*. Além desta circunstância, deve perspectivar-se historicamente a norma: se atendermos à redacção originária dos arts. 22.º a 26.º do Código do Trabalho de 2003, apreende-se a articulação entre o art. 23.º e 24.º aos quais cabia, de modo idêntico e respectivamente, tutelar as situações discriminatórias singulares, plurifactuais e continuadas. Todavia, fruto da atabalhoada desarticulação deste regime e alargamento do art. 29.º, desfigurou-se de algum modo um sistema que, embora deficiente e lacunar, se encontrava sistematicamente ponderado. Assim, se coligimos a esta circunstância o facto de ter sido retirado do preceito o vocábulo *"todo"*, é mister concluir pela existência deste requisito implícito.

Nestes termos, porque esculpido para tal, o regime jurídico do assédio moral ficaria especialmente reservado para as situações lesantes compostas, plurifactuais, reiteradas e/ou prolongadas no tempo[693], permanecendo as

---

[692] Luca Nocco, *"Il mobbing"*, In: *Danno e Responsabilità*, 2008, n.º4, 398 ss, *apud* Júlio Vieira Gomes, *Algumas reflexões ...cit.*, 75.

[693] A reiteração enquanto elemento integrante do comportamento indesejado impõe uma referência adicional: se no domínio da psicologia e da sociologia existem autores que impõem alguma periodicidade para que se considere como assédio um determinado comportamento, tal entendimento não colhe na ciência do Direito atendendo, em suma, que tal facto subverteria a existência de um regime especial de tutela da dignidade da pessoa humana que se encontra numa particular situação de vulnerabilidade e, por outro lado, violaria frontalmente o preceituado no art. 1.º da CRP – para além de se mostrar evidentemente absurdo - a sujeição

situações singulares lesivas entregues ao regime comum. Assim, a reiteração ou pluralidade de factos nocivos dotados de uma unidade lesiva constituiria um requisito implícito para a existência da situação assediante[694].

No entanto, por um imperativo pragmático e ainda na égide do acolhimento exclusivo do assédio discriminação, viu-se o legislador na necessidade de enxertar ao *"programa regulamentar base"* de assédio os actos lesivos praticados durante o acesso ao emprego. Se uma larga maioria das discriminações fundadas nos elementos típicos se verifica no momento do acesso ao emprego e ao trabalho, o legislador comunitário e, a reboque, o legislador nacional viram-se na contingência de alargar a sua abrangência tutelar que, não obstante essa relevante modificação, se manteve após o alargamento do preceito operado pelo Código do Trabalho de 2009. Ora, como *infra* melhor se verá, o candidato a emprego encontra-se numa posição especialmente sensível em razão do feixe de deveres que sobre ele impendem, da posição de especial debilidade negocial resultante da circunstância de desejar ceder a sua força de trabalho e da especial *"disponibilidade"* para admitir actos abusivos e lesivos face à expectativa com a constituição daquela relação laboral. Em face do exposto, o candidato a emprego está atreito, em idêntica medida, a ver-se lesado na sua dignidade pessoal porquanto, face ao circunstancialismo envolvido, carece de tutela.

No entanto, existindo e sendo fundada essa protecção coloca-se uma interrogação: deve fazer-se depender a concessão de tutela da dignidade da pessoa do candidato a emprego mediante recurso ao regime do assédio à existência de uma pluralidade de actos prolongados no tempo?

Cremos que a resposta deve ser negativa.

A prática demonstra que os contactos pré-contratuais tendo em vista a celebração de um contrato de trabalho, seja mediante celebração de negócios preliminares ou concurso de selecção, de natureza aberta ou limitada, consistem em actos materiais e jurídicos que, embora mais ou menos espaçados no tempo, se mostram altamente lesivos para o seu destinatário.

---

de uma determinada pessoa a abusos atentatórios da sua qualidade enquanto ser humano durante um período extenso apenas para legitimar um recurso a uma figura jurídica tutelar. Neste mesmo sentido, JÚLIO VIEIRA GOMES, *Algumas reflexões ...cit.*, 77 ss.

[694] Assim, uma singular ofensa à integridade física (art. 15.º) ou uma violação restrita do dever de ocupação efectiva (art. 129.º, n.º1, al b.), se desacompanhadas de outros actos que com este se encontrem estritamente conectados caem no âmbito da violação específica desse dever jurídico.

Pense-se, por hipótese, na prática de actos emulativos no âmbito do procedimento concursal mediante utilização dos resultados de testes vocacionais anteriormente realizados ou, por outro lado, na ameaça em revelar ao actual empregador que se encontra à procura do estabelecimento de uma nova relação profissional.

Como se poderá observar, nesta fase podem ocorrer actos singulares, concentrados e seriamente lesivos da personalidade do candidato que, em razão do seu objectivo, se encontra numa situação fáctica de inferioridade face ao assediante. Assim, face às necessidades específicas de tutela e à frugal natureza desse estádio, torna-se necessário flexibilizar a exigência do requisito implícito de reiteração e pluralidade de factos assediantes[695].

Por conseguinte e em síntese, deve, entroncado no conceito de assédio juridicamente assente e na natureza típica do fenómeno, exigir-se, tendo em vista a aplicabilidade do art. 29.º, a manifestação e demonstração do assédio laboral enquanto comportamento plurifactual e cronologicamente reiterado. No entanto salvaguarda-se, em função da sua natureza, o assédio no acesso ao trabalho e ao emprego que se poderá, nos termos previstos no art. 29.º com a precipitação de um único acto que, em razão do seu carácter concentrado e ofensivo, se releva agudo para o destinatário. O assédio de facto único deve ser juridicamente qualificado como excepcional face ao requisito genérico, ainda que de tez implícita.

Conforme já observámos, o assédio moral, nos termos legalmente previstos, consiste na prática de um conjunto plural de actos, de carácter indesejados, praticados ou cuja prática foi omitida entre dois ou mais sujeitos, lesivos da dignidade do destinatário, que, em função da relativa estabilidade de participantes[696] e do carácter ofensivo, individual ou globalmente considerados, revelam a reiteração das condutas lesivas.

No entanto, um conjunto de Autores – e, nessa sequência, alguma jurisprudência[697] – tem vindo a considerar, com base numa clara influência

---

[695] Em sentido idêntico, cf. ANA CALDAS CANEDO, *Assédio...cit.*, 36.
[696] A estabilidade de participantes da relação assediante não pode ser colocada em termos de tal modo estritos que a integração ou ausência de um terceiro num determinado acto (um eventual *sight mobber*) imponha a desqualificação da situação como assediante. Assim, o que é importante realçar é a existência de um vínculo relacional de teor lesivo e tendencialmente estável, onde, pelo menos, o sujeito passivo e um dos sujeitos activos seja constante.
[697] Cf. *supra* as referências a propósito da pluralidade de factos como elemento integrador da ideia de comportamento.

oriunda da psicologia e da sociologia como característica típica, um verdadeiro requisito da existência de uma situação de assédio moral, o carácter *insidioso* e *sistematizado* dos actos assediantes. Para os partidários deste entendimento, o assédio impõe a existência de uma verdadeira perseguição movida contra o sujeito passivo da relação assediante, temporalmente dilatada, dissimulada sobre a aparência de legalidade, metódica e estruturada para desestruturar psíquica e psicologicamente o destinatário tendo em vista a cessação da relação de trabalho: exige-se assim a verificação de um efectivo plano assediante ou finalidade assediante que, através de pequenos actos ocultos, produza o efeito pretendido, sendo esse elemento fundamental para a actuação do regime[698-699].

Porém, conforme se referiu anteriormente, o conceito jurídico-laboral de assédio moral encontra-se plenamente autonomizado relativamente àqueles enquadramentos científicos porquanto, ainda que no domínio da ciência da psicologia o assédio laboral seja tipicamente encarado como execução de um acto previsivelmente malévolo e de índole persecutória, tal orientação constitui um mero contributo cuja actualidade deve passar pelo crivo jurídico.

Todavia, cabe fazer uma precisão terminológica relativamente à qualificação do assédio como um acto sistematizado. Se para alguns autores, a pretensa sistematização exigida para qualificar como assédio uma determinada situação se aproxima determinantemente da reiteração do comportamento ou comportamentos *(sistematização-reiteração)*[700], a sistematização da conduta para outros reporta à existência de um *projecto assediante*, composto por um conjunto concatenado de actos finalisticamente destinados à obtenção de um objectivo, seja este estratégico ou puramente emulativo, ou uma ou *vontade assediante (sistematização-finalidade)*[701].

Ao que julgamos, o alegado carácter sistematizado do assédio reporta-se, em sentido próprio, à alegada existência de uma metodologia assediante pelo qual se procura atingir um objectivo legalmente vedado

---

[698] MARIA REGINA REDINHA, *Assédio moral ou Mobbing...cit.* 833, ISABEL RIBEIRO PARREIRA, *O assédio moral... cit*, 220 ss e GUILHERME DRAY In: PEDRO ROMANO MARTINEZ, *Código...cit.*, 185 ss.
[699] Em sentido contrário, cf. SÓNIA KIETZMANN LOPES, *O assédio moral...cit.*, 261 ss.
[700] Neste sentido, MAGO ROCHA PACHECO, *O assédio...cit.*, 92 ss (101)
[701] MARIA REGINA REDINHA, *Assédio moral ou Mobbing...cit.* 833, ISABEL RIBEIRO PARREIRA, *O assédio moral... cit*, 220

porquanto é sistematizado o comportamento pelo qual se define a prática de um conjunto de actos tendentes à obtenção de um fim e não à existência ou repetição de actos de conteúdo ofensivo. Relativamente a este último aspecto, consideramos que a exigência pela reiteração se inscreve no âmbito da determinação do *comportamento* para efeitos do art. 29.º CT09 e não num qualquer pressuposto autónomo pelo que remetemos para o que acima ficou dito.

Feita esta precisão, coloca-se o problema: o art. 29.º exige a identificação de uma linha condutora, um plano assediante, para qualificar como assédio um determinado comportamento?

No nosso entendimento, não resulta da lei qualquer imposição de concatenação dos actos para a sua qualificação como assédio[702]. Conforme melhor se verá, exige o Código do Trabalho que o comportamento assediante, alternativamente, seja finalisticamente determinado ou gere como efeito, no âmbito da execução da relação laboral, a afectação da dignidade do sujeito passivo. Nestes termos, e ainda que seja discutível se o regime jurídico deveria ou não proceder à inclusão desse requisito, julgamos claro, dado a esta alternatividade, a inexistência de qualquer sistematização, índole malévola ou persecutória no comportamento lesivo. Assim, a qualificação de um comportamento indesejado como assédio moral dispensa a existência de um efectivo e directo nexo entre os actos que constitua uma unidade de sentido.

De igual modo, não é exigido que o comportamento indesejado apresente um carácter insidioso para ser qualificado nos termos do art. 29.º CT09[703]. Ainda que essa característica surja evidente no âmbito de algumas manifestações típicas do fenómeno, o ordenamento jurídico nacional (e o comunitário, diga-se) optou por não limitar o seu âmbito de protecção ao putativo lesado de situações dissimuladas. Assim, caso fosse procedente tal entendimento, implicaria que a relação assediante fosse singularmente constituída por um sujeito activo e por um sujeito passivo (independentemente de se tratar de uma situação de assédio vertical ascendente ou descendente ou horizontal) bem como implicaria a exclusão do âmbito de aplicação da norma situações de assédio, pense-se, as situações de assédio de grupo horizontal ou assédio misto (horizontal e

---

[702] No mesmo sentido, SÓNIA KIETZMANN LOPES, *O assédio moral...cit.*, 261 ss.
[703] Em sentido contrário, RITA GARCIA PEREIRA, *Mobbing 2011...cit.*, 116.

vertical descendente) o que, manifestamente, não se procurou com o alargamento da norma em 2009. Por conseguinte, tal particularidade deve ser considerada um mero elemento eventual da situação assediante e não um elemento necessário.

6.4. Elementos de conexão

Uma vez vistos os sujeitos, o comportamento e a sua natureza indesejada, observemos então a sua conexão com a relação laboral. Para o efeito, o legislador determinou no n.º 1 do art. 29.º como juridicamente relevante a prática de actos atentatórios da dignidade da pessoa humana quando estes se precipitem no *"acesso ao emprego ou no próprio emprego, trabalho ou formação profissional"*.

Claramente tributário dos diplomas comunitários[704], o regime jurídico do assédio laboral explicita que aqueles actos, para serem qualificados como tal, poderão ser praticados em momento pré-contratual, seja durante a realização de contactos preliminares ou de eventual concurso para celebração de contrato de trabalho[705], durante o trabalho[706], seja durante o tempo de trabalho ou na constância da relação laboral, desde que repercuta efeitos na mesma, ou durante a formação profissional. Nesta circunstância, é integralmente portável para esta sede a questão da relevância para a relação dos comportamentos extra-laborais pelo que, por economia, se conclui pela consideração de todos os comportamentos que, de modo directo ou indirecto, produzam efeitos no âmbito da relação laboral ou repercutam os seus efeitos da execução da relação laboral[707].

---

[704] Tanto assim é que o legislador, ao efectuar a transposição daquela norma, olvidou de conformar o seu teor, mantendo expressamente no seu texto a dicotomia entre *"trabalho"* e *"emprego"* que, no ordenamento jurídico português, não obtém qualquer alcance técnico-jurídico.
[705] Quanto à formação do contrato de trabalho cf. ANTÓNIO MENEZES CORDEIRO, *Manual... cit.*, 555 ss,, LUÍS MENEZES LEITÃO, *Trabalho...cit.*, 252 ss e ROSÁRIO PALMA RAMALHO, *Tratado II... cit.*, 122 ss (em especial, 128 ss)
[706] Para efeitos meramente expositivos, a apreciação da situação de emprego far-se-á conjuntamente com a situação de trabalho.
[707] Tradicionalmente, a questão da relevância dos comportamentos extra-laborais para a relação de trabalho é perspectivada em razão do exercício do poder disciplinar por actos praticados fora do local e do tempo de trabalho mas que, de algum modo, venham a influenciar a relação laboral. No plano do assédio laboral, qualquer comportamento que, pelo seu

Comum àqueles elementos de conexão encontra-se a circunstância da prática de um comportamento indesejado ser realizada numa situação em que o seu destinatário se encontra numa situação potenciadora da lesão do núcleo intangível de personalidade, dada a proximidade que resulta da relação ou, por outro lado, o destinatário se encontra numa situação de especial debilidade, seja em resultado da sujeição jurídica em que se encontra ou, por outro lado, seja pela circunstância do trabalhador, cujo envolvimento global na prestação do trabalho irá ocorrer, se encontrar vulnerável face ao interesse em promover à celebração do contrato de trabalho.

Como já anteriormente melhor se observou, a celebração do contrato de trabalho coloca ao trabalhador uma situação de sujeição jurídica face ao empregador, titular do poder de dirigir e ordenar o trabalho, o que impõe a heterodeterminação da actuação do trabalhador pelo que, assim, da sua execução resulta um elevado potencial lesivo da pessoa do trabalhador[708] porquanto é expressamente admitida essa tutela no âmbito da relação laboral.

Quanto à tutela dos actos assediantes no acesso ao trabalho é mister explicitar um conjunto de aspectos que, no nosso entendimento, fundamentam a extensão da tutela. Em primeiro lugar, cabe realçar o carácter marcadamente histórico dessa concessão. Tendo o preceito nacional origem no direito comunitário e atendendo à tutela concedida a título exclusivo ao assédio discriminatório, a extensão da tutela do assédio laboral no momento de formação do contrato justifica-se pela prevalência de actos assediantes porque discriminatórios neste âmbito, sejam fundados na raça, origem ou sexo do candidato a emprego. Por conseguinte e tendo em vista o fornecimento aos candidatos a emprego de uma tutela reforçada a esse nível que se mostrava carecida para salvaguarda do princípio da igualdade, a opção legislativa passou por estabelecer a aplicabilidade daquele regime jurídico no momento de formação do contrato dada a sua prevalência.

---

carácter, venha a gerar um efeito ou a atingir o seu desiderato assediante no âmbito da relação encontra-se abrangido pela norma.
[708] Conforme indicia a célebre frase atribuída a Henry Ford relativamente à incindibilidade da pessoa do trabalhador durante a execução do trabalho, referida por João Leal Amado, *Contrato... cit.*, 227, "*why is it every time I ask for a pair of hands, they come with a brain attached?*"

No entanto, coloca-se a questão de saber se uma vez alargado o escopo do regime jurídico do assédio laboral e atendendo ao plasmado no art. 24.º do Código do Trabalho, essa concessão continua a justificar a sua existência[709].

A nosso ver a resposta é, ainda assim, claramente afirmativa. A celebração do contrato de trabalho, à semelhança dos restantes negócios jurídicos e ainda que nada esteja tipificado a esse título, pode revelar-se um processo com alguma complexidade dada a exigência da prática de diversos actos bem como, por outro lado, implicar razoável duração temporal. Ora, tal como nos restantes negócios jurídicos, as partes encontram-se vinculadas por deveres de boa fé que deverão observar nesse procedimento, comando hoje plasmado expressamente em matéria laboral no art. 102.º ainda que a sua aplicabilidade resultasse desde logo do art. 227.º do Código Civil. Não obstante, no contrato de trabalho o vínculo de fidúcia impõe às partes um conjunto alargado de deveres de informação e lealdade que se iniciam, desde logo, no momento pré-contratual[710]. Estes deveres de informação na formação do contrato, estatuídos nos arts. 106.º e ss, encontram-se teleologicamente destinados a dar a conhecer às partes os elementos relevantes para a decisão de contratar. No entanto, atendendo ao objecto do contrato de trabalho – prestação de actividade laborativa subordinada – é estabelecido no n.º 2 do art. 106.º o dever do trabalhador informar acerca dos *"aspectos relevantes para a prestação da actividade laboral"* o que, dada a estreita incindibilidade da pessoa do trabalhador da actividade a desenvolver, coloca em causa a afectação da esfera privada e pessoal do trabalhador na execução do contrato e, eventualmente, dos seu direitos de personalidade[711]. Nesta sequência, são inteligíveis as limitações impostas a este direito do empregador a ser informado, nomeadamente as esta-

---

[709] O art. 24.º do Código do Trabalho corporiza e densifica a aplicação do princípio da igualdade no acesso ao trabalho e na sua execução, estabelecendo a proibição de privilegiar, beneficiar, prejudicar ou privar o trabalhador de qualquer direito em função de um factor de discriminação. Em sentido similar, relativo à aplicação, entre outros, do princípio da igualdade e não discriminação acesso e exercício do trabalho independente, atente-se ao teor do art. 3.º da Lei n.º 3/2011, de 15 de Fevereiro. É de realçar, de todo o modo, que a citada Lei n.º 3/2011, de 15 de Fevereiro acolhe no art. 5.º, n.º 5 uma noção de assédio, restrita ao assédio discriminação, aplicável aos trabalhadores independentes. Pelas razões já expostas, consideramos que esta apresenta um carácter lacunar e, por isso, deverá ser rectificada a breve trecho.

[710] A este respeito cf., por todos, Rosário Palma Ramalho, *Tratado II... cit.*, 137 ss. que seguimos.

[711] Rosário Palma Ramalho, *Tratado II... cit.*, 141.

belecidas pelos arts. 17.º e 19.º. Destarte, atendendo que o trabalhador se encontra previsivelmente numa situação em que depende do rendimento proveniente da sua actividade profissional para garantir a sua subsistência e dado o potencial lesivo associado à sua constituição, logra o legislador em estender aquela tutela perante a prática de actos assediantes para o momento de formação da relação contratual o que se justifica face aos bens jurídicos envolvidos.

Por fim, resta definir o alcance da menção legislativa referente ao assédio no âmbito da formação profissional, estabelecida como elemento de conexão para a prática de acto assediante.

A formação profissional corresponde hodiernamente a um direito e dever mútuo da relação laboral (cf. arts. 127, n.º1, al. d) e art. 128.º, n.º1, al. d)), destinada, entre outras finalidades, a proporcionar qualificação inicial a jovens que ingressem no mercado de trabalho, assegurar formação contínua aos profissionais da empresa, promover a qualificação, reconversão, reabilitação ou integração profissional dos trabalhadores (art. 130.º). Conforme bem se observa deste último preceito legal e de acordo com a classificação apresentada por ROSÁRIO PALMA RAMALHO[712], a formação profissional pode assumir um carácter *inicial, contínua ou de actualização* ou *especial para certas categorias de trabalhadores*. No entanto e conforme resulta do art. 130.º, a formação profissional, salvo quanto à formação contínua, prossegue de fins de interesse social comum, estranhos à execução do contrato de trabalho[713] porquanto coloca-se a questão: deve considerar-se exclusivamente abrangida para os fins do art. 29.º do Código do Trabalho a formação contínua ou, por outro lado, devem considerar-se incluídas no âmbito daquela norma todas as situações de formação profissional independentemente do vínculo que lhe subjaz?

Cremos, quanto a este aspecto, que o entendimento adequado da norma passará pela abrangência a todas as situações de formação profissional por fundamentos sistémicos, de identidade de razão e do correcto emprego das normas hermenêuticas.

No plano hermenêutico, impõe o n.º3 do art. 9.º do Código Civil ao intérprete que considere que o legislador consagrou as soluções mais acer-

---

[712] ROSÁRIO PALMA RAMALHO, *Tratado II... cit.*, 565 ss.
[713] A este título, refere PEDRO ROMANO MARTINEZ em *Código...cit.*, 345 ss que *"talvez sejam exageradas as referências a diversos aspectos da formação profissional neste e nos artigos subsequentes"* sendo justificadas, talvez, *"essencialmente em razões de política legislativa"*.

tadas e exprimiu o pensamento em termos adequados. Vejamos: caso se viesse a interpretar restritivamente o art. 29.º no plano da formação profissional, restringindo-se à formação profissional prestada no âmbito do contrato de trabalho, tal menção legislativa mostrar-se-ia inútil face à consagração, em maior amplitude, da abrangência do acto existência do contrato de trabalho e pela circunstância do mesmo se ver verificado em estrita conexão com o mesmo. Nestes termos e face a esse carácter redundante, tal interpretação deverá ser liminarmente afastada.

Noutra perspectiva, estabelece o Sistema Nacional de Qualificações, aprovado pelo Decreto-Lei n.º 396/2007, de 31 de Dezembro, que se deve entender por formação profissional *"a formação com objectivo de dotar o indivíduo de competências com vista ao exercício de uma ou mais actividades profissionais"* – cf. art.3.º, al. d). Por conseguinte e ainda que não seja directamente aplicável, o citado diploma estabelece, em termos amplos e genéricos, um entendimento abrangente daquela noção, que supera manifestamente a formação profissional contínua.

Conforme já tivemos oportunidade de afirmar, a situação de formação profissional em contexto e trabalho e independentemente do vínculo que lhe subjaz, mostra-se materialmente similar à situação do trabalhador subordinado. Ainda que não exista o estabelecimento de qualquer subordinação jurídica, as relações de formação profissional em contexto de trabalho implicam geralmente a inserção do formando na estrutura organizacional do formador que, por conseguinte, gera uma situação de *infra*-ordenação do formando, situação esta acrescida pela imposição, contratualizada ou de fonte legal, da observância um conjunto de direitos e deveres impostos ao formando que vão desde a vinculação ao cumprimento das regras sobre a organização do trabalho ao respeito pelo bens da entidade formadora, passando pelo poder de direcção da formação.

Assim, pelas razões aduzidas, deve ser interpretada em sentido amplo a expressão *formação profissional*, considerando-se abrangida pela mesma tanto a formação profissional frequentada em cumprimento do contrato de trabalho como as restantes situações de formação profissional em contexto de trabalho às quais não seja associado um qualquer vínculo ou relação de trabalho ou emprego.

6.5. Do objectivo ou efeito do comportamento

Uma vez chegados a este ponto, cabe, por fim, atender à caracterização da situação assediante e, consequentemente, aferir os pressupostos de activação daquele regime jurídico e traçar-lhe os seus limites. Deixando para momento posterior a perspectivação do objectivo perseguido ou do efeito gerado, centremos inicialmente essa análise no último pressuposto daquele sistema móvel, o carácter das condutas das condutas assediantes: a este respeito, inicia aquele n.º1 do art. 29.º por estabelecer como assediante o comportamento que tenha como objectivo ou efeito perturbar ou constranger a pessoa, afectar-lhe a sua dignidade, ou criar um ambiente intimidativo, hostil, degradante, humilhante ou desestabilizador.

Atendendo que, a este respeito, o legislador optou por recorrer novamente ao emprego de um conjunto de conceitos juridicamente indeterminados, consideramos que, para fins analíticos e em função da identidade exibida, será útil segregar aquele comando em três núcleos tendo em vista o contributo para o entendimento do seu teor, a saber, o acto assediante fundado na *i)* perturbação ou constrangimento da pessoa, *ii)* criação de um ambiente intimidativo, hostil, degradante, humilhante ou desestabilizador e *iii)* afectação da dignidade, os quais veremos pela mesma ordem.

Todavia, realça-se o seguinte aspecto: conforme temos vindo a apontar, a situação assediante pode-se manifestar – e será essa provavelmente a sua manifestação típica – como multilesiva para o destinatário porquanto é assaz natural que, numa ocorrência, a situação assediante seja qualificada por um conjunto de características enunciadas pelo regime jurídico o que, no entanto, não obsta à sua repartição tendo em vista a análise espartilhada de cada uma dessas qualidades ou efeitos do comportamento. De igual modo, tal abordagem não se destina a esgotar integralmente o seu âmbito uma vez que tal ensejo seria impossível de concretizar nem tampouco seria desejável: procurar-se-á, em alternativa, expor meras reflexões que permitam, eventualmente, auxiliar o aplicador do direito nesta complexa tarefa.

O primeiro conjunto permite qualificar como assédio o comportamento que, em estreita conexão com a execução da relação contratual, perturbe ou constranja o seu destinatário. Porém, em que circunstâncias se pode afirmar que um determinado acto perturba ou constrange uma pessoa?

Vejamos em primeiro lugar, o sentido coloquial das palavras empregues pelo legislador[714]: se, por um lado, *perturbar* consiste, entre outras significações, numa alteração ou agitação, na existência de um transtorno ou na geração do efeito de abalar, confundir, envergonhar, comover, intimidar ou transtornar, ao vocábulo *constranger* são associados a ideias de obrigar à força, impedir os movimentos, apertar, coagir, compelir ou violentar[715]. Assim, pese embora associados para efeitos expositivos, as sobreditas ideias apresentam diferentes desígnios. O acto assediante perturbador distingue-se principalmente por dois aspectos característicos, a saber, por gerar no destinatário um efeito que se repercute principalmente no seu être, no âmago da sua pessoa, lesando-a internamente sem que deste resulte necessariamente uma manifestação externa no assediado, bem como pressupõe uma modificação na forma ou modo de execução do contrato ou da prestação do trabalho ou situação jurídica do trabalhador sem que esta circunstância se mostre objectivamente fundada e heterodeterminada. Assim, pese embora a perturbação se destina a desorganizar a pessoa, desassossegando a sua auto-estima, a percepção do seu valor intrínseco, enfim, a sua *presença de espírito*, a precipitação dos sobreditos efeitos está dependente da susceptibilidade do sujeito passivo ser perturbado e da sua inteligência emocional num dado momento porquanto corresponde num elemento sujeito a uma elevada carga subjectiva, ou seja, depende da sua precipitação na pessoa assediada.

Por outro lado, a prática de um acto ou actos mediante os quais se procura constranger o visado pode corporizar-se, por um lado, na privação da execução de condutas - por exemplo, impedir um trabalhador de reportar hierarquicamente uma determinada situação a que se encontra vinculado sob pena de se verificar uma cominação -, ou, por outro, compelir mediante pressão assediante à prática de actos materiais ou jurídicos – mormente, conduzir ao abandono do posto de trabalho ou à cessação do contrato de trabalho.

---

[714] Não perfilhando uma abordagem exegética do Direito, a compreensão do sentido da letra da lei é, ao que julgamos, um ponto de partida insofismável. Recorrendo a ciência jurídica da linguagem como veículo, é a compreensão dos enunciados verbais que permite a construção dogmática e, consequentemente, a evolução e desenvolvimento do Direito.

[715] Assim, J. ALMEIDA COSTA / A. SAMPAIO E MELO, *Dicionário da língua portuguesa*, 6.ª, Porto, Porto Ed., 1991, 409 e 1273.

A criação de um ambiente intimidativo, hostil, degradante, humilhante ou desestabilizador inscreve-se, de igual modo, nas manifestações ofensivas que o assédio laboral pode assumir com influência directa nas condições e termos de execução da relação laboral. No âmago, procura-se mediante recurso àquelas demonstrações considerar assediante o comportamento que gere *condições de trabalho tóxicas* numa perspectiva psicológica, ou seja, que, entre outras, fruto do seu carácter atemorizador - limitativo, entre outros do livre desenvolvimento da personalidade, da liberdade de expressão, seja mediante declarações que coloquem em causa a subsistência do vínculo ou o desenvolvimento profissional –, agressivo ou adverso ao desenvolvimento regular da prestação de trabalho – através da realização de ameaças, mais ou menos veladas, à sua integridade física ou impedimento ou isolamento do destinatário na participação das actividades empresariais regulares -, profissionalmente degradante ou humilhante – diminuição da categoria, modificação de funções que, objectivamente, coloquem em causa a dignidade, o profissionalismo ou a autoridade do destinatário junto dos restantes trabalhadores, ou diminuição das condições de trabalho e ou diferenciação infundada face aos restantes[716].

Em suma, a qualificação como assédio, em qualquer uma das suas vertentes, depende de uma prática comportamental donde resulte uma efectiva e determinante afectação da dignidade do trabalhador, ou seja, da sua dignidade inerente como ser humano[717], que pode passar pela *coisificação* ou instrumentalização da pessoa do destinatário, pela desconsideração da sua dimensão humana, pela intrusão lesiva na esfera de pessoalidade ou pela destruição da pessoa intrinsecamente valiosa para o Direito.

---

[716] A este respeito veja-se o acórdão. do TRL de 05/11/2013, proc. 4889/11.0TTLSB., rel. Francisca Mendes, no qual se considerou *"que o sentimento de desânimo do requerente resultante de um empobrecimento das suas funções* [despromoção da categoria de gerente para operador de loja] *implica uma afectação da sua dignidade profissional"*. Assim, atendendo que *"o desânimo do trabalhador resultou de um comportamento da requerida (que perdurou no tempo) e ocorreu no contexto profissional onde se inseria o primeiro e com o acompanhamento dos colegas de trabalho"*, o citado tribunal concluiu daquela factualidade resultou a afectação da dignidade profissional do trabalhador.

[717] Conforme refere PAULO OTERO, *Instituições políticas e constitucionais*, I, Coimbra, Almedina, 2007, 546-547, *"a simples circunstância de ser um indivíduo humano, enquanto realidade biológica possuidora de um genoma humano, envolve que possua dignidade"*, ou seja, impõe uma especial consideração pelo ordenamento jurídico.

6.6. Do elemento volitivo

Conforme observamos anteriormente, a situação de assédio moral tem como origem uma conduta humana e voluntária, circunstância que, atendendo aos ensinamentos da teoria geral da relação jurídica, nos compeliu, provisoriamente, a qualificar o comportamento indesejado, constitutivo da situação assediante, como um *acto jurídico lato sensu*[718], ficando em aberto para momento ulterior a sua qualificação enquanto *acto jurídico stricto sensu* ou acção pelo que, repescando o ensina José de Oliveira Ascensão, é necessário aferir se, para qualificar como assédio comportamento, é, respectivamente, *"irrelevante a sua finalidade"* ou, por outro lado, *"é decisivo saber qual a colocação de fins do agente"*[719]. Sintetizando, o comportamento será *acto jurídico stricto sensu* se, para efeitos do art. 29.º CT09, a norma desconsiderar a vontade do agente ou uma acção caso a finalidade daquele acto for juridicamente considerada pela norma.

Vejamos o preceito: declara o n.º1 do art. 29.º como assédio o comportamento indesejado que, em síntese, tenha como objectivo ou efeito afectar a dignidade do destinatário.

Neste prisma e numa análise perfunctória, resulta de modo relativamente claro do teor da norma que o legislador, ao conformar o acolhimento do fenómeno no ordenamento e tendo em vista a tutela da dignidade do destinatário, equiparou o facto finalisticamente determinada com a produção fortuita de efeitos porquanto, nos termos acima expostos, o comportamento assediante tanto pode ser qualificado como um *acto jurídico stricto sensu* ou uma acção.

No entanto, a questão mostra-se especialmente sensível e apresenta uma maior densidade crítica atendendo que, na sua maioria, as restantes ciências auxiliares do Direito no que respeita a este fenómeno tendem a qualificar a intenção assediante do sujeito activo como um elemento necessário do acto[720].

Conforme já se frisou, o assédio laboral corresponde hodiernamente a uma noção integralmente juridificada e, por isso, autónoma das restantes orientações propostas. Todavia e não obstante o tempo decorrido desde a

---

[718] Cf. *supra* 6.3.
[719] José de Oliveira Ascensão, *Direito Civil II... cit.*, 11 ss 14 ss.
[720] Cf. Rita Garcia Pereira, *Mobbing...* 85 ss e Ana Caldas Canedo, *Assédio...cit.*, 35 ss.

consagração originária do normativo no ano de 2003, a doutrina nacional permanece, em larga medida, em divergência no que respeita à consideração deste aspecto como elemento essencial ou eventual daquela tipificação[721] porquanto é essencial observar as principais orientações existentes nesta matéria. Não obstante e em momento prévio a essa tarefa, cabe realçar que, ainda que o normativo base seja correspondente, tal elemento carece de apreciação diferenciada consoante nos encontramos no estrito plano contratual ou num quadro contra-ordenacional sendo que, nesta sede, é exigida a análise do primeiro[722].

GUILHERME DRAY, em anotação do art. 29.º CT09, pronuncia-se pela insustentabilidade jurídica da prática de assédio não intencional[723] porquanto parece encaminhar o citado autor para uma restrição interpretativa da norma às situações em que se demonstre esse intuito deliberado. ANTÓNIO MONTEIRO FERNANDES, por seu turno, reputa essencial para proceder à identificação de uma situação de assédio moral *"uma intenção de, com esse comportamento, exercer* pressão moral *sobre o outro"* bem como *"um objectivo final ilícito ou eticamente reprovável, consistente na obtenção de um efeito psicológico na vítima, desejado pelo assediante"*[724]. Por fim, RITA GARCIA PEREIRA considera, atendendo ao regime legal vigente, que o legislador se mostrou excessivamente oneroso para a putativa vítima de assédio ao exigir a demonstração da intencionalidade malévola[725] porquanto parece inclinar-se citada autora para a necessidade de proceder à prova dessa circunstância.

No sentido inverso, JÚLIO VIEIRA GOMES já se pronunciou a este respeito, declarando claramente que a legislação portuguesa *"não exige o dolo ou sequer uma intenção assediante para a actuação do sistema"*, aliás, na esteira da jurisprudência francesa[726]. Afastando igualmente a intencionalidade

---

[721] JÚLIO VIEIRA GOMES, *Direito...cit.*, 436 ss

[722] No plano contra-ordenacional e ainda que a norma se encontre redigida nos termos apresentados, impõe-se a concreta determinação do elemento volitivo da acção ilícita, não obstante a punibilidade contra-ordenacional a título de negligência em razão do disposto no art. 550.º do CT.

[723] GUILHERME DRAY In: PEDRO ROMANO MARTINEZ, *Código...cit.*, 186. Em sentido contrário, considerando que o citado autor pugna pela irrelevância da intencionalidade enquanto elemento jurídico vd. ANA CALDAS CANEDO, *Assédio...cit.*, 40.

[724] ANTÓNIO MONTEIRO FERNANDES, *Direito...cit.*, 174.

[725] RITA GARCIA PEREIRA, *Mobbing 2011...* 120.

[726] JÚLIO VIEIRA GOMES, *Algumas reflexões ...cit.*, 81 ss e *Direito...cit.*, 442.

enquanto elemento necessário pronuncia-se GLÓRIA REBELO visto que *"o conceito de assédio abrange não apenas as situações em que se vislumbra na esfera jurídica do empregador o objectivo de afectar a dignidade do visado, mas também aquelas em que – ainda que não se reconheça tal propósito – ocorra o efeito a que se refere a parte final do número 2 do artigo 24.º [CT03]"*, hoje, parte final do n.º 1 do art. 29.º[727]. Por fim, ANA CALDAS CANEDO, manifesta-se pela exclusão da intencionalidade do sujeito activo da noção jurídica de assédio dado o seu carácter meramente acessório ou eventual pelo que, como tal, deverá ser tida em consideração quando da definição do grau de culpa[728].

Também a jurisprudência já tomou oportunamente parte nesta questão, acolhendo maioritariamente a primeira orientação exposta: assim, o Tribunal da Relação de Lisboa em 13/04/2011 ajuizou que a factualidade provada nos autos era insuficiente para concluir a existência de uma situação de assédio uma vez que *"a A não logrou provar as específicas condutas persecutórias que aponta à sua empregadora, nem a sua intencionalidade"*[729]. Em sentido próximo, o Tribunal da Relação de Coimbra, em aresto datado de 07/03/2013, considerou, em sede de apreciação de recurso de contra-ordenação, que a intencionalidade consubstancia carácter distintivo e motivador da conduta porquanto *"sem essa intenção do agressor não existe assédio moral – no sentido de que a verificação de uma situação de mobbing exige a demonstração de uma conduta persecutória intencional da entidade empregadora sobre o trabalhador"*, terminando aquele acórdão considerando que a *"pretensão de forçar o trabalhador a desistir do seu emprego [...] constitui, a nosso ver, um elemento objectivo implícito do tipo de contra-ordenação em análise"*[730]. Tal entendimento estende-se ao Supremo Tribunal de Justiça que, em arestos datados de 29/03/2012[731] e 29/10/2013[732], considerou que *"não se apurando materialidade que suficientemente permita concluir no sentido de uma intencional conduta persecutória da entidade empregadora, dirigida a atingir os valores da dignidade profissional e/ou da integridade física ou psíquica do trabalhador, não pode considerar-se integrada a*

---

[727] GLÓRIA REBELO, *Assédio moral...cit.*, 115.
[728] ANA CALDAS CANEDO, *Assédio...cit.*, 40.
[729] *Vd.* ac. TRL de 13/05/2011, proc. 71/09.4TTVFX, rel. Natalino Bolas. Todavia, o citado acórdão, ainda que recorra aos ensinamentos de JÚLIO VIEIRA GOMES acima expostos, concluiu em sentido diverso, pela precipitação da intencionalidade como requisito objectivo de assédio.
[730] *Vd.* ac. TRC de 07/03/2013, proc 236/11.9TTCTB, rel. Jorge Manuel Loureiro.
[731] Ac. STJ de 29/03/2012, proc. 429/09.9TTLSB, rel. Gonçalves Rocha.
[732] Ac. STJ de 29/10/2013, proc 298/07.3TTPRT, rel. Mário Belo Morgado.

figura do assédio moral". Por fim, especialmente incisivo mostra-se a 4.ª Secção deste Supremo Tribunal que, em acórdão recente de 26/05/2015, julgou *que "não pode deixar de notar-se que é dificilmente configurável a existência de (verdadeiras) situações de assédio moral que - no plano da vontade do agente - não imponham concluir que ele, pelo menos, representou as consequências imediatas da sua conduta, conformando-se com elas"* porquanto *"a circunstância de o legislador ter prescindido de um elemento volitivo dirigido às consequências imediatas de determinado comportamento não obsta à afirmação de que o assédio moral, em qualquer das suas modalidades, tem em regra associado um objetivo final* "ilícito ou, no mínimo, eticamente reprovável" *(v.g. a discriminação, a marginalização/estigmatização ou neutralização do trabalhador, atingir a sua auto-estima ou, no tocante ao* "assédio estratégico", *os objetivos específicos supra expostos"*[733].

No entanto, é assaz interessante notar a existência, tal como a doutrina, de posicionamentos divergentes relativamente a este putativo pressuposto.

Ainda no âmbito do Código do Trabalho de 2003, entendeu a Relação do Porto em criticável aresto de 07/07/2008 que *"o preenchimento da figura do mobbing não exige uma actuação intencional, bastando que o comportamento tenha como efeito o resultado de, in casu, vexar ou humilhar para coagir o trabalhador a adoptar uma conduta não querida, por exemplo, despedir-se por sua iniciativa, mas contra a sua vontade, não fosse a pressão exercida"*[734].

Assim, a Relação do Porto, em acórdão de 19/05/2014, considera que *"a interpretação do art. 29º, nº 1, do Código do Trabalho, na sequência do já preconizado por alguma doutrina, não exige a verificação de uma intencionalidade da conduta mobizante"*[735]. Por fim, o aresto de 18/12/2013 do Supremo Tribunal de Justiça veio a considerar, em análise crítica da posição *supra* apresentada de ANTÓNIO MONTEIRO FERNANDES, que não obstante tal circunstância exigir uma ponderação cuidada, não deve o intérprete olvidar na sua tarefa a presunção de acerto do legislador resultante do art. 9.º do Código Civil[736]. Não obstante, este acórdão acaba por mitigar o afastamento do objetivo assediante enquanto requisito, considerando, no entanto, *"que é dificilmente configurável a existência de (verdadeiras) situações de assédio que, no*

---

[733] Ac. STJ de 26/05/2015, proc. 2056/12.4TTLSB, rel. António Leones Dantas.
[734] Ac. TRP de 07/07/2008, proc. 0812216, rel. Ferreira da Costa.
[735] Ac. TRP de 19/05/2014, proc. 712/12.6TTPRT, rel. Rui Penha e ac. TRP de 01/06/2015, proc. 885/13.0TTPRT, rel. Rui Penha.
[736] Ac. STJ de 18/12/2013, proc. 248/10.0TTBRG, rel. Mário Belo Morgado e STJ de 03/12/2014, proc. 712/12.6TTPRT, rel. Mário Belo Morgado.

plano da vontade do agente, não imponham concluir que ele, pelo menos, representou as consequências da sua conduta, conformando-se com elas" bem como, noutra perspectiva, a intencionalidade terá sempre de ser avaliada aquando da aferição da gravidade ou tipicidade de determinada conduta. Assim, ainda que se desconsidere o objectivo da conduta, haverá sempre que averiguar o objectivo volitivo do comportamento.

Como ponto prévio e no plano estritamente jurisprudencial, os acórdãos analisados, partidários do primeiro entendimento, não logram diferenciar, com sucesso, o *assédio moral jurídico* do *assédio moral fenómeno* porquanto e ainda que haja norma expressa, aquelas decisões tendem a acolher os contributos científicos que, dada a circunstância em apreço, não se mostravam necessários em razão da existência de norma legal expressa. A carência dessa distinção é, quando a nós, especialmente visível no citado acórdão do Supremo Tribunal de Justiça de 29/03/2012 que, supostamente ancorado no entendimento de Júlio Vieira Gomes, reputa essencial a demonstração da intencionalidade assediante quando tal autor manifesta entendimento diverso[737]. Assim, tal perturbação deve ser atendida na ponderação a realizar.

Relativamente ao teor do regime legal, à primeira vista, julgamos não restarem especiais dúvidas que o legislador, atendendo aos valores subjacentes, optou por alargar em larga medida o tipo legal, valorizando em igual medida a afectação da dignidade do destinatário e o intuito nocivo ou plano assediante: assim, nos termos do art. 29.º, tanto é assédio o comportamento destinado a humilhar o destinatário e que logre esse desiderado como o comportamento sistematizado tendo em vista a intimidação do sujeito passivo que não produza o efeito desejado assim como a conduta que, temporalmente reiterada e ainda que não se apure qualquer determinação nesse sentido, gere um ambiente de trabalho hostil para o visado. Ora, a tal circunstância não será alheia a teleologia do normativo, destinada a proteger o núcleo intangível da personalidade do destinatário: dado o carácter absoluto de uma das densificações normativas do princípio da dignidade, os direitos de personalidade, e a sensibilidade para o reduto mínimo do ser humano, a intencionalidade final da acção seria legalmente desconsiderada

---

[737] Júlio Vieira Gomes, *Direito...cit.*, 436 e 442. Enquanto a pp. 436 o citado autor se debruça, no plano genérico, sobre o *assédio fenómeno*, a pp. 442 procede à análise do *assédio jurídico* cujo teor, ainda que versando no âmbito do CT03, se mantém integralmente actual.

Pese embora o eco jurisprudencial existente, não será de acolher, *prima facie*, o citado entendimento segundo a qual a intencionalidade, a *voluntas* assediante, corresponde a um elemento necessário da actuação do regime jurídico tutelar.

Porém, é correcto considerar-se que o legislador optou por desconsiderar integralmente a intenção do agente ao estabelecer o regime jurídico do assédio, valorando em igual medida a intenção e o seu resultado? É materialmente idêntico o comportamento doloso que, de modo sistematizado e tendo em vista a cessação do contrato de trabalho, se corporiza no isolamento do trabalhador, na retirada dos instrumentos de trabalho e no esvaziamento do conteúdo funcional da sua prestação laboral, com o comportamento de um trabalhador que, num âmbito alargado, profere graçolas, piadas ou comentários que, não obstante serem genericamente aceites pelos restantes colegas, geram num determinado trabalhador uma angústia específica que, perturbando, gera desorganização e desestabilização emocional no trabalhador? Será que ambas as circunstâncias serão somente graduadas no plano da culpa? Revisitada o preceito, equipara-se efectivamente o objectivo ao efeito, dispensando-se a intencionalidade?

No nosso entender, a respostas àquelas interrogações deve ser negativa.

Conforme se viu, a fenomenologia do evento assediante típico caracteriza-se por exigência de uma finalidade última do comportamento, seja meramente emulativa ou estratégica. Assim, nesse plano, mais que lesivo, o acto assediante é deliberada e esclarecidamente direccionado para a obtenção de uma finalidade determinada pelo agente. Como tal, mostra-se estruturalmente díspar o acto que, ainda que afecte a dignidade ou gere um dano de idêntica extensão, careça desse elemento finalístico. Por conseguinte, como deve ser interpretada atendendo que o intérprete deve presumir a consagração pelo legislador das soluções mais adequadas, nos termos do n.º 2 do art. 9.º do Código Civil?

Vejamos por partes: é pacificamente reconhecido pelos autores *supra* citados que a pretensa desconsideração do elemento intencional em razão da geração do efeito corresponde a uma especificidade, a uma derivação juridicamente instituída ao fenómeno e que, em certa medida, o desfigura. Assim é: a mera qualificação do efeito lesivo enquanto elemento de qualificação do comportamento assediante não se mostra integralmente autonomizável ou estruturalmente diferenciável face ao dano resultante da violação de direitos de personalidade ou fundamentais.

No entanto tal não se verifica. A admissibilidade do efeito enquanto critério qualificativo de um comportamento assediante, ao contrário do que se poderia *prima facie* considerar, encerra em si uma verdadeira presunção legal, referente à intencionalidade lesiva do acto, ao objectivo final da acção.

O legislador nacional, ao estabelecer que o assédio tanto pode resultar de actos que tenha como objectivo ou efeito a gerar no trabalhador não se encontra, na verdade, a dispensar o elemento intencional, finalístico daquela acção. O que se verifica é que, ao reconhecer as tradicionais e discorridas dificuldades probatórias existentes em realizar a demonstração de tal facto cognitivo, de teor marcadamente íntimo e interno ao agente, retira da existência daquele efeito, produzindo em ambiente e na esfera laboral, uma *volutas* assediante do autor. Gerando-se no âmbito de uma relação laboral um comportamento indesejado lesivo para a dignidade do trabalhador, tal normativo faz discorrer desse facto adquirido – por exemplo, geração de um ambiente de trabalho hostil - um facto desconhecido - o carácter intencional do mesmo - em razão dos efeitos produzidos e da natureza relação jurídico-laboral[738].

O citado entendimento é dotado, no nosso entender, de benefícios para aplicabilidade e percepção da figura jurídica, a saber, *i)* faculta um elemento suficientemente diferenciador face às figuras afins, impondo a intencionalidade, real ou presumida como elemento juridicamente distintivo, *ii)* permite identificar o assédio laboral como um acto dotado de uma finalidade lesiva, sendo tal facto um elemento necessário do fenómeno, em linha com as restantes ciências e, por fim, *iii)* demonstra a existência de um regime jurídico materialmente específico de assédio, corporizando a vontade legislativa.

Assim, em razão do teor do art. 29.º CT09, ao putativo assediado que deseje ver tutelada a sua situação jurídicas restam-lhe estrategicamente duas alternativas tendo em vista a actuação daquele regime: arguir e demonstrar a existência de uma finalidade ou objectivo assediante, legalmente ilícito, que permita qualificar o comportamento como assédio ou, noutro prisma, demonstrar o efeito produzido pelo comportamento, aproveitando a presunção legal de intencionalidade ínsita no n.º1 daquele normativo Não obstante, esta presunção poderá ser afastada nos termos gerais,

---

[738] Relativamente à noção de presunção, que seguimos, cf., por todos, ANTUNES VARELA / J. MIGUEL BEZERRA / SAMPAIO E NORA, *Manual de Processo Civil*, 2.ª, Coimbra, Coimbra Ed., 1985, 500 ss.

previstos no art. 350.º do Código Civil, demonstrando o agente a quem é imputada a prática desse procedimento a inexistência de qualquer escopo finalisticamente determinado cuja execução passa por aquele comportamento, empregando para o efeito todos os meios probatórios legalmente admitidos.

Chegados a este ponto, é momento para se encerrar o círculo anteriormente iniciado: requerendo o art. 29.º do Código do Trabalho, demonstrada ou presumida, uma colocação de fins do agente, isto é, um objectivo resultante daquela exteriorização de vontade humana, deve ser qualificado, de pleno efeito, o comportamento assediante como acção.

6.7. Síntese: uma proposta de noção de assédio moral no Código do Trabalho

Uma vez trilhado o percurso seleccionado e escrutinado o regime geral, encontramo-nos na posse dos elementos caracterizadores da noção legal de assédio moral tal como esta se encontra legalmente consagrada no art. 29.º do Código do Trabalho.

A apresentação de uma noção jurídica de assédio, baseada no normativo existente e da interpretação que deste se extrai, apresenta um proveito principalmente pedagógico dada a tentativa de, com recurso necessário à simplificação do normativo, proceder a uma demonstração sintética, partilhável e directamente apreensível pelo destinatário, do entendimento proposto com base nos pressupostos exigidos pela norma. Assim, propõe-se, mediante recurso a uma alocução, apresentar os principais pontos do assédio moral enquanto fenómeno jurídico e juridificado.

Repisando o que anteriormente melhor se densificou, poder-se-á considerar que, nos termos do art. 29.º, n.º1 CT09, consubstancia assédio moral o comportamento voluntário e indesejado, constituído por actos comissivos e/ou omissivos, tenham carácter insidioso ou manifesto, praticados durante a formação do contrato de trabalho, formação profissional ou execução da relação laboral, que comporte um objectivo ou produza um efeito intencional que afecte a dignidade da pessoa humana do destinatário, seja perturbando o constrangendo a pessoa do destinatário ou criando ambiente intimidativo, hostil, degradante, humilhante ou desestabilizador.

7. Do assédio Laboral ao Direito

7.1. Do regime jurídico: Responsabilidade civil e a sua natureza; "prescrição."

Conforme temos vindo a observar, mostra-se especialmente complexo proceder à demonstração da existência de uma situação de assédio moral dada a simultânea fluidez e exigência imposta pela cláusula aberta consagrada no ordenamento jurídico português. Deste modo, uma vez assentes os elementos que permitem declarar, no plano do Direito, a existência de uma situação de assédio moral, é mister observar os efeitos que o ordenamento oferece tendo em vista a operatividade daquele sistema tutelar, ou seja, determinar o regime jurídico aplicável.

Em primeiro lugar e como visto, o Código do Trabalho não declara o carácter contrário ao Direito do assédio moral, não lhe sendo, assim, directamente assacado qualquer desvalor ou consequência jurídica. Todavia e não obstante a consequência que tal circunstância gera na tipificação contra-ordenacional, não se poderá deixar de considerar o comportamento assediante como contrário ao Direito e, por isso, um acto ilícito.

Aliás, estamos certos que outra conclusão não poderia ser extraída da análise do ordenamento dada a potencialidade do comportamento assediante para gerar, eventualmente e dependendo da sua concreta conformação, a violação de um extenso conjunto de direitos fundamentais – arts. 1.º, 13.º, n.º2, 25.º, n.º1 e 2, 26.º, 59.º, n.º1, al. b), c), todos da Constituição –, direitos de personalidade – arts. 70, n.º1 e 80.º do Código Civil – e direitos laborais – arts. 15.º, 16.º, 126.º, n.º 1 e 2, art. 127.º, n.º1, al. a), c), g), 128.º, n.º1, al. a), e), i), j), 129.º, n.º1, al. a) *in fine*, b), e e) – porquanto, e se apreciado sistematicamente, aquele comportamento é ilícito.

Chegados a este ponto e sabendo a que corresponde juridicamente o assédio moral e o seu carácter desvalioso, é próprio verificar que regime jurídico o ordenamento oferece para a tutela do ofendido.

Contudo, atendido o teor plasmado na lei, constata-se que, no plano substantivo, aquele normativo legal se limita a determinar a aplicabilidade do regime indemnizatório imposta pela prática de acto discriminatório. Não obstante e pese embora o legislador não tenha alertado nesse sentido, essa remissão impõe a realização de ligeiras alterações tendo em vista a correcta extracção da norma.

A primeira correcção interpretativa resulta imediatamente da necessidade de alargar os sujeitos abrangidos pela norma. Assim, atendendo à natureza do assédio e ao seu carácter multidireccional, o art. 29.º impõe o alargamento da indemnização por facto assediante, estendendo-se, para além dos trabalhadores - inclusivamente nas situações de assédio horizontal - ao empregador, ao candidato a emprego, à pessoa em formação profissional e, eventualmente, em razão da aplicação do art. 10.º CT.

Em segundo lugar, o comportamento assediante, ao contrário do acto discriminatório, não se funda e se esgota, em regra e conforme visto, num singular facto assediante porquanto, dada a diferença estrutural entre ambas as situações, deve considerar-se que a norma extraída da conjugação do art. 29.º, n.º3 e 28.º do CT respeita à prática de comportamento indesejado lesivo e não a um mero acto assediante conforme poderia resultar de uma transposição descuidada.

Assim, da conjugação os n.º1 e 3 do art. 29.º e do art. 28.º do CT resulta que a prática do comportamento assediante indesejado, lesivo da pessoa do empregador, do trabalhador, do candidato a emprego ou de pessoa em situação juridicamente equiparada, confere ao sujeito passivo desse comportamento o direito a indemnização por danos patrimoniais e não patrimoniais, nos termos gerais de direito.

Face ao teor do preceito, coloca-se imediatamente a seguinte questão: a obrigação de indemnização prevista no art. 28.º do Código do Trabalho pela prática de actos de assédio remetida para os *"termos gerais de Direito"*, corporiza uma situação de responsabilidade civil contratual ou extracontratual?

Entre nós, a questão tem sido versada pela doutrina[739] e jurisprudência[740] nacionais que, desde que foram tornados conhecidos os primeiros estudos, têm vindo a divergir quanto ao seu enquadramento, tendo inclusivamente essa questão sido objecto central de um estudo recentemente publicado de Rita Jorge Pinheiro[741]. Todavia, o enquadramento jurídico fornecido mostrar-se-á altamente relevante atendendo às consequências substantivas que daí advirão[742].

No nosso entendimento, o posicionamento face a tal questão não afigura absolutamente linear. Se, por um lado e conforme salienta Rita Garcia Pereira, *"um determinado comportamento pode, simultaneamente, gerar responsabilidade contratual (por violar uma obrigação) e extracontratual por representar uma violação de um direito absoluto"*[743], é, julgamos, essencial observar a estrutura da relação assediante estabelecida bem como os sujeitos envolvidos na mesma para, em função da mesma, problematizar o seu enquadramento. Assim, é diferente qualificar o pedido indemnizatório formulado contra a entidade empregadora numa situação de assédio vertical descendente relativamente a um pedido indemnizatório em situação de assédio horizontal ou de assédio externo. Por maioria de razão, ainda mais díspar é a qualificação da fonte da obrigação de indemnizar num pedido formulado por um trabalhador contra outro trabalhador porquanto essa observação deve ser realizada casuisticamente.

O assédio moral, dependendo da sua conformação, poderá postular simultaneamente actos violadores de direitos absolutos e de direitos emergentes de uma relação contratual, do contrato de trabalho que, se indivi-

---

[739] A este título, cf. Júlio Vieira Gomes, *Direito...cit.*, 439, Mago Rocha Pacheco, *O assédio...cit.*, 250 ss, Rita Garcia Pereira, *Mobbing... cit.*, 215 ss, Maria Regina Redinha, *Assédio moral ou Mobbing...cit.* 842 ss, Sónia Kietzmann Lopes, *O assédio moral...cit.*, 258 ss
[740] Cf. ac. STJ de 12/03/2014, proc. 590/12.5TTLRA, rel. Mário Belo Morgado, ac. TRL de 29/01/2014, proc. 420/06.7TTLSB, rel. Filomena Manso, tendo este último aresto sido integralmente confirmado pelo ac. STJ de 01/10/2014, proc. 420/06.7TTLSB, rel. Mário Belo Morgado.
[741] Rita Jorge Pinheiro, *A responsabilidade civil dos agentes...cit.*, 409-435.
[742] Relativamente à querela relativa à eventual ressarcibilidade de danos não patrimoniais em sede de responsabilidade obrigacional, o art. 28.º CT afasta imediatamente a ponderação dessa questão nesta sede, declarando expressamente a sua existência porquanto, em razão da sobredita norma legal expressa, a obrigação de indemnização em caso de assédio moral será uma constatação necessária para os partidários daquele entendimento mais restritivo. Em termos gerais cf. Mário de Almeida Costa, *Direito das obrigações*, 9.ª, Coimbra, Almedina, 2006, 549 ss ss.
[743] Rita Garcia Pereira, *Mobbing... cit.*, 217.

dualmente considerados, poderiam justificar um pedido indemnizatório fundado, respectivamente, em responsabilidade civil extracontratual e contratual. Posto isto, em que regime jurídico se inscreve o pedido indemnizatório fundado numa situação de assédio moral?

Entre nós, a doutrina maioritária inclina-se para a qualificação do dever indemnizatório da entidade empregadora, proveniente de actos de assédio moral, como tendo por base uma situação de responsabilidade contratual: independentemente da circunstância de se encontrarem subjacentes direitos absolutos e ainda que, para alguns, essa situação admita o recurso à tutela extracontratual, a existência de um vínculo contratual e o consequente dever de origem contratual conduzem à aplicabilidade daquele regime jurídico[744], posição tendencialmente acolhida pela jurisprudência[745]. Por seu turno, MARIA REGINA REDINHA e ISABEL RIBEIRO PARREIRA pronunciam-se, ainda que em momento prévio à consagração legal da figura, diga-se, quanto à qualificação da responsabilidade do agente como extracontratual[746].

Quando o pedido indemnizatório é formulado pelo trabalhador contra a entidade empregadora ou pela entidade empregadora contra o trabalhador, e ainda que se verifique um potencial conflito[747] não poderemos deixar de classificar essa obrigação de indemnização como responsabilidade civil contratual em razão do princípio da consunção[748], na esteira da doutrina

---

[744] Assim, JÚLIO VIEIRA GOMES, *Direito...cit.*, 439, ss, RITA GARCIA PEREIRA, *Mobbing... cit.*, 221 ss, SÓNIA KIETZMANN LOPES, *O assédio moral...cit.*, 258 ss RITA JORGE PINHEIRO, *A responsabilidade civil dos agentes...cit.*, 416. Pronunciando-se pela admissibilidade do recurso a ambos os sistemas de responsabilidade civil (no entanto, excluindo a duplicação da tutela) cf. MAGO ROCHA PACHECO, *O assédio...cit.*, 252 ss e ISABEL RIBEIRO PARREIRA, *O assédio moral no trabalho...cit.*, 239 ss.

[745] Cf. ac. STJ de 29/03/2012; proc. 429/09TTLSB, rel. Gonçalves Rocha, ac. STJ de 16/05/2012, proc. 3982/06.5TTLSB, rel. Fernandes da Silva e ac. STJ de 12/03/2014, proc. 590/12.5TTLRA, rel. Mário Belo Morgado. Pelo seu carácter cristalino, carece de referência o ac. do TRL de 31/03/2012, proc. 1015/10.6TTALM, rel. Leopoldo Soares segundo o qual *"cumpre concluir que continuamos no âmbito da responsabilidade contratual, a tal não obstando que a peticionada indemnização seja devida a título de "danos morais" (não patrimoniais)"*, clarificando que *"cumpre salientar no tocante a eventuais comportamentos ilícitos – geradores de responsabilidade civil aquiliana – por parte de ex- colegas, que estes não se mostram aqui demandados..."*.

[746] MARIA REGINA REDINHA, *Assédio moral ou Mobbing...cit.* 843 ss e ISABEL RIBEIRO PARREIRA, *O assédio moral no trabalho...cit.*, 236.

[747] Por todos, cf. MÁRIO DE ALMEIDA COSTA, *Direito...cit.*, 499 ss.

[748] MÁRIO DE ALMEIDA COSTA, *Direito...cit.* 504 ss., que seguimos.

e jurisprudência maioritárias. Ainda que sopesada a natureza absoluta de alguns direitos atingidos, dada a natureza da relação contratual existente e da qualificação específica deste ilícito na sua égide – recordem-se os elementos de conexão exigidos pelo art. 29.º - consideramos que neste plano que a questão deverá ser colocada, dado o seu enraizamento junto da relação contratual. No entanto, clarifique-se que tal qualificação implica a autoria do acto e a circunstância do mesmo ser destinatário do pedido indemnizatório.

Situação diversa se verifica caso o pedido indemnizatório seja formulado contra a entidade empregadora relativamente a factos praticados por trabalhadores ou terceiros: dependendo da configuração da situação assediante, a entidade empregadora poderá ser responsabilizada nos termos dos arts. 500.º ou 800.º do Código Civil relativamente a actos praticados por outros trabalhadores dado que sobre si impende uma obrigação de resultado no que tange à concessão de boas condições de trabalho dado o dever ínsito no n.º1 al. c) do art. 129.º. Assim, o empregador poderá vir a ser condenado a satisfazer a obrigação de indemnização proveniente de tal facto[749].

Por seu turno, não parecem restar grandes dúvidas quanto à natureza aquiliana da responsabilidade do autor do comportamento caso o pedido seja directamente formulado pelo trabalhador contra outro trabalhador ou contra um terceiro. Ainda que se possa colocar a responsabilização objectiva do empregador na constância desses danos conforme anteriormente ficou visto, a formulação do pedido ressarcitório perante o agente implicará, nestas situações, o recurso à responsabilização extracontratual por violação de direito absoluto, oponível *erga omnes*[750].

Posto isto, a qualificação da responsabilidade civil por assédio moral como obrigacional ou extracontratual, nos termos anteriormente expostos, comporta algumas consequências na repercussão do tempo nas relações jurídicas, mormente direito a exigir cumprimento da obrigação

---

[749] RITA JORGE PINHEIRO, *A responsabilidade civil dos agentes...cit.*, 416 ss.
[750] RITA GARCIA PEREIRA, *Mobbing... cit.*, 227 ss, SÓNIA KIETZMANN LOPES, *O assédio moral...cit.*, 260 ss RITA JORGE PINHEIRO, *A responsabilidade civil dos agentes...cit.*, 421 ss e 426, MAGO ROCHA PACHECO, *O assédio...cit.*, 255.

de indemnização. Focamo-nos especialmente no regime prescricional enquanto causa de extinção do direito de crédito[751].

No plano do direito comum, estabelece o art. 304.º, n.º1 do Código Civil que, uma vez decorrido o prazo de prescrição, tem o devedor a faculdade de recusar o cumprimento da prestação ou de se opor ao seu exercício, iniciando aquele prazo o seu curso a partir do momento que o direito a este sujeito possa ser exercido – cf. art. 305.º, n.º1 Código Civil. Esse regime comum é modificado no plano laboral em razão do plasmado no art. 337.º, n.º1 CT, postergando o início da contagem do prazo de prescrição relativo a eventuais direitos de crédito do empregador ou do trabalhador emergente de contrato de trabalho, da sua violação ou cessação para o momento em que tenha cessado o contrato de trabalho[752].

Assim, diferem manifestamente o regime comum do regime laboral no que tange ao início do cômputo do prazo prescricional, sendo relevante, respectivamente, a data de constituição do direito ou do vencimento da obrigação e a data de cessação da relação laboral[753].

Face a este enquadramento coloca-se a seguinte questão: o crédito indemnizatório emergente de uma situação de assédio moral corresponde a um crédito emergente da relação laboral, nos termos do n.º1 do art. 337.º?

A resposta, quando a nós, deve ser afirmativa aos créditos indemnizatórios emergentes da relação assediante estabelecida entre empregador e trabalhador. Conforme observa ROSÁRIO PALMA RAMALHO, ao empregar o conceito amplo de crédito emergente do contrato de trabalho, o legislador logrou abranger integralmente todos os créditos cuja origem emerja ou resulte da existência da relação juslaboral porquanto, uma vez cessado o vínculo, todos os créditos laborais ou paralaborais ficam sujeitos a esse regime especial tendo em vista a consolidação daquela relação jurídica tipi-

---

[751] LUÍS MENEZES LEITÃO, *Direito das obrigações*, II, 6.ª., Coimbra, Almedina, 2008, 116 ss. e MÁRIO DE ALMEIDA COSTA, *Direito...cit.*, 1045 ss.

[752] Discute-se, entre nós, saber se a cessação do contrato de trabalho prevista no n.º1 do art. 337 respeita a uma quebra *de facto* ou *de jure* da relação contratual. Por escapar ao objecto, apenas diremos que dada a *ratio* do preceito – evitar a litigiosidade laboral durante a execução do contrato de trabalho e a subsequente perturbação da relação laboral poderia daí resultar – julgamos que o cômputo daquele prazo deve iniciar-se no momento em que se quebre a situação de dependência do trabalhador o que nos remeterá para a cessação *de facto*. Em sentido próximo ROSÁRIO PALMA RAMALHO, *Tratado II... cit.*, 605.

[753] ROSÁRIO PALMA RAMALHO, *Tratado II... cit.*, 604 ss e 956.

camente prolongada no tempo[754]. De igual modo, o que acima ficou dito aquando da qualificação da responsabilidade civil por actos assediantes compele à integração daquele crédito neste âmbito porquanto, no nosso entender, cessado o contrato de trabalho decorre o prazo prescricional de um ano, nos termos do n.º 1 do art. 337.º, durante o qual o empregador e o trabalhador deverão exercer os direitos que, resultantes daquela relação juslaboral, lhe assistam[755].

Situação diversa ocorre no pedido indemnizatório formulado por trabalhador assediado contra trabalhador assediante. Nesta situação, não existindo qualquer relação contratual e filiando-se o ilícito na violação de direitos absolutos, a tal obrigação de indemnização é aplicável o regime prescricional comum a que se encontra sujeita a responsabilidade aquiliana. Assim, é aplicável ao assédio moral o prazo de prescrição de três anos referente ao direito à indemnização, previsto no n.º 1 do art. 498.º Código Civil[756].

No entanto, prevê aquele normativo o início do cômputo do prazo a partir da data em que o lesado tenha conhecimento do direito que lhe compete, embora sem conhecimento da extensão integral dos danos, contando que não se tenha verificado o prazo de prescrição ordinária para aquele facto ilícito – 20 anos, nos termos do art. 309.º Código Civil.

Assim, como deve ser articulado este sistema com a natureza do comportamento assediante enquanto conjunto reiterado de práticas prolongadas no tempo?

Como se viu, o assédio moral poderá ser efectivado é tendencialmente um ilícito de acumulação que através de pequenas e sucessivas doses vai

---

[754] Rosário Palma Ramalho, *Tratado II... cit.*, 605

[755] A citada interpretação encontra acolhimento na jurisprudência portuguesa, que considera o crédito emergente de uma situação de assédio moral como um crédito laboral e, por isso, sujeito ao regime e prazo prescricional específico. Assim, cf. ac. do TRL de 31/03/2012, proc. 1015/10.6TTALM, rel. Leopoldo Soares que considerou que *"os créditos correspondentes a compensação por violação do direito a férias e pela prestação de trabalho suplementar, são manifestamente créditos laborais para efeitos da aplicação do prazo de prescrição contemplado no nº 1º do artigo 337º do CT/09 [...] E o mesmo se passa em relação a créditos por danos não patrimoniais resultantes da verificação de "mobbing" no decurso do contrato de trabalho"*.

[756] Sem prejuízo da eventual qualificação do comportamento assediante como ilícito criminal em resultado do preenchimento de um ou vários ilícitos típicos, tal circunstância poderá permitir a extensão desse prazo, nos termos do n.º 3 do art. 498.º CC o que, todavia, exige a sua concatenação com o regime prescricional presente no art. 118.º do Código Penal.

lesando o destinatário dessa conduta. Não obstante, a qualificação como assédio de um determinado comportamento tem como consequência a unificação sistematizada desse conjunto de actos lesivos da dignidade da pessoa humana e, por isso, será gerada uma nova realidade que, em momento anterior, poderia ser individualmente considerada para efeitos do Direito, de ilícita. Todavia e dado que cada acto do comportamento assediante vai, sucessivamente, adensando a afectação da pessoa, em que momento se deve considerar que se inicia o prazo de prescrição: quando esse comportamento é dotado, pela primeira vez, das características que o permitam identificar enquanto assédio ou, pelo contrário, deve considerar-se que o prazo prescricional apenas se inicia no momento em que o assediante lesa pela última vez o assediado?

Cremos que deve prevalecer esta última interpretação. Sendo a situação assediante corporizada por um comportamento voluntário indesejado integrado por uma pluralidade de factos, qualquer pretenso direito que o assediado se arrogue – que, como adiante melhor se verá, poderá incidir directamente sobre a manutenção do contrato de trabalho – apenas poderá ser constituído pela integração unitária de todos os factos – lícitos e ilícitos – lesivos do assediado. Por conseguinte, o assédio moral enquanto realidade juridicamente actuável apenas se vê completa quando é efectivada a prática do último acto que neste seja integrado, devendo ser contado, a partir desse momento e nos termos do n.º1 do art. 498.º CC, o prazo de prescrição. A prática subsequente de actos que integrem o comportamento assediante logram assim *renovar* os factos que subjazem àquela construção e, em consequência, determinar o início do cômputo do prazo de prescrição.

7.2. *O ónus da prova do assédio moral*

Conforme temos vindo a observar, o assédio moral pode, frequentemente, ser constituído por microtraumatismos repetidos no tempo, abusos do poder de direcção ou de uma ascendência de facto, pequenos actos materiais e/ou jurídicos dotados de uma natureza tendencialmente insidiosa e exclusivamente perceptível para o seu destinatário, dificultam, impossibilitam ou geram um maior grau de penosidade na sua execução, humilham, desestabilizam ou degradam o ambiente de trabalho e, assim, ferem de modo agudo a dignidade da pessoa do destinatário.

Dada esta manifestação típica do fenómeno, a consagração de um regime jurídico tutelador do assédio moral procurou, historicamente, gerar um mecanismo que permitisse abranger as situações que os meios tradicionais de tutela não cobriam e, com isso, promover a dignificação do trabalho enquanto actividade humana e do seu executante enquanto pessoa. Não obstante e ainda que seja assente a complexidade probatória da situação assediante, é relativamente pacífico que o estabelecimento de um regime especial de prova deve mostrar-se ponderado e parcimonioso em razão dos efeitos adversos que daí poderão advir atendendo que uma dilatação desmedida da figura, o enfraquecimento dos pressupostos legalmente exigidos e a expansão da inversão do ónus da prova poderão conduzir a uma degeneração da figura, transformando o assediado em assediador e, assim, modificando um regime que se quer protector da dignidade por um mecanismo de pressão.

Por conseguinte, uma das questões que é tradicionalmente considerada respeita à forma como o regime jurídico assumiu a demonstração probatória da situação de assédio, não sendo, neste aspecto, o ordenamento jurídico diferente. Entre nós, já ISABEL RIBEIRO PARREIRA, em momento prévio ao acolhimento do assédio moral enquanto figura jurídica autónoma, dava conta da necessidade de ponderar a criação de presunções de culpa e inversões do ónus da prova[757], sendo secundada nesse entendimento por MARIA REGINA REDINHA[758-759].

A questão assume especial relevo, entre nós, em resultado da transposição de normativos com proveniência do direito comunitário que logram combater essa questão, implementado um mecanismo de repartição do ónus da prova da putativa situação assediante, cujo início, originariamente, se reconduz ao combate à discriminação e à consagração do princípio da igualdade[760].

---

[757] ISABEL RIBEIRO PARREIRA, *O assédio moral no trabalho...cit.*, 241 ss.
[758] MARIA REGINA REDINHA, *Assédio moral ou Mobbing...cit.* 844 ss.
[759] Em sentido próximo ainda que não concluíndo expressamente pelaa aplicação do regime de inversão do ónus de prova ínsito no art. 25.º a todas as modalidades de assédio moral cf. GUILHERME DRAY, *Igualdade...cit.* 131.
[760] Cf. salienta GUILHERME DRAY, *"Igualdade ...cit.*,(127), *"antes da entrada em vigor do CT 2003, apenas existia no ordenamento nacional* [uma regra de inversão do ónus da prova] *a propósito do princípio da igualdade em função do sexo (artigos 9.º do Decreto-Lei n.º 392/79, de 20 de Setembro, e 5.º da Lei n.º 105/97, de 13 de Setembro"*.

Conforme hoje se mostra pacífico – cf. 342.º, n.º1 CC –, o sistema probatório português[761] impõe ao invocante de um direito, como regra geral, a prova dos factos constitutivos do direito alegado sob pena, caso esta prova dos factos não seja cabalmente realizada, não poder considerar-se fundado o direito invocado: quem pretende fazer-se valer de uma norma legal deve prover à sua ignição, alimentando factualmente a sua aplicação. Transpondo aquele normativo para o nosso problema, é sobre o lesado que impende o encargo probatório dos factos constitutivos de uma situação de assédio moral o que, como visto, representa uma tarefa com um grau de dificuldade bastante elevado dada a natureza do fenómeno e à complexidade na obtenção de meios de prova.

No entanto, o legislador ao conhecer que existem situações particularmente complexas em que a demonstração da realidade dos factos por parte do invocante se mostra árdua ou praticamente impossível, quando assim decida casuisticamente o legislador, atendendo aos valores envolvidos ou à parte a quem essa prova prejudique ou torne culposamente impossível a produção de prova, inverte-se a regra do ónus de prova, conforme prevê o art. 344.º do Código Civil.

Recentrando a questão na perspetiva do assédio moral, o Código do Trabalho 2003, dada a concepção discriminatória perfilhada, consagrava uma verdadeira inversão do ónus da prova no art. 23.º, n.º3 CT03: ao trabalhador assediado – desde que fundado necessariamente em factor discriminatório – recaia a obrigação de demonstrar a existência da pretensa situação discriminatória, cabendo, por sua vez, ao pretenso sujeito activo demonstrar que tal comportamento não é assediante porquanto não se encontram preenchidos os seus requisitos ou a situação é legítima e objectivamente justificada[762].

Todavia, como visto, a extensão desse regime probatório às situações de assédio moral depende da sua qualificação como discriminação e, consequentemente, a submissão ao disposto no art. 24.º do Código do Trabalho[763]. Assim, os atentados à dignidade da pessoa humana detectados em razão da conjugação dos art. 18.º e 24.º CT03 assim como as situações de assédio moral legalmente atipificadas, ficariam sujeitas às regras pro-

---

[761] Cf. ANTUNES VARELA / J. MIGUEL BEZERRA / SAMPAIO E NORA, *Manual...cit.*, 434 ss (452 ss).
[762] RITA JORGE PINHEIRO, *A responsabilidade civil dos agentes...cit.*, 430 ss
[763] SÓNIA KIETZMANN LOPES, *O assédio moral...cit.*, 259.

batórias gerais porquanto é sobre o assediado que recai o ónus probatório da conduta ilícita do sujeito activo e do preenchimento dos restantes pressupostos[764-765].

Os parâmetros expostos não foram globalmente alterados pelas modificações introduzidas à regulação pelo Código do Trabalho de 2009: pese embora, por um lado, o legislador tenha logrado alargar o âmbito de aplicação do art. 29.º, por outro, acabou por não introduzir qualquer modificação ou regulamentação no plano probatório pelo que a aplicabilidade daquele normativo depende da sedimentação processual, nos termos gerais, dos factos que o constituem: deve assim o assediado fazer prova dos factos constitutivos do direito a que se arroga bem como dos restantes pressupostos exigidos para o nascimento da obrigação de indemnização.

Não obstante a inexistência de qualquer regime jurídico específico, o art. 29.º continua a admitir, por ora a título meramente eventual, como assediante o comportamento indesejado fundado em factor de discriminação. Neste caso, sendo um comportamento simultaneamente qualificado como assediante e discriminatório, verifica-se um conflito positivo de normas aplicáveis atendendo à dupla caracterização dos mesmos factos, daí resultando um tratamento jurídico diversificado: enquanto o regime jurídico ínsito no art. 29.º remete exclusivamente para a tutela indemnizatória prevista para a discriminação pelo art. 28.º, a qualificação do acto como discriminatório em sentido próprio logra gerar a aplicação *in totum* do regime plasmado nos arts. 23.º a 28.º, incluindo o regime probatório constante do n.º 5 do art. 25.º, segundo o qual cabe ao putativo lesado alegar o género de discriminação e os padrões de comparação, sendo atribuído à contraparte o ónus de demonstrar a adequação de tal comportamento. Deste modo, da qualificação do comportamento como discriminatório resulta uma evidente vantagem para o lesado dada a modificação das coadjuvantes que permitem a sua aplicabilidade que, não obstante, correspondem ao

---

[764] Em sentido contrário, MARIA REGINA REDINHA, *Assédio noção binária...cit.*, 153 ss.
[765] Neste sentido veja-se o ac. STJ de 21/04/2010, proc. 1030/06.4TTPRT, rel. Vasques Dinis que considerou que, sendo a situação assediante extraída da articulação dos art. 18.º e 24.º CT03, *"não se afigura que, ao caso, deva aplicar-se o regime especial de repartição do ónus da prova, consignado no n.º 3 do artigo 23.º"* porquanto deve o sujeito passivo *"suportar o ónus de alegar e provar todos os factos que, concretamente, integram a violação do direito à integridade moral a que se refere o artigo 18.º do Código do Trabalho".*

padrão existente no direito pregresso[766-767]. Não logrou assim o Código do Trabalho em 2009 desenvolver esta sensível questão para além do padrão regulamentar anteriormente estabelecido, o que se lamenta.

Por conseguinte e em síntese, existe uma diferença qualitativa no plano probatório entre as situações de assédio moral não discriminatório e assédio moral discriminatório as quais obedecem, respectivamente, ao estabelecido no art. 342.º CC e 25.º, n.º5 CT.

Por fim, salienta-se que ao crédito indemnizatório originário de uma situação de assédio moral, uma vez que é qualificado como crédito emergente da relação laboral, é-lhe integralmente aplicável o regime de garantia dos créditos laborais, seja no que tange à atribuição de privilégios mobiliários e imobiliários – art. 333.º, n.º1 -, à responsabilização solidária das sociedades comerciais que se encontrem em relação de participações recíprocas, de domínio ou de grupo nos termos previstos no Código das Sociedades Comerciais, com o empregador – cf. 334.º -, dos sócios, gerentes e administradores conforme previsto no arts. 78.º, 79.º e 83.º do Código das Sociedades Comerciais – cf. 335.º -, bem como relativamente à satisfação dos créditos pelo Fundo de Garantia Salarial, nos termos e limites previstos nos art. 2.º, n.º1 e art. 3.º 1 do Decreto-Lei n.º 59/2015, de 21 de Abril.

---

[766] No mesmo sentido, SÓNIA KIETZMANN LOPES, *O assédio moral...cit.*, 265, RITA JORGE PINHEIRO, *A responsabilidade civil dos agentes...cit.*, 430 ss.

[767] Em sentido contrário, MARIA REGINA REDINHA, *Assédio noção binária...cit.*, 154 ss.

8. Vicissitudes do assédio no contrato de trabalho

Em conformidade com o que ficou visto, o assédio laboral consubstancia um comportamento natureza ilícita que, dependendo da estrutura da relação, poderá gerar responsabilidade civil obrigacional ou aquiliana para o autor do acto lesivo nos termos diferenciadamente previstos no art. 28.º *ex vi* art. 29.º CT.

Não obstante aquele meio, a existência de uma situação assediante não deixará de produzir efeitos *de facto* e *de jure* na relação laboral subjacente que justificarão o recurso aos mecanismos transversais ao contrato de trabalho: ao assédio, porque laboral, são aplicáveis os restantes remédios contratuais, em eventual cumulação com aquela obrigação de indemnizar.

Porém, dadas as diferenças na estrutura da relação laboral, empregador e trabalhador encontrar-se-ão dotados de diferentes meios, de arquétipo contratual, para responder ao fenómeno. Por conseguinte, esses mecanismos carecem de uma análise baseada no posicionamento ocupado pelo sujeito passivo do comportamento assediante porquanto é a este que cabe reagir face aquele comportamento lesivo. De igual modo, não poderemos ignorar as situações de assédio horizontal puro em que o empregador, sem que tenha conhecimento dos actos, possa vir a responder objectivamente por aquela lesão em razão do incumprimento do dever que sobre si impende.

Não obstante, porque ainda raros, tendencialmente incipientes e inexistindo recepção legal, não observaremos os mecanismos procedimentais de resposta à situação assediante.

8.1. Meios extintivos: cessação do contrato de trabalho por iniciativa do assediado, despedimento por justa causa e resolução do contrato de trabalho

O carácter plurilesivo do assédio laboral, atentatório da dignidade da pessoa humana conduz-nos à seguinte questão: será o assédio um comportamento culposo do assediante que, pela sua gravidade e consequências, torne imediata e praticamente impossível a subsistência da relação de trabalho, ou seja, corresponderá a um motivo justificativo para que o assediado faça cessar por justa causa a relação laboral?

Em abstracto e dado os valores subjacentes, a resposta parece-se mostrar-se evidentemente afirmativa ainda que, dada as diferentes manifestações que o assédio pode assumir, esse enquadramento deva ser apreciado casuisticamente.

A colocação do empregador enquanto sujeito passivo da relação assediante, caso o sujeito activo seja um trabalhador que se encontre a si vinculado, poderá consubstanciar, nos termos do art. 351.º do CT, uma situação de justa causa subjectiva de despedimento.

Iniciado e promovido o competente procedimento disciplinar tendente ao despedimento e, ainda que elencadas exemplificativamente no n.º 2 do art. 351 um conjunto de situações que poder-se-ão revelar-se assediantes - mormente as alíneas b), c), e), h) e i) -, a pedra de toque encontra-se no preenchimento do conceito indeterminado de justa causa.

Por seu turno, ao trabalhador assediado é facultada a possibilidade de fazer cessar unilateralmente o contrato na constância de uma situação de justa causa de despedimento, seja esta extraída directamente do previsto no n.º 1 do art. 394.º CT ou das situações tipicamente elencadas no n.º 2 do preceito, nomeadamente nas alíneas b), d), e), e f) daquele normativo[768].

Ora, conforme se sabe, considera-se que existe justa causa de despedimento quando ocorra um comportamento ilícito e culposo do trabalhador, grave em si mesmo ou pelas consequências que deste decorreram, que, objectivamente, coloque em causa a subsistência do vínculo, manifestando-se um nexo entre o facto ilícito e a impossibilidade de subsistência do vínculo[769].

---

[768] ROSÁRIO PALMA RAMALHO, *Tratado II... cit.*, 932.
[769] Cf., por todos, ROSÁRIO PALMA RAMALHO, *Tratado II... cit.*, 817 ss.

Não sendo esta a sede para desenvolver o que se deve entender enquanto justa causa subjectiva de despedimento disciplinar ou resolução do contrato de trabalho colocam-se, porém, dadas as características específicas do assédio, algumas questões, a saber: i) qual o modo de demonstração da existência da situação assediante; ii) como se articula o regime de imputação subjectiva do comportamento a título de dolo ou culpa com o preceituado no art. 29.º CT e, por fim, iii) em que medida é que o assédio laboral torna imediata ou praticamente impossível a subsistência da relação laboral por inexigibilidade?

Quanto ao primeiro aspecto, remetemos para o que acima ficou dito aquando da verificação do ónus da prova: na inexistência de qualquer inversão do ónus da prova conforme legalmente admitida para as situações de assédio discriminatório, é àquele que se arroga titular de um direito, neste caso, no direito de colocar termo ao contrato, que cabe demonstrar os factos em que baseia o seu direito. Deste modo, ao empregador e ao trabalhador assediado cabe demonstrar, para os devidos efeitos, a existência da situação assediante de modo a fundar, respectivamente, a aplicação da sanção disciplinar de despedimento ou a resolução do contrato fundada em justa causa subjectiva.

Todavia, como temos vindo a observar, a natureza do fenómeno mostra--se extraordinariamente avessa à realização da prova dos comportamentos atendendo que, prototipicamente, os actos que enformam a situação assediante assediantes surgem camuflados sob a aparência de legalidade ou, por outro lado, são praticados insidiosamente ou de modo a colocar o destinatário numa situação ainda mais frágil.

Por conseguinte, na inexistência de um qualquer sistema de repartição de ónus da prova – salvo quanto ao assédio discriminação -, o lesado ver-se-á na contingência de realizar uma prova complexa que lhe permita colocar termo ao vínculo contratual sob pena de se frustrar esse desiderato e, eventualmente, colocar o assediado numa situação extraordinariamente prejudicial para os seus interesses particulares[770]. Assim, cremos

---

[770] Pense-se na situação do trabalhador que decide resolver o contrato de trabalho com fundamento em assédio laboral: cessado o contrato de trabalho para protecção do núcleo essencial de pessoalidade, o trabalhador sofre imediatamente a redução da sua capacidade de subsistência dado que deixa de perceber a retribuição emergente do contrato de trabalho. Todavia, ainda que se considere a resolução do contrato de trabalho fundada em justa causa como uma situação de desemprego involuntário nos termos do art. 9.º, n.º1, al. c) do Decreto-

que esta circunstância dificulta de sobremaneira ao exercício dos direito por parte dos assediados, obstando assim a que aquele regime jurídico produza o seu efeito útil.

Noutro prisma, para que se considere existir justa causa, é requisito obrigatório que o agente tenha actuado e lhe seja imputado um juízo de censura a título de culpa[771]. Todavia, este requisito, atendendo que nos encontrámos no âmbito contratual, presume-se, nos termos estatuídos no art. 799.º do Código Civil, o incumprimento do dever como culposo, cabendo ao faltoso provar que não agiu com culpa. Assim, os regimes previstos no art. 29.º CT e nos arts. 351.º e 394.º não se mostram incompatíveis entre si: se, pelo art. 29.º o assediado pode procurar demonstrar a existência de um objectivo subjacente à conduta – que, como se viu, reforça a estrategicamente a sua posição – ou, em alternativa, presumir essa intencionalidade, o incumprimento contratual gerado pelo comportamento assediante legitima, nos termos gerais, que se presuma a culpabilidade do devedor. Assim e em última análise, o assediado pode ficar limitado à prova dos factos constitutivos de assédio, do dano infringido e do nexo de causalidade entre ambos, fazendo presumir os restantes elementos.

Por fim e no que tange à inexigibilidade da manutenção da relação laboral pergunta-se se resulta directamente da qualificação do comportamento como assédio moral essa impossibilidade objectiva em prosseguir com a relação laboral, ou seja, se o assédio moral obsta por si à subsistência do vínculo.

Ainda que tipicamente algumas manifestações de de assédio laboral conduzam à aniquilação do vínculo de confiança existente entre as partes daquela relação contratual, não existe, ao que julgamos, qualquer efeito

---

-Lei n.º 220/2006, de 3 de Novembro, e, por isso, susceptível de possibilitar ao trabalhador a concessão do subsídio de desemprego, na verdade o trabalhador pode encontrar-se na contingência de ver a sua fundamentação contraditada pelo empregador e, por essa razão, ser obrigado a intentar uma acção judicial tendente ao reconhecimento da justa causa, logrando assim da presunção que a sua situação de desemprego foi involuntária. Não obstante, ainda que se presuma como involuntária a siutação de desemprego, o trabalhador poderá ver-se obrigado a proceder à devolução dos valores recebidos a título de subsídio de desemprego caso a acção judicial venha a ser julgada improcedente – art. 42.º, n.º2, al. c) do citado decreto-lei. Por conseguinte, o trabalhador encontrar-se-á num duplo limbo que, conjuntamente com a dificuldade probatória associada à demonstração da existência da situação de assédio, pesará na decisão de confrontar o assediante.

[771] Rosário Palma Ramalho, *Tratado II... cit.*,932.

reflexo do assédio nesse sentido. Por conseguinte, não terá o mesmo efeito na relação de confiança, porque não são equiparávies, a situação do empregador que não acautelou devidamente a protecção do trabalhador em face de riscos psicossociais, implementando planos de gestão desse risco potencialmente danoso, em relação com a situação do empregador que, de modo doloso, pretenda expulsar o trabalhador da empresa ao humilhá-lo junto dos restantes colegas, destruindo-lhe a sai auto-representação pessoal e a consideração dos restantes trabalhadores.

Deste modo e em síntese, o assediado, pese embora possa recorrer às figuras gerais, encontrará sérias dificuldades em demonstrar a existência daqueles comportamentos lesivos.

Por fim, uma palavra à jurisprudência no que tange à determinação do *quantum* indemnizatório da relação laboral que cesse em razão da prática de actos de assédio: atendendo que, nos termo do art. 396.º, n.º1, é atribuído ao trabalhador o direito a ser indemnizado cujo quantitativo deve ser determinado entre 15 e 45 dias de retribuição base e diuturnidades por ano completo de antiguidade, considerado o grau de ilicitude do comportamento do empregador, foi defendido pelo Tribunal da Relação do Porto em aresto datado de 03/12/2012 que, na constância de uma situação de assédio se impõe ao julgador, em caso de resolução de contrato por parte do trabalhador fundada em justa causa, uma graduação majorada do *quantum* indemnizatório, apontando aquele tribunal para os 40 dias de remuneração por ano completo de antiguidade[772]. Não poderemos deixar de perfilhar este entendimento dado que, existindo uma situação de assédio com origem directa no empregador dada como provada, a graduação da indemnização deverá ser apontada para o limite superior daquele intervalo, podendo a intervenção jurisprudencial, se homogénea, actuar como um veículo adicional para desincentivar a prevalência do fenómeno.

8.2. Meios preventivos: o processo especial de tutela da personalidade do trabalhador

Por fim, reserva-se a referência para dois processos especiais actualmente existentes no ordenamento jurídico destinados à protecção, de natureza

---

[772] Ac. TRP de 03/12/2012, proc. 285/11.7TTMTS, rel. Eduardo Petersen Silva.

urgente, da personalidade dos cidadãos, nas suas diferentes vertentes. O processo especial de tutela de personalidade, regulado nos arts. 878.º a 880.º do Código de Processo Civil, e o processo especial de tutela da personalidade do trabalhador, inscrito nos arts. 186.º-D a 186.º-F do Código de Processo do Trabalho, consistem em dois meios processuais expeditos tendo em vista assegurar a tutela da personalidade do cidadão ou do trabalhador face ameaças ilícitas que o lesem ou que se preveja que possam vir a lesar.

Como temos vindo a sedimentar, o assédio laboral corresponde a uma afectação ilegítima e intolerável da dignidade do destinatário, afectação esta que se pode materializar na lesão plural de vários bens de personalidade. Havendo essa concreta materialização e conseguindo o lesado individualizar o bem jurídico afectado pelo ilícito, nada obsta que o lesado, focando-se parciariamente nos efeitos que lhe são gerados pelo acto assediador, recorra aos meios gerais de tutela da personalidade. Através desse recurso, conseguirá o lesado obter uma tutela reflexa e parciária das lesões de que é destinatário, ainda que sem abranger integralmente o fenómeno.

Da análise do regime do processo especial de tutela da personalidade do trabalhador resulta claro a que providência requerida, destinada a evitar a violação dos direitos de personalidade, poderá ser deduzida contra o empregador e, caso a ameaça provenha de um colega ou de um terceiro, deve ser demandado o lesante ou ameaçante em litisconsórcio necessário com o empregador – cf. 186.º-D *in fine* CPT.

Coloca-se no entanto a questão de saber se este processo especial, inscrito no Código de Processo do Trabalho, poderá vir a ter como autor o empregador, deduzindo aquele pedido contra um trabalhador. Apreciado aquele regime e ainda que, em condições normais, seja o trabalhador que se encontra numa posição de sujeição, nada obsta que se limite injustificadamente a utilização daquele meio processual atendendo à teleologia da norma: protecção dos direitos de personalidade no âmbito da relação laboral. Por conseguinte, ainda que – repise-se, este processo especial esteja pensado para a circunstância do trabalhador figurar como requerente, contribuindo para essa circunstância o elemento literal da norma - não se afigura materialmente fundada essa restrição a um dos pólos da relação jurídica, porquanto, não havendo fundadamente qualquer argumento que justifique essa limitação, deve o mesmo ser teleologicamente interpretado e, em consequência, deve ser admitido o empregador a figurar como requerente daquele processo especial.

Salienta-se ainda que o regime previsto nos arts. 186.º-D a 186.º-F do CPT está efectivamente plasmado um processo especial e não um mero procedimento cautelar porquanto, ainda que de natureza urgente, permite determinar, potencial eficácia, a cessação da lesão apresentada em juízo[773].

Assim, julgamos que, no âmbito laboral, não haverá necessidade de recorrer à aplicação do processo especial de tutela de personalidade plasmado no Código do Processo Civil atendendo que o processo especial de tutela da personalidade do trabalhador, se estendido ao empregador por identidade de razões, consome o âmbito daquele regime comum e, em razão do princípio da especialidade, o primeiro será preterido face ao segundo.

---

[773] Tendo decidido que o processo especial de tutela da personalidade do trabalhador não tem natureza de providência cautelar e, por isso, não existe uma situação de litispendência havendo a cumulação entre o processo especial e a providência cautelar cf. Ac. TRL de 02/05/2012, proc. 4889/11.0TTLSB.L1-4, rel. Leopoldo Soares.

TÍTULO III
SÍNTESE CONCLUSIVA E PERSPECTIVAS EVOLUTIVAS

Chegados a este ponto e percorrido o sistema, resta-nos apresentar sinteticamente a nossa apreciação genérica do sistema e eventuais perspectivas de aprofundamento futuro. No entanto, quando aos aspectos técnicos do regime remetemos para o que ficou exposto dado que o momento é, por ora, para a formulação de um juízo eminentemente crítico do regime.

Em primeiro lugar, existe hoje em dia no ordenamento jurídico português um conceito juridicamente operativo de assédio laboral?

Neste aspecto, julgamos que deve ser formulada uma apreciação positiva dado que a ideia de assédio laboral, a noção legalmente estabelecida, permite unificar e tornar visíveis actos e comportamentos aparentemente lícitos ou actos ilícitos que, se avaliados individualmente, não revelariam um grau de perigosidade ou a gravidade efectivamente resultante da sua existência conjunta e concatenada erigida para lesar ou provocando essa violação dos direitos fundamentais e de personalidade do destinatário.

Noutro prisma, existe um verdadeiro regime jurídico tutelador do assédio moral no nosso ordenamento jurídico?

Cremos que a resposta deva ser negativa. Assim é porque, no plano contra-ordenacional, manifestaram-se sérias reservas quando à legalidade da tipificação operada. Em segundo lugar, não existe qualquer regime probatório especial e/ou diferenciado que, dada a natureza do fenómeno, se mostra absolutamente carecido de intervenção nesse panorama. O sujeito passivo da relação assediante, para além de ter sido afectado no seu âmago, vê-se adicionalmente limitado e indefeso na resposta àquela injúria dado que muito dificilmente conseguirá demonstrar e provar os comportamentos de que foi alvo e donde resultaram danos ou lesões.

De igual modo, nem se considere que o assédio discriminatório logra com a existência de um regime mais favorável dado que, na verdade, o que se verifica é a absorção da situação assediante pela situação discriminatória, a qual exige pressupostos menos exigentes e faculta uma protecção com um nível superior de efectividade.

Por fim, é efectivamente necessário existir um regime tutelador do assédio laboral?

Se observamos o grau e nível das lesões provocadas e o clima de medo gerado, a despersonalização ou o sequestro emocional a que o sujeito passivo se vê colocado, resulta claro que, num estado de Direito democrático baseado na dignidade da pessoa humana é inadmissível a identificação de uma área onde o Direito não penetra e se mostra absolutamente necessário. Assim, cremos que, a ser levada a cabo uma intervenção legislativa de fundo no regime jurídico, a qual deverá passar pela densificação dos seguintes aspectos:

a) distinção clara de regime entre o tratamento jurídico a conceder às situações de assédio moral dos comportamentos discriminatórios;
b) intervir no plano probatório, elencando situações típicas, mediante valoração indiciária, da existência de uma situação de assédio moral, transportando, por conseguinte, o ónus para a esfera do pretenso assediador se, efectivamente, ficar demonstrada uma situação de dependência jurídica, económica ou subordinação jurídica ou de facto;
c) enquadramento daas falsas alegações de assédio, sancionando a nível contra-ordenacional quem pretender fazer-se valer do regime protector sem que, manifestamente, se justifique;
d) imposição da obrigação de agir disciplinarmente sobre o assediante, caso este seja um trabalhador, correspondendo na obrigatoriedade de ser tramitado um processo de averiguações do sucedido de forma a possibilitar a obtenção de conclusões sobre a exisência ou inexistência da situação de assédio;
e) implementação de procedimentos internos a aplicar, de índole obrigatória, na existência de situações de assédio. Para o efeito, seria

útil a determinação de um elemento de contacto, preferencialmente externo ao ambiente nocivo, que possa intervir como mediador na situação tendo em vista a sua resolução; e, por fim

f) criação de um período de nojo obrigatório entre pretenso assediante e assediado logo que venha a ser reportada a situação de assédio, legitimando essa situação a mudança temporária de funções e do local de trabalho, no máximo de 15 dias, para averiguações, gerando-se imediatamente uma protecção para o pretenso assediado.

Quanto a perspectivas evolução do assédio laboral cremos que, paulatinamente, a jurisprudência nacional irá dedicar um maior cuidado ao fenómeno, seja flexibilizando os pressupostos necessários, seja mediante recurso à prova indiciária, às regras da experiência comum, à admissão de meios probatórios que, *prima facie,* seriam ilícitos, bem como através da valoração efectiva da prova pericial demonstrativa dos danos infringidos nas vítimas.

ÍNDICE JURISPRUDENCIAL

Supremo Tribunal Administrativo
03/11/2005; proc. 0803/05, rel. Rosendo José
14/12/2005; proc. 01127/04, rel. Cândido de Pinho

Supremo Tribunal de Justiça
09/04/2003; proc. 02S3061, rel. Vítor Mesquita
08/03/2007; proc. 07B566, rel. Salvador da Costa
28/10/2008; proc. 08A3005, rel. Sebastião Póvoas
13/01/2010; proc. 1466/03.2TTPRT, rel. Sousa Grandão
21/04/2010; proc. 1030/06.4TTPRT, rel. Vasques Dinis
13/07/2011; proc. 105/08.8TTSNT, rel. Gonçalves Rocha
23/11/2011; proc. 2412/06.7TTLSB, rel. Fernandes da Silva
29/03/2012; proc. 429/09TTLSB, rel. Gonçalves Rocha
16/05/2012; proc. 3982/06.5TTLSB, rel. Fernandes da Silva
05/03/2013; proc. 1361/09.1TTPRT, rel. Pinto Hespanhol
11/04/2013; proc. 774/093TBVCD, rel. Hélder Roque.
29/10/2013; proc. 298/07.3TTPRT, rel. Mário Belo Morgado
18/12/2013; proc. 248/10.0TTBRG, rel. Mário Belo Morgado
12/03/2014; proc. 590/12.5TTLRA, rel. Mário Belo Morgado
28/05/2014; proc. 2786/11.8TTLSB, rel. Fernandes da Silva
01/10/2014; proc. 420/06.7TTLSB, rel. Mário Belo Morgado
03/12/2014; proc. 712/12.6TTPRT, rel. Mário Belo Morgado
22/01/2015; proc. 481/11.7TTGMR, rel. António Leones Dantas
26/05/2015; proc. 2056/12.4TTLSB, rel. António Leones Dantas

Tribunal Central Administrativo Sul
30/07/2007; proc. 2947/07, Par. MP Carlos Monteiro
23/10/2010; proc. 06573/10, rel. Coelho da Cunha

TRIBUNAL DA RELAÇÃO DE COIMBRA
23/11/2011; proc. 222/11.9T4AVR, rel. Manuela Fialho
07/03/2013; proc. 236/11.9TTCTB, rel. Jorge Manuel Loureiro

TRIBUNAL DA RELAÇÃO DE ÉVORA
16/01/2014; proc. 326/12.0TTEVR, rel. Paula do Paço

TRIBUNAL DA RELAÇÃO DE GUIMARÃES
14/05/2015, proc. 79/13.5TTVCT, rel. Moisés Silva

TRIBUNAL DA RELAÇÃO DE LISBOA
09/05/2007; proc. 1254/2007, rel. Maria João Romba
02/02/2011; proc. 105/08.8TTSNT, rel. Ramalho Pinto
13/05/2011; proc. 71/09.4TTVFX, rel. Natalino Bolas
14/09/2011; proc. 429/09.9TTLSB, rel. Maria João Romba.
31/03/2012; proc. 1015/10.6TTALM, rel. Leopoldo Soares
02/05/2012, proc. 4889/11.0TTLSB.L1-4, rel Leopoldo Soares
21/03/2013; proc. 2755/10.5TTLSB, rel. Ramalho Pinto
25/09/2013; proc. 201/11.6TTFUN, rel. Isabel Tapadinhas
05/11/2013; proc. 4889/11.0TTLSB., rel. Francisca Mendes
29/01/2014; proc. 420/06.7TTLSB, rel. Filomena Manso

TRIBUNAL DA RELAÇÃO DO PORTO
10/03/2008; proc. 716615, rel. Ferreira da Costa
07/07/2008; proc. 0812216, rel. Ferreira da Costa
17/12/2008; proc. 843933, rel. Paula Leal Carvalho
02/02/2009; proc. 843819, rel. Albertina Pereira
16/09/2011; proc. 540/09.6TTMTS, rel. António José Ramos
03/12/2012; proc. 285/11.7TTMTS, rel. Eduardo Petersen Silva
04/02/2013; proc. 1827/11.3TTPRT, rel. António José Ramos
25/02/2013; proc. 203/11.2TTBCL, rel. Paula Maria Roberto
24/02/2014; proc. 661/06.7TTMTS-B, rel. Machado da Silva
19/05/2014; proc. 712/12.6TTPRT, rel. Rui Penha
30/06/2014; proc. 623/09.2TTSTS, rel. Eduardo Petersen Silva
01/06/2015; proc. 885/13.0TTPRT, rel. Rui Penha

ÍNDICE BIBLIOGRÁFICO

ABRANTES, JOSÉ JOÃO, "Contrato de trabalho e direitos fundamentais", In: Themis, II, n.º 4, Coimbra, Almedina, 2001.

ABRANTES, JOSÉ JOÃO, "O novo Código do trabalho e os direitos de personalidade do trabalhador", In: CENTRO DE ESTUDOS JUDICIÁRIOS/ INSPECÇÃO-GERAL DO TRABALHO, A reforma do Código do Trabalho, Coimbra, Coimbra Ed., 2004.

ABRANTES, JOSÉ JOÃO, Contrato de trabalho e direitos fundamentais, Coimbra, Coimbra Ed., 2005.

ACADEMIA DAS CIÊNCIAS DE LISBOA / FUNDAÇÃO CALOUSTE GULBENKIAN, Dicionário da língua portuguesa contemporânea da Academia das Ciências de Lisboa, I, Lisboa, Verbo, 2001.

ALBUQUERQUE, PAULO PINTO DE, Comentário do regime geral das contra-ordenações à luz da Constituição da República Portuguesa e da Convenção Europeia dos Direitos do Homem, Lisboa, UCP Editora, 2011.

ALEXANDRINO, JOSÉ MELO, O sistema de direitos fundamentais na lei básica da região administrativa especial de Macau, Macau, Centro de Formação Jurídica e Judiciária, 2013.

ALMADA, JOSÉ CORDEIRO, A responsabilidade civil delitual no BGB, RelM. FDUL, 2000.

AMADO, JOÃO LEAL, "As faces do assédio", In: RQL, XVI, 33, Coimbra, Coimbra Ed., 2009.

AMADO, JOÃO LEAL, "Entre a renovação e a hibernação: assédio moral no desporto", In: D&D, XI, n.º 31, Coimbra, Coimbra Ed., 2013 = ", In: REIS, JOÃO (coord) et al., Para Jorge Leite – Escritos jurídico-laborais, I, Coimbra, Coimbra Ed., 2014.

AMADO, JOÃO LEAL, Contrato de trabalho, 4.ª, Coimbra, Coimbra Ed., 2014.

AMBROSE, A.W.R., Employment law, Londres, Cassell Ltd, 1982.

ANDRADE, JOSÉ VIEIRA DE, A justiça administrativa, 11.ª, Coimbra, Almedina, 2011.

ANDRADE, NUNO QUEIROZ DE / BAPTISTA, TELMO MOURINHO, "Práticas de assédio moral em empresas portuguesas", In: LAMBELHO, ANA / MENDES, JORGE BARROS / GONÇALVES, LUÍSA ANDIAS (Org)., II Congresso Internacional de Ciências Jurídico-Empresariais – A responsabilidade social das empresas - Actas, Leiria, IPL-ESTG, 2013.

ANTUNES, ANA MORAIS, Comentário aos artigos 70.º a 81.º do Código Civil – Direitos de personalidade, Lisboa, UCP, 2012.

AREOSA, JOÃO, *"Comentário ao artigo "A sublimação, entre sofrimento e prazer no trabalho" – Christophe Dejours e a psicodinâmica do trabalho"* In: *Revista Portuguesa de Psicanálise*, n.º 33 – 2.º semestre, Lisboa, Fenda Edições, 2014.

ASCENSÃO, JOSÉ DE OLIVEIRA, *"Interpretação das Leis. Integração das lacunas. Aplicação do princípio da analogia"*, In: ROA, 57, 1997.

ASCENSÃO, JOSÉ DE OLIVEIRA, *Direito Civil – Teoria Geral*, II, Coimbra, Coimbra Ed., 1999.

ASCENSÃO, JOSÉ DE OLIVEIRA, *Teoria geral do direito civil*, I, Coimbra, Coimbra Ed., 1998.

ASCENSÃO, JOSÉ OLIVEIRA, *O Direito – Introdução e teoria geral*, 13ª, Coimbra, Almedina, 2006.

ATIENZA, GORGONIO MARTÍNEZ, *Tratamiento Jurídico–Criminológico del Mobbing o Acoso Laboral*, Barcelona, VLex, 2011.

AUTORIDADE PARA AS CONDIÇÕES DO TRABALHO, *Atividade de inspeção do trabalho: relatório 2013*, Lisboa, ACT, 2014.

BELSITO, ANTONIO, *Lo estrano fenomeno del Mobbing*, Bari, Cacucci Editore, 2012.

BERNACIAK, MAGDALENA, *"Social dumping: political catchphrase or threat to labour standarts?"*, Bruxelas, European Trade Union Institute, 2012.

BIVAR, ARTUR, *Dicionário geral e analógico da língua portuguesa*, I, Porto, Edições Ouro, Lda, 1948.

BRITO, PEDRO MADEIRA DE, Vd. MARTINEZ, PEDRO ROMANO (et al.), *Código do Trabalho – Anotado*, 9ª, Coimbra, Almedina, 2013.

CABRELLI, DAVID, *"The implied duty of mutual trust and confidence: an emerging overarching principle?"*, In: *Industrial Law Journal*, Vol. 34, n.º 4, Oxford, 2005.

CAETANO, MARCELLO, *Manual de Direito Administrativo*, II, Coimbra, Almedina, 2013.

CAMPOS, JOÃO MOTA DE et at., *Manual de Direito Europeu – O sistema institucional, a ordem jurídica e o ordenamento económico da União Europeia*, 7.ª, Coimbra, Coimbra Ed., 2014.

CANEDO, ANA CALDAS, *Assédio discriminatório e assédio moral simples: um contributo para a análise do conceito de assédio moral no Código do Trabalho*, Braga, polic., 2012.

CARACUTA, FERNANDO, *"Il mobbing e la tutela giudiziaria"*, In: *Diritto & Diritti – Rivista giurídica eletrónica*, 2000.

CARVALHO, MESSIAS, *Assédio moral / mobbing"*, In: *OTOC*, VII - n.º 77 (Agosto), 2006.

CASTRO, CLÁUDIO CARNEIRO DE, *O que você precisa de saber sobre o assédio moral nas relações de emprego*, São Paulo, LTr Ed., 2012.

CENTENO, MÁRIO, *O trabalho, uma visão de mercado*, Lisboa, Fundação Francisco Manuel dos Santos/Relógio D'Água Editores, 2013.

CENTRO DE ESTUDOS JUDICIÁRIOS / DIREÇÃO-GERAL DA ADMINISTRAÇÃO DA JUSTIÇA, *Custas processuais – guia prático*, 2.ª, Lisboa, CEJ, 2014.

CHYNOWETH, PAUL, In: *"Employer's Health & Safety Responsibilities at Common Law"*, s.n., 2002.

COIMBRA, ANTÓNIO DIAS, *"A convenção colectiva de âmbito europeu – eficácia jurídica"*, in: RQL Ano I, nº3, Coimbra, Coimbra Ed., 1994.

COMISSÃO DO LIVRO BRANCO DAS RELAÇÕES LABORAIS, *Livro Branco das Relações Laborais*, Lisboa, MTSS, 2007.

CORDEIRO, ANTÓNIO MENEZES, *"Direito do Trabalho e cidadania"*, In: MOREIRA, ANTÓNIO (coord.), *III Congresso Nacional de Direito do Trabalho*, Coimbra, Almedina, 2000.
CORDEIRO, ANTÓNIO MENEZES, *"O sistema lusófono de Direito"*, In: *ROA*, 70, I/IV, 2010.
CORDEIRO, ANTÓNIO MENEZES, *Da boa fé no Direito civil*, Coimbra, Almedina 1997.
CORDEIRO, ANTÓNIO MENEZES, *Direito Comercial*, 3.ª, Coimbra, Almedina, 2012.
CORDEIRO, ANTÓNIO MENEZES, *Manual de Direito do Trabalho*, Coimbra, Almedina, 1991.
CORDEIRO, ANTÓNIO MENEZES, *Tratado de Direito Civil Português*, I, IV, 3.ª ed., Coimbra, Almedina, 2011.
CORDEIRO, ANTÓNIO MENEZES, *Tratado de Direito Civil Português*, II, III, Coimbra, Almedina, 2010.
CORDEIRO, ANTÓNIO MENEZES, *Tratado de Direito Civil, II – Parte geral - negócio jurídico*, 4.ª, Coimbra, Almedina, 2014.
CORREIA, EDUARDO, *"Direito Penal e direito de mera ordenação social"*, In: *BFDUC*, XLIV, Coimbra, FDUC, 1973.
COSTA, ANA RIBEIRO, *"O ressarcimento dos danos decorrentes do assédio moral ao abrigo dos regimes das contingências profissionais"*, In: RQL, XVII, n.º 35-36, 2010.
COSTA, J. ALMEIDA / MELO, A. SAMPAIO E, *Dicionário da língua portuguesa*, 6.ª, Porto, Porto Ed., 1991.
COSTA, JORGE MEIRA, *"A natureza jurídica do contrato de trabalho em funções públicas"*, In: FONSECA, ISABEL CELESTE (coord.), *Trabalho em funções públicas em tempos de crise: que Direito(s)?*, Braga, Sindicato dos Trabalhadores em Funções Públicas e Sociais do Norte, 2013.
COSTA, MÁRIO DE ALMEIDA, *Direito das obrigações*, 9.ª, Coimbra, Almedina, 2006.
DEJOURS, CHRISTOPHE, *"A sublimação, entre sofrimento e prazer o trabalho"*, In: *Revista Portuguesa de Psicanálise*, n.º 33 – 2.º semestre, Lisboa, Fenda Edições, 2014.
DIAS, JORGE DE FIGUEIREDO, *Direito Penal, Parte Geral, I*, 2.ª Coimbra, Coimbra Ed., 2007.
DIAS, RITA DE FREITAS, *O assédio moral e a sua influência na hierarquia de valores de trabalho*, Diss. Mestrado Universidade Lusíada, Lisboa, polic., 2012.
DIRECÇÃO-GERAL DA ADMINISTRAÇÃO E DO EMPREGO PÚBLICO, *Boletim Estatístico do Emprego Público*, 11, Lisboa, DGAEP, Lisboa, 2014.
DIRECÇÃO-GERAL DA ADMINISTRAÇÃO E DO EMPREGO PÚBLICO, *Síntese Estatística do Emprego Público – 3.º Trimestre*, Lisboa, DGAEP, Lisboa, 2014.
DIREITO, SÉRGIO SARAIVA, *A carta dos direitos fundamentais e a sua relevância para a protecção dos direitos fundamentais na União Europeia*, RelM. FDUL, Lisboa, polic., 2002.
DORNELAS, ANTÓNIO (coord.) et al., *Livro Verde sobre as Relações Laborais*, Lisboa, Ministério do Trabalho e da Solidariedade Social, 2006.
DRAY, GUILHERME *"Igualdade e não discriminação"*, In: CARVALHO, PAULO MORGADO DE, *Código do Trabalho – A revisão de 2009*, Coimbra, Coimbra Ed., 2011.
DRAY, GUILHERME, *O princípio da igualdade no Direito do Trabalho – A sua aplicabilidade no domínio específico da formação de contratos individuais de trabalho*, Coimbra, Almedina, 1999.
DRAY, GUILHERME, *O princípio da protecção do trabalhador*, Coimbra, Almedina, Lisboa,

2015.

DUARTE, Maria Luísa, "Direito comunitário do trabalho – tópicos de identificação", In: MARTINEZ, Pedro Romano (coord.), Estudos do Instituto de Direito do Trabalho, Vol I, Coimbra, Almedina, 2001.

ESTEVES, Diana Lopes, Mobbing: algumas considerações sobre a sua duração, Porto, Diss. mestrado UCP – Porto, 2011.

European Foundation for the Improvement of Living and Working Conditions, Foundation findings: Physical and psychological violence at the workplace, Dublin, Eurofound, 2010.

European Foundation for the Improvement of Living and Working Conditions, Quinto inquérito europeu sobre as condições de trabalho, Dublin, Eurofound, 2012.

FERNANDES, António Monteiro, Direito do Trabalho, 17.ª, Coimbra, Almedina, 2014.

FERNANDEZ, Diego López, "Legal protection for victims of workplace harassment in Chile", In: CCL&PJ, 32, n.º 1, 2010.

FERREIRA, António Casimiro, Sociedade da Austeridade e direito do trabalho de exceção, Porto, Vida Económica, 2012.

FIALHO, Manuela Bento, "Uma igualdade no trabalho – Um caminho aberto, estrada por pavimentar...", In: Centro de Estudos Judiciários, Prontuário de Direito do Trabalho, 76-78, Coimbra, Coimbra Ed., 2008.

FILHO, Artur Marques da Silva / SABINO, Mauro Cantareira, Responsabilidade civil no assédio moral, S.I, Ebook, n.d.

FISCHINGER, Philipp S., "«Mobbing»: The German law of bullying", In: CCL&PJ, 32, n. º1, 2010.

FRAGOSO, Américo Oliveira, O HIV/SIDA em Moçambique – Breves considerações jurídico-laborais, s.i., n.d., 2006.

FREITAS, Pedro Petrucci de, "Da acção de reconhecimento da existência de contrato de trabalho: breves comentários", In: ROA, 73 – IV (Out-Dez), 2013.

FRIEDMAN, Gabrielle S. / WHITMAN, James Q., "The european transformation of harassment law: discrimination versus dignity", In: The Columbia Journal of European Law, Vol. 9, 2003.

GELLER, Paul Edward, "Legal transplant in International Copyright: some problems of method", In: UCLA Pacific Law Journal, 13 (1), 1994.

GHIRARDI, Nicola, "Alla ricerca della fattispecie mobbing", In: Revista da Faculdade de Direito da Universidade Lusófona do Porto, Vol 3, n.º3, 2014.

GHIRARDI, Nicola, "Tribunale di Torino", RIDL, XXXI, n.º1, Nápoles, Giuffré, 2012.

GOMES, Júlio Vieira, "Algumas reflexões sobre a evolução recente do conceito jurídico de assédio moral (laboral)", In: Centro de Estudos Judiciários, Prontuário de Direito do Trabalho, 90 (Set-Dez), Coimbra, Coimbra Ed., 2011.

GOMES, Júlio Vieira, "Da interpretação e integração das convenções colectivas", in: GOMES, Júlio Vieira, Novos estudos de Direito do Trabalho, Coimbra, Coimbra Ed., 2010.

GOMES, Júlio Vieira, Direito do Trabalho, I – Relações individuais de trabalho, Coimbra, Coimbra Ed., 2007.

GONÇALVES, Alexandra Bordalo, O direito à ocupação efectiva, RelM. FDUL, s.i., policop., 1995.

GOUVEIA, Jorge Bacelar, *"A Lei Básica da Região Administrativa Especial de Macau: contributo para uma compreensão de direito constitucional"*, In: MIRANDA, Jorge (coord.), *Estudos em homenagem ao Prof. Doutor André Gonçalves Pereira*, Coimbra, Coimbra Ed., 2006.

GRAVE, João / NETTO, Coelho, *Lello Universal – Novo diccionário encyclopédico luso--brasileiro*, Porto, Livraria Lello, 1980.

HALLER, Robert / KOCH, Ulrike, *"Mobbing – Rechtsschutz im krieg am Arbeitsplazt"*, In: *Neue Zeitschrift für Arbeitsrecht*, XII – 8, 1995.

HIRIGOYEN, Marie-France, *O assédio no trabalho: como distinguir a verdade*, Lisboa, Pergaminho Ed., 2002.

HOEL, Helge, *"Workplace bullying in United Kingdom"*, In: *JILPT Report*, 12, Tóquio, The Japan Institute for Labour Policy and Training, 2013.

INSTAT, *Le molestie sessuali e i ricatti sessuali sul lavoro*, s.i., ebook, 2009.

INSTITUTO DE EMPREGO E FORMAÇÃO PROFISSIONAL, *Mercado de Emprego – Estatísticas Mensais (Junho 2014)*, Lisboa, IEFP, I.P., 2014.

INSTITUTO NACIONAL DE ESTATÍSTICA, *Anuário Estatístico 2013*, Lisboa, INE, 2014.

INSTITUTO NACIONAL DE ESTATÍSTICA, *Estatísticas do Emprego 2014, 4.º Trimestre*, Lisboa, INE, 2014.

JACQMAIN, Jean, *"Belgium"*, In: NUMHAUSER-HENNING, Ann / LAULOM, Sylvaine (coord.), *Harassment related to Sex and Sexual Harassment law in 33 European Countries – Discrimination versus Dignity*, European Commission, 2012.

KONRAD, Lorenz, *On agression*, Londres, Routledge Classics, 2002.

LALOIRE, Marcel, *"Objectivos e dificuldades de uma Política Social Europeia"*, In: ASocial, 4, I (Outubro), 1963.

LAMBELHO, Ana, *"Trabalho autónomo economicamente dependente: da necessidade de um regime jurídico próprio"*, In: REIS, João (coord) et al., *Para Jorge Leite – Escritos jurídico--laborais*, I, Coimbra, Coimbra Ed., 2014.

LAULOM, Sylvaine, *"France"*, In: NUMHAUSER-HENNING, Ann / LAULOM, Sylvaine (coord.), *Harassment related to Sex and Sexual Harassment law in 33 European Countries – Discrimination versus Dignity*, European Commission, 2012.

LEITÃO, Luís Menezes, *Direito das obrigações*, I, 11ªed., Coimbra, Almedina, 2014.

LEITÃO, Luís Menezes, *Direito das obrigações*, II, 6.ª, Coimbra, Almedina, 2008.

LEITÃO, Luís Menezes, *Direito do Trabalho de Angola*, 4.ª, Coimbra, Almedina, 2013.

LEITÃO, Luís Menezes, *Direito do Trabalho*, 4.ª, Coimbra, Almedina, 2014.

LEMBKE, Ulrike, *"Germany"*, In: NUMHAUSER-HENNING, Ann / LAULOM, Sylvaine (coord.), *Harassment related to Sex and Sexual Harassment law in 33 European Countries – Discrimination versus Dignity*, European Commission, 2012.

LERDA, Luísa, *"La tutela giuridica del mobbing in Italia"*, Roma, Confindustria, 2003.

LEROUGE, Loïc, *"Moral harassment in the workplace: French law and european perspectives"*, In: *CCL&PJ*, 32, n.º 1, 2010.

LEROUGE, Loïc, *"Workplace bullying and harassment in France and few comparisons with Belgium: a Legal perspective"*, In: JILPT Report, 12, Tóquio, The Japan Institute for Labour Policy and Training, 2013

LEYMANN, Heinz / GUSTAFSSON, Annelie, *"Mobbing at work and the Development of post-traumatic stress disorders"*, In: European Journal of Work and Organizational Psychology, 5 – 2, 1996.
LEYMANN, Heinz, *"The content and development of mobbing at work"*, In: European Journal of Work and Organizational Psychology, 5 – 2, 1996.
LOPES, Sónia Kietzmann, *"Audiência de partes, suprimento oficioso de pressupostos processuais, aperfeiçoamento dos articulados e condensação processual"*, 2 ss, In: Supremo Tribunal de Justiça / Associação Portuguesa de Direito do Trabalho, VI Colóquio sobre Direito do Trabalho, Lisboa, ebook, 2014.
LOPES, Sónia Kietzmann, *"Direitos de personalidade do trabalhador à luz do Código do Trabalho"*, In: Centro de Estudos Judiciários, *Direitos fundamentais e de personalidade do trabalhador*, 2.ª, Lisboa, CEJ, 2014.
LOPES, Sónia Kietzmann, *"O assédio moral no trabalho"*, In: Centro de Estudos Judiciários, *Prontuário de Direito do Trabalho*, 82, Coimbra, Coimbra Ed., 2009.
LOPEZ, Manuel Palomeque, *Direito do trabalho e ideologia*, Coimbra, Almedina, 2001.
LYON-CAEN, Gérard / LYON-CAEN, Antoine, *Droit social international et européen*, 5.ª, Dalloz, Paris, 1980.
MACHADO, Jónatas, *Direito da União Europeia*, 2.ª, Coimbra, Coimbra Ed., 2014.
MARECOS, Diogo Vaz, *Uma nova ferramenta de gestão: O contrato de estágio entre particulares e sem recurso a financiamento público*, Coimbra, Coimbra Ed., 2013.
MARQUES, Patrícia, *O assédio moral na Enfermagem - contributos para a gestão organizacional*, Diss. Mestrado Instituto Politécnico de Viana do Castelo, Viana do Castelo, polic., 2014.
MARTINEZ, Pedro Romano (et al.), *Código do Trabalho – Anotado*, 2.ª, Coimbra, Almedina, 2004.
MARTINEZ, Pedro Romano (et al.), *Código do Trabalho – Anotado*, 9ª, Coimbra, Almedina, 2013.
MARTINEZ, Pedro Romano, *Direito do Trabalho*, 4.ª, Coimbra, Almedina, 2007.
MARTINEZ, Pedro Romano, *Direito do Trabalho*, 6ª, Coimbra, Almedina, 2013.
MARTINS, Alda, *"A laboralização da função pública e o direito constitucional à segurança no emprego"*, In: Julgar, 7, 2009.
MARTINS, Alcides, *Direito do processo laboral*, 2.ª, Coimbra, Almedina, 2015.
MARTINS, Ana Maria Guerra, *Manual de Direito da União Europeia*, Coimbra, Almedina, 2012.
MELGAR, Alfredo Montoya, *Derecho del Trabajo*, 9.ª, Madrid, Tecnos, 1988.
MENDES, João de Castro, *Direito Civil – Teoria geral*, III, Lisboa, AAFDL, 1968.
MENDES, Paulo de Sousa, *Lições de direito processual penal*, Coimbra, Almedina, 2013.
MESCHKUTAT, Bärbel / STACKELBECK, Martina / LANGENHOFF, Georg, *Der Mobbing-Report: Eine repräsentativstudie für die Bundesrepublik Deutschland*, Dortmund/Berlim, Bundesanstalt für Arbeitsschutz und Arbeitsmedizin, 2002.
MESQUITA, José Andrade, *Direito do Trabalho*, Lisboa, AAFDL, 2003.
MINASSA, Alexandre Pandolpho, *Assédio moral no âmbito da administração pública*, São Paulo, Habermann Ed., 2012.
MIRANDA, Jorge, *"Direitos fundamentais e ordem social : na constituição de 1993"*, In:

RDFUL, Vol. 46, n.º1, Coimbra, Coimbra Ed., 2005.

MIRANDA, JORGE, *Manual de direito constitucional*, I – 1, 10ª, Coimbra, Coimbra Ed., 2014.

MIRANDA, JORGE, *Manual de direito constitucional*, III, 6ª, Coimbra, Coimbra Ed., 2010.

MIRANDA, JORGE, *Manual de Direito Constitucional, IV – Direitos Fundamentais*, 4.ª, Coimbra, Coimbra Ed., 2008.

MONTESQUIEU, *Notes sur l'Angleterre*, Paris, Garnier Frères, 1875.

MORAIS, CARLOS BLANCO DE, *Justiça Constitucional*, II, Coimbra, Coimbra Ed., 2005.

MORAIS, CARLOS BLANCO DE, *Manual de Legística – Critérios científicos e técnicos para legislar melhor*, Lisboa, Verbo, 2007.

MOREIRA, TERESA COELHO, "*Direitos de personalidade*", In: CARVALHO, PAULO MORGADO DE, *Código do Trabalho – A revisão de 2009*, Coimbra, Coimbra Ed., 2011, 93-113 (96 ss).

MOREIRA, VITAL, *Trabalho digno para todos – a "cláusula laboral" no comércio externo na União Europeia*, Coimbra, Coimbra Ed., 2014.

MOURA, PAULO VEIGA E / ARRIMAR, CÁTIA, *Comentários à Lei Geral do Trabalho em Funções Públicas*, I, Coimbra, Coimbra Ed., 2014.

MOURA, SÓNIA, "*Os direitos de personalidade*", In: MEIRIM, JOSÉ MANUEL (coord.), *O desporto que os tribunais praticam*, Coimbra, Coimbra Ed., 2014.

NAMORA, NUNO CEREJEIRA, "*Assédio moral ou «mobbing»: soluções de «Iure Condendo»*", In: *Vida Judiciária*, n.º 187 (Jan-Fev), 2015.

NEVES, ANA FERNANDA, "*O Direito da Função Pública*", In: OTERO, PAULO / GONÇALVES, PEDRO (coord)., *Tratado de Direito Administrativo Especial*, IV, Coimbra, Almedina, 2010.

NOVAIS, JORGE REIS, *Direitos fundamentais: Trunfos contra a maioria*, Coimbra, Coimbra Ed., 2006.

NUNES, CLÁUDIA HENRIQUES, *O contrato de trabalho em funções públicas – face à Lei Geral do Trabalho*, Coimbra, Coimbra Ed., 2014.

OECD (2014), *OECD Labour Force Statistics 2013*, Bruxelas, OECD Publishing, 2013.

OLEA, MANUEL ALONSO / BAAMONDE, MARIA CASAS, *Derecho del Trabajo*, 19.ª, Madrid, Civitas, 2001.

OTERO, PAULO, *Instituições políticas e constitucionais*, I, Coimbra, Almedina, 2007.

PACHECO, MAGO ROCHA, *O assédio moral no trabalho - o elo mais fraco*, Coimbra, Almedina, 2007.

PARREIRA, ISABEL RIBEIRO, "*O assédio moral no trabalho*", In: MOREIRA, ANTÓNIO, *V Congresso Nacional de Direito do Trabalho*, Coimbra, Almedina, 2003.

PASQUALETTO, ELENA, "*Intenzionalità del* mobbing *e costrittività organizzativa*", In: *RIDL*, XXXIII, n.º1, Nápoles, Giuffré, 2014.

PEREIRA, ANDRÉ GONÇALVES / QUADROS, FAUSTO DE, *Manual de Direito Internacional Público*, 3.ª, Coimbra, Almedina, 2011.

PEREIRA, ANTÓNIO GARCIA, "*A grande e urgente tarefa da dogmática juslaboral: constitucionalização das relações laborais*", In: MOREIRA, ANTÓNIO (coord.), *V Congresso Nacional de Direito do Trabalho*, Coimbra, Almedina, 2003.

PEREIRA, JOEL RAMOS, *Regulamento das Custas Processuais e legislação complementar*, 2.ª, Lisboa, Quid juris, 2013.

PEREIRA, ORLINDO GOUVEIA, *"Comportamento"*, In: AAVV, *Pólis – Enciclopédia Verbo da Sociedade e do Estado*, I, 2.ª, Lisboa, Verbo, 1997.

PEREIRA, RITA GARCIA, *"Mobbing"*, In: CARVALHO, PAULO MORGADO DE, *Código do Trabalho – A revisão de 2009*, Coimbra, Coimbra Ed., 2011.

PEREIRA, RITA GARCIA, *Mobbing ou assédio moral no trabalho*, Coimbra, Coimbra Ed., 2009.

PEREIRA, RUI SOARES, *A responsabilidade por danos não patrimoniais do incumprimento das obrigações no direito civil português*, Coimbra, Coimbra Ed., 2009.

PESCE, ARCANGELA, *"Mobbing: Ruolo di genere e pari opportunità nel mondo del lavoro"*, In: BELSITO, ANTONIO (coord.), *Mobbing... per tutti!*, Bari, Cacucci Editore, 2011.

PINHEIRO, RITA JORGE, *"A responsabilidade civil dos agentes perante a vítima de assédio moral"*, In: AAVV, *Vinte anos de Questões Laborais*, Coimbra, Coimbra Ed., 2013.

PINTO, CARLOS A. DA MOTA, *Teoria geral do direito civil*, 4.ª, Coimbra, Coimbra Ed., 2012.

PINTO, PEDRO FREITAS, *"O assédio moral na jurisprudência nacional"*, In: CARVALHO, CATARINA DE OLIVEIRA / GOMES, JÚLIO VIEIRA (coord.), *Direito do Trabalho + Crise = Crise do Direito do Trabalho?*, Coimbra, Coimbra Ed., 2011.

PIÑUEL, IÑAKI, *Mobbing – cómo sobrevivir al acoso psicologico en el trabajo*, Santander, Sal Terrae, 2001.

PIRES, CÂNDIDA ANTUNES, *Direito do trabalho de Macau*, 2.ª, Macau, Instituto Politécnico de Macau, 1996.

PORTO EDITORA, *Dicionário Alemão-Português*, Porto, Porto Editora, 2000.

PUNTA, RICCARDO DEL, *"Un caso esemplare di molestie sessuali sul lavoro"*, In: *RIDL*, XXXII, n.º 1, Nápoles, Giuffrè, 2013.

QUADROS, FAUSTO DE, *Direito da União Europeia*, 3.ª, Coimbra, Almedina, 2015.

QUINTAS, PAULA, *Os direitos de personalidade consagrados no Código do Trabalho na perspetiva exclusiva do trabalhador subordinado - direitos (des)figurados*, Coimbra, Almedina, 2013.

RAMALHO, ROSÁRIO PALMA / BRITO, PEDRO MADEIRA DE, *Contrato de Trabalho na Administração Pública*, 2.ª, Coimbra, Almedina, 2005.

RAMALHO, ROSÁRIO PALMA, *"Contrato de trabalho e direitos fundamentais da pessoa"*, In: RAMALHO, ROSÁRIO PALMA, *Estudos de Direito do Trabalho*, I, Coimbra, Almedina, 2003.

RAMALHO, ROSÁRIO PALMA, *"Direitos de personalidade e Direitos fundamentais em matéria laboral"*, In: SOUSA, MARCELO REBELO DE (COORD.) et al., *"Estudos de homenagem ao Prof. Doutor Jorge Miranda*, II, Coimbra, Coimbra Ed., 2012.

RAMALHO, ROSÁRIO PALMA, *"O Tratado de Lisboa e o modelo social da União Europeia. Algumas notas"*, In: QUADROS, FAUSTO DE (coord.), *O Tratado de Lisboa – Jornadas sobre o Tratado de Lisboa*, Coimbra, Almedina, 2012.

RAMALHO, ROSÁRIO PALMA, *"Tutela da personalidade e equilíbrio entre interesses dos trabalhadores e dos empregadores no contrato de trabalho. Breves novas"*, In: SUPREMO TRIBUNAL DE JUSTIÇA / ASSOCIAÇÃO PORTUGUESA DE DIREITO DO TRABALHO, *VI Colóquio sobre Direito do Trabalho*, Lisboa, Ebook, 2014.

RAMALHO, ROSÁRIO PALMA, *Da autonomia dogmática do Direito do Trabalho*, Coimbra, Almedina, 2001.

RAMALHO, ROSÁRIO PALMA, *Direito do Trabalho – Parte I – Dogmática geral*, 2.ª, Coim-

bra, Almedina, 2009.
RAMALHO, Rosário Palma, *Direito Social da União Europeia*, Coimbra, Almedina, 2009.
RAMALHO, Rosário Palma, *Do fundamento do poder disciplinar laboral*, Coimbra, Almedina, 1993.
RAMALHO, Rosário Palma, *Tratado de Direito do Trabalho – Parte I – Dogmática Geral*, 3.ª, Coimbra, Almedina, 2012.
RAMALHO, Rosário Palma, *Tratado de Direito do Trabalho, Parte II – Situações Laborais Individuais*, 5.ª, Coimbra, Almedina, 2014.
RATO, João, "*O desempenho da via judiciária: organização e funcionamento da justiça do trabalho*", In: Conselho Económico e Social, *Debate sobre "administração e justiça do trabalho"*, Lisboa, CES, 1997.
REBELO, Glória, "*Assédio moral e dignidade no trabalho*", In: Centro de Estudos Judiciários, *Prontuário de Direito do Trabalho*, 76-78 (Jan/Dez), Coimbra, Coimbra Ed., 2007.
REBELO, Glória, "*Coacção moral e conflitualidade nas organizações*", In: *Revista Febase*, V, n.º 42 (Abril), Lisboa, Federação do Sector Financeiro, 2014.
REDINHA, Maria Regina, "*Assédio – Uma noção binária?*", In: Centro de Estudos Judiciários, *Prontuário de Direito do Trabalho*, 85, Coimbra, Coimbra Ed., 2010.
REDINHA, Maria Regina, "*Assédio moral ou Mobbing no trabalho (Sumário)*", In: Moreira, António, *V Congresso Nacional de Direito do Trabalho*, Coimbra, Almedina, 2003.
REDINHA, Maria Regina, "*Assédio moral ou mobbing no trabalho*", In: ASCENSÃO, José de Oliveira (coord.), *Estudos em homenagem ao Prof. Doutor Raúl Ventura*, II, Coimbra, Coimbra Ed., 2003.
REDINHA, Maria Regina, "*Da protecção da personalidade no Código do Trabalho*". In: REIS, João (coord) et al., *Para Jorge Leite – Escritos jurídico-laborais*, I, Coimbra, Coimbra Ed., 2014.
REDINHA, Maria Regina, "*Os direitos de personalidade no Código do Trabalho: actualidade e oportunidade da sua inclusão*", In: Centro de Estudos Judiciários/Inspecção--Geral do Trabalho, *A reforma do Código do Trabalho*, Coimbra, Coimbra Ed., 2004.
RENGA, Simoneta, "*Italy*", In: NUMHAUSER-HENNING, Ann / LAULOM, Sylvaine (coord.), *Harassment related to Sex and Sexual Harassment law in 33 European Countries – Discrimination versus Dignity*, European Commission, 2012.
RIBEIRO, José / RIBEIRO, Soledade, *A relação jurídica de emprego na Administração Pública*, Coimbra, Almedina, 1994.
SANTOS, Pedro Barrambana, "*A natureza jurídica da convenção colectiva de trabalho – Novas reflexões acerca de um velho problema*", In: RAMALHO, Rosário Palma (coord.), *Estudos do Instituto de Direito do Trabalho*, VII, Coimbra, Almedina, 2015.
SARAIVA, Dos Santos, *Novíssimo diccionário latino-portuguez*, 9ª, Paris, Livraria Garnier, 1927.
SEQUEIRA, Alexandra Marques, "*Do assédio no local de trabalho – um caso de flirt legislativo? Exercício de aproximação ao enquadramento jurídico do fenómeno*", In: RQL, XII, 28, Coimbra, Coimbra Ed., 2006.

SEVER, Saša, *"The horizontal effect of the european union's charter of fundamental rights: from market integration towards the social justice?"*, In: E-Pública, n.º 3, 2014.

SILVA, Cidália Santos da, *Análise da figura do assédio moral: doença de trabalho ou acidente de trabalho*, Diss. Mestrado Universidade do Minho, Braga, polic., 2012.

SILVA, Germano Marques da, *Introdução ao estudo do Direito*, Lisboa, UCP Ed., 2006.

SILVA, José Rodrigues da, *Trabalho, processo e tribunais*, Lisboa, Europress, 1979.

SILVA, Luís Gonçalves da, *Notas sobre a eficácia normativa das convenções colectivas*, Lisboa, IDT/Almedina, 2002.

SOUSA, Jorge Pedro, *Elementos de teoria e pesquisa da comunicação e dos media* 2.ª, Porto, Ed. Universidade Fernando Pessoa, 2006.

SOUSA, Miguel Teixeira de, *Introdução ao Direito*, Coimbra, Almedina, 2012.

SOUSA, Rabindranath Capelo de, *O direito geral de personalidade*, Coimbra, Coimbra Ed., 1995.

SUAY, Celia, *"El acoso moral. algunas consideraciones criinológicas y penales"*, Barcelona, polic., 2010.

Supremo Tribunal de Justiça, *Os danos não patrimoniais na jurisprudência das secções cíveis do Supremo Tribunal de Justiça*, Lisboa, STJ, 2013.

TORRES, Anália (coord.) et al., *Assédio moral e sexual no local de trabalho – resultados preliminares*, Lisboa, CIEG-ISCSP, 2015.

VARELA, Antunes / BEZERRA, J. Miguel / NORA, Sampaio e, *Manual de Processo Civil*, 2.ª, Coimbra, Coimbra Ed., 1985.

VASCONCELOS, Pedro Pais de, *Teoria geral do Direito Civil*, 7.ª, Coimbra, Almedina, 2012.

VELÁZQUEZ, Manuel, *"The Spanish Code of pratice on work-related bullying: reflections on European Law and its impact on a national strategy for labor inspectors"*, In: CCL&PJ, 32, n.º 1, 2010.

VENTURA, Raúl, *"Conflitos de Trabalho: Conceito e classificações tendo em vista um novo Código de Processo do Trabalho"*, In: *Curso de Direito Processual do Trabalho*, Lisboa, RFDUL – Suplemento, 1964.

VERDASCA, Ana Teresa / PEREIRA, António Garcia, *"Assédio moral no local de trabalho: o caso do sector bancário português"*, In: Socius working papers, 9/2011, Lisboa, SOCIUS/ISEG, 2011.

VERDASCA, Ana Teresa, *Assédio moral no trabalho – uma aplicação ao sector bancário português*, Diss. Doutoramento ISEG, Lisboa, polic., 2010.

VIANA, Cláudia, *"Contrato de trabalho em funções públicas: privatização ou publicização da relação jurídica de emprego público?"*, In: MIRANDA, Jorge (coord.), *Estudos em homenagem ao Prof. Doutor Sérvulo Correia*, II, Coimbra, Coimbra Ed., 2010.

VIANA, Cláudia, *"O conceito de funcionário público: tempos de mudança?"*, In: *Tékhne – Revista de Estudos Politécnicos*, Vol. V, n.º 8, Barcelos, 2007.

VICENTE, Dário Moura, *"O lugar dos sistemas jurídicos lusófonos entre as famílias jurídicas"* In: MIRANDA, Jorge (coord.), *Estudos em homenagem ao Prof. Doutor Martim de Albuquerque*, I, Coimbra, Coimbra Ed., 2010.

VICENTE, Dário Moura, *Direito Comparado*, I, 2ª ed., Coimbra, Almedina, 2014.

WILBURG, Walter / SOUSA, Dora Moreira De (trad.) / GUICHARD, Raúl (trad.), *"Desenvolvimento de um sistema móvel no direito civil"*, In: DJ, XVI, 3, 2000.

WOLMERATH, Martin, *"Workplace bullying and harassment in Germany"*, In: JILPT Report, 12, Tóquio, *The Japan Institute for Labour Policy and Training*, 2013.

XAVIER, Alexandre Vicentine, *La respuesta jurídica frente al acoso moral en el trabajo*, León, Diss. Doutoramento Universidade de León, 2011.

ZAPF, Dieter, *"Organisational, work group related and personal causes of mobbing/bullying at work"*, In: *International Journal of Manpower*, 20, 1/2, 1999.

ÍNDICE GERAL

Agradecimentos 9
Plano geral 11
Resumo 15
Abstract 17
Principais abreviaturas 19
Notas de leitura e outras referências 25

Parte I
Invocação Do problema
1. Introdução 29

Parte II
Evocação – O estado da arte: Do assédio moral

Título I
Aproximação ao fenómeno – De realidade a problema jurídico 47

2. Enquadramento geral 47
2.1. A execução do contrato de trabalho como catalisador de conflitos 47
2.2. A pessoa do trabalhador – em especial, os direitos fundamentais
 e de personalidade na execução da relação laboral 54
2.3. Da ineficaz tutela do núcleo intangível da personalidade 63
2.4. Conceito (jurídico) de assédio: uma aproximação preliminar 65
2.5. Terminologia adoptada e delimitação 69

3. Da moléstia ao assédio moral 75
3.1. A identificação hodierna do assédio: Nova nomenclatura ou realidade? 75
3.2. Características distintivas do fenómeno 85
3.3. Manifestações: a tipologia do assédio 91
3.3.1. Posição dos sujeitos: assédio vertical, horizontal, externo e misto 91
3.3.2. Motivação da conduta assediante 93

4. A consagração hodierna do assédio enquanto objecto de tutela 97
4.1. Primeiros avanços 97
4.2. A influência das fontes internacionais de Direito na protecção do assédio
   laboral: em especial, os instrumentos de Direito da União Europeia 100
4.3. Difusão: a tutela do assédio nos ordenamentos jurídicos estrangeiros 129
4.3.1. Sistemas jurídicos de common-law – Reino Unido 130
4.3.2. Sistemas jurídicos romano-germânicos 136
4.3.2.1. Direito francês 136
4.3.2.2. Direito alemão 140
4.3.2.3. Direito chileno 145
4.3.2.4. Direito brasileiro 149
4.3.2.5. Direito belga 153
4.3.2.6. Direito italiano 158
4.3.2.7. Direito espanhol 162
4.3.2.8. Sistemas jurídicos lusófonos 168

5. O assédio no ordenamento jurídico português – resenha 177
5.1. Tutela primária 177
5.2. Iniciativas: Projecto de Lei n.º 252/VIII e Projecto de Lei n.º 334/VIII 185
5.3. Consagração? Código do Trabalho 2003 193
5.3.1. Procedimento legislativo 193
5.3.2. Regime jurídico 197
5.4. Conformação: Código do Trabalho 205
5.5. O assédio nas relações laborais públicas: unicidade ou dualidade? 211
5.6. Negociação colectiva e assédio nas relações laborais 221
5.7. Da norma à aplicação: a prática jurisprudencial 231
5.8. Os bens jurídicos tutelados 237

Título II
O assédio laboral no plano da normatividade 241

6. O assédio Laboral no Direito constituído 241
6.1. Conceptualização 241

6.2. Sujeitos 250
6.3. Comportamento: indesejado, reiterado, sistemático e insidioso? 263
6.4. Elementos de conexão 278
6.5. Do objectivo ou efeito do comportamento 283
6.6. Do elemento volitivo 286
6.7. Síntese: uma proposta de noção de assédio moral no Código do Trabalho .293

7. Do assédio laboral ao Direito 295
7.1. Do regime jurídico: Responsabilidade civil e a sua natureza; "prescrição." ..295
7.2. O ónus da prova do assédio moral 302

8. Vicissitudes do assédio no contrato de trabalho 307
8.1. Meios extintivos: cessação do contrato de trabalho por iniciativa do assediado, despedimento por justa causa e resolução do contrato de trabalho 308
8.2. Meios preventivos: o processo especial de tutela da personalidade do trabalhador 311

Título III
Síntese conclusiva e perspectivas evolutivas 315

Índice jurisprudencial 319

Índice bibliográfico 321

Índice geral 333